Symbolische Formen

Martin Voss (Dr. phil.) ist wissenschaftlicher Mitarbeiter am Institut für Südostasienkunde an der Universität Passau. Seine Forschungsschwerpunkte sind Katastrophen- und Umweltforschung.

MARTIN VOSS

Symbolische Formen

Grundlagen und Elemente einer Soziologie der Katastrophe

[transcript]

Bibliografische Information der Deutschen Bibliothek
Die Deutsche Bibliothek verzeichnet diese Publikation in der Deutschen Nationalbibliografie; detaillierte bibliografische Daten sind im Internet über http://dnb.ddb.de abrufbar.

Umschlaggestaltung & Innenlayout: Kordula Röckenhaus, Bielefeld
Lektorat & Satz: Martin Voss
Druck: Majuskel Medienproduktion GmbH, Wetzlar
ISBN 3-89942-547-2

Gedruckt auf alterungsbeständigem Papier mit chlorfrei gebleichtem Zellstoff.

Besuchen Sie uns im Internet: *http://www.transcript-verlag.de*

Bitte fordern Sie unser Gesamtverzeichnis und andere Broschüren an unter: *info@transcript-verlag.de*

Inhalt

Danksagung

Am Ende eines wissenschaftlichen Arbeitsprozesses steht kein Produkt, dem zu entnehmen wäre, wie die Welt an sich beschaffen ist. Vielmehr handelt es sich bei einer Arbeit wie der vorliegenden um das vorläufige Resultat eines langen Aushandlungsprozesses mit dem Untersuchungsgegenstand, mit den Strukturen des Wissenschaftsbetriebes, mit politischen und gesamtgesellschaftlichen Stimmungen usw. Eine Arbeit wie diese zeugt ganz wesentlich auch von den zwischenmenschlichen Erfahrungen, die einen Menschen zu dem gemacht haben, wie er sich heute in der Welt vorfindet, die jene Augen und Ohren und subtileren Sinne hervorbrachten und prägten, mit denen er zu seinen Beobachtungen gelangte, die er schließlich in den wissenschaftlichen und gesamtgesellschaftlichen Diskurs einbringt. In jede Phase fließen Eindrücke in die Arbeit, die ein Autor im Grunde nur noch niederzuschreiben braucht, die er aber doch wesentlich anderen zu verdanken hat. Allerdings ist nicht alles an dieser Arbeit Resultat „der Umwelt“: Gerade so viel an eigener schöpferischer Leistung fließt in sie hinein, dass am Ende die Verantwortung dafür doch beim Autor liegt.

Die zahllosen Bedingungen, die eine Arbeit wie diese erst ermöglichten, lassen sich mit den begrenzten Mitteln der Sprache nicht artikulieren, insbesondere die vielfältige Unterstützung durch Verwandte, FreundInnen und KollegInnen nicht. Wenn ich dennoch einigen der vielen Personen, die letztlich am Zustandekommen dieser Arbeit mitgewirkt haben, explizit danke, dann kann eben dieser ausgedrückte Dank nur ein relativ unscheinbares Symbol sein für all das, was ich empfinde.

Lars Clausen danke ich für soziologische Lehren, die mich weit mehr als bloß akademisch prägten. In unzählbaren Diskussionsrunden oft bis in die Nacht lernte ich bei Hans-Carl Jongebloed über Disziplinen- und andere Grenzen hinweg zu denken – zu danken habe ich auch allen, die über die Jahre an diesem Kreis teilnahmen. Clausen und Jongebloed betreuten diese Arbeit, an der ich auch aus diesem Grund bis zuletzt Freude hatte. Dass Wissenschaft, dass Soziologie Freude bereiten kann, erfuhr ich zuerst in den Seminaren bei Cornelius Bickel. Wolf R. Dombrowsky, Elke M. Geenen, Klaus R. Schröter und Willy Streitz standen mir stets mit Rat zur Seite. Rüdiger Korff gab mir die Möglichkeit und Freiheit, die Arbeit in einer produktiven und angenehmen Atmosphäre in Passau zu Ende zu führen und weitere Forschung daran anschließen zu können. Gesche Bollert ist eine gute Freundin und sie war immer verlässlich, wenn es etwa darum ging, Tiefen zu überwinden, die über die Jahre nicht ausblieben. Timo Christophersen und Sabine Pölderl standen mir bei der Korrekturarbeit hilfreich zur Seite. Hildegard Voss verdanke ich so vieles. Vielleicht war es überhaupt nur möglich, sich mit entsetzlichem menschlichem Leid auseinanderzusetzen, weil ich in meiner Frau Cordula Dittmer den Gegenpol dazu an meiner Seite weiß. Sicher wäre diese Arbeit nicht zustande gekommen, wenn meine Eltern nicht gewesen wären. Ihnen ist diese Arbeit in tiefer Dankbarkeit gewidmet.

Passau, im August 2006

1. Einleitung

Die Tatsachen gehören alle nur zur Aufgabe, nicht zur Lösung.
(Ludwig Wittgenstein, Tractatus § 6.4321)[1]

Ich habe mich selbst gesucht.
(Heraklit, Fragment 101)[2]

Katastrophen entsetzen (vgl. Clausen/Geenen/Macamo 2003a, Dombrowsky 1989: X). Wer von Katastrophen spricht, hat Schlimmes vor Augen: ein Drama, ja eine Tragödie gar. Die Vorstellungskraft ist übertroffen, die Worte fehlen, Katastrophen lassen den Menschen sprachlos zurück. Seit jeher steht der Begriff der Katastrophe für das Unbegreifbare, für das, was nicht hätte geschehen dürfen, was dennoch geschah. Die Bedeutung des griechischen *katastréphein* reichte von relativ unbestimmt und allgemein „Umkehren, Umwerfen, Umstürzen" (vgl. Dombrowsky 1989: X) bis zur Bezeichnung einer entscheidenden Wendung zum Schlimmen, ein Unheil, Verhängnis und Zusammenbruch (vgl. Drosdowski 1997: 335). Seit dem 16./17. Jahrhundert[3] bezeichnet der Begriff spezifischer ein entscheidendes Schlussereignis bzw. den Zeitpunkt des Umschlagens der Handlung in der Tragödie, ein folgenschweres Unglück oder Ereignis.[4] Die Ableitung

1 Wittgenstein 2004: 110.

2 Zitiert nach Schilling 1951: 93.

3 Im ableitenden Wörterbuch der deutschen Sprache (vgl. Betz 1966: 256) und im Duden Herkunftswörterbuch der deutschen Sprache (vgl. Drosdowski 1997: 335) wird das 16. Jahrhundert genannt, das Etymologische Wörterbuch der deutschen Sprache (vgl. Kluge 2002: 477) nennt dagegen das 17. Jahrhundert.

4 Man beachte hier bereits den Unterschied, dass der griechische Begriff eher weit, prozessual und offen angelegt ist, er sowohl Persönliches und eher

„katastrophal" erklärt der Duden (für das 20. Jh.) durch die Begriffe „verhängnisvoll", „entsetzlich" (vgl. ebd.: 335). Der Begriff *„entsetzen"* stammt aus dem Mittelhochdeutschen (8. Jh.) und meint soviel wie „aus dem Sitz, aus der Lage kommen, furchtsam entweichen" (vgl. ebd.: 158), auch „außer Fassung bringen" (vgl. Kluge 2002: 248). Im Angesicht der Katastrophe geraten wir außer Fassung, eine dramatische Wendung macht uns sprachlos, etwas gerät aus dem Sitz, es verliert seinen Platz und entweicht furchtbar der ihm zugewiesenen Ordnung. Unweigerlich verstummt im Angesicht der Katastrophe das Wort, wenn wir sehen, dass das Unbegreifliche doch geschieht, dass möglich ist, was nicht sein kann.

Im Alltagsgebrauch findet der Katastrophenbegriff für ganz Verschiedenes Verwendung. Ein persönlicher Schicksalsschlag kann damit ebenso wie ein Börsencrash, ein Atomgau, ein Terroranschlag, ein Tsunami oder der Klimawandel bezeichnet sein. Allen Ereignissen gemein ist, dass sie entsetzen: Etwas verliert seinen Platz, ob Ding, Person, Begriff, es bestand eine – wie auch immer geartete – Ordnung, nun ist etwas ent-setzt, außerhalb einer Ordnung. Dabei spielt es zunächst keine Rolle, ob ein Erdbeben ein ganzes Land „physisch" verwüstet oder eine Wirtschaftskrise eine Gesellschaft zerrüttet. Einmal ist eine Region zerstört, ein anderes Mal sind alle Zukunftserwartungen zunichte, der Katastrophenbegriff kann sich im Alltagsverständnis sowohl auf Objekte als auch auf Subjekte beziehen. In beiden Fällen aber sind es *Menschen*, denen das Unfassbare die Sprache verschlägt.

In beiden Fällen reicht der Begriffsreichtum der Sprache nicht, das Geschehene auszudrücken, bleibt der Katastrophenbegriff Symbol für das, was unbegreiflich ist. Im Angesicht der Katastrophe versagt sowohl der alltagssprachliche als auch der wissenschaftliche Begriff, die Katastrophe lässt sich nicht fassen, nicht be-greifen.[5] Abermals hilft die Etymologie: Aus dem Mittelhochdeutschen stammend (8. Jh.) bedeutet *begreifen* (begrīfen) zunächst „ergreifen, umgreifen", auch „Umfang, Bezirk", in der Aufklärung verdichtet sich die Bedeutung von *Begriff* als Übersetzung von „Idee" zur gegenüber der konkreten Anschauung abstrakten Bezeichnung dessen, was mehreren Objekten gemein ist (vgl. Thiel 1989: 9-14). Der Katastrophe

„Harmloses" umfasste (vgl. Dombrowsky 1989: 12) als auch gesamtgesellschaftliche und umfassende soziale Veränderungen, während sich der Begriff zum Beginn der Neuzeit als Bezeichnung für einen *einzelnen* dramatischen *Akt* bzw. Zeitpunkt verdichtet.

5 Zum Zusammenhang von Begriff und Begreifen vor dem Hintergrund der Katastrophenthematik im Allgemeinen vgl. Dombrowsky 1989: 5-16, sowie speziell für den Katastrophenschutz im Entwicklungszusammenhang, wo die Probleme des adäquaten Verständnisses der Katastrophe sich in besonderer Weise zeigen Dombrowsky 1996: 61-72.

aber fehlt das Allgemeine. Die Katastrophe entsetzt, sie zersetzt die allgemeinen Formen, sie lässt sich mit dem das Allgemeine suchenden Begriff offenbar nicht wie anderes um*greifen*. Das aber stellt eine wissenschaftliche Untersuchung zum Phänomen der Katastrophe vor große Probleme, die ihr eigenes Beschreibungssystem betreffen; denn wie ließe sich die Katastrophe wissenschaftlich anders begreifen als mittels des Begriffs, oder aber: Wie muss der *wissenschaftliche* Begriff beschaffen sein, um die Katastrophe doch umgreifen zu können?

Ein letzter Blick in die Etymologie ergibt zu *Wissenschaft*: „Kollektivbildung zu dem Infinitiv des mhd. *wizzen*; zunächst nur als allgemeineres Wort für ‚Wissen' gebraucht, die moderne Bedeutung entwickelt sich seit dem 17. Jh." (vgl. Kulge 2002: 994). Ursprünglich bedeutete Wissen etwa „erblicken, sehen", auch „erkennen" von Erscheinungen, Wissen(schaft) war somit einst *auch ohne vermittelnde Begriffe* denkbar. Seit dem 16./17. Jahrhundert aber bezeichnet Wissenschaft als Entsprechung für lat. *scientia* ein „[...] geordnetes, in sich zusammenhängendes Gebiet von Erkenntnissen [...]" (Drosdowsky 1997: 817). Zu diesem geordneten Zusammenhang gelangt die Wissenschaft allein mittels des Begriffes, der das, was zusammenhanglos erscheint, miteinander in Beziehung setzt, der selbst einigende Verbindungen herstellt, wo für den wissenschaftlichen Blick zuvor chaotische Vielheit herrschte. Die Katastrophe aber fügt sich dieser Ordnung nicht ohne weiteres, sie fordert diese Ordnung vielmehr heraus. Die Katastrophe weist darauf hin, dass die Ordnung fragil ist, dass „Welt" nicht tatsächlich ist, als was die Wissenschaft sie mittels des Begriffes begreift. In der Katastrophe zeigt sich radikal, dass Begriffe keine „äußere Wirklichkeit" *abbilden*, wenn auch die – freilich bereits durch die moderne Wissenschaft sozialisierte – Alltagserfahrung auf Schritt und Tritt vom Gegenteil überzeugt.[6] Im Angesicht der Katastrophe scheitert das verding-

6 Auch der Wissenschaft fällt es schwer, sich gänzlich von der Vorstellung zu lösen, den Begriffen lägen irgendwelche objektiven Gegenstände resp. Körper zugrunde, ist diese Denkweise doch entscheidend für den Siegeszug der Naturwissenschaften gewesen. Dieser Gedanke, dass Begriffe grundsätzlich auf *keinerlei* „natürliche", unabhängig von der Anschauung existierende Objekte referieren, ist für die vorliegende Arbeit grundlegend. Es war v.a. der Linguist Ferdinand de Saussure (vgl. Saussure 2001), der die „traditionelle", bis auf Aristoteles zurückgehende dualistische Auffassung revolutionierte, dass die Sprache eine sprachunabhängige Präsenz repräsentiere, dass sie nur das Medium sei, mit dem ein schon vor aller Sprache vorhandener Zustand bezeichnet werde, sie also lediglich die vorübergehend abwesenden „Dinge" vertrete. Der Sprache, so de Saussure, liegen keine fertigen Vorstellungen zugrunde, die schon vor den Worten da gewesen wären (vgl. ebd.: 76), Sprache sei lediglich „ein System von bloßen Werten" (ebd.: 132). „Die Sprache hat also dem Denken gegenüber nicht die Rolle, vermittelst der Laute ein materielles Mittel zum Ausdruck der Gedanken zu schaffen, sondern als Verbindungs-

lichende, objektivierende, Erscheinungen aus ihrem Zusammenhang isolierende,[7] „exakte" wissenschaftliche Begriffssystem selbst, tritt das Fehlen

glied zwischen dem Denken und dem Laut zu dienen, dergestalt, dass deren Verbindung notwendigerweise zu einander entsprechenden Abgrenzungen von Einheiten führt. Das Denken, das seiner Natur nach chaotisch ist, wird gezwungen, durch Gliederung sich zu präzisieren; es findet also weder eine Verstofflichung der Gedanken noch eine Vergeistigung der Laute statt, sondern es handelt sich um die einigermaßen mysteriöse Tatsache, dass der ‚Laut-Gedanke' Einteilungen mit sich bringt und die Sprache ihre Einheiten herausarbeitet, indem sie sich zwischen zwei gestaltlosen Massen bildet" (ebd.: 133f.). Die Bedeutung eines Wortes bestimmt sich nicht durch den Bezug auf ein irgendwie Bestehendes bzw. Bezeichnetes, die Bedeutungen „Laut" und „Gedanke" bzw. „Signifikant" und „Signifikat" entstehen erst aus der Differenz der sprachlichen Zeichen, also ihrer Position innerhalb des Sprachsystems (langue), die die gesprochene Sprache (parole) aktualisiert. Beide Seiten der Zeichen, sowohl Signifikant, als auch Signifikat, kommen gänzlich ohne Bezug zu „Objekten" aus. Augustinus (354-430 n.Chr.) beschrieb in seinen „Bekenntnissen", wie das Kind durch die Eltern erlernt, welche Dinge zu welchen Wörtern gehören. Schon Wilhelm von Ockham (1285-1349) kritisierte die der Theorie des Augustinus zugrunde liegende Annahme, es gäbe unabhängig von der erkennenden Instanz irgendwelche „Dinge". Zeichen sind für ihn keine Abbilder der Wirklichkeit mehr (damit schuf Ockham die Grundlagen einer Zeichentheorie, wie sie im 19. Jahrhundert von Charles Sanders Peirce ausgearbeitet wurde, vgl. Aicher/Greindl/Vossenkuhl 1986). Immanuel Kant hatte in seiner Kritik der reinen Vernunft die Abbildtheorie von Sprache und Wirklichkeit ebenfalls grundlegend kritisiert und damit „angebliche Neuerungen des 20. Jahrhunderts" vorweggenommen (vgl. Höffe 2004: 11), doch noch bis ins 20. Jahrhundert hinein hinterließ sie ihre Spuren in allen Teilen der Wissenschaften. Erst de Saussure stellte die Sprache auf ein neues Fundament, das zur Grundlage des Strukturalismus und auch noch poststrukturalistischer Theorien wurde.

7 Der Begriff der Verdinglichung wird in dieser Arbeit relativ frei verwendet und weitestgehend gelöst aus seiner marxistischen Entstehungsgeschichte. Dabei ist er hier zu unterscheiden von dem Begriff der Vergegenständlichung. Vergegenständlichung meint zunächst allein, dass der Mensch notwendig auf ein gewisses Maß an „Stabilität" in seiner Außenwelt angewiesen ist, dass ihm also nicht alles ständig Prozess sein kann. Tatsächlich aber geht diese Arbeit davon aus, dass der Mensch wie auch seine Umwelt sich im ständigen Wandel befinden, jegliche vermeintliche Stabilität also artifiziell ist, ein Produkt seiner Wahrnehmung. Diese Vergegenständlichung eines insgesamt prozessual-systemischen Zusammenhanges wird zur Verdinglichung und problematisch, wenn der Mensch – darin mit dem Marxistischen Begriff der Verdinglichung, so wie ihn Georg Lukács aufbereitet hat, übereinstimmend – den historischen Charakter dieser Formen vergisst (vgl. Lukács 1968 sowie erläuternd Dannemann 1987 und 1997). Verdeutlichen lässt sich dieser Zusammenhang am Beispiel des Denkmals: Als Gegenstand weckt das Denkmal im Menschen Gefühle, es spricht zu einem, wie man selbst zu ihm und durch das Denkmal hindurch sprechen kann. Verdinglicht aber ist es, wenn es verstummt, wenn es zur allgemeinen abstrakten Bedeutung eines Steines geworden ist, mit anderen austauschbar, jedes Besonderen beraubt.

des adäquaten Begriffs offen zu Tage. Die Katastrophe ist *mehr*, als der *exakte* wissenschaftliche Begriff zu fassen vermag, sie weist über sich hinaus, ihre Grenzen verschwimmen im Unbestimmten. Doch fordert die Katastrophe zum Handeln auf, man will „etwas tun", nur: wogegen, wenn ihre Grenzen unbestimmt, ihre Form jeweils eine andere ist, wenn sich die Katastrophe schon nicht *exakt* begreifen lässt?

Die Katastrophe wirft grundlegende Fragen auf, die nicht allein die wissenschaftliche Form des Begreifens von Welt in Frage stellen. Eine Zunahme an Katastrophenphänomenen kann in modernen Gesellschaften auch das Begriffssystem der Lebenswelt grundlegend erschüttern, weil Katastrophen immer wieder darauf aufmerksam machen, dass das Andere, das Außerbegriffliche, Unbegreifbare „normal", dagegen die fest geglaubte Ordnung, letztlich *alles* kontingent, historisch und hochgradig voraussetzungsvoll ist. Kontingenz überfordert seit jeher das begriffliche Alltagsvermögen des Menschen, er greift dann auf Rituale zurück oder auf andere *Praktiken*[8], die ihm die Bewältigung des Unerwarteten doch „irgendwie" ermöglichen,

Wesentlich facettenreicher, allerdings vor anderem Hintergrund hat Lars Clausen in einem Vortrag den Charakter von Gedenkstätten beschrieben, dem ich dieses Beispiel entnahm (vgl. Clausen 2005: 11-13).

8 Gegenwärtig ist innerhalb des soziologischen Diskurses (insbesondere der Technik- und Wissenssoziologie, aber auch der Umweltforschung) ein deutlicher Bedeutungsgewinn von solchen theoretischen Ansätzen zu verzeichnen, die sich eben jenen Alltagspraktiken zuwenden, die auf *den* großen theoretischen Rahmen verzichten und stattdessen die situativen Handlungslogiken untersuchen. Dies lässt sich als Konsequenz aus dem Glaubwürdigkeitsverlust der „großen Erzählungen" (vgl. Lyotard 1994: 112) interpretieren, die man auch als „Krise der technisch-wissenschaftlichen", alles umfassenden „Rationalität" begreifen könnte. Pierre Bourdieu hatte bereits in den 70er Jahren mit seinem Habituskonzept in Richtung auf eine solche „Theorie der Praxis gearbeitet" (vgl. Bourdieu 1976, sowie dann theoretisch bereits detaillierter in den Schriften zum „Sozialen Sinn" (1993) und in dem Hauptwerk zu den „Feinen Unterschieden" (1996) und schließlich in der „Praktischen Vernunft" (1998). Zu solcherart „praxeologischen" Ansätzen siehe Karl H. Hörning 2001, Theodore R. Schatzki 1996 und 2002, auch den von Karl H. Hörning und Julia Reuter herausgegebenen Sammelband (2004) zu den neuen Ansätzen zum Verhältnis von Kultur und sozialer Praxis, darin insbesondere den Beitrag von Reckwitz, der auch explizit auf Bourdieu eingeht (2004a: 40-54). Das Vokabular dieser Ansätze bespricht an anderer Stelle ebenfalls Reckwitz (2004b: 303-328), aus diesem Beitrag wird allerdings eher deutlich, dass den „praxeologischen" Ansätzen auch nach Bourdieu ein begriffliches Instrumentarium noch fehlt, mit dessen Hilfe sie diese Praktiken begreifen könnten, ohne dabei gerade das Besondere der situativen Logiken zu zerstören, das es zu erhalten gilt. Scheinbar alternativlos greifen sie schließlich wieder zu jenen Begriffen, die sie der gerade kritisierten umfassenden wissenschaftlich-technischen Rationalität verdanken, die diesen Begriffen ja erst ihre heutige Bedeutung verlieh, und so entgleitet ihnen das Besondere – nämlich der systemische Charakter der Alltagshandlungen – wieder.

ohne eigentlich zu *wissen*, warum. Kontingenz vermag erst recht der exakte wissenschaftliche Begriff nicht zu fassen, er bedarf der Annahme einer „Ordnung der Dinge"[9] als Referenz seiner Beschreibungen. Wenn sich alles ständig wandelt, versagt der exakte Begriff. Die Katastrophe zeigt dieses Versagen an, sie falsifiziert den Glauben an die Übereinstimmung von Begriff und Welt, sie falsifiziert damit die Annahme, die Welt ließe sich umfassend begreifen und sodann: auch *kontrollieren*. Wenn Katastrophenphänomene sich häufen, dann gerät die gesellschaftliche Form des Begreifens von Welt unter Druck.

„Moderne" Gesellschaften beobachten eine exponentielle Zunahme von Opfern und Schäden, die direkt oder indirekt auf Katastrophen zurückgeführt werden (vgl. Münchener Rück 2004: 14-15). Auch die zwischen 1990 und 2000 von den Vereinten Nationen ausgerufene „International Decade for Natural Disaster Reduction" (IDNDR) vermochte diesen Trend nicht zu stoppen.[10] Hungersnöte, die Übernutzung nicht erneuerbarer Ressourcen, Migrationsbewegungen, Landflucht und das Wachstum der Megastädte insbesondere in küstennahen und damit besonders gefährdeten Regionen werden auf das exponentielle Bevölkerungswachstum zurückgeführt (vgl. Brown/Gardner/Halweil 2002). Trotz verbesserter medizinischer Versorgung, die dieses Wachstum wesentlich beeinflusste, starben im Jahr 2003 ca. drei Millionen Menschen an AIDS, etwa 40 Millionen sind mit dem HIV-Erreger infiziert (vgl. Hanke 2004). Im Angesicht des Klimawandels, der – folgt man dem Mainstream der „scientific community" – schon in näherer Zukunft ganze Kulturen bedroht, verblassen die technischen Widerstandskräfte moderner Gesellschaften. Die Anzahl extremer Stürme hat sich zwischen 1960 und 1990 verfünffacht, der durch die Stürme verursachte finanzielle Schaden gar verzehnfacht (vgl. Dlugolecki 1996: 69). Die Wälder schrumpfen drastisch, dies führt zu einem massenhaften Aussterben der in ihnen beheimateten Arten, also zum Schrumpfen des Genpools der Erde. Auch in vermeintlich „entwickelten" Industrienationen werden extreme Hochwasser häufiger und sie nehmen an Heftigkeit zu. Die Versorgung mit Trinkwasser ist ebenso wie die Versorgung mit fossilen Brennstoffen auf längere Sicht weltweit nicht gesichert (vgl. Breuer 1992: 125f.).

9 Vgl. dazu die gleichnamige Schrift Michel Foucaults (2003: insbes. 22).

10 Dennoch hat die Dekade einen bedeutenden politischen Paradigmenwandel in Gang gesetzt. Katastrophen werden nicht mehr als singuläre Ereignisse, sondern nunmehr in einen globalen ökologischen Zusammenhang eingebettet betrachtet, die Katastrophenvorbeugung wird zu einem integralen „[…] Bestandteil globaler, dauerhafter, sozialer und ökonomischer Entwicklung", so Wolf R. Dombrowsky (Dombrowsky 2001: 230), der diesen Paradigmenwechsel gar als Hinwendung zu einer „systemischen Gesamtsteuerung" interpretiert.

Diese Liste an eher „klassischen“ Katastrophenszenarien ließe sich fast beliebig verlängern. Doch seien stattdessen auch noch einige „neue“ Risiken angeführt, die die Menschheit im 21. Jh. bedrohen.

Die atomare, biologische und chemische Kriegsgefahr hat zwar seit Ende des „kalten Krieges“ etwas an medialer Aufmerksamkeit eingebüßt, doch sind nunmehr die menschlichen und sachlichen Ressourcen (die „Facheliten der Ingenieure und Physiker und die Waffenbestände“, so Lars Clausen, 2003: 53) auf den „freien Markt“[11] gelangt, so dass heute nicht mehr nur von Staaten, sondern mindestens ebenso von nichtstaatlichen Vereinigungen mit terroristischem Hintergrund eine große Bedrohung auszugehen scheint (vgl. ebd. 2003: 53). Biotechnische Produkte und Chemikalien werden tagtäglich über Landstraßen und durch Städte verfrachtet, ohne dass etwa in Deutschland auch nur ein einschränkendes Zwangs-Straßennetz für Gefahrentransporte existierte (von einem funktionierenden Warnsystem ganz abgesehen) (vgl. ebd.: 54f. sowie Eikenberg 2000: 59-62). Die Auswirkungen des Anbaus und Verzehrs gentechnisch manipulierter Lebensmittel sind unabsehbar; die Höhe der humanen und monetären Kosten, die ein Zusammenbruch des „World Wide Web“ bedeuten würde, steigt ebenso kontinuierlich an (vgl. Clausen 2003: 53-55), wie die Chance, durch einzelne Finanztransaktionen den Zusammenbruch ganzer Ökonomien zu verursachen. Im Angesicht von BSE und Vogelgrippe schwindet die vermeintlich „natürliche“ Grenze zwischen Tier und Mensch, *beide* Lebensformen scheinen Seuchen gegenüber anfälliger geworden zu sein. Fast vollkommen unbeachtet nimmt unterdessen die Fettleibigkeit unter den Menschen weltweit mehr und mehr pandemische Ausmaße an[12].

All diese so weit streuenden Risiken zusammengenommen erzeugen selbst, bereits als bloß potentielle Bedrohungsszenarien reale, lähmende Wirkungen, von der politischen Instrumentalisierung der Angst für kriegerisch-ökonomische Expeditionen bis hin zur „Konsumzurückhaltung“. Diese allgemeine und unspezifische Unsicherheit erfasst unter dem Schlagwort „Globalisierung“ auch „starke“ Ökonomien; auch sie müssen (wieder) feststellen, dass der „Wohlstand der Nationen“ (Adam Smith, vgl. 2003) eine fragile Sache ist.[13] Gerade das wissenschaftlich-technische Mehr an elementarer Kraft, das der Mensch der Moderne entfaltete, wendet sich zu-

11 Georg Elwert spricht diesbezüglich von „Gewaltmärkten“ (vgl. Elwert 2003).

12 Dieses enorme Kosten verursachende Phänomen hat m.E. überhaupt noch keinen Eingang in die Katastrophenforschung insgesamt gefunden.

13 Die „Rückkehr der Unsicherheit“ ist einer der zentralen Topoi des gegenwärtigen sozialwissenschaftlichen Diskurses (vgl. etwa Evers/Nowotny 1987: 33, Bonß 1996: 165-184, Dombrowsky/Brauner 1996 und Stehr 2000: 299ff.).

nehmend, zunächst in der Form der „Nebenfolgen“[14], gegen den Menschen selbst, bedroht ihn gar mit Zerstörung (vgl. Breuer 1992: 124). Menschliches Schaffen war offenbar niemals bloß produktiv, nun machen sich die lange ausgeblendeten Destruktivkräfte menschlicher Arbeit mehr und mehr bemerkbar (vgl. Clausen 1988: 55ff.). Das Verdrängte, das Ausgeschlossene, das Negierte kehrt allenthalben zurück und untergräbt die Bedingungen der „technischen“ bzw. der „technologischen Zivilisation“[15]. Mit anderen Worten: Katastrophen falsifizieren den Glauben, Welt exakt *begreifen* zu können, sie falsifizieren sodann die Handhabungs- und Herstellungsverfahren, die Arbeitsweise und die Produkte der technologischen Zivilisation sowie ihre Werkzeuge, Maschinen, Apparate und Bauwerke, kurzum, die *Technik der Moderne*.

So lässt sich in Anlehnung an Arbeiten der „Kieler Katastrophenforschungsstelle“[16] bereits nach dieser kurzen Skizze die Katastrophe wie folgt „definieren“: Als „entsetzlicher sozialer Prozess“ (vgl. Clausen/Geenen/Macamo 2003). falsifiziert die Katastrophe das Begriffssystem *und* die

14 Nach Ulrich Beck werden nunmehr, in der „reflexiven Moderne“, die *Nebenfolgen* zum Movens der Geschichte, welches zuvor, in der „einfachen Moderne“, in der Zweckrationalität gelegen habe. Die Moderne habe „zwei Optimismen“ miteinander kombiniert, so Beck: „[...] die *lineare* Verwissenschaftlichungsperspektive mit dem Glauben an die vorauseilende Kontrollierbarkeit der Nebenfolgen – sei es, daß diese ‚externalisiert‘, sei es, daß sie durch ‚intelligentere‘ Rationalisierungsschübe der zweiten Art kleingearbeitet und in neue Aufschwünge verwandelt werden können. Genau diesem doppelten Kontrolloptimismus widerspricht die historische Erfahrung und mit ihr die Theorie reflexiver Modernisierung“ (Beck 1996: 55, Hervorhebung im Original).

15 Zum Begriff der „technischen Zivilisation“ und seiner Geschichte insbesondere in der techniksoziologischen Diskussion vgl. Halfmann 1998b: 7-12, sowie die im selben Band (Halfmann 1998a) versammelten Beiträge, darüber hinaus und vertiefend die Schrift „Technologische Zivilisation und transklassische Logik. Eine Einführung in die Technikphilosophie Gotthard Günthers“, herausgegeben unter dem Pseudonym Kurt Klagenfurt (1995). Etymologisch bedeutete „Technologie“ sinngemäß übrigens einst die „Lehre von den Fachwörtern, Systematik der Fachwörter“ (vgl. Drosdowski 1997: 739). Ein weiterer Hinweis darauf, dass eine Untersuchung des Zusammenhangs zwischen Begriffen und Katastrophen über die Vorgabe hinaus, die Dombrowsky bereits 1989 gesetzt hat, weiterhin angebracht ist (vgl. ders. 1989: 5-15).

16 Dazu gehören insbesondere die Arbeiten von Lars Clausen, Wolf R. Dombrowsky, Elke M. Geenen und Willy Streitz. Die individuellen Beiträge werden im Folgenden so weit wie möglich kenntlich gemacht; der hier zugrunde gelegte Denkansatz geht mindestens auf die Schrift von Clausen und Dombrowsky aus dem Jahr 1978 zurück, er wurde jedoch seitdem von allen an der Katastrophenforschungsstelle Kiel (KFS) mitarbeitenden Personen weiterentwickelt, so dass es angemessen erscheint, eine Institution zu nennen.

technisch-instrumentellen gesellschaftlichen Formen „real", sie offenbart das Scheitern der menschlichen Bemühungen, die jeweilige Umwelt zu beherrschen, oder mit anderen Worten: die „Probleme des Überlebens" wissenschaftlich exakt zu begreifen und sie technisch-instrumentell zu lösen.[17] Diese Definition wirft allerdings Fragen auf, denen in dieser Arbeit nachzugehen ist: Was ist „falsch gelaufen", wenn es zu dieser entsetzlichen Real-Falsifikation gekommen ist, warum sind die menschlichen Bemühungen, die „Probleme des Überlebens" zu meistern, „katastrophal" gescheitert? Wo lässt sich ansetzen, wenn moderne Technik versagt hat und noch das wissenschaftliche Begriffssystem selbst mitfalsifiziert ist? Die Richtung, in der nach Antworten auf diese Frage zu suchen ist, sowie einige theoretische Hintergrundannahmen, von denen diese Arbeit ausgeht, lassen sich zum Überblick grob skizzieren.

Ständig scheitern Menschen in Gesellschaft, ständig müssen sie feststellen, dass ihre habituellen Verhaltensweisen in neuen Situationen inadäquat sind. Perturbartionen, so die Bezeichnung des (radikalen) sozialen Konstruktivismus[18] für „Enttäuschungen" im routinierten Ablauf (vgl. Glasersfeld

17 Die hier zugrunde gelegte „Definition" der Katastrophe stammt von Wolf R. Dombrowsky aus dem Jahr 1987, die er in der Arbeit von 1989 aufgenommen hat. So heißt es bei Dombrowsky wörtlich: „Nichts anderes wäre somit Katastrophe als die ‚Real-Falsifikation' des menschlichen Mühens, die Probleme des Überlebens technisch und organisatorisch zu lösen. Das Scheitern der Lösung, magisierend Katastrophe geheißen, führt, sofern man die Zeichen auf diese Weise zu deuten vermag, zu der voranbringenden Einsicht, daß die Vorstellungen über Wirklichkeit vorläufig sind und weiterer Korrekturen bedürfen" (Dombrowsky 1989: 258, vgl. auch ders. 1987: 331-356).

18 Hier insbesondere Ernst von Glasersfeld, Humberto Maturana, Heinz von Foerster. Jean Piaget wird hier ebenfalls im Zusammenhang mit dem Ansatz des radikalen Konstruktivismus genannt, allerdings hat dieser eher Grundlagen konstruktivistischen Denkens erarbeitet, als dass er im engeren Sinne zu diesem Diskurs hinzuzuzählen wäre. Diese vorliegende Arbeit argumentiert in weiten Teilen „radikal" konstruktivistisch, wenn man darunter all jene Positionen summiert, die, wie Hans Rudi Fischer es ausdrückt, nicht davon ausgehen, dass „[...] die Welt, die es zu erkennen gilt, für das erkennende Subjekt schon fertig vorliegt", dass diese Welt „nur noch entdeckt, d.h. wahrgenommen bzw. irgendwie durch den Erkenntnisapparat für das Bewußtsein abgebildet werden [müsse, M.V.]". Wir können grundsätzlich nur wissen, was wir als Beobachter über „[...] *eigene* Operationen im kognitiven Apparat selbst hergestellt [...]" haben, so Fischer weiter. „Wissen als Resultat eines Erkenntnisprozesses ist demnach nicht ein Abbilden im Sinne eines Entdeckens der äußeren Wirklichkeit, sondern eher ein *Erfinden* von Wirklichkeit. Alle Erkenntnis, alle Erfahrung ist in diesem Sinne subjektabhängig, als jedes Individuum seinen Erkenntnisakt aufgrund eigenen Erlebens, aufgrund einer unhintergehbar eigenpsychologischen Basis selbst herstellen muß. Demnach müssen wir uns von der Idee verabschieden, daß wir die Welt zugänglich machen, erkennen könnten, ohne an das Prokrustesbett unserer Subjektivität ge-

1997: 172-197, insbes. 180 und ders. 2002: 46-69), lösen, so Jean Piaget, im Menschen ebenso wie in Gesellschaften oder ganzen Kulturen in der Regel Assimilations- und Akkomodationsprozesse[19] aus: Der Beobachter (bei Luhmann ein System, das sich selbst von seiner Umwelt unterscheidet und dabei diese Umwelt erst hervorbringt[20]) stimmt sich und seine Umwelt *systemisch* neu aufeinander ab, indem er seine Wahrnehmungsformen (seine Beobachtungen, also seine Unterscheidungen) ständig neu ordnet, die ihm selbst wie seiner Umwelt eine *Struktur* verleihen. Ohne hier schon zu sehr ins Detail gehen zu müssen, ist zunächst entscheidend, dass sich aus dieser Perspektive der Beobachter und seine Umwelt in einem ununterbrochenen Abstimmungs*prozess* befinden, in dem nichts von Dauer ist.

In der Alltagswelt hingegen nehmen wir vielerlei Formen (sowohl die Form des Menschen als auch seine „technischen Artefakte") als konstant wahr, es begegnen uns „Dinge" und Formen, die wir bisweilen für gänzlich unveränderlich halten (etwa ein Stein, die Form des Atoms, die Zeit usw.).

---

bunden zu sein. Eine ‚objektive Erkenntnis' im Sinne einer subjektunabhängigen, von subjektiven Unschärfen freie Erkenntnis erweist sich damit als Illusion" (Fischer 1996: 7, Hervorhebungen im Original). Grundlegend zum radikalen Konstruktivismus siehe insbesondere den Sammelband mit Gesprächen mit den Hauptvertretern des Ansatzes, herausgegeben von Bernhard Pörksen „Die Gewissheit der Ungewissheit" (2002) sowie die von Paul Watzlawick verfasste Festschrift für Heinz von Förster „Das Auge des Betrachters. Beiträge zum Konstruktivismus" (2002). Dann aber legt sich die vorliegende Arbeit nicht auf diese spezifische Denkweise fest, so wird die Kategorie des Subjekts des *radikalen* Konstruktivismus noch systemtheoretisch i.S. Niklas Luhmanns durch die Operationen eines sich selbst erst schöpfenden Beobachters ersetzt (vgl. Luhmann 1998: Kap. 5 II und XII sowie Schulte 1985:, insbes. 12 u. 22ff.); allerdings dies nur vorläufig, denn an späterer Stelle wird auch diese Kategorie kritisiert werden, und sodann die Rede vom Subjekt resp. vom Menschen in veränderter Bedeutung gerechtfertigt. Zunächst ist so weit wie möglich auf die Kategorien der modernen „Metaerzählungen" – dazu zählte Jean-François Lyotard u.a. die Idee der „progressiven Emanzipation" von Vernunft und Freiheit, die Idee des (aufgeklärten) „Subjektes" (vgl. Lyotard 1990: 49) – zu verzichten, gerade um dann ihre Notwendigkeit später begründen zu können.

19 Was Piaget mit den Begriffen Akkomodation und Assimilation meint, lässt sich keineswegs einfach definieren (vgl. dazu Piaget 1969: insbes. 14-18). Für den Zusammenhang dieser Arbeit reicht es, Assimilation als Inkorporation von Umwelt i.S. der Anpassung der Umweltwahrnehmung an den gegenwärtigen kognitiven Zustand und Akkomodation i.S. des Ausprobierens von Deutungsmustern an Umwelt und der auf die Umweltreaktion folgende Anpassung der Schemata zu verstehen; als zwei mit Hilfe dieser Kategorien analytisch beschreibbare Weisen des Organismus, sich mit Umwelt abzustimmen, die jedoch im Grunde stets als ein einziger Prozess gedacht werden müssen.

20 Vgl. hierzu insbesondere Luhmann 1998: Kap. 5 II und XII sowie Schulte 1985:, insbes. 12 u. 22ff.

Der menschliche Verstand, dies stellte schon Nikolaus von Kues (Cusanus) im 15. Jahrhundert fest, ordnet seine Wahrnehmungen *systematisch*, indem er sie bestimmt, sie gegeneinander mehr oder weniger deutlich absetzt. Der Verstand, so bringt der Cusanus-Forscher Kurt Flasch den zentralen Gedanken der Lehre des Cusanus zum Ausdruck, funktioniert nur, wenn er „[...] Gegensätze schafft und bestehen lässt. Das gegensatzlose Unendliche kann er innerhalb seines Gesichtskreises nicht zulassen [...]" (Flasch 1978: 259).[21] Weite Teile der Wissenschaften machen aber die Beobachtung, dass sich tatsächlich *alles* ständig wandelt. In einer Welt ohne Beobachter gäbe es keine Diskontinuität, sie ist „[...] ein Artefakt der Beschreibung, ein Geistesprodukt, das den Geistesprozeß gestaltet", so Gregory Bateson (1982: 251) gut fünfhundert Jahre nach Cusanus.[22] Offenbar hat sowohl die Ansicht Cusanus' als auch die Batesons ihre „Wahrheit": Auf der einen Seite nimmt der menschliche Verstand Formen *systematisch* als über die Zeit hinweg konstant und mit sich selbst identisch, als „Struktur" wahr, auf der anderen Seite deutet selbst die moderne Teilchenphysik darauf hin, dass „alles fließt", dass alles eher prozessualen, *systemischen* Charakters ist. Die okzidentale Philosophiegeschichte ist in weiten Teilen die Geschichte des Versuches, diesen *Widerspruch zwischen Subjekt und Objekt*, zwischen *Systemizität und Systematik* aufzuheben.[23]

---

21 Siehe dazu auch Hegel in der Vorrede zur ersten Auflage der „Wissenschaft der Logik": „Der *Verstand* bestimmt und hält die Bestimmungen fest [...]" (Hegel 1928: IV, Hervorhebung im Original gesperrt).

22 Genau genommen ist allerdings auch diese Aussage Batesons ein Artefakt, weil selbstverständlich keine sinnvolle Aussage über eine Welt ohne Beobachter gemacht werden kann. Vielmehr ist es der „Geist" selbst, der der Philosophie seit jeher die Erfahrung von Einheit und Vielheit als Problem aufgibt. Mit den Worten von William James: „The synthetic unity of counciousness is one of the great dividing questions in the philosophy of mind. We know things singly through as many distinct mental states. But on another occasion we may know the same things together through one state. [...] Here is presence in absence; here knowing together; here the original prototype of what we *mean* by knowledge. This ultimate synthetic nature of the smallest real phenomenon of conciousness can neither be explained nor circumvented" (James 1975: 289, Hervorhebung im Original).

23 Dieser Widerspruch zwischen Subjekt und Objekt und die scheinbare Unmöglichkeit, ihn zu überwinden, war schon für den Historismus als einen der unmittelbaren Vorläufer der Wissenssoziologie das zentrale Problem (vgl. Berger/Luckmann 1996: 7). So stellte Wilhelm Dilthey die Frage: „Wie verhält sich das Leben und Nacherleben hier zum begrifflichen Denken? Leben und Nacherleben bilden die Grundlage und beständigen Untergrund der logischen Operationen; aber dem Verstand sind die Leidenschaften, das Opfer, die Hingabe des Selbst an die Objektivität undurchdringlich: nie kann Erleben in Begriffe aufgelöst werden, aber seine dunklen, tiefen Töne begleiten, wenn auch nur leise, alles begriffliche Denken in den Geisteswissenschaften. Dagegen sind die Stufen des Bewußtseins gleichsam die Technik der Struktur,

Diese Arbeit setzt bescheidener an, sie akzeptiert diesen Widerspruch, sie versucht nicht, ihn aufzuheben. Der Abstimmungsprozess des Beobachters in seiner Umwelt läuft, so die Annahme, *zugleich* kontinuierlich, also systemisch *und* diskontinuierlich, also systematisch; ständig stimmen sich seine Formen neu aufeinander ab, befinden sich alle Formen im Wandel, und doch erlebt er Kontinuität, ja Stabilität, schließlich gar aus allem Wandel herausgelöste „Substanz". Insbesondere die Sprache macht es möglich, dass sich der Mensch und seine Umwelt in einem unauflösbaren Wechselwirkungsprozess gegen allen Wandel stabilisieren, dass der Mensch sich selbst und seine Umwelt mittels Kommunikation mit anderen als „Dinge" wahrzunehmen lernt. Im Begriff lassen sich höchst unterschiedliche und dynamische Qualitäten behandeln, als seien sie Substanz, so etwa, wenn von „der" Zeit gesprochen wird, der jedes irgendwie sinnliche Substrat fehlt und die jeder Mensch selbst innerhalb seines Lebenslaufes immer wieder spürbar anders erlebt. Mit Hilfe technischer Instrumentarien vermag der Mensch gar Gebäude zu errichten, die ihrer Umwelt trotzen, dem Wandel scheinbar entzogen.

Doch wandelt sich das Ganze dieser Formenwelt ständig. Das Bild des Menschen etwa verändert sich kontinuierlich, wie sich auch „materiale" Formen ständig wandeln, beobachtbar allerdings manchmal nur, wenn man den Blick bis hinab zu ihren quantenphysikalischen „Eigenschaften"

---

durch verschiedene Gebilde hindurch zur Herrschaft des Geistes über sich und die Welt zu gelangen. […] Hier durchschaut das Denken seinen Gegenstand. Der Intellektualismus hat darin die Wurzeln seiner Kraft. Er läßt in der Aufklärung jenes Undurchdringliche als einen niederen Bodensatz des Lebens zurück, und er hat dann in Hegel unternommen, das Lebendige aufzulösen in das Begriffliche und durch neue Mittel eines begrifflichen Zusammenhanges nachzubilden. […] Das Problem vom Verhältnis des Lebens zum logischen Denken wird uns von nun ab immer sichtbar bleiben" (Dilthey 1997: 402f.). Wie kann die Wissenschaft vor diesem Hintergrund zu stabilen Werten und Kriterien der Interpretation gelangen, wenn doch alles einem historischen Wandel unterliegt, der Intellekt zudem stets schon Resultat eines ihm Vorgängigen ist, dem er nicht habhaft werden kann, das für ihn nur mehr bloßer, unbedeutsamer „Bodensatz" ist? Karl Mannheim als einer der ersten Wissenssoziologen im engeren Sinne löste dieses Problem durch die Annahme, dass eine „freischwebende Intelligenz" die Totalität der zu einem bestimmten Zeitpunkt gegebenen „Weltanschauungen" mit ihrem besonderen Blick erfassen und damit die Einheit von Subjekt und Objekt gleichsam „stiften" könne (den Glauben an ein erkennbares einheits- und sinnstiftendes Prinzip teilte Mannheim mit Ernst Cassirer, siehe dazu in dieser Arbeit die den 5. Gliederungspunkt einleitenden Bemerkungen zum Erkenntnisinteresse Ernst Cassirers). Freilich war damit das Grundproblem des Historismus nicht gelöst, stand doch die Behauptung der freischwebenden Intelligenz gerade in der auf Ideologien spezialisierten Wissenssoziologie auf keinem tragfähigen Fundament (vgl. Maasen 1999: 19 sowie Mannheim 1970).

dringen lässt. In der „Moderne“ überwiegt dennoch die Erfahrung der Ordnung, der Konstanz, der durchschaubaren Systematik alles Daseienden,[24] dessen vermeintliche Stabilität sich in der Katastrophe als trügerisch erweist. In ihrem Angesicht zeigt sich, dass Diskontinuität ein Artefakt der Beschreibung, ein Geistesprodukt ist, sich alles (Beobachtete) wandelt und nur vorübergehend der Eindruck der Stabilität überwiegt. Wenn der Wandlungsdruck übergroß wird, kollabiert die vor dem Hintergrund dieses Geistesproduktes konstruierte begrifflich-exakte und instrumentelle Stabilität, dies um so heftiger, je länger sie sich dem zunehmenden Druck auf Anpassung an veränderte Verhältnisse hatte widersetzen können, so zumindest die Argumentationsrichtung, die in dieser Arbeit entfaltet wird.

Zur Beantwortung der Frage, was „falsch gelaufen“ ist, dass es zu der entsetzlichen Real-Falsifikation, der Katastrophe, hat kommen können, *muss daher der Prozess der Abstimmung der durch einen Beobachter gegen einen Wandlungsdruck stabilisierten Formen untersucht werden.* Die menschlichen Bemühungen, die Probleme des Überlebens zu meistern, scheitern gerade durch den *eindimensionalen* Versuch, sich dem „ganz normalen, alltäglichen Scheitern“ (Hans-Carl Jongebloed[25]), dem Wandel

24 Dazu Georg Simmel: „Die Richtung, in der dieser Gegensatz [des Absoluten und des Relativen, M.V.] sich entwickelt, wird durch unsere physisch-psychische Anlage und ihr Verhältnis zur Welt präjudiziert. So innig in unserem Dasein auch Bewegung und Ruhe, Aktivität nach außen und Sammlung nach innen verbunden sein mögen, so dass sie ihre Wichtigkeit und Bedeutung erst aneinander finden – so empfinden wir doch die eine Seite dieser Gegensätze, die Ruhe, das Substantielle, das innerlich Feste an unseren Lebensinhalten als das eigentlich Wertvolle, als das Definitive gegenüber dem Wechselnden, Unruhigen, Äußerlichen. Es ist die Fortsetzung hiervon, wenn das Denken es im ganzen als seine Aufgabe fühlt, hinter den Flüchtigkeiten der Erscheinung, dem Auf und Nieder der Bewegungen das Unverrückbare und Verlässliche zu finden, und uns aus dem Aufeinander-Angewiesen-sein zu dem sich selbst Genügenden, auf sich selbst Gegründeten zu führen. So gewinnen wir die festen Punkte, die uns im Gewirr der Erscheinungen orientieren und das objektive Gegenbild dessen abgeben, was wir in uns selbst als unser Wertvolles und Definitives vorstellen. [...] Kurz, die erste Tendenz des Denkens, mit der es den verwirrenden Strom der Eindrücke in ein ruhiges Bett zu lenken meint, richtet sich auf die Substanz und auf das Absolute, denen gegenüber alle Einzelvorgänge und Beziehungen auf eine vorläufige, für das Erkennen zu überwindende Stufe herabgedrückt werden“ (Simmel 1996: 93f.).

25 Dass fast alle individuellen, „[...] *auch unter Kompetenzbedingungen getroffenen Entscheidungen* [...] mit einer kaum beherrschbaren *Möglichkeit des Scheiterns*“ (Jongebloed 1984: 217, Hervorhebung im Original. Vgl. auch ebd. 218) belastet sind, dass Scheitern trotz, ja bisweilen gerade aufgrund sorgfältigster Planung also „normal“ ist und es grundsätzlich nicht ausgeschlossen werden kann, hat Hans-Carl Jongebloed ausführlich entscheidungstheoretisch gezeigt. Christine und Ernst Ulrich von Weizsäcker nennen dieses ganz normale Scheitern „Fehlerfreundlichkeit“: „Irren und Fehlerma-

zu entziehen, so die dabei zu prüfende Hintergrundannahme. Moderne Gesellschaften versuchen in historisch einmaliger Weise, den systemischen Fluss durch wissenschaftlich-technische Systematisierungen zu unterbrechen, Stabilität dauerhaft zu setzen, wo dauernder Wandel ist. Der in der Moderne verabsolutierte Glaube aber, durch systematisches Vorgehen *allein* systemische Zusammenhänge in ihrem Laufe *umfassend* steuern zu können, wird in der Katastrophe widerlegt.

Dann aber ist noch die zweite eingangs gestellte Frage zu beantworten: Wo lässt sich ansetzen, wenn Katastrophen sowohl das wissenschaftliche Begriffssystem als auch die technisch-instrumentellen Formen falsifizieren, wenn die wissenschaftlich-instrumentelle *Systematik* gegenüber der *systemischen* Eigendynamik der Katastrophe versagt? Heißt das nicht in der Konsequenz, dass die Wissenschaft und die Gesellschaften, die sich auf Wissenschaft verlassen, Katastrophen hilflos gegenüberstehen? Muss man trotz des Mangels an alternativen Lösungsansätzen noch radikaler argumentieren und Wissenschaft und Technik gar als (Mit-)Verursacher von Katastrophen pauschal verdammen?

Nun, die hier gestellte Diagnose ist radikal, und sie erfordert – vorab der „konkreten" Zuwendung zum Phänomen der Katastrophe – nicht weniger als ein kategorisches Überdenken der technisch-instrumentellen wissenschaftlichen Zivilisationsform. Doch ist – ganz abgesehen von der Frage, ob dies wünschenswert wäre – die Rückkehr zu einem früheren Zustand ausgeschlossen, es gibt keine Möglichkeit, die Vergangenheit ungeschehen zu machen,[26] der bloße Versuch hätte selbst katastrophale Konsequenzen für Milliarden von Menschen, deren Grundversorgung nur mittels der janusköpfigen Errungenschaften des wissenschaftlich-technischen Fortschrittes möglich ist. Selbstverständlich tragen Wissenschaft und Technik auch immer schon in höchstem Maße zur Lösung drängender Probleme bei. Obgleich die Menge der neuen Probleme die neuen Problemlösungen übersteigt, hieße auf Wissenschaft und Technik verzichten zu wollen, sich einer umso größeren Problemmenge gegenüber zu sehen.

Vielmehr ist eine andere *Praxis* im Umgang mit den „Kategorien" und „Substanzen" gefordert, die aus dem wissenschaftlichen Denken hervorgegangen sind: Ein mehrdimensionales Denken in dynamischeren Begriffen

chen gab es schon vor dem Menschen. Fehlermachen ist natürlich, heißt es in der Natur. Die belebte Natur ist sogar fehlerfreundlich" (Weizsäcker/ Weizsäcker 1984: 168. Im Original mit Hervorhebung). Scheitern gibt die Chance zum Lernen, zum Ausschluss immer neuer Fehlerquellen, dies gilt auf individueller wie auf gesamtgesellschaftlicher Ebene.

26 Es ist sozusagen ein „point of no return" überschritten, eine Organisatorenebene erreicht, von der aus ein früherer Zustand nicht mehr erreicht werden kann (vgl. Claessens 1993: 322).

über eine Welt im Fluss, das bis zum kleinsten Teilchen dafür sensibilisiert, dass nichts für sich besteht, vielmehr auch das „härteste Artefakt" eingewoben ist in einen umfassenden Wandlungsprozess, in dem kein Teil ohne Bedeutung für ein anderes ist, auch wenn sich diese Bedeutung die längste Zeit verbirgt.[27] Katastrophen sind *hinreichend* nicht zu be-greifen mit den instrumentellen, fixierenden Techniken und den verdinglichenden, systematisierenden Begriffen der *modernen* Wissenschaft, die alle Formen in Teile analysiert, sie aus ihrem Bezug herausschneidet, um dabei doch bloß die Form zu zerstören, die es zu untersuchen galt.[28] Ein Denken in ob-

---

27 Im weitesten Sinne schließt diese Arbeit damit an die Forderung aus Georg Lukács' „Geschichte und Klassenbewusstsein" an, die Rüdiger Dannemann wie folgt zusammenfasst: „Das Denken muß [...] historisch werden, oder es kann überhaupt nicht zum Begreifen der Konkretheit des (immer schon historisch vermittelten) Lebens kommen" (Dannemann 1997: 59). Bereits Friedrich Engels stellte im Vorwort zum Marxschen „Kapital" lapidar fest: „Es versteht sich ja von selbst, daß da, wo die Dinge und ihre gegenseitigen Beziehungen nicht als fixe, sondern als veränderliche aufgefaßt werden, auch ihre Gedankenbilder, die Begriffe, ebenfalls der Veränderung und Umbildung unterworfen sind; daß man sie nicht in starre Definitionen einkapselt, sondern in ihrem historischen resp. logischen Bildungsprozeß entwickelt" (vgl. Marx/Engels 1970: 20).

28 Aus dem Vortrag „Licht und Leben" bei der Eröffnungssitzung des II. Internationalen Kongresses für Lichttherapie stammt das Zitat Nils Bohrs, das diesen Gedanken untermauert: „So würden wir zweifellos ein Tier töten, wenn wir versuchten, eine Untersuchung seiner Organe so weit durchzuführen, daß wir den Anteil der einzelnen Atome an den Lebensfunktionen angehen könnten. In jedem Versuch an lebenden Organismen muß daher eine gewisse Unsicherheit in bezug auf die physikalischen Bedingungen, denen sie unterworfen sind, bestehen bleiben; und es drängt sich der Gedanke auf, daß die geringste Freiheit, die wir in dieser Hinsicht den Organismen zugestehen müssen, gerade groß genug ist, um ihnen zu ermöglichen, ihre letzten Geheimnisse gewissermaßen vor uns zu verbergen" (Bohr 1985: 191). Was Bohr allerdings für Organismen behauptet, ist in dieser Arbeit auf alle beobachteten Formen zu erweitern. Der „Kontext" ist für alle Formen entscheidend, erst in ihrem jeweiligen spezifischen Kontext werden Formen relativ „bestimmt". Dies gilt auch und gerade innerhalb der Katastrophensoziologie, darauf weist Enrico L. Quarantelli hin: „In what direction are we going in the disaster research? [...] To ask: what is a disaster, does not generate an ‚obvious' answer for research purposes. [...] Perhaps, little consensus emerged about what constitutes a disaster." Doch zeige die Diskussion der Frage, „what is a disaster?", dass untersucht werden müsse, „[...] to what extent disasters must be seen in a larger social context [...]" (Quarantelli 1995b: 363). Der Einbezug des weiteren Kontextes in die Analysen ist sicher nicht zu kritisieren, sondern gegenüber einer allein auf den „Gegenstand" fixierten Betrachtung insgesamt positiv zu bewerten. Doch werden damit die tatsächlichen Probleme, die mit der scheinbaren Notwendigkeit einhergehen, irgendwo einen klaren Schnitt zwischen dem Objekt plus den ihn einrahmenden Kontext und allem anderen, nicht mehr in die Betrachtung Einzubeziehenden, ziehen zu müssen, nicht

jektivierenden, verdinglichenden Kategorien löst Eigenschaften aus Raum und Zeit, aus allen Kontexten heraus (etwa die Zahl der Opfer, die räumliche oder zeitliche Ausdehnung eines Ereignisses usw.) in dem Glauben, durch deren Addition „die Katastrophe" ursächlich bestimmen und entsprechende technisch-instrumentelle Maßnahmen gegen sie einleiten zu können. Damit bleiben aber gerade entscheidende Charakteristika, die den *Prozess* der Katastrophe kennzeichnen, unzugänglich; die Katastrophe lässt sich nicht auf ein isolierbares Ereignis reduzieren.[29]

Die beobachtete Zunahme an Katastrophenphänomenen, so die *zentrale These* dieser Arbeit, resultiert aus der den Beginn der Moderne markierenden *Verabsolutierung* der Annahme einer objektiven, ahistorischen, durchschaubaren, stabilen, klar abgrenzbaren und nach Gesetzen zu begreifenden

gelöst, sondern auch unkenntlich gemacht, was sich für den Prozess der Katastrophe um so tückischer auswirken kann. Die Ethnographie verfügt mit dem Begriff der „Dichten Beschreibung" (Geertz 1997) über ein Konzept, das diese Probleme eines „scharfen" Kontextbegriffes zwar ernst nimmt, doch verflüchtigt sich dann eben das Objekt im unbestimmten Raum. Der Ethnograph, so Geertz, habe es zu tun mit einer „Vielfalt komplexer, oft übereinander gelagerter oder ineinander verwobener Vorstellungsstrukturen, die fremdartig und zugleich ungeordnet und verborgen sind und die er zunächst einmal irgendwie fassen muß" (ebd.: 15). Diese „Daten" bilden dann den Kontext seiner Dichten Beschreibung. Der Kontext ist dabei jedoch ebenso vielfältig und über sich hinaus verweisend, wie das eigentlich anvisierte „Objekt" selbst. Am Ende sei es daher „[...] nicht möglich (obwohl es Leute gibt, die es versuchen), die abhängigen von den unabhängigen Variablen zu sondern, um eine richtige Funktion darstellen zu können", so Geertz (ebd.: 33).

29 Was eine Katastrophe bedeutet, hängt eben ganz und gar von der Bezugseinheit ab, nicht von irgendeinem (in der Natur oder sonst wo zu suchenden) Ereignis. Entscheidend ist z.B. nicht die Stärke eines Bebens, sondern inwiefern eine Gesellschaft in der ganzen Breite ihrer Fähigkeiten auf dieses Beben vorbereitet ist. Dies kann eine Definition entlang quantifizierter Merkmale nicht fassen (vgl. Dombrowsky 2001: 135ff.). Die Brisanz, die in quantifizierenden, objektfixierten Ansätzen angelegt ist, zeigt sich darin, dass über die Maßnahmen, die zu treffen sind, derjenige entscheidet, der die Katastrophe definiert. Die „Katastrophe ist [dann, M.V.], was die Hilfsangebote der Organisation erforderlich macht", also das, wofür schon entsprechende Mittel vorhanden sind, die eingesetzt werden wollen, so Dombrowsky an anderer Stelle (1996: 61). Schon daher unterscheiden sich die Definitionen der Katastrophe, die etwa in den verschiedenen Gesetzbüchern von Staaten, Ländern und Kommunen, aber auch nichtstaatlichen Institutionen auftauchen. Im Rahmen der internationalen Katastrophenhilfe, welcher nach wie vor wesentlich ein „westliches" Verständnis der Katastrophe und der Katastrophenhilfe zugrunde liegt, wird diese Brisanz besonders deutlich. Alle Versuche einer kulturunabhängigen Definition der Katastrophe sind bislang jedoch gescheitert. Zu den Problemen einer Katastrophendefinition vgl. Quarantelli 1995a und 1998.

Formenwelt.[30] Das dauerhafte, begriffliche, wie instrumentelle Herauslösen von Formen aus ihrem historischen, undurchsichtigen, instabilen und über sich hinaus verweisenden systemischen Zusammenhang führt langfristig zu strukturellen Verwerfungen, letztlich zur Falsifikation dieser Formen, die ihrer Umwelt irgendwann entgleiten. Doch ist eben jenes Herauslösen und Vergegenständlichen von dynamischen Formen Bedingung wissenschaftlicher Zivilisation. Die bloße Infragestellung dieses Denkens hat ebenso katastrophale Konsequenzen, die Destruktion der wissenschaftlichen Begriffe und technisch-instrumentellen Formen lässt ebenfalls *nichts* Dauerhaftes übrig, zumindest nicht für den Menschen. Lediglich Handlungsunfähigkeit hat bspw. die systemtheoretisch-(de-)konstruktivistische Annahme zur Folge, die Katastrophe sei nicht „real", sie wäre ein bloßes Kommunikationsphänomen ohne realen Gehalt.[31] Gerade im Angesicht der Katastrophe stellt sich einem Menschen bzw. einem Beobachter nicht die Frage, ob sie

30 Aus neueren wissens-, wissenschafts- und techniksoziologischen Ansätzen (insbesondere der Akteur-Netzwerk-Theorie, hier v.a. Bruno Latour und Michel Callon, vgl. bspw. Latour 2001 und 2002 sowie Callon 1986: 196-233) lässt sich die Annahme extrapolieren, dass sich erst seit dem 17. Jahrhundert eine auf die ersten okzentalen Philosophen zurückgehende grundlegende Unterscheidung zwischen einer klaren, transparenten, nach Gesetzen beschreibbaren Formenwelt auf der einen und einer stets verschwommenen, intransparenten, sich jeder Gesetzmäßigkeit entziehenden Formenwelt auf der anderen Seite als Beschreibungsartefakt umfassend verfestigen konnte, die als eine, wenn nicht als *die* zentrale Unterscheidung betrachtet wird, die erst die „Moderne" hervorgebracht hat (an anderer Stelle habe ich im Anschluss an Bruno Latour und dessen Faitiche-Konzept argumentiert, dass dieser Unterscheidung die noch fundamentalere Unterscheidung von Glaube und Fakten zugrunde liege, vgl. Voss 2006b sowie Latour 2002a). Gegenwärtig befindet sich diese Unterscheidung in einem umfassenden Transformationsprozess, in dessen Verlauf sich die scharfen Konturen dieser Unterscheidung verflüchtigen, so Latour, aber vor dem Hintergrund einer etwas anders gelagerten Argumentation auch Donna Haraway (vgl. exemplarisch Latour 2002a und Haraway 1995a, darin insbes. ders. 1995b: 73-97).

31 Vgl. zur systemtheoretischen Denkrichtung bspw. Japp 2003: 77-90. Als Beispiel für die – nur schwer von jener ersten zu unterscheidendenden – Perspektive des (De-)Konstruktivismus, wenngleich nicht direkt zur Katastrophe (die bislang m.E. nicht direkter Gegenstand eigenständiger Abhandlungen innerhalb dieses Diskurses ist), sondern zu Risiken vgl. Lemke/Krasmann/Bröckling 2001: 7-40. Dort heißt es, man gehe nicht davon aus, dass gesellschaftliche Risiken „existieren", es zeige sich vielmehr gegenüber diesem „Risikorealismus", „[…] dass Risiken weniger gefunden als ‚erfunden' werden" (ebd.: 21f.). Betont sei schon an dieser Stelle, dass damit weder die Untauglichkeit des systemtheoretischen, noch des (de-)konstruktivistischen Ansatzes zur wissenschaftlichen Auseinandersetzung mit Katastrophen und Risiken (der Zusammenhang beider Themenfelder wird weiter unten ausführlicher Gegenstand der Untersuchung) behauptet wird; allein auf die Grenzen dieser Ansätze, auf ihre Ergänzungsbedürftigkeit sei hier bereits hingewiesen.

real ist oder bloßes Konstrukt, er will ihr entgehen, ganze Gesellschaften wollen Katastrophen etwas entgegensetzen, ihr Selbstverständnis, ihre Souveränität hängt an diesem Willen. Weder der Objektivismus (bzw. Realismus oder Essentialismus usw.) noch der Konstruktivismus (bzw. Subjektivismus, Relativismus oder Nominalismus usw.) bieten also (jeweils für sich genommen) die Mittel auf, der Katastrophe zu begegnen, weder naturalisierende Verdinglichung noch kategorische Negation materialer Qualitäten vermögen das *Zugleich* von Substanz und Prozess, von Differenz und Kontinuität, von Systematik und Systemizität adäquat zu be-greifen.

Die längste Zeit seiner Entwicklungsgeschichte gelang es dem Menschen, ohne exakte Begriffe von der Welt und ohne instrumentelle Techniken die Probleme des Überlebens zu bewältigen, obgleich er sich durchaus immer schon auch systematisierend seiner Umwelt zuwendete, er sich in ihr stets einen Außenhalt von relativer Dauer erschuf. Es soll in dieser Arbeit der Prozess der Genese des Menschen in wichtigen Etappen rekonstruiert werden, um zu zeigen, dass er die Überlebensprobleme zu meistern vermochte, weil es ihm evolutionär gelang, die Vorteile eines systematisierenden Zugriffes auf seine Umwelt mit der Offenheit für die notwendigen systemischen Anpassungsleistungen zu vereinbaren. Entscheidend dafür war, dass *nichts*, was er in seiner Umwelt erfuhr, für ihn den Charakter von etwas objektiv Nur-so-und-nicht-anders-Seienden hatte, dass alles von ihm Wahrgenommene eine jeweils im konkreten Zusammenhang relativ spezifizierte Bedeutung hatte, während es doch zugleich insgesamt *unbestimmt* blieb. Dieser insgesamt unbestimmte Charakter seiner Wahrnehmungsformen bedeutete für den Menschen, etwas für den Moment als relativ bestimmte „Substanz" nehmen zu können, das doch *zugleich* prinzipiell auch alles andere sein kann. Diese Gleichzeitigkeit des für den *modernen* Menschen *Unvereinbaren* bedeutete für den Menschen die längste Zeit, sich stabilisieren zu können und zugleich offen zu bleiben für jegliche mögliche Veränderung seiner Umweltbedingungen. Der Mensch ist das Resultat dieser *Komplementarität*[32] von Substanz und Nicht-Substanz. Die beobachtete

32 Der dieser Argumentation zugrunde liegende Komplementaritätsbegriff wurde von Hans-Carl Jongebloed auf Grundlage des von Niels Bohr („Kopenhagener Deutung") stammenden Gedankens ausformuliert, dass das Welle- und das Teilchenbild einander zwar ausschließen, dass sie aber dennoch nur zusammen die atomaren Verhältnisse angemessen zu beschreiben vermögen (vgl. Jongebloed 1998b: 274 FN 29). Der Komplementaritätsbegriff bezeichnet allgemein ein Verhältnis, in dem zwei einander ausschließende, aber eben einander ergänzende Betrachtungsweisen zusammengenommen ein Phänomen erklären, dass sich aus keinem der beiden Komplemente jeweils für sich erklären ließe (vgl. Heisenberg 1969: 113 sowie Jongebloed 2003a: 26). Die beiden beteiligten Entitäten – in der vorliegenden Arbeit also Substanz und Nicht-Substanz – bilden als Komplemente die Bedingung der

Zunahme von Katastrophenphänomenen aber weist auf den Verlust eines dieser beiden Komplemente hin. Will man die Katastrophe adäquat begreifen, will man schließlich Wege finden, ihnen besser begegnen zu können, bedarf es daher zunächst eines *Begriffsverständnisses*, das dieser Komplementarität gerecht wird, das also weder verdinglicht, was nicht einfach Ding ist, noch dekonstruiert, was nicht bloß Konstrukt ist; ansonsten läuft der Versuch des Begreifens der Katastrophe Gefahr, zur Verschärfung der Probleme beizutragen.

Diese Arbeit verfolgt also zweierlei Ziele, die in dem einen konvergieren, nämlich in ihrem Verlauf Grundlagen einer Katastrophensoziologie zu besprechen, was sogleich heißt, dass sie an ihrem Ende nicht behauptet, eine soziologische Theorie der Katastrophe formuliert zu haben, vielmehr schließt sie gerade dort, wo diese Theorie ansetzen könnte. Zu diesem Zweck ist einerseits zu untersuchen, wie sich die Katastrophe wissenschaftlich adäquat beschreiben lässt, welches begrifflichen Instrumentariums es also bedarf, um sie in ihrer ganzen phänomenalen Breite begreifen zu können. Andererseits geht es dann darum, grundlegende Bedingungen zu eruieren, die aus dem alltäglichen, „ganz normalen Scheitern" Katastrophen werden lassen. Im Verlauf der Arbeit wird sich jedoch immer wieder zeigen, dass sich beide Argumentationslinien nicht tatsächlich voneinander trennen lassen, vielmehr überkreuzen sich die beiden Blickrichtungen ständig; nicht ohne Grund, wie sich herausstellen wird, denn die Weise des Begreifens der Katastrophe ist entscheidend dafür, ob Katastrophen letztlich wahrscheinlicher oder unwahrscheinlicher werden.

Angesichts dieser Aufgabenstellung ist es unabdingbar, dass diese Arbeit sehr unterschiedliche soziologische Arbeiten und Denkrichtungen zusammenführt und dabei weit in philosophische Fragestellungen eindringt. Zunächst beschränkt sie sich gemäß der skizzierten Aufgabenstellung weder auf „realistisch-objektivistische" noch auf „konstruktivistisch-nominalistische" Theorien, vielmehr versucht sie, diese beiden Stränge soziologischen Denkens miteinander in eine Relation zu bringen, die ihre jeweiligen Vortei-

---

Möglichkeit (transzendental) von etwas Drittem, hier des Menschen bzw. der Gesellschaft. Fällt nur eine dieser Bedingungen weg, zerfällt das Dritte (vgl. Jongebloed 2003a: 26). Desweiteren muss das Verhältnis der beiden Komplemente strenggenommen kontradiktorisch, konträr, und kontingent zugleich sein (vgl. ebd.), für die vorliegende Arbeit ist diese weitere Spezifizierung jedoch nicht unbedingt notwendig, diese erforderte eine ausführlichere Auseinandersetzung mit dem Begriff, der bis heute überhaupt noch keinen Eingang in die soziologische Diskussion gefunden hat. Damit ist also ein allgemeines Forschungsdesiderat benannt, dem hier nicht angemessen nachgegangen werden kann, siehe jedoch über die genannten Quellen hinaus: Jongebloed 2002, 2003b und 2004: 2-3 sowie Meyer-Abich 1965: insbes. 140-159 und Esfeld 1998: 283-292.

le zusammenführt. Sodann nimmt sie Ansätze bspw. aus der philosophischen Anthropologie, der Wissenschaftsgeschichte, der Wissenssoziologie, der Wissenschaftssoziologie, der Techniksoziologie und der Katastrophensoziologie auf, um aus diesen Ansätzen die Bedingungen zu extrapolieren, auf denen die Katastrophensoziologie aufbauen kann, wenn ihr weder die Verwendung naturalisierender Kategorien, noch der Weg des sozialen Konstruktivismus ausreichen kann.

Außerdem ist vorab zu erwähnen, dass sich diese Arbeit von anderen dahingehend unterscheidet, dass sie nicht, wie die Mehrzahl soziologischer Ansätze, von der Normalität einer Ordnung ausgeht, zu der nach Störungen wieder zurückzukehren ist, sie behauptet vielmehr die „Normalität des Scheiterns“, den ständigen Wandel.[33] Sie fragt auch nicht, ob oder wie wahre, wissenschaftliche Erkenntnis von einer konstruierten oder realexistenten Realität möglich ist. Stattdessen wird untersucht, wie es zu der höchst unwahrscheinlichen und – wie behauptet wird – katastrophenträchtigen Überzeugung der Moderne hat kommen können, dass es eine „Welt an sich“, eine „objektive“, wohlgeordnete, klar abgrenzbare Welt „tatsächlich“, also unabhängig von einem Beobachter gäbe. Schließlich wird erörtert, wie diese Grundüberzeugung okzidentaler Philosophie sich zunächst hat stabilisieren können, um dann nur wenige Jahrhunderte später wieder zu erodieren, mit ebenfalls katastrophenträchtigen Konsequenzen, sofern dieser Erosionsprozess unbegriffen bleibt. Vor diesem Hintergrund lässt sich dann die Annahme plausibilisieren, dass sich bereits durch eine bloße terminologische Verschiebung ein anderer, notwendiger, zu anderen Ansätzen komplementärer wissenschaftlicher Umgang mit dem Phänomen der Katastrophe erreichen ließe. Dies erörtert zu haben, ist das Ziel dieser Untersuchung.

Aufbau der Arbeit

Vorangestellt werden den inhaltlichen Ausführungen einige philosophische Überlegungen; denn gleich am Anfang wirft eine Untersuchung, die sich kritisch auch mit den Formen wissenschaftlicher Begriffsbildung und der diese Kategorien verwendenden soziologischen Beschreibung der Katas-

33 Mit den Worten Walter L. Bühls geht es nicht darum, „[...] höchst unterschiedliche, aber im Prinzip elementare nichtlineare Prozesse und Strukturen auf einen einheitlichen Nenner zu bringen [...]“ (Bühl 1990: 4), sie auf eine ihr zugrunde liegende Ordnung zurückzuführen. Ziel einer Arbeit, die sich Katastrophen zuwendet, muss gerade sein, die Bedingungen des andauernden Wandels zu erfassen, in dem sich nur vorübergehend für einen Beobachter eine Ordnung stabilisieren kann. Wandel ist normal, die Katastrophe nur das Extrem eines ganz normalen Prozesses (vgl. dazu Clausen 1983: 43).

trophe auseinandersetzt, grundlegende Schwierigkeiten auf, die die Arbeit durchziehen. Im Hintergrund dieser Arbeit steht die Annahme, dass Wissenschaft *systemische* Zusammenhänge *systematisch* zu begreifen versucht und instrumentelle Technik in systemische Zusammenhänge systematisch eingreift, diese Formen des Be- und Eingreifens letztlich aber katastrophale Folgen haben können. Nun muss sich diese Arbeit selbst dem zu behandelnden Problem *systematisierend* zuwenden, entsprechend vorsichtig muss an das Thema herangegangen werden.

Dann aber wird der Bezug mit einer Diagnose konkretisiert, nämlich der Diagnose eines Dilemmas, vor dem insbesondere die soziologische Katastrophenforschung heute ganz real steht: Angesichts der Realfalsifikation ihrer Gegenstände als auch ihrer Begriffe sieht sie sich einer immer größeren Komplexität nicht weiter bestimmbarer Phänomene gegenüber, während auf der anderen Seite immer häufiger gerade Forderungen nach wissenschaftlicher Expertise im Bezug auf Katastrophenrisiken geäußert werden. Es wird daran anschließend ein sehr grobes Bild der wenig einheitlichen und kaum zu systematisierenden katastrophensoziologischen Forschung skizziert. Deutlich wird dabei, dass sich die katastrophensoziologische Forschung angesichts des Verlustes ihrer Objekte einerseits konstruktivistischen Ansätzen zuwendet, sie sich andererseits mehr und mehr dem Prozessualen öffnet, dass zugleich der Fokus immer weiter ausgedehnt und sich der katastrophensoziologische Diskurs mehr und mehr dem Nachhaltigkeitsdiskurs annähert. Allerdings ist damit allein nicht viel gewonnen, wie die „inflationäre" Verwendung des Nachhaltigkeitsbegriffes zeigt, wenngleich die eingeschlagene Entwicklungsrichtung – vom naturalistisch-szientistischen Verständnis der Katastrophe zum ökologischen Denken der „resilienten Gesellschaft" – positiv zu bewerten ist und gar als „avantgardistisch" für die soziologische Theorie überhaupt bezeichnet werden darf.

Es bedarf besonderer Ansätze, die Katastrophe zunächst einmal ihrer dinglichen und unterkomplexen *Ver*kleidung zu *ent*kleiden, um sie als Prozessphänomen in ihrer *ganzen* phänomenalen Breite betrachten zu können, ohne dabei die Vorteile einer bisweilen notwendigen objektivistischen Beschreibung mit zu verwerfen. Solcherart Ansätze werden anschließend zur Annäherung an das Katastrophenphänomen vorgestellt. Mit dem katastrophensoziologischen Makromodell FAKKEL (Lars Clausen) wird zunächst die Behauptung plausibilisiert, dass die Überwindung einer Katastrophe und die anschließend einsetzende Normalisierung, hier „Alltagsbildung" genannt, *bereits die erneute Katastrophe einleitet*. In der Katastrophe brechen langfristig stabilisierte Offerten- bzw. Erwartungsmuster zusammen, die sich gegen Umweltveränderungen stabilisiert haben und nun dem Veränderungsdruck nicht länger standhalten, so die grundlegende, zu extrapolierende Annahme, die diese Arbeit insgesamt im weiteren Verlauf leitet. Anschließend wird eine erste Referenz erörtert, auf die sich die Rede von der Katastrophe bezieht. Walter L. Bühls Katastrophentheorie gibt entscheidende Hinweise darauf, was überhaupt in erster Annäherung adäquat unter dem Terminus „Gesellschaft“ zu verstehen ist, dann aber vor allem, unter welchen Bedingungen es Gesellschaften als Ökosystemen gelingt, Komplexität zu entfalten, ohne dabei die Abstimmung der Gesellschaftsform mit ihrer Umwelt gefährlich einzuschränken. Besonderes Augenmerk wird dabei auf das Gesellschaft-Umwelt-Verhältnis gelenkt; denn es zeigt sich, dass nur in Relation zu je spezifischen Umwelten (mitsamt ihren jeweils spezifischen zeitlichen und räumlichen Horizonten) darüber etwas ausgesagt werden kann, ob ein System Vorteile hat, das sich stark stabilisiert bzw. mit den Worten Charles Perrows „eng koppelt“, das damit seine systemische Fähigkeit auf Umweltveränderungen umgehend reagieren zu können, zunehmend einschränkt, während es seine „Effizienz“ in jeweils spezifischer Weise erhöht, oder aber ob es vorteilhaft ist, die Systemkomponenten nur lose miteinander zu verkoppeln und damit stets flexibel auf Umweltveränderungen reagieren zu können, dabei aber Effizienzpotentiale unausgeschöpft zu lassen. Diese Schwierigkeit, dass die Qualität der Kopplungen nur im Bezug auf die spezifische Umwelt bewertet werden kann, hat erstens zur Folge, dass unterschiedlichste Gesellschaftssysteme auch nicht mit denselben Instrumentarien „gesteuert“, noch entlang einer einzigen Form von „Rationalität“ (etwa der des Marktes) begriffen werden können. Offenbar kommt es entscheidend darauf an, dass jede Form, ob Gesellschaften oder einzelne Menschen, in ihrer jeweils spezifischen Umwelt ein optimales Maß an Kopplung entfaltet. Da sich außerdem Umwelt ständig wandelt, somit sich also auch die Bedingungen ständig wandeln, die eine Methode in der Vergangenheit haben erfolgreich werden lassen, heißt das zweitens, dass nur begrenzt aus Erfahrungen gelernt werden kann, diese aber ständig weiterhin auf ihre möglicherweise erst in der Zukunft auftretenden Nebenfolgen hin überprüft werden und v.a. weiterhin *korrigierbar* sein müssen. Absolute Sicherheit erweist sich auch bei hochgradiger Reproduzierbarkeit unter sonst gleichen Bedingungen (ceteris paribus) als Chimäre; was hundertmal stimmte, muss unter sich ständig wandelnden Randbedingungen nicht für alle Zeiten gültig sein, dies gilt auch für noch so fundamentale Formenverständnisse.

Die Bedeutung des Verhältnisses von Form und Umwelt wird – an diesen Gliederungspunkt anschließend – bei der Erörterung dessen, wie „der Mensch“ in dieser Arbeit gedacht wird, näher spezifiziert. Auch für den Menschen gilt selbstverständlich, dass er nicht einfach unreflektiert als Subjekt-Objekt gesetzt werden kann. Vielmehr hat er sich als Form in einem evolutionären Prozess von Versuch und Irrtum in Abgrenzung zu seiner individuellen Umwelt entwickelt und ist – wie seine Umwelt – stets im

Werden. Dies wird im Rückgriff auf Arbeiten von Hans Driesch, Jakob von Uexküll und dann insbesondere von Helmuth Plessner erörtert. Plessner gelang mit seiner Bestimmung des Menschen als „exzentrisch positioniertem Wesen“ eine Beschreibung der relationalen Konstruktion von Form und Umwelt, die m.E. sich, eher als neuere systemtheoretische Ansätze, als Grundlage, besser: als Hintergrund für die weiteren Erörterungen eignet. Die Plessner'sche Konzeption ist ausführlich darzustellen, weil seine Anthropologie ohne Naturalisierungen auskommt, sie sich daher dazu anbietet, eine – wie von Michel Callon und Bruno Latour gefordert – „symmetrische Anthropologie“ zu fundieren[34], also eine Anthropologie, die die Geschichte des Menschen nicht bereits im Vorhinein als von „den Dingen“ oder „der Natur“ separiert begreift, sondern gerade die Subjekt-Objekt-Unterscheidung, die Unterscheidung von Mensch und Natur, als ein wiederum kontingentes Resultat eines langen evolutionären Prozesses versteht. Schließlich kann die These formuliert werden, dass moderne (sowie sich an deren Paradigmen orientierende) Gesellschaften ihre Fähigkeit, stets das optimale Maß an Stabilität und Flexibilität in Bezug auf ihre je spezifische Umwelt zu entfalten, zunehmend einbüßen, da sie systemisch verwobene Formen immer umfassender systematisieren, sie aus ihren gewachsenen Zusammenhängen lösen, um sie dann instrumentell enger aneinander zu „koppeln“ und ihnen damit mehr und mehr die Fähigkeit zur Anpassung an Umweltveränderungen nehmen.

Um diesen Prozess im Detail untersuchen zu können, ist zunächst eine Auseinandersetzung mit der „klassischen“ Anthropologie zu führen. Auf die Kategorien der Anthropologie kann diese Arbeit und – so wird angenommen – der Versuch, Katastrophen besser zu verstehen, nicht verzichten, es bedarf eines Bildes vom Menschen samt seiner Entwicklungsgeschichte, um über Katastrophen sprechen zu können. Doch werden eben diese Kategorien nicht einfach übernommen, sie werden als Bedeutungsträger modifiziert, die etwas anzeigen, ohne doch exakt bestimmbar zu sein, was exemplarisch zu verdeutlichen ist. Diese Modifikation (hier insbesondere der Kategorien von „Instinkt“ und „Reflex“ am Werk Max Schelers, dann weiterer grundlegender Formen), erscheint trivial, für den erörterten Zu-

34 Vgl. Latour 2002b und Callon 1986. Dieser in der vorliegenden Arbeit unternommene Versuch einer symmetrischen Anthropologie muss freilich fragmentarisch bleiben. Einige grundlegende Kategorien werden an dieser Stelle dahingehend zu symmetrisieren versucht, dass ihnen als Wechselwirkungsbegriffe weder der Charakter von Objekten noch der subjektiver Kategorien zukommt, sie vielmehr als Beobachterartefakte begriffen werden, mittels derer wir uns unabhängig von der Frage nach ihrer „realen“ Existenz in der Welt zurechtfinden, die also gegenüber der Subjekt-Objekt-Differenzierung indifferent sind.

sammenhang ist sie dies jedoch keinesfalls, wie bereits vorab, diesen Gliederungspunkt einleitend, in logisch-philosophischen Überlegungen zum Verhältnis von Beobachter, Teil und Ganzem begründet wird. Zu zeigen ist gerade, dass die Unterscheidung zweier Pole – unveränderliche *Natur*kategorien auf der einen und undurchschaubare fluide Formen des Gesellschaftlichen auf der anderen Seite – ein Artefakt mit möglicherweise langfristig katastrophalen Folgen ist. Vielmehr sollten alle Formen entlang einer einzigen Skala – man könnte sagen, zwischen den Polen „sehr stabilisierte Form" und „sehr fluide Form" – beschrieben werden. Alle Formen sind stets kontextabhängig und durchgängig historischen Charakters, so eben auch die Kategorien von „Reflex" und „Instinkt".

Über den grundlegenden, sehr stabilen, der klassischen philosophischen Anthropologie entnommenen Kategorien von Reflex und Instinkt erheben sich weitere, bereits relativ flexiblere Formen, die rückwirkend auch Einfluss auf die ihnen zugrunde liegenden Organisationsformen ausüben. Zwei solcher relativ flexiblen, aber doch für die Entwicklung hin zum modernen Menschen fundamentalen „Organisatoren" werden detaillierter erörtert, weil sie für die weitere Argumentation zentral sind. Die beiden von Dieter Claessens aufgearbeiteten Theoreme vom „Prinzip der Körperausschaltung" (Paul Alsberg) und von der „Insulation gegen selektive Pression" (Hugh Miller) führen direkt zur „Gesellschaft"; denn durch sie wird die dauerhafte Stabilisierung eines Schutzes der Gruppe vor einer jetzt gemeinsam wahrgenommenen „Umwelt" möglich. Mit anderen Worten: Zwei Umwelten treten auseinander, die Umwelt des Einzelnen (zweite Umwelt), die für ihn nun vornehmlich die Gruppe ist, und die Umwelt des Kollektivs, die „äußere", eigentliche, also erste Umwelt. Erst in diesem Rahmen nun können sich der Mensch als „Individuum" und die Gruppe als eigenständige Formen relativ stabilisieren.

Damit ist der Rahmen skizziert, vor dessen Hintergrund nunmehr im fünften Teil der Arbeit, in weitgehender Anlehnung insbesondere an das Werk Ernst Cassirers, eine „Theorie der symbolischen Formen" entwickelt wird. Cassirer hatte in seinem dreibändigen Werk zur „Philosophie der symbolischen Formen" gezeigt, dass Kulturerscheinungen sich nur vor dem Hintergrund je spezifischer symbolischer Formen, etwa der Form des Mythos, der Sprache, der Technik u.a. hinreichend, wie er sagt: „objektiv" bestimmen ließen. Diese Arbeit greift zwar wesentlich auf das Werk Cassirers zurück, sie wendet den Begriff der symbolischen Form jedoch in eine andere Richtung und weicht damit sowohl vom Erkenntnisinteresse Cassirers als auch von dessen inhaltlicher Bestimmung des Begriffes der symbolischen Form deutlich ab (siehe hierzu die vorangestellten Ausführungen zum Erkenntnisinteresse Cassirers). Mit Hilfe dieses Ansatzes wird in der vorliegenden Arbeit versucht, vor dem Hintergrund des vorab skizzierten

Werdeganges des Menschen den nun sich beschleunigenden *Prozess der relativen Stabilisierung der Wahrnehmungswelt* exemplarisch entlang besonders bedeutender Formen zu beschreiben, der schließlich an der Schwelle zur Moderne die systematisierende, analysierende Wissenschaft und instrumentelle Technik möglich werden lässt.

Gezeigt werden wird dabei, dass sich durch alle wahrgenommenen, erst von einem Beobachter in Wechselwirkung mit seiner Umwelt von einem unbestimmten Hintergrund hervorgehobenen Formen hindurch ein „Nomos"[35], nämlich der „Auftrag zum Überleben" erhält. In der Wahrnehmungswelt des Einzelnen als auch der Wahrnehmungswelt der Gruppe stabilisieren sich immer umfassendere Formen, zugleich kommen differenziertere Formen hinzu, andere werden überformt oder vergehen. Alle diese Formen sorgen für den Erhalt der Unterscheidung des Beobachters von seiner Umwelt, eines Beobachters, der sich selbst und seine Umwelt erst in dieser Unterscheidung „konstruiert". Diese „Funktion" der Formen zeigt sich dem Beobachter nicht, obgleich sie in allen Formen „wirkt", die *Formen bedeuten also stets mehr, als sie dem Beobachter anzeigen.* Alle von einem Beobachter aus einem unbestimmten Hintergrund hervorgehobenen Formen, dies wird in diesem Gliederungspunkt gezeigt, erhalten ein erforderliches Maß an Ordnung, an *Stabilität* aufrecht, während sie zugleich stets die notwendige *Flexibilität* der den Beobachter erzeugenden Formen beibehalten, um auf Veränderungen in der Umwelt reagieren zu können, um nicht letztlich in der Umwelt aufzugehen, die Grenze einzubüßen.

Wesentliche Entwicklungslinien vom mythisch-sympathetischen Denken, in dem alles miteinander zusammenhängend wahrgenommen wird, bis hin zur (zunächst noch immer *relativen*) Stabilisierung der noch der modernen Wissenschaft zugrunde liegenden Kategorien von Raum, Zeit und Zahl werden in diesem Gliederungspunkt skizziert. Im Schutz der Gruppe stabilisieren sich zunächst wesentliche Bedeutungszentren, die zuvor bedeutend instabiler waren, weil sie nun nicht mehr bloß für den Einzelnen, sondern für den Gruppenzusammenhang relevant werden. Erst in diesem Kontrast nimmt die Umwelt eine eigenständige Form an. In einer kurzen, vor allem zu heuristischen Zwecken geführten kritischen Auseinandersetzung mit dem Institutionenbegriff Arnold Gehlens wird jedoch betont, dass der Mensch zwar durchaus darauf angewiesen ist, dass seine Umwelt eine rela-

35 Mit Nomos sei mit Dieter Claessens ein „[…] selbstverständlich vorauszusetzender Überlebensdrang jedes einzelnen Gruppenmitgliedes" (Claessens 1993: 75) bezeichnet, allgemeiner, ein Überlebensdrang, der allem Sein immer schon innewohnt. Der Nomos ist ein „Gefühl gegenseitiger Verpflichtung" mit dem alles überragenden Ziel des Überlebens sowohl des Einzelnen als auch der Gruppe, freilich vorab jeden *Bewusstseins* von diesem „Auftrag" (vgl. ebd.: 75).

tive Konstanz aufweist, dass diese Konstanz aber eben eine bloß *relative* ist, *niemals eine absolute*. Vielmehr müssen sich alle Formen ständig neu ausrichten können, dies ist für das Überleben der beobachtenden Form entscheidend. Diese Notwendigkeit geht in jede relativ stabilisierte Form als Bedeutungsüberschuss ein, ohne dass sie diesen Überschuss einem Beobachter anzeigte. Diesem Bedeutungsüberschuss wird mit der Kategorie der „symbolischen Form" Ausdruck verliehen.

Das Werkzeug und die Sprache sind demnach solche symbolische Formen; als „Techniken des Überlebens" stabilisieren sie sich und den Menschen relativ, sie heben sich als hochgradig bedeutungsvolle Formen von anderen ab und wirken selbst in besonderem Maße prägend auf die weitere Durchstrukturierung der Wahrnehmungswelt, während sie ihren Beitrag zur Aufrechterhaltung der Unterscheidung von Form und Umwelt leisten. Das hier zugrunde gelegte Verständnis von Technik wird am Beispiel des Werkzeuges und insbesondere der Sprache ausführlich besprochen, denn an diesen Formen kann besonders aufschlussreich der die längste Zeit *systemische* Prozess der relativen Stabilisierung der Wahrnehmungswelt beschrieben werden; das Werkzeug und die Sprache erfahren aber auch deshalb besondere Aufmerksamkeit, weil sie als Techniken bis heute, nun allerdings primär als *systematisierende* Formen, ganz allgemein von grundlegender Bedeutung sind, insbesondere aber, weil sie jene Formen sind, mittels derer der moderne Mensch Katastrophen zu begegnen versucht. Von grundlegender Bedeutung sind auch die ebenfalls detailliert hergeleiteten Formen von Raum und Zeit, der Zahl sowie des Gruppen- und des Ichbewusstseins, die noch heute der modernen Wissenschaft gleichsam als „*Natur*kategorien" zugrunde liegen, deren *historischer* Charakter weitgehend in Vergessenheit geraten ist. Weitere Formen (besprochen werden Ritus, Totem, Hierarchie, Macht und Verwandtschaftssysteme) ergänzen den „Apparat" relativ stabilisierter Formen und ermöglichen die Steigerung der Wahrnehmungskapazitäten, während sie zugleich die Komplexität auf einem verkraftbaren Niveau halten, sie die Komplexität also zugleich reduzieren und damit die Anpassung der Gruppe an die äußere Umwelt gewährleisten; diese Formen sorgen somit allesamt für die Überlebensfähigkeit der sich entwickelnden Gruppen.

Nun kann im sechsten Gliederungspunkt die Klärung der entscheidenden Frage angegangen werden, wie es zum „Haarriss" hat kommen können, der sich zwischen einen „kulturellen" Bereich und die „Natur" hat ziehen können, der die *moderne* Wissenschaft und auf dieser aufbauend die *instrumentellen* Formen der modernen Technik erst ermöglichte. Im mythischen Denken fehlte eine solche zentrale Trennlinie vollständig. Alles konnte noch in jeden Zustand übergehen, alles hing untrennbar mit allem zusammen, und somit war auch alles beeinflussbar, war aber auch jede Ursache überall zu suchen. Die Beeinflussungslinien waren ungeordnet und undurchschaubar vielfältig. Die Stabilisierung der Gruppe als objektivierter Form schaffte jedoch die Bedingung dafür, dass sich nun der Gruppenhintergrund, also die erste Umwelt, selbst zu einer „unbestimmt-bestimmten" Form verdichtet. Diese Form wird nun in einem langen Prozess zum „Heiligen". Auf die erste Umwelt waren immer schon alle Formen ausgerichtet, nun aber dringt die Bedeutung der Umwelt in der Form des Heiligen „zu Bewusstsein". Ihre Beeinflussung wird nun gezielt gesucht. Jetzt werden mittels des Opfers als magischer Technik sämtliche Formen in weit höherem Maße als noch zuvor entlang eines einzigen zentralen Vektors ausgerichtet. Alles wird entweder der Seite des Heiligen oder der anderen Seite, der Seite des Profanen zugeordnet, wobei die Übergänge nach wie vor fließend und hochgradig variabel sind. Noch immer ist das Gefühl, dass alles miteinander verbunden ist, umfassend, die Ursachen und Bedingungen eines „Ereignisses" werden daher nach wie vor in allen Formen gesucht, ohne dabei bereits kategorisch zwischen bestimmten Formen zu unterscheiden. Dennoch nimmt das Heilige eine besondere Stellung ein, das Heilige wird zur Form, aus der die Notwendigkeit zur Anpassung an die erste Umwelt, als auch zur Grenzerhaltung direkt zur Gruppe „spricht". Das Heilige wirkt dabei hochgradig ökonomisch, weil es die Ordnung des Ganzen auf komplexem Niveau sichert und stabilisiert, während es zugleich für ein notwendiges Maß an Flexibilität und damit zugleich an Sensibilität aller Formen für Umweltveränderungen sorgt.

Nun sind mit der Stabilisierung der Form des Heiligen und der damit einhergehenden hochgradigen Beruhigung der Wahrnehmungswelt die Bedingungen gegeben, die einen Bereich als relativ unveränderlich und einen anderen als demgegenüber hochgradig dynamisch auseinander treten lassen, doch noch immer bleiben alle Formen in einen umfassenden Zusammenhang eingebettet. Zwar können Formen nun vorübergehend bereits als „Substanzen", also unveränderlich erscheinen, doch ist in ihnen weiterhin immer auch etwas „Göttliches" anwesend, *bleiben sie stets mehr, als sie zu sein scheinen*, und ein unbestimmtes Gefühl davon verhindert nach wie vor ihre endgültige Isolation und garantiert weiterhin die Flexibilität der Formen. Die Stabilisierung der Formen ist jedoch bereits so weit fortgeschritten, dass immer mehr Gemeinsamkeiten zwischen ihnen erkannt werden, nach denen der Mensch selbst sie im Zuge des Stabilisierungsprozesses aller Formen strukturierte. Zunehmend erscheinen „Dinge" nun als unveränderlich, damit wissenschaftlich analysierbar und zugleich instrumentell planend beeinflussbar, während die Bedeutung des Heiligen verblasst und immer weiter aus dem „Alltag" verdrängt wird. Das Heilige verliert an Bedeutung, es wird in diesem Zuge mehr und mehr antastbar.

Phänomene wie etwa Epidemien und Kriege werfen Fragen auf, die nun schon fast *gleichrangig* das System der Formen wie die Form des Heiligen selbst herausfordern. Nun muss sich auch das Göttliche rechtfertigen, nun wird das Göttliche selbst direkt angesprochen und „untersucht", wie in einer Aufarbeitung einiger wichtiger Etappen der okzidentalen Philosophiegeschichte im Prozess der Bestimmung des Heiligen gezeigt wird. Das Heilige verblasst bis zum 14./15. Jahrhundert zu einer Form unter anderen und verliert damit seine Kraft, die Formen unbestimmt und damit flexibel zu halten. Platon ist wohl einer der ersten, der das Göttliche *direkt* anspricht, noch für Parmenides war dies ausgeschlossen. Doch erst René Descartes verweist das Göttliche tatsächlich aus der Wissenschaft, die sich nun den „reinen" Formen zuwendet. Wenngleich also bereits mit den Anfängen der okzidentalen Philosophie, mit der Frage nach dem Grund, die Bedingungen für die Unterscheidung von wahrem, ahistorischem, transparentem, mathematisch durchschaubarem Sein auf der einen und bloß akzidentiellem, undurchschaubarem, historischem, getrübtem, falschem Sein auf der anderen Seite gegeben sind, brechen doch erst mit der Negation Gottes – wenn nicht *durch* Descartes, mindestens *als Folge* seines radikalen Zweifels – beide Bereiche auseinander, löst sich ein Bereich gänzlich von einem anderen, brechen alle Vermittlungen zwischen ihnen ab.

Die historisch gewordenen und nur in dieser Historizität mit dem „Auftrag zum Überleben" – also zur Erhaltung der Grenze zwischen der beobachtenden Form und ihrer Umwelt – verflochtenen Formen, werden ahistorisch. Sie verdinglichen, sie „entfremden" sich dem Einzelnen, der jeden Bezug zu ihnen verliert, der also auch jegliche Sensibilität dafür einbüßt, welchen (Bedeutungs-)Wandel sämtliche Formen nach wie vor im Bezug auf den Menschen durchlaufen. Die Alltagsbildung wird umfassend; selbst dramatische Erscheinungen lösen keine Anpassungsmaßnahmen des hochgradig artifiziell stabilisierten Geflechtes mehr aus, da sich der zum Laien gewordene Einzelne ganz auf den Experten verlässt; die kategorische Trennung zwischen einer ahistorischen, transparenten Welt der Dinge und einer historischen, intransparenten Welt der sozialen Formen auf der anderen Seite hat jedoch auch zur Folge, dass die Begriffe der Experten verdinglichen, dass sie zu ahistorischen Kategorien gerinnen, die den tatsächlichen Bedeutungswandel immer weniger abzubilden vermögen. So kollabieren nicht allein die „materiellen", von ihren vermeintlich bedeutungslosen Bedeutungsüberschüssen befreiten und erst dadurch zu scheinbar unveränderlichen Substanzen geronnenen Objekte, auch das begriffliche Instrumentarium der Experten, auf die sich der Laie verlässt, bricht in sich zusammen.

Vor dem Hintergrund dieser Untersuchung, an ihrem Ende, zeigt sich also als die Herausforderung an eine Katastrophensoziologie, dass es ihr zukommt, *komplementär* zu den Verdinglichungsprozessen der „exakten" Wissenschaften zu denken. Selbstverständlich bleibt die Notwendigkeit, „exakt", also in den Kategorien der „Natur"-Wissenschaften denken zu müssen, davon völlig unbeeinträchtigt; moderne Gesellschaften müssen versuchen, Katastrophen von ihrer „materiellen" Seite her besser zu verstehen, eben so, wie die Naturwissenschaften zu denken gewohnt sind. Die Katastrophe *allein* von dieser wissenschaftlich-exakten, systematisierenden Warte aus anzugehen, verfehlt jedoch notwendig den *systemischen* Charakter der Bedingungen, die Katastrophenprozessen „entschleunigend" zuwiderlaufen. Die Katastrophensoziologie darf den „materiell-realen" Charakter von Welt nicht außer Acht lassen, die materielle Seite der Objekte ist selbstverständlich Teil der insgesamt bedeutungsvollen Wahrnehmungswelt, und als solche muss sie realer Gegenstand auch der soziologischen Beobachtung sein. Der menschliche Verstand ist gezwungen, systematisierend zu denken, dies ist seine Weise des Weltzugriffes seit jeher. Von ebenso großer Bedeutung aber ist es, die *systemischen* Bedingungen des Zustandekommens dieser „realen Macht der Materialität" zu ergründen, die immer schon das Systematisieren, das setzen von diskreten Unterscheidungen, überhaupt erst ermöglichten. Im Symbol resp. in der symbolischen Form finden Systematik und Systemik ihren Ausgleich. Wenn es am Ende dieser Arbeit gelungen ist, einen Beitrag zum Verständnis der Bedeutung des Symbolischen in der soziologischen Katastrophenforschung geleistet zu haben, ist das selbst gesetzte Ziel erreicht.

2. Katastrophe und Mensch – katastrophensoziologische Grundlagen

Diese Arbeit sucht zunächst Grundlagen einer Katastrophensoziologie. Die Suche nach Grundlagen führt, so sagt es schon das Wort, unweigerlich zur Frage des Grundes, zur Frage des Anfangs, zur Frage des Seins, zu den philosophischen Fragen schlechthin. Schon zu Beginn dieser Arbeit stellt sich das Problem in aller Schärfe, dass mit *etwas* begonnen werden muss, dessen Grund, dessen Sein erst zu problematisieren ist. Wie einleitend angedeutet, darf diese Arbeit nicht mit vorschnellen Bestimmungen dessen ansetzen, was erst in ihrem Verlauf zu klären ist, denn eine ausschließlich analytische, substantialisierende Herangehensweise verfehlt notwendig das Phänomen der Katastrophe, der Substanzbegriff kann die Katastrophe nicht umfassen, nicht be-greifen. Dieses Problem anvisierend, seien einige philosophische Reflexionen, die soziologische Arbeit im Weiteren umrahmend, vorangestellt.

2.1 Das Aktuelle und das sich Verbergende – Vorüberlegungen zur Denknotwendigkeit eines Dritten

Wissenschaft beginnt nicht voraussetzungslos, sie muss mit *etwas* beginnen, vom Teil her, dessen Ganzes sich entzieht. Die Sozialwissenschaften des 20. Jahrhunderts mussten die Einsicht verkraften, nicht als „freischwebende Intelligenz“ (vgl. Mannheim 1970) Gesellschaft wie von einem externen Standpunkt als Objekt beobachten zu können, sie mussten sich selbst als Teil ihrer eigenen Beobachtungen begreifen lernen. Nachdem die Philosophie erkannte, dass sie selbst Produkt ihrer eigenen Beobachtungen, nicht aber mit diesen identisch ist, dass sie also Wirklichkeit nicht gleichsam aus sich heraus zu begreifen vermag, ohne doch zugleich verändernd auf diese zu wirken, ist sie nunmehr genötigt, sich selbst rücksichtslos zu kritisieren[1], ja sich zu destruieren oder aber weiter zu positivieren, anzuschließen an das ihr als humanistische Denktradition Vorgegebene, aller Kritik zum Trotz. Die Philosophie der De(kon)struktion lässt den Menschen hinter sich zurück. Indem Philosophie aber positiv anschließt an das, was sie zu wissen glaubt, verschließt sie sich den Zugang zum Nichtgewussten, zum Anderen, sie stellt damit ebenfalls den Menschen in Frage, da nicht gewusst werden kann, ob sie mit dem Anderen nicht sogleich *die Bedingungen* des menschlichen Daseins verwirft. Weder Destruktion, noch bloße Positivierung objektivierter Verhältnisse versprechen einen Ausweg aus der Situation, in die die Geisteswissenschaften im Sog der Philosophie gerieten. Die Suche muss also einem *dritten* Weg gelten.

Für Theodor W. Adorno war dies das Argument für Kritik: Alle *positivistische Verdinglichung* bedeute, das in jedem Begriff schlummernde *breite* Erbe zu vergessen, das aus den gesellschaftlichen Verhältnissen *heraus* zum Begreifen der gesellschaftlichen Verhältnisse durch den Begriff befähige, sofern der Begriff und die durch ihn bezeichneten Phänomene in seiner *ganzen lebensweltlichen Fülle* genommen werde. Kritik bedeute demnach Erinnerung, „[…] nämlich in den Phänomenen erkennen, wodurch sie das wurden, was sie geworden sind, und dadurch der Möglichkeit innewerden, daß sie auch ein Anderes hätten werden und dadurch auch ein Anderes sein können“ (Adorno 1973: 34).[2] Diese Arbeit versteht sich als Kritik in diesem Sinne, indem sie erinnert an den ganzen Gehalt von begriffenen Phänomenen, an den Verweisungsüberschuss, an die Transzendenz[3]

1 So Theodor W. Adorno (vgl. 1997: 15).

2 Den Hinweis auf diese schwer zugängliche Adorno-Quelle und die darin enthaltenen wertvollen Stellen verdanke ich der Arbeit von Wolf R. Dombrowsky „Katastrophe und Katastrophenschutz“ (vgl. 1989: 7), wie überhaupt ganz besonders dieser einleitende Abschnitt durch dessen Arbeit wesentlich beeinflusst ist. Siehe hierzu auch Dombrowskys Überlegungen zum Zusammenhang von „Begriff und Begreifen“ (1996), denen diese Arbeit ebenfalls grundlegende Denkanstöße verdankt.

3 In der vorliegenden Arbeit wird der Begriff der Transzendenz – für einen Philosophen sicher zu unscharf – in enger Verbindung mit dem seit Immanuel Kant von jenem ersten unterschiedenen Begriff des Transzendentalen verwendet, beide Begriffe lassen sich vor dem Hintergrund der hier vertretenen Argumentation kaum überhaupt voneinander trennen. Der Begriff der Transzendenz meint, dass von einer Erfahrung eines „Dinges“ nicht auf ein von dieser Erfahrung unabhängiges Sein dieses Dinges geschlossen werden kann, wie allerdings auch umgekehrt sich der Beweis nicht erbringen lässt, dass ein Ding nur in der Erfahrung *ist*, ihm sonst keinerlei Existenz zukommt. Transzendent in diesem Sinne ist also ein „Ding“, als dass es prinzipiell über sich hinaus verweist, dass es die sinnliche Erfahrung überschreitet, es stets noch etwas anders ist, als es zu sein scheint. Transzendental ist die Transzendenz insofern, als dass allen Wahrnehmungsformen Bedingungen zugrunde liegen,

aller sich anzeigenden Formen, ohne dabei doch die Notwendigkeit objektivierender Kategorien zu negieren. Eine Katastrophensoziologie aber, die den Begriff *bloß* positiviert, schließt von vornherein Wesentliches aus ihrer Betrachtung aus, das schließlich selbst sich katastrophal, unbegriffen und unbegreiflich bemerkbar macht (vgl. Dombrowsky 1989). So muss sich denn diese Arbeit ihre Begriffe samt der in sie eingehenden Bedeutungsfülle erst erarbeiten, erst die Fülle der Phänomene *anzeigen*, die sich hinter ihnen zu verbergen drohen.

Martin Heidegger provozierte angesichts dieses Problems, dass Wissenschaft nur anschließe an das, was sich schon zeigt, mit der Aussage, dass die Wissenschaft „noch nicht denkt" (vgl. Heidegger 2000b: 130ff.), dass sie das sich Verbergende nicht berücksichtigt, dass sie also stets nur einen begrenzten Ausschnitt des Ganzen „beobachtet", solange sie sich *nur* dem sich Zeigenden zuwendet. Er gab aber in seinem 1952 gehaltenen Vortrag unter dem Titel „Was heißt Denken?" sogleich einen Weg an, wie das sich Verbergende sich doch dem wissenschaftlichen Denken eröffne:

> „Wer das, was nur offenkundig wird, insofern es von sich her erscheint, indem es sich zugleich verbirgt, wer solches noch beweisen und bewiesen haben will, urteilt keineswegs nach einem höheren und strengeren Maßstab des Wissens. Er *rechnet* lediglich mit einem Maßstab und zwar mit einem ungemäßen. Denn was sich nur so kundgibt, daß es im Sichverbergen erscheint, dem entsprechen wir auch nur dadurch, daß wir darauf hinweisen und hierbei uns selber anweisen, das, was sich zeigt, in die ihm eigene Unverborgenheit erscheinen zu lassen" (ebd.: 133f., Hervorhebung im Original).

Dieses „einfache Weisen" sei gerade dem Denken nicht außerhalb, sondern ein „[...] Grundzug des Denkens, der Weg zu dem, was dem Menschen einsther und einsthin zu denken *gibt*" (ebd.: 134, Hervorhebung im Original), der jedoch *der Wissenschaft* noch verborgen bleibe. „Beweisen, d.h. aus geeigneten Voraussetzungen ableiten, lässt sich alles" (ebd.), so Heidegger weiter, aber

---

die sich jedoch eben nicht, wie Kant in seiner Kritik der reinen Vernunft meinte, bestimmen lassen (als synthetische Urteile a priori, vgl. Kant 1995, insbes. B25ff./A11ff.), die vielmehr selbst stets transzendent bleiben. Diese Arbeit versucht durchaus, diese (transzendentalen) Bedingungen (bzw. das „Wesen" der Transzendenz) näher zu bestimmen, sie *begreift* diese Bedingungen dabei aber eben *als transzendent*, sie erinnert stets daran, dass sie so zu begreifen zweckmäßig ist, diese Beschreibung letztlich aber kontingent bleibt, dass doch praktisch alles Begriffliche stets Nichtbegriffliches zurückgeht (vgl. dazu Adorno 1997a: 23).

„[…] weisen, durch ein Hinweisen zur Ankunft freigeben, lässt sich nur Weniges und dieses Wenige überdies noch selten. Das Bedenklichste zeigt sich in unserer bedenklichen Zeit daran, dass wir noch nicht denken. Wir denken noch nicht, weil das zu-Denkende sich vom Menschen *ab*wendet […], es entzieht sich ihm, indem es sich ihm vorenthält. Das Vorenthaltene aber ist uns stets schon vorgehalten" (ebd., Hervorhebung im Original).

Die Frage lautet: Wie „[…] können wir von dem, was sich auf solche Weise entzieht, überhaupt auch nur das Geringste wissen?" Entzug, so Heidegger, sei keinesfalls nichts, er ist „Vorenthalt und ist als solcher – Ereignis". Was sich entziehe, könne den Menschen „[…] wesentlicher angehen und inniger in den Anspruch nehmen, als jegliches Anwesende, das ihn trifft und betrifft." Die Betroffenheit durch das anwesende Wirkliche aber könne „[…] den Menschen gerade gegen das absperren, was ihn angeht, – angeht in der gewiß rätselhaften Weise, daß das Angehen ihm entgeht, indem es sich entzieht. Der Entzug, das Sichentziehen des zu-Denkenden, könnte darum jetzt als Ereignis gegenwärtiger sein denn alles Aktuelle" (ebd.).

Betroffenheit ist an allen Orten zu bemerken, wenn von Katastrophen gesprochen wird. Aber ist mit dem Begriff „Katastrophe" tatsächlich das bezeichnet, was den Menschen angeht? Oder verbirgt das Aktuelle der Katastrophe vielleicht, während sie hinweist? Die zweite Frage tut sich sofort auf: Ist es überhaupt *der* Mensch, den dies angeht? Eine dritte muss vermittelnd eingeschoben werden, denn als *soziologische* fragt diese Arbeit nicht nach individuellen Schicksalen, schon gar nicht geht es ihr freilich um ein mathematisches oder physikalisches Katastrophenverständnis; diese Arbeit sucht nach den Bedingungen *gesellschaftlicher*, genauer, nach den Bedingungen *kultureller* Katastrophen. Was aber meint dabei Gesellschaft, was Kultur? Diese Fragen werden im Folgenden behandelt, die Ergebnisse können bereits vorweg skizziert werden, ohne doch Entscheidendes vorwegzunehmen: Die Katastrophe geht den sich in Gesellschaft befindenden Menschen an, doch nicht in dem, was „Katastrophe" noch „Mensch", noch was „Gesellschaft" oder Kultur *zunächst* – dem „modernen" Verständnis der Begriffe nach – zu sein scheinen. Der Anfang zu diesen wissenschaftlichen Überlegungen führt dennoch nur über den Weg, zunächst auf das hinweisen zu müssen, worum es geht, also um Katastrophen und Menschen in Gesellschaft (oder mit Elias gesprochen: Menschen in Figurationen[4]),

4 So der gleichnamige Titel einer von Hans-Peter Bartels (1995) zusammengestellten Sammlung von Texten von Norbert Elias. Norbert Elias' Denken hat diese Arbeit mehr beeinflusst als durch direkte Bezugnahmen sich kennzeichnen ließe, weshalb dies ausdrücklich betont sei. Kaum lassen sich einzelne der Aspekte gesondert hervorheben, die der Elias-Lektüre zu verdanken sind, wennschon doch wenigstens dieses: Die Erinnerung daran, langfristige Trans-

ohne doch bereits zu sagen, *dass* diese „sind", ohne also sie positiv zu setzen. Begonnen wird mit anderen Worten nach einer kurzen Skizze des katastrophensoziologischen Forschungsstandes und einem darin ausgemachten Forschungsdesiderat mit einer ersten Annäherung an die zu behandelnden Phänomene, einem Vorverständnis, von dem dann dessen nähere Klärung ausgehen kann. Als *Ereignis* sind diese phänomenalen Annäherungen den Überlegungen voranzustellen, ihre *Form* im eigentlichen Sinne ist jedoch erst noch zu erarbeiten, sonst liefe die Arbeit Gefahr, durch die vorangestellten Begriffe das erst zu erarbeitende Konkrete über das Allgemeine zu vergessen (vgl. etwa Adorno 1997b: 365, auch Dombrowsky 1989: 117) oder, was bei der Durchsicht zur einschlägigen Literatur zur Soziologie der Katastrophen als das größere Problem erscheint, das Allgemeine nicht im Besonderen zu erschauen.

2.2 Zum Stand der katastrophensoziologischen Forschung

Nicht zuletzt wohl auch deshalb, weil keiner der soziologischen Klassiker, weder der ersten noch der zweiten Generation, eine explizite „Katastrophensoziologie" geschrieben hat (vgl. Clausen/Geenen/Macamo 2003b: iX), fehlt es dem Fach an Profil, die soziologische Katastrophenforschung krankt noch immer, wie Wolf R. Dombrowsky bereits 1983 feststellte, an einer umfassenden theoretischen Fundierung (vgl. Dombrowsky 1983: 15; Geenen 1995a: 179). Entsprechend schwer fällt schon eine systematische Aufarbeitung der relevanten Literatur, eine historische Herangehensweise

formationen von Gesellschaftsstrukturen detaillierter in die soziologische Untersuchung einzubeziehen (vgl. Elias 1997a: 10), dabei aber hochgradig Dynamisches, das sich nur in Spannungsbalancen relativ stabilisiert (vgl. ebd.: 35), nicht auf Unwandelbares zu reduzieren, war dieser vorliegenden Arbeit Motor (vgl. ebd.: 18ff. sowie ders. 1996: 121ff.). Das Schema, in langfristigen Verflechtungszusammenhängen zu denken, an deren Ende eine Entwicklung steht, die von niemandem so gewollt war, liegt dieser Arbeit strukturell zugrunde (als zentraler Gedanke der Figurationstheorie wird auf spezielle Quellenangaben verzichtet). Auf dem Gedanken, dass der Mensch zentrale Bezugskategorie der Soziologie bleiben muss, ohne ihn dabei doch als unveränderlichen, von seiner Umwelt abgeschlossenen „Homo clausus" denken zu dürfen (vgl. insbes. ebd. 128), baut die Überlegung auf, dass der „Verlust des Menschen" in der soziologischen Theorie einer Katastrophe, der Katastrophe selbst, hier zunächst verstanden als Verlust aller gesellschaftlichen, kulturellen Formen, gleichkommt.

wäre eine eigenständige Forschungsarbeit wert.[5] Ein kurzer Blick in die Literaturliste „international"[6] ausgerichteter Katastrophensoziologen lässt jedoch einige Themen in den vergangenen 50 Jahren besonders hervortreten, er lässt zudem erste Anhaltspunkte erkennen, an denen die Argumentation dieser Arbeit ansetzen kann.

Vom objektiven zum konstruierten Risiko

An erster Stelle der programmatischen Schwerpunkte über die Jahrzehnte katastrophensoziologischer Forschung hinweg steht deutlich die Risikoforschung[7]. Einige der in diesem Zusammenhang publizierten Werke sind

5 Einen kurzen Überblick über die Geschichte der deutschen Katastrophensoziologie geben Clausen, Geenen und Macamo (vgl. Clausen/Geenen/Macamo 2003b: iX).

6 „International" steht hier in Anführungszeichen, um – auch selbstkritisch – zu kennzeichnen, dass „internationale Literatur" für einen europäischen Beobachter in der breiten Masse auf den englisch-, maximal noch den spanisch- oder französischsprachigen Raum eingeschränkt ist. International meint nicht gleichverteilte Internationalität, sondern primär das „Mittel" der Industrienationen. Dieser Bias kann hier nicht hinreichend aufgearbeitet werden, zumindest zwei „alternative" Literaturangaben seien hier jedoch genannt und empfohlen, von denen ausgehend sich eine gegenüber dem „mainstream-Diskurs"„diferente perspectiva" erschließen ließe: Einen möglichen ursächlichen Zusammenhang von Entwicklungsmodellen und Katastrophen, wie er in der „Mainstream-Forschung" m.E. unzureichend und zu wenig kritisch diskutiert wird, postuliert Gomáriz Moraga (vgl. Gomáriz Moraga 1999: 5). Die Folgen des Hurricanes Mitch in Zentralamerika (1998) geben ihm den Anlass, auch Genderfragen und damit das besondere Thema des lateinamerikanischen Machismó katastrophensoziologisch zu behandeln. Dass Katastrophen keine „Naturkatastrophen" sind, hebt bereits der Titel des Buches von Andrew Maskrey (1993) hervor, das zahlreiche kritische Beiträge, u.a. zur zunehmend diskutierten „Vulnerabilidad Global" aus lateinamerikanischer Perspektive beinhaltet, die sich z.T. sehr kritisch zu dem westlich dominierten Diskurs innerhalb der Entwicklungs- und Katastrophenforschung äußern.

7 Die Risikosoziologie wird hier als Teil der katastrophensoziologischen Forschung behandelt. Freilich ist die Risikosoziologie als eigenständige „Bindestrich-Soziologie" (stärker als die Katastrophensoziologie) etabliert und nicht auf diese eine „Rolle" zu reduzieren, die jedoch hier allein interessiert. Zum Überblick über die Risikoforschung, insbes. auch zur Kontroverse zwischen Konstruktivismus und Realismus, vgl. zunächst das hervorragende Werk von Andreas Metzner mit dem Titel „Die Tücken der Objekte. Über die Risiken der Gesellschaft und ihre Wirklichkeit" (Metzner 2002). Siehe außerdem Japp 1996, hier 8-19, sowie Bonß 1995, insbes. 7-25. Den Risikodiskurs untersucht Kleinwellfonder 1996. Zum Risikobegriff und dem Versuch der Systematisierung der Diskussion siehe Obermeier 1990b: 344f., Bonß 1995: 27-103 und Jungermann/Slovic 1993: 169. Einen generellen Überblick sowie eine Klassifikation bietet auch Renn 1992: 53-79, bei dem allerdings, wie

längst zu Standardwerken auch der soziologischen Katastrophenforschung geworden. Vielleicht weil es an einem grundlegenden, auch überblickenden Werk zur soziologischen Theorie der Katastrophe in all den Jahren mangelte,[8] mussten diese Werke die Lücke füllen. Im internationalen Diskurs seien hier zunächst, als die gesamte Debatte rahmend, die international heute stärker als im deutschsprachigen Raum rezipierte „Risikogesellschaft" Ulrich Becks (1986) sowie das grundlegende Werk von Mary Douglas und Aaron Wildavsky „Risk and culture" (1983) genannt. Mit Wolfgang Krohn und Georg Krücken kann man in diesen beiden Werken „Eckpunkte" der breiten und sich letztlich über Jahrzehnte erstreckenden zentralen Kontroverse zwischen Risiko-Objektivisten und Risiko-Konstruktivisten sehen, in der es um die Frage geht, ob Risiken tatsächlich „objektiv" zunehmen oder ob eine solche *Beobachtung* lediglich auf eine zunehmende Sensibilisierung der Öffentlichkeit für Risiken zurückzuführen ist, ob sie also letztlich einen „realen" Hintergrund haben oder doch „nur" – insbesondere massenmedial erzeugte – Konstrukte sind (vgl. Krohn/ Krücken 1993: 9ff.).[9]

Historisch lässt sich die Anfangsphase der wissenschaftlich dezidierten, institutionalisierten Risikoforschung und damit der Beginn der Kontroverse zwischen Risiko-Objektivisten und Risiko-Konstruktivisten in die 60er Jahre datieren (so etwa Japp 1996: 9 und Bonß 1995: 9).[10] Die Anfangs-

Japp (1996: 8 FN 8) anmerkt, besonders der „Reduktionismus technischer Risikobegriffe" auffällt.

8 Ein „Lehrbuch der Katastrophensoziologie" liegt bis heute nicht vor, allerdings gibt der Sammelband „Entsetzliche soziale Prozesse. Theorie und Empirie der Katastrophe" einen breiten Ein-, wenn nicht gar adäquaten Überblick über den Stand der Forschung (vgl. Clausen/Geenen/Macamo 2003a).

9 Beide Positionen diskutieren einen Wandel der Zurechnung möglicher Schadensereignisse auf individuelles Handeln bei fortschreitender Säkularisierung und dem damit verbundenen Wandel der Zurechnungen auf Vorsehung und Schicksal. Dies wird bei den einen interpretiert als das Verblassen von Solidargemeinschaften und damit einhergehender Individualisierungstendenz (so insbesondere Ulrich Beck, vgl. 1986), andere (namentlich Luhmann, vgl. 1991) sehen darin vornehmlich die Umstellung der Zukunft auf eigenverantwortliches Entscheiden. Luhmann war es auch, der die besondere Bedeutung der Massenmedien auf die Formel brachte: „Was wir über unsere Gesellschaft, ja über die Welt, in der wir leben, wissen, wissen wir durch die Massenmedien" (Luhmann 1996: 9).

10 Natürlich ist diese zeitliche Eingrenzung mehr plakativ denn aussagekräftig, die Anfänge der Risikodebatte könnten ebenso bis in das 12. oder 13. Jahrhundert zurückdatiert werden, wo der Risikobegriff im Kontext des Fern- und Seehandels auftauchte (vgl. abermals Bonß 1995: 49).

phase war nach Bechmann[11] „formal-normativ" orientiert, es sei primär darum gegangen, ein universell gültiges Risikomaß zu entwickeln, anhand dessen die unterschiedlichsten Risikoarten in einen vergleichenden Bezug gestellt werden könnten (vgl. Bechmann 1993a: IX). Die Kritik an dieser „objektiven Risikoanalyse" ist vielfältig (vgl. hierzu etwa Japp 2000; Bonß 1995: 18ff.; Obermeier 1990a: 301ff.), sie trug dazu bei, den Forschungsschwerpunkt allmählich von der Frage nach den Bedingungen von „objektiven" Risiken auf die Frage der Akzeptabilität von Risiken und auf die Kommunikation von Risiken zu verschieben (vgl. Bechmann 1993a: IXff. sowie Krohn/Krücken 1993: 13).

In der aktuellen Diskussion wird ein Risiko meist nicht mehr als objektiv kalkulierbar angenommen[12]. Die breite Literatur insbesondere der vergangenen zehn Jahre zeugt von einer deutlichen Dominanz solcher Theorien, die Risiken als soziale, also beobachterabhängige Konstrukte begreifen. Zunächst wendete die risikosoziologische Forschung sich mit immer größerer Aufmerksamkeit der Untersuchung unterschiedlicher Präferenzen und Wertehintergründe zu, wodurch ehemals vermeintlich „objektive" Risiken ihre konkrete Komplexität zu zeigen begannen. Die ehemals für verallgemeinerbar gehaltenen Risiken entglitten mehr und mehr, so dass heute ganz grundsätzlich an erster Stelle die Frage auf der Agenda steht, ob es die Risiken, von denen die Forschung seit ihren Anfängen spricht, überhaupt „gibt". Es wird zwar weiterhin versucht, Risiken zu lokalisieren bzw. zu kontextualisieren[13] und individuelle Risikowahrnehmungen spezifischen (wiederum „objektiven") Risiken zuzuordnen[14], dabei werden aber immer komplexere

11 Dieser Anfang wird in der Regel dem Aufsatz Chauncey Starrs „Sozialer Nutzen versus technisches Risiko" zugeschrieben (vgl. Starr 1993, zuerst 1969 publiziert).

12 Selbst die Versicherungswirtschaft „kalkuliert" insbesondere seit den Anschlägen auf das World Trade Center in New York im September 2001 mit der Unkalkulierbarkeit einiger Risiken. Vgl. Gräber, Jürgen: The Exposure of Terrorism and How to Manage the Risk. Vortrag gehalten auf der „International Conference: Disasters and Society – From Hazard Assessment to Risk Reduction." 26.-27. Juli 2004, Universität Karlsruhe. Im Sammelband zur Tagung fehlt der Beitrag bedauerlicherweise, der Band sei dennoch als Überblick über den insgesamt eher wenig sozialwissenschaftlichen und gegenüber der technischen Beherrschbarkeitsmetaphorik kaum kritischen Stand der Mainstream-Risikoforschung insgesamt erwähnt (vgl. Malzahn/Plapp 2005).

13 Vgl. etwa Christoplos/Mitchell/Liljelund 2001: Die Autoren untersuchen in ihrem Beitrag unterschiedliche Akteure vor dem Hintergrund verschiedener Katastrophenszenarien.

14 Vgl. etwa Axelrod/McDaniels/Slovic 1999, sowie kritisch gegenüber jeder Art von Typisierung, insbesondere in Auseinandersetzung mit den Ansätzen von Ulrich Beck und Mary Douglas: Wilkinson 2001. Grundsätzlich ist das Buch Paul Slovics (2000) zu empfehlen, der die Breite und den Wandel unter-

Zusammenhänge ersichtlich, immer schwerer wird es, zwischen abhängigen und unabhängigen Variablen, zwischen relevanten und irrelevanten Faktoren zu unterscheiden. Dies veranlasst immer weitere Teile der Forschung, sich der Frage zuzuwenden, wie Risiken insbesondere durch Wissenschaft[15] „konstruiert" werden. Die Objekte der Risikoforschung büßen ihre ehemals klaren Konturen immer weiter ein und drohen gänzlich aus dem Fokus der Aufmerksamkeit zu verschwinden, während nur mehr über die Formen der (wissenschaftlichen) Konstruktion von Risiken diskutiert wird.

Der Risikosoziologie kommt also gewissermaßen ihr Objekt abhanden, doch offenbar hat das (sich zumindest abzeichnende) Schwinden des Objektes[16], das erst in den 60er Jahren erschien, nichts daran geändert, dass Risiken in ihrer Aktualität den Menschen angehen, dass Risiken also, obwohl als Objekte nicht greifbar, obwohl sich entziehend, gerade ein ganz gegenwärtiges Ereignis anzeigen. Risiken sind weiterhin ein dringendes soziologisches Problem, dies zeigt auch die Liste der Publikationen zum Risikodiskurs[17] an. Nur stimmt der Verlauf eben dieses Diskurses nicht gerade zuversichtlich, dass das sich Anzeigende als dringlichstes auch denkend erfasst wird bzw. mit den gängigen Mitteln und Denkweisen erfasst werden kann. Lösungen für die sich anzeigenden Probleme scheinen vielmehr in immer weitere Ferne zu rücken. Von dem Erosionsprozess der eindeutigen und bestimmten Objekte bleibt auch die katastrophensoziologische Forschung insgesamt, als deren Teil die Risikoforschung hier begriffen wird, nicht verschont, allerdings scheint es, als reagierte sie in einer anderen Weise.

---

schiedlicher Perspektiven auf Risiken, sowohl der Perspektive der „Experten" als auch der „Risiko-Laien", chronologisch aufarbeitet.

15 Vgl. z.B. Beck 1986 und Beck/Giddens/Lash 1996 sowie weitere Publikationen aus dem Sonderforschungsbereich „Reflexive Modernisierung" der Universität München, exemplarisch: Böschen/Schulz-Schaeffer 2003 sowie: Böschen 2002. Des Weiteren: Bonß 1995, Bechmann 1993b: VII, Lazo/Kinnell/Fisher 2000, Rowe/Wright 2001.

16 Stefan Breuer nannte sein wohl zentrales Werk „Die Gesellschaft des Verschwindens. Von der Selbstzerstörung der technischen Zivilisation" (vgl. Breuer 1992). Seine These von der „Selbstzerstörung der technischen Zivilisation" geht grundlegend in die Überlegungen der vorliegenden Arbeit ein.

17 Die Rede von Diskursen zeigt an, dass es nicht mehr primär um das Objekt geht, das noch im Titel der jeweiligen Publikationen genannt wird, sondern die Form des darüber Sprechens zum Untersuchungsfokus wird. Als Symbol ist diese Rede von Diskursen angemessen, nur ist darauf zu achten, dass der Diskursbegriff nicht alle eigentlich zentralen und dringlichen Probleme verdeckt.

Vom scharfen zum unscharfen Begriff der Katastrophe

Die Frage nach der „Objektivität" hat die Wissenschaft des 20. Jahrhundert auf den Satz Wittgensteins zurückgeworfen, dass die Wahrheit gewisser Erfahrungssätze zu unserem Bezugssystem gehöre (vgl. Wittgenstein 1989: 136), so muss zumindest der Schluss lauten, wenn einer versuchte, die unübersehbare Menge an – nun im engeren Sinne – katastrophensoziologischen Fallstudien zu systematisieren[18]. Zu jedem spezifischen Szenario (Chemieunglücke, Vulkanausbrüche, Seismische Aktivitäten, Muhren und Lahare, Trockenheit, Hunger, Überschwemmungen, Terrorismus, Hurrikans und Tornados, Umwelt bis hin zum Klima usw.) finden sich zahlreiche Publikationen[19], außerdem werden „Querschnittbetrachtungen" unter spezifischen Aspekten (etwa Gender, Konflikte, Krisen, ungleiche Entwicklung)[20], sowie geographisch orientierte Studien (von der Länderebene bis hinab zum Dorf)[21] angefertigt. Hinzu kommt, so Enrico L. Quarantelli, dass bei den katastrophensoziologischen-, wie bei soziologischen Methoden im Allgemeinen keinerlei Einigkeit besteht. Die Spanne reicht von Katastrophenforschern, die induktive Methoden zur Hypothesengenerierung verwendeten, wie etwa die „grounded theory", und solchen, die sich auf technische Instrumente verlassen, mit Hilfe derer sie vornehmlich unter Laborbedingungen ihre Hypothesen testen (vgl. Quarantelli 1987: 404).

Das sich ergebende Bild ist also auch hier das einer uneinholbar erscheinenden Komplexität der Fakten. Angesichts dieser Breite möglicher Themen und Ansätze verwundert es fast, dass nach wie vor zahlreiche Publikationen zur Katastrophenplanung und zum Management von Ka-

18 Auf umfassende Literaturangaben wird angesichts der großen Zahl und Unübersichtlichkeit der meist sehr spezifischen Fallstudien verzichtet, nur exemplarisch werden im Folgenden einige Angaben gemacht, über die der detaillierte Einstieg erfolgen kann. An dieser Stelle aber der Hinweis auf die ausführliche Bibliographie in dem bereits erwähnten Sammelband von Clausen/Geenen/Macamo 2003a sowie das darin enthaltene Glossar.

19 Vgl. exemplarisch etwa Böschen 2003 zum Chemieunglück, Geenen 1995b zur Prognose von Erdbeben, Macamo 2003 zur Überschwemmung in Mosambik im Jahr 2000 und den unerwarteten „Nebenwirkungen", die die eigentliche Katastrophe ausmachten, Elwert 2003 zum Terror der Selbstmordattentäter, zum Hurrican Mitch, der 1998 Zentralamerika heimsuchte und die Region in ihrer Entwicklung um Jahre zurückwarf Gomáriz Moraga 1999 sowie die Dissertationsschrift von Karin Tanz „Hurrikan Mitch und seine Folgen in den Ländern Zentralamerikas", die darin auch die Wirksamkeit der deutschen staatlich unterstützten humanitären Hilfe analysiert (vgl. Tanz 2004).

20 Vgl. bspw. Gomáriz Moraga 1999 (insbes. Kap. 3) zum Zusammenhang von Gender, Konflikt und ungleicher Entwicklung.

21 Vgl. bspw. Voss 2003a.

tastrophen veröffentlich werden[22], scheinen diese doch auf allgemeine Bezugsrahmen, also einen Begriff von der zu „managenden" Katastrophe angewiesen. Tatsächlich behandeln die Management-Theorien jedoch nicht das Management der Katastrophen, sondern Fragen der Steuerung des Verhaltens von Akteuren in und nach Katastrophen. Untersucht wird die Frage, wie sich Menschen „managen" lassen, obwohl sie ihrer Routine beraubt „emergentes Verhalten" (vgl. Wenger 1992) an den Tag legen, während die Katastrophe selbst und ihre Bedingungen weitgehend unhinterfragt bleibt. Entsprechend ist auch hier eine einheitliche Systematik nicht zu erstellen. Auch diese Art katastrophensoziologischer Forschung verspricht also kein systematisches Bild von „der Katastrophe", vielmehr offenbart sie, dass menschliches Verhalten sich besonders in Extremsituationen kaum allgemein begreifen und entsprechend kaum „steuern" lässt.

Was für den Risikodiskurs als besonders breit beforschtem „Teil" behauptet wurde, gilt offenbar für die katastrophensoziologische Forschung insgesamt: Ihr Objekt schwindet mehr und mehr, es verliert seine Konturen, während immer größere Herausforderungen adäquate und umfassende Lösungsansätze erfordern. Zunehmend sieht sich die Wissenschaft der (Selbst-)Kritik ausgesetzt, dass die klaren, aus den aktuellen Zusammenhängen isolierbaren Objekte Kunstprodukte ihrer eigenen Denk- und Wahrnehmungsschemata sind, dass es weder das objektive, kontexunabhängig kalkulierbare Risiko, noch die irgendwie auf ein Ereignis oder Zahlen reduzierbare Katastrophe tatsächlich „real", d.h. objektiv gibt: Die Katastrophe ist ganz offenbar ein Konstrukt. Immer größere Anstrengungen muss auch die Katastrophensoziologie nun darauf verwenden, das Objekt *ihrer* Untersuchungen, also *ihren* (Allgemein-)Begriff von der Katastrophe selbst gegen die Falsifikation zu schützen, wenn es doch immer schwerer wird, irgendetwas Allgemeines an der Katastrophe zu finden; während dagegen immer geringere Kapazitäten für die angezeigten, jedoch nicht (mehr) begrifflich greifbaren, drängenden Probleme zur Verfügung stehen.

Betrachtet man die Entwicklung des risikosoziologischen Diskurses, so scheint es, als ob die Risikosoziologie aus der Erfahrung, dass ihre Methoden und Begriffe nicht greifen, eher dazu tendiert, die Existenz der Risiken insgesamt zu verneinen, als dass sie an der Adäquatheit ihrer Methodik und ihren Begriffen zweifelte. Für die Risikosoziologie scheint es nur die eine Alternative zu geben: Entweder festzuhalten an dem Ideal schöner klarer Objekte, oder aber komplett umzuschalten auf ihre Negation, also alles zu Kommunikationsphänomenen umzudeuten, denen nichts Reales mehr an-

22 Siehe hierzu exemplarisch die insbesondere an Katastrophenschutzakteure gerichtete Einführung in das Katastrophenmanagement von Haddow und Bullock 2003.

haftet. Dies hat m.E. auch etwas mit dem Begriff des Risikos selbst zu tun, der sich dahingehend von dem der Katastrophe zu unterscheiden scheint, dass er weniger offen ist für die Möglichkeit einer Prozessualisierung. Risiken, so scheint es, können nur entweder sein oder nicht sein, auch ein ganz kleines Risiko ist doch ein Risiko, ein punktuelles Schadensereignis, das riskiert wird, das dann entweder eintritt oder eben nicht. Wenn nämlich die Forschung – wie insbesondere in der Nachfolge Niklas Luhmanns, diagnostiziert, dass moderne Gesellschaften generell durch Kontingenz charakterisiert seien (vgl. Luhmann 1992b), dann entfällt damit der Gegenbegriff zum Risiko, der Begriff der Sicherheit, gänzlich.[23] Damit wird in der Moderne grundsätzlich alles riskant. Um dann überhaupt noch unterscheiden zu können, muss ebenso gründlich umgestellt werden auf die Frage nach dem Beobachter, der darüber entscheidet, was *für ihn* ein Risiko ist und was nicht. Damit lösen sich die intersubjektiven Objekte, von deren Untersuchung die Risikosoziologie ihren Ausgangspunkt nahm, sogleich gänzlich auf, Zwischenformen oder Vermittlungen zwischen diesen beiden Extremen scheinen ausgeschlossen.

Die soziologische Untersuchung, die sich der Katastrophe als ihrem Objekt zuwendet, kennt solche Zwischenformen, es scheint, als sei die Katastrophensoziologie weniger gefährdet, von dem einen Extrem der objektorientierten Forschung in das andere Extrem zu verfallen, die Katastrophe *nur* mehr als Kommunikationsphänomen zu begreifen. Es kann nur vermutet werden, dass dies auch damit etwas zu tun hat, dass der zur Handlung auffordernde Charakter von Entsetzen hervorrufenden Katastrophen zu schlagend ist, als dass er die Reduktion auf ein Kommunikationsphänomen zuließe. Die Katastrophe fordert zum unmittelbaren Handeln auf, alle sind sich sofort darüber einig, dass gehandelt werden muss, während im Falle des Risikos sich länger noch darüber streiten lässt, ob das Risiko „wirklich“ besteht. Jedenfalls wird hier behauptet, dass sich die katastrophensoziologische Forschung seit längerem in eine andere Richtung entwickelt als die Risikosoziologie, was in Kürze zu skizzieren ist.

Von der Naturkatastrophenforschung zur Suche nach der resilienten Gesellschaft

Statistischen Angaben zufolge steigt die Höhe der Schäden an Menschenleben und Material, die auf „Katastrophen“ jeglicher Art zurückgeführt werden, exponentiell an (vgl. Münchener Rück 2004: insbes. 14ff.), alle Risiko- und Katastrophenforschung vermochte diesen Trend bislang nicht umzukehren. Dieses Ausbleiben evaluierbarer Erfolge einer objektorientierten,

23 Siehe dazu auch weiter unten insbes. S. 54-58.

Katastrophen als über den Menschen (als Kulturwesen) hereinbrechendes *Natur*ereignis[24] denkenden Katastrophenforschung, falsifiziert die bisherige Vorgehensweise real: Katastrophen weisen direkt auf das Versagen dieser Art des Begreifens und der daraus abgeleiteten technisch-instrumentellen Bewältigungsversuche hin. Diese Real-Falsifikation führt, symbolisch verdichtet durch den Bericht der sog. „Brundlandt-Kommission" (1987) (vgl. Hauff 1987), in den vergangenen zwei Jahrzehnten zu einer prozessual-dynamischen und langfristiger angelegten Betrachtungsweise von Katastrophen, sogar zu deren Einbettung in gesamtökologische Zusammenhänge; allerdings mit der auch Probleme mit sich bringenden Konsequenz, sich mehr und mehr der tatsächlichen Breite des Phänomens gesellschaftlicher Katastrophen gegenüber zu sehen. Während die Risikoforschung vor dem Hintergrund dieser Komplexitätssteigerung als Folge der zunehmenden Fragilität ihrer Objekte dazu neigt, sich aus der „Realität" zurückzuziehen, scheint innerhalb der Katastrophenforschung eher der Druck auf neue Methoden zuzunehmen, mit deren Hilfe gerade dem real Entsetzen hervorrufenden Charakter von Katastrophen begegnet werden kann.

Seit der Konferenz der Vereinten Nationen über Umwelt und Entwicklung in Rio de Janeiro 1992 (United Nations Conference on Environment and Development, UNCED) wird unter dem Schlagwort „nachhaltige Entwicklung"[25] (sustainable development) versucht, gegen die als bedrohlich

24 Die These von der Distanzierung des Menschen von *der Natur*, die dieses Denken noch immer leitet, gehört zu den Grundlagen des humanistischen Denkens, sie ist seine zentrale Unterscheidung und eben deshalb so schwer zu überwinden, ohne sogleich dem relativistischen Nihilismus zu verfallen. Das Verhältnis von „Mensch" und „Natur" reflektiert in epistemologischer Perspektive umfassend das Buch von Hans Jörg Sandkühler „Natur und Wissenskulturen" (Sandkühler 2002).

25 Der Begriff der Nachhaltigkeit stammt von Hans Carl von Carlowitz, der diesen erstmals im Jahre 1713 in seinem Werk „Sylvicultura Oeconomica – Die Naturmäßige Anweisung zur Wilden Baum-Zucht" verwendete. Von Carlowitz beobachtete, wie in der Folge des Dreißigjährigen Krieges der Grubenausbau, der Erzabbau mittels Feuersetzen, zuallererst aber die mit Holzkohle betriebenen Öfen der Schmelzhütten zu einem allgemeinen Kahlschlag führten, infolgedessen der Holzpreis immer weiter stieg. Von Carlowitz kritisierte angesichts dieser Situation den schonungslosen Umgang mit erschöpflichen Reserven. Zwar hätten die „[...] ‚armen Untertanen' [...] ein Recht auf ‚sattsam Nahrung und Unterhalt'. Aber dasselbe Recht stehe ‚der lieben Prosperität' zu" (Grober 1999). Er zeichnet ein Bild von Nachhaltigkeit, in dem die Ökonomie der „Wohlfahrt" dem Gemeinwesen zu dienen hat, darüber hinaus aber ist sie „[...] zu einem schonenden Umgang mit der ‚gütigen Natur' verpflichtet und an die Verantwortung für künftige Generationen gebunden" (ebd. 1999). Heute hat der Nachhaltigkeitsbegriff in allen gesellschaftlichen Bereichen Eingang gefunden, doch rekurriert kaum eine Verwendung mehr auf die klare Konnotation, die von Carlowitz mit dem Begriff verband. Erst-

und als anthropogen induziert wahrgenommenen Umweltveränderungen operations- und handlungsfähige Konzepte zu entwerfen. Bereits 1994, mit der Konferenz der Vereinten Nationen zur Reduzierung von Naturkatastrophen in Yokohama, dann aber insbesondere Ende der 90er-Jahre im Rahmen der „International Decade for Natural Disaster Reduction" (IDNDR), wurde ein enger Zusammenhang zwischen Katastrophenanfälligkeit, „sozialer" Umwelt und der „natürlichen" Umwelt festgestellt. In dem Bericht des Deutschen IDNDR-Komitees (1999) heißt es schließlich gar, dass eine Entwicklung nur dann nachhaltig sein könne, wenn Gesellschaften in der Lage wären, Katastrophen vorzubeugen (vgl. Plate/Merz/Eikenberg 1999: 16). Obwohl nach wie vor an einer begrifflichen Trennung von Katastrophen- und Nachhaltigkeitsforschung festgehalten wird, nähern sich beide Begriffe in ihrer Bedeutung einander deutlich an.[26] Dieser Trend lässt sich ebenfalls entlang der Neuerscheinungen in den vergangenen zehn Jahren belegen.[27]

malig tauchte der Begriff in der neueren Diskussion in der Weltnaturschutzstrategie der „International Union for the Conservation of Nature" (IUCN) und des „World Wide Fund for Nature" (WWF) auf, mit der Bedeutung, dass ein System nur so zu nutzen sei, dass es in seinen wesentlichen Merkmalen erhalten bleibe (vgl. Umweltbundesamt 1998).

26 Jürgen Weichselgartner (2002) schlägt sogar in Anlehnung an David A. McEntire (2000) vor, die „[…] auf das punktuelle Ereignis ‚Katastrophe' gerichteten politischen Leitbilder durch das Modell der ‚unverwundbaren Entwicklung' zu ersetzen" (Weichselgartner 2002: 156). Diesem Ansatz ist viel abzugewinnen, zumal Weichselgartner die Komplexität des Problems hervorhebt und für eine ganzheitliche und dynamische Betrachtung von „Hazards" plädiert. Doch hält er bedauerlicherweise an der Unterscheidung von „physical" und „social environment" fest und handelt sich damit all jene Probleme ein, deren Bedeutung er selbst hervorhebt: „Traditional scientific approaches are typically linear, assume only one causal factor, overemphasize stability and objectivity, focus on risk as a product of probality and potential damage and end up labeling change as negative. However, natural hazards (sic!) must be studied holistically and dynamically: multiple and interrelated causal factors must be recognized and the range of factors examined simultaneaously; space, time, subjects, feedback loops, and uncertainty need to be integrated; interactions among the elements of each system and the effects of its interactions must be focused. For these reasons, the concept of vulnerability in general and the paradigm of invulnerable development in particular can provide a vehicle to explore a contextual approach to the reduction of losses due to natural hazards" (ebd.). Das zentrale Problem bleibt in diesem Ansatz vollkommen unhinterfragt, auf welcher Basis von Begrifflichkeiten ein solcher Ansatz entwickelt werden könnte. Die Definition von Katastrophen als *Natur*katastrophen bedürfte immerhin einer ausführlichen Begründung.

27 Besonders erwähnt sei der Sammelband „Sustainibility, Development and Environmental Risk", herausgegeben von Enrico M. Tacchi (vgl. Tacchi 2005), der Theorien zur nachhaltigen Entwicklung mit Ansätzen der Forschung zur „Risikogesellschaft" und Fallstudien zusammenführt. Leider fehlt allerdings auch hier (noch) eine explizit katastrophensoziologische Perspek-

So füllen unter der groben Überschrift „Entwicklung“, „Nachhaltige Entwicklung“ und „Sozialer Wandel“[28] zu gruppierende Erscheinungen heute neben der Literatur zur Risikoforschung und zum Katastrophenmanagement immer breitere Regale der soziologischen Katastrophenforschung insgesamt, wobei fast alle Erscheinungen aus der letzten Dekade stammen. Während die Anzahl der Publikationen zu dem breiten Feld der Katastrophennachsorge und der akuten Katastrophenhilfe, die jeweils ein spezifisches Bild von „der Katastrophe“ erfordern, in den vergangenen Jahren beobachtbar sinkt, steigt die Zahl solcher Publikationen, die Katastrophen als ein Langfristphänomen verstehen, das eine Entwicklungsgeschichte hat, die in allen ihren Aspekten zu untersuchen ist, um in diese langfristigen Verflechtungszusammenhänge (Norbert Elias) vorbeugend stabilisierend und dabei nachhaltig eingreifen zu können.

Zu diesem Bereich sind u.a. die Publikationen zur Vulnerabilitäs- bzw. „Resilience“- (eingedeutscht: Resilienz) Forschung[29] zu summieren, in denen die Nähe zur Nachhaltigkeitsforschung und die hier konstatierte besondere Entwicklungsrichtung der katastrophensoziologischen Forschung besonders offenbar wird. Mit dem Begriff der Vulnerabilität wird versucht, Systeme (Ökosysteme, Ökonomische Systeme, Gesellschaftssysteme, Städte und Gemeinden etc.) nach ihrer Verletzbarkeit zu klassifizieren. Demgegenüber bezeichnet „Resilienz“ oder auch „Widerstandskraft“ bzw.

tive, dennoch ist der Trend zur Annäherung von Katastrophen- und Nachhaltigkeitsforschung auch in dieser jüngsten Publikation deutlich herauszulesen.

28 Die Entwicklung innerhalb der Debatte lässt sich durch folgende Quellen gut nachvollziehen. Aus dem Jahr 1994 stammt die von Ann Varley editierte Sammlung „Disasters, Development and Environment“ (vgl. Varley 1994), insbesondere ist dort der Aufsatz von Terry Cannon zu empfehlen (vgl. Cannon 1994). Cannon definiert darin „Disaster“ als „[...] an event associated with the impact of a natural hazard, which leads to increased mortality, illness and/or injury, and destroys or disrupts livelihoods, affecting the people of an area such that they (and/outsiders) perceive it as being exceptional and requiring external assistance for recovery“ (Cannon 1994: 29). Diese Definition zeugt von dem Versuch, einerseits auf eine objektivierende Katastrophendefinition verzichten zu wollen; die Rede von der „Assoziation mit Naturkatastrophen“ löst jedoch das Problem nicht, dass das mit dieser Assoziation verbundene Verständnis nach wie vor ein naturalistisches ist. Eine Verbindung von Risiko, nachhaltiger Entwicklung und Katastrophen stellt Astrid von Kotze her (Kotze 1999).

29 Hierzu wären wiederum im weiteren Sinne alle jene Forschungen, die sich der Vorbeugung gegen bzw. Linderung möglicher Risiken, tendenziell auch von Gefahren (zur Unterscheidung siehe unten) widmen. Auch dieser Literaturbestand wächst, insbesondere relativ zu der auf Nachsorge gerichteten Literatur, seit den 90er Jahren beständig an. Einen guten Überblick über den Stand der Forschung vermittelt der Aufsatz von Kirschenbaum (2002).

„Robustheit“[30], auf den ersten Blick die andere Seite von Vulnerabilität, sozusagen die Qualität des „Immunsytems“ von Systemen. In weiten Teilen der Diskussion herrscht auch in der Vulnerabilitätsforschung (noch) ein objektorientiertes Denken vor, das verletzliche Gesellschaften als wohlgeordnete Ganzheiten einer „dämonisch-zerstörerischen“ *Natur* gegenübergestellt sieht. Von dem Maß einer abstrahierten und idealisierten optimalen Ordnung ausgehend kann dann festgestellt werden, ob beispielsweise Gemeinden gegenüber einem (drohenden, also als Risiko bereits identifizierten, in seinem Ablauf als planbar angenommenen) Hochwasser vulnerabel sind oder nicht. Hingegen öffnet sich der Begriff der „Resilienz“ einem breiteren „ökologischen“ Verständnis von Katastrophen. Gesellschaften nämlich, die in der Lage sind, mit größeren Veränderungen ihrer Umwelt umzugehen, die also „resilient“ oder „fehlertolerant“ (vgl. Weizsäcker/Weizsäcker 1984) sind, sind dies zumindest vom Ansatz her nicht notwendigerweise nur gegenüber *bereits bestimmten* Risiken. Wie schon der insgesamt wenig bestimmte Nachhaltigkeitsbegriff öffnet sich der Begriff der Resilienz vielmehr einer *generellen* Robustheit gegenüber Umweltveränderungen, die als solche noch nicht absehbar, die also *unbestimmt* sind.

Vom kalkulierbaren Risiko zur unbestimmten Gefahr

Meines Erachtens führt die Realfalsifikation der objektorientierten Forschung innerhalb der katastrophensoziologischen Forschung zu einer (Wieder-)Öffnung gegenüber dem Unbestimmten (vgl. Voss 2005a), und diese Öffnung unterscheidet sie von anderen Forschungsrichtungen, so auch von der Risikosoziologie. Diese These lässt sich insbesondere an einer sowohl die risiko- als auch die katastrophensoziologische Forschung gleichermaßen betreffenden Diskussion konkretisieren, nämlich der Diskussion um den von Elke M. Geenen im Anschluss an Niklas Luhmann vom Risikobegriff abgegrenzten Begriff der Gefahr (vgl. dazu Geenen 1995: 35f.).[31]

30 Zum Begriff vgl. Wildavsky 1988: 184. Siehe dazu den von Lance H. Gunderson und Crawford S. Holling editierten Band mit dem Titel „Panarchy. Understanding Transformations in Human and Natural Systems“ (2002).

31 Im Wortlaut heißt es bei Luhmann (1991, 30f.): „Die Unterscheidung [von Risiko und Gefahr, M.V.] setzt voraus (und unterscheidet sich dadurch von anderen Unterscheidungen), daß in Bezug auf künftige Schäden Unsicherheit besteht. Dann gibt es zwei Möglichkeiten. Entweder wird der etwaige Schaden als Folge der Entscheidung gesehen, also auf die Entscheidung zugerechnet. Dann sprechen wir von Risiko, und zwar vom Risiko der Entscheidung. Oder der etwaige Schaden wird als extern veranlaßt gesehen, also auf die Umwelt zugerechnet. Dann sprechen wir von Gefahr“. Vgl. außerdem dezi-

Moderne Gesellschaften seien, so wurde Niklas Luhmann oben bereits zitiert, generell durch Kontingenz charakterisiert (vgl. Luhmann 1992b), weshalb der Gegenbegriff zum Risiko nicht der Begriff der Sicherheit sei, sondern der Begriff der Gefahr. Beide Begriffe unterschieden sich in der Weise der Zurechnung möglicher Schäden voneinander: Während mögliche Schäden, die sich ein System selbst ursächlich zuschreibt, als „Risiken" klassifiziert werden, bezeichne der Begriff der Gefahr eine ursächliche Zurechnung auf die Umwelt, so Luhmann (vgl. Luhmann 1993, insbes. 146f.). Zwar ist Luhmann zuzustimmen, dass es unter Kontingenzbedingungen keine Sicherheit gibt. Mit der von ihm vorgeschlagenen Distinktion aber wird aus der „falschen" Alternative Unsicherheit/Sicherheit die Alternative (die eigentlich gar keine echte Alternative ist, wie Rodrigo Jokisch bereits feststellt[32]) von eigener Unsicherheit und fremder Unsicherheit, Unsicherheit allerdings nur im Hinblick auf etwas, wovon doch ein irgendwie „spezifiziertes Nichtwissen"[33] bereits gegeben sein muss. Ausgeschlossen bleibt die Möglichkeit der Kommunikation von etwas überhaupt noch nicht Bestimmten, von etwas insgesamt Unbestimmbaren, also gänzlich Unsicheren.[34]

Damit aber begeht Luhmann einen Fehlschluss, der wie bereits Georg Lukács feststellte, seit Kant in den Rationalitätsbegriff eingewoben ist. Kant setzte Rationalität mit den Formen des Denkens und der Anschauung gleich.[35] Ein solcher Begriff von Rationalität identifiziert die formell-ma-

---

diert zur Unterscheidung von Risiko und Gefahr: Luhmann 1990: 131-169 und 1993. Diese Unterscheidung nimmt Japp (Japp 1996 und 2003) auf und leitet daraus die Unterscheidung von spezifischem und unspezifischem Nichtwissen ab. Während spezifisches Nichtwissen bereits ein eingrenzbares Wissen kennzeichne (also die Seite des Risikos), bezeichne der Begriff des unspezifischen Nichtwissens einen gänzlich unbestimmten Raum (die Gefahr), der lediglich, eben durch die „Kommunikation der Katastrophe", sinnhaft zur Geltung gebracht werden könne. Auch Andreas Metzner diskutiert sehr lesenswert die Unterscheidung von Risiko und Gefahr, worauf hier hingewiesen sei (vgl. Metzner 2002: insbes. 336-377).

32 Siehe dazu, wie allgemein zur „Distinktionslogik" (nicht nur) Niklas Luhmanns, die allerdings schlecht lesbare, aber doch sehr gehaltvolle Arbeit von Rodrigo Jokisch (vgl. Jokisch 1996).

33 Vgl. zum Begriff des „unspezifizierten Nichtwissens" detaillierter Japp 1997 sowie 2003.

34 Klaus P. Japp nennt dies im Anschluss an Luhmann das „unspezifische Nichtwissen", das nur durch die „Komplettnegation von partiellen Wissensansprüchen" kommuniziert werden könne: in der Kommunikation der Katastrophe, die unspezifisches Nichtwissen sinnhaft zur Geltung bringt (vgl. Japp 2003, insbes. 83-85).

35 Vgl. hierzu Lukács 1968: 289, sowie zu den Verengungen im Subjektbegriff bei Kant: Böhme 1986: 113ff. und 199ff. Diese Hinweise verdanke ich Rüdiger Dannemann (vgl. Dannemann 1997: 55).

thematische, rationale Erkenntnis mit Erkenntnis überhaupt. Luhmann setzt das, was sich nicht exakt in einen Begriff bringen lässt, mit Nichtkommunizierbarkeit gleich. Was aber den Menschen tatsächlich durch das Sein hindurch leitet, kann der Mensch sich abschließend nicht erschließen, er kann also gar nicht wissen (es ist sein „blinder Fleck“), was er mit Begriffen *tatsächlich* kommuniziert; das aber heißt, auch nicht ausschließen zu können, dass die Kommunikation des „Unspezifizierten Nichtwissens“ mittels Begriffen gelingt, die ihm etwas bedeuten, von dem er sich gar keine Vorstellung macht. Bedingung dafür, dass diese Kommunikation gelingen kann, ist allerdings, dass diese Möglichkeit nicht aus der Kommunikation kategorisch ausgeschlossen wird, wie es Luhmann und in seiner Nachfolge andere tun, indem sie behaupten, das Unbestimmte, über das keinerlei Wissen besteht, ließe sich grundsätzlich nicht kommunizieren. So lange der Mensch sich die Möglichkeit offen hält, dass es „etwas“ gibt, was nicht bestimmt ist, über das überhaupt noch kein Wissen besteht, geht diese Möglichkeit konstitutiv in alle seine Kommunikationen ein, so lange bleibt er prinzipiell offen für alles (also für seine insgesamt unbestimmte Umwelt), erst der (wissenschaftliche) Ausschluss dieser Möglichkeit aus der Kommunikation macht tatsächlich die Kommunikation unspezifizierten Nichtwissens unmöglich, oder mit anderen Worten: Erst die *Negation des Unbestimmten* schließt Gesellschaften gegenüber ihrer insgesamt niemals bestimmbaren Umwelt ab, Gesellschaften, die – wie noch zu zeigen ist – immer schon über Formen verfügten, das Unbestimmte zu „kommunizieren“, resp. mit dem Unbestimmten umzugehen.

Die Katastrophensoziologie hat hier mit Elke M. Geenen einen anderen Weg eingeschlagen. Für die von Luhmann als solche bezeichnete Gefahr wäre besser der Begriff des „Risikos zweiter Ordnung“ anzusetzen[36], während der Gefahrenbegriff dafür vorbehalten bleiben sollte, mit ihm, „[...] das Unstrukturierte, noch Undefinierte [...]“, den unbestimmten „[...] Raum, der durchschritten werden muß [...]“, zu bezeichnen (Geenen 1995b: 35). Gefahr meint dann gerade das, was notwendig als Hintergrund all dessen, was sich einer Unterscheidung fügt, gedacht werden muss und das gerade, weil es nicht selbst schon markiert werden kann, stets die Möglichkeit *unabsehbarer* Veränderungen bereithält. In diesem Zusammenhang muss dann auch der Begriff der Robustheit resp. der Resilienz betrachtet werden: Während die Kalkulation der Vulnerabilität auf Vorhersagen angewiesen ist, Umwelt also notwendig strukturiert gedacht werden muss, bleibt der Begriff der Resilienz offen für *Gefahren* als das, was aus dem

36 Ich verdanke diesen Gedanken, besser von „Risiken zweiter Ordnung“ zu sprechen, einem Gespräch mit Elke M. Geenen, wobei die Verantwortung für die hier dargelegte Interpretation beim Autor liegt.

unbestimmten Raum heraus die Adaptabilität von Systemen herausfordert, offen also für Perturbationen jeglicher Art.

Die Katastrophensoziologie wendet sich mit diesem Begriff von vermeintlich „objektiven“ Risiken ab, doch geht sie nicht sogleich über zu dem anderen Extrem und macht alle Objekte zu Kommunikationsphänomenen, sondern sie wendet sich dem Unbestimmten zu, sie stellt fest, dass ihr „Objekt“ die Gefahr ist, von der aber per Definition nicht gewusst werden kann, worauf sie sich eigentlich bezieht. Die Katastrophensoziologie tut damit einen für die allgemeine soziologische Theorie avantgardistischen Schritt: Sie öffnet Systeme gegenüber ihrer Umwelt, nachdem die (zumindest hypostatierte, beobachtete) „autopoietische“ operative Schließung (i.S. Niklas Luhmanns) von Gesellschaften gegenüber ihren Umwelten offenbar Katastrophenphänomene produziert. Sie geht gewissermaßen von der Beobachtung der „Risikogesellschaft“ (vgl. Beck 1986) über zur Beobachtung der „Gefahrengesellschaft“. Freilich wirft diese Denkrichtung ganz grundsätzliche Fragen auf, die bisweilen auch die Erkenntnistheorie der Sozialwissenschaften betreffen, denen im Laufe dieser Arbeit nachzugehen ist.

Das Resümee dieses kurzen Überblicks über die Entwicklung innerhalb der katastrophensoziologischen Forschung, kann also lauten, dass offenbar *grundsätzlich* gar nicht gewusst werden kann, was tatsächlich geeignet ist, ein System zu gefährden; dies setzte ein „objektives“, beständiges Wissen voraus, eine Art von Wissen also, das im Laufe der vergangenen Jahrzehnte mehr und mehr in die Kritik geraten ist. Gerade diese Kritik der Objektbegriffe zeugt davon, dass Welt offenbar objektiv nicht zu begreifen ist, dass vielmehr sich auf diese Art des Begreifens von Welt zu verlassen, mehr und mehr Katastrophenphänomene erzeugt. Die Alternativen, die sich der Forschung darbieten, erscheinen dann zunächst – wie insbesondere an der Entwicklung des risikosoziologischen Diskurses zu beobachten – gleichsam als Skylla und Charybdis: Entweder schwindet das Objekt katastrophensoziologischer Forschung, dann vermag sie sich nur mehr gegen sich selbst zu wenden, oder aber sie schließt an das an, was noch nicht falsifiziert ist, an vermeintlich „objektive“, kalkulierbare Risiken etwa, um schließlich deren reale Falsifikation beobachten zu müssen. Das eingangs erörterte Problem der Philosophie ist also auch ein Problem der Katastrophensoziologie: Entweder verdinglicht sie die Katastrophe, indem sie sie als Objekt setzt, ihre Ursachen als rational, objektiv rekonstruierbar annimmt, sie dadurch allerdings notwendig in ihrer Phänomenalität verkennend, oder aber sie destruiert ihre Begriffe und Kategorien selbst, obwohl doch die Katastrophe *betrifft*, Betroffenheit auslöst, zum Handeln auffordert, sie also etwas Bedeutendes anzeigt, das sich der Forschung jedoch entzieht, sich ihr vorenthält. Die Alternative scheint zu sein, sich den überkommenen Formen fatalistisch zu überlassen, sich einer „objektiven“

Welt zu fügen, die nicht ist, wofür man sie hält, oder aber sich der totalen Komplexität, also dem blanken Relativismus bzw. Solipsismus auszusetzen.

Für die Katastrophensoziologie als diejenige Disziplin, die sich mit dem „Immunsystem" der Gesellschaft auseinandersetzt, können beide Alternativen – zumindest jeweils für sich genommen – nicht befriedigend sein. Es kommt entscheidend darauf an, dass die Katastrophensoziologie ihre Objekte als Phänomene in ihrer ganzen, nach allen Seiten offenen Breite und Fülle ergründet, sie darf dabei jedoch nicht sogleich vor der sich anzeigenden Komplexität des Prozessualen verzagen, sich dieser aber auch nicht hingeben, sie muss vielmehr Objekt und Prozess *komplementär* zueinander denken, ohne das eine durch das andere zu ersetzen. Der entscheidende Schritt der Katastrophensoziologie liegt in der Untersuchung langfristiger Entwicklungen und der komplexen Verwicklung sozialer Verflechtungszusammenhänge, in der Fortsetzung des Weges also, den sie seit längerem zumindest in Teilen eingeschlagen hat, ohne diesen Prozess allerdings bislang auch (im weitesten Sinne erkenntnis-)theoretisch reflektiert zu haben. Eine solche Reflexion aber ist unbedingt erforderlich, sonst läuft diese bereits eingeschlagene Richtung Gefahr, sich im Relativismus zu verlieren. Die Katastrophensoziologie steht vor grundsätzlichen Herausforderungen, sie muss ihre Blickrichtung zumindest teilweise geradezu umkehren – und wie oben gezeigt, ist sie seit längerem dabei, dies schon zu tun. Anstatt bloß nach instrumentellen Techniken zu suchen, mittels derer Gesellschaften die Real-Falsifikation ihrer Formen kurzfristig zu verhindern versuchen, und anstatt alternativ nur mehr über die Kommunikation der Katastrophe zu kommunizieren, muss die Forschung nach dem bereits weitgehenden Verlust zumindest des Allgemeingültigkeitsanspruches ihrer Objekte und der daraus folgenden Kontingenz fragen, welche langfristigen Figurationen (Norbert Elias) und komplexen Wechselwirkungen (Georg Simmel) Gesellschaften zugrunde liegen, die sich durch das *Nichteintreten* von „Katastrophen" als besonders robust bzw. resilient gegenüber unbestimmten Gefahren gezeigt haben. Angesichts der Vielzahl miteinander wechselwirkender Faktoren sieht sich dieser Paradigmenwechsel aber vor neue, qualitativ andere Fragen gestellt, die mit einer naturwissenschaftlichen, auf Objekte gerichteten Terminologie *allein* nicht angegangen werden können, die sich aber auch nicht dadurch bewältigen lassen, an die Stelle der Objekte eine artifizielle Sprache zu setzen, die die Katastrophe als bloßes Kommunikationsphänomen verkleidet und sie damit dem wissenschaftlichen und schließlich dem gesellschaftlichen Zugriff entzieht.

2.3 Theoretische Modelle zur Annäherung an das Phänomen der Katastrophe

In der katastrophensoziologischen Forschung ist angesichts der skizzierten Herausforderungen insgesamt ein Mangel an umfassenden theoretischen Konzepten zu beklagen[37]. Die Katastrophensoziologie zeigt sich insgesamt als „untheoretisch", so etwa Robert A. Stallings: Empirie wird zumeist

37 Natürlich gibt es eine Reihe bedeutender theoretischer Werke, die zu erwähnen sind, zugleich zeigt aber dieser Literaturüberblick, dass man vergebens nach einer grundlegenden Aufarbeitung der zentralen und fundamentalen theoretischen Probleme, die bis hinein in die Erkenntnistheorie reichen, sucht. Als „theoretischer Klassiker" ist etwa das im Jahr 1942 publizierte Buch von Pitirim A. Sorokin „Man and Society in Calamity" zu nennen (vgl. Sorokin 1968). Sorokin gelangt darin zu der Feststellung, dass der Mensch im Angesicht von Katastrophen (er bespricht Revolutionen ebenso wie Kriege und Krankheiten) zweierlei Reaktionen zeigen könne: Entweder neigt er zur Gewalt, zur Destruktion, oder aber zur Humanität: Er will helfen. Sehr lesenswert ist die vier Jahrzehnte später von Kenneth Hewitt editierte Sammlung, 1983 erschienen unter dem Titel „Interpretations of Calamity". Die Beiträge behandeln ein recht breites Spektrum, ein fundierter theoretischer Rahmen ist jedoch auch hier nicht zu finden, dafür wird aber eine ökologische Perspektive betont. Die ebenfalls 1983 veröffentlichte „Einführung in die Soziologie der Katastrophen" (Clausen/Dombrowsky) ist ebenso wie die Schrift von Dombrowsky „Katastrophe und Katastrophenschutz" aus dem Jahr 1989 zu empfehlen, beide Werke sind für die vorliegende Arbeit von grundlegender Bedeutung und werden im Folgenden auch im Text aufgearbeitet. Dann die bereits erwähnte Aufsatzsammlung „Sociology of Disasters: Contribution of Sociology to Disaster Research" von Dynes/de Marchi/Pelanda 1987, in der einige theoretisch gehaltvolle Aufsätze versammelt sind. Eine der wenigen Systematiken überhaupt erarbeitet Perrow, der weiter unten detailliert herangezogen wird (vgl. Perrow 1992). Walter L. Bühl hat 1990 unter dem Titel „Sozialer Wandel im Ungleichgewicht. Zyklen, Fluktuationen, Katastrophen" eine ökosystemtheoretische, soziologische Katastrophentheorie mit mathematischen Ansätzen vorgelegt. Wesentliche Gedanken der vorliegenden Arbeit gingen aus dessen Lektüre hervor, allerdings mit sehr unterschiedlichen Schlussfolgerungen, wie noch gezeigt werden wird. Zu nennen wären in dieser Aufzählung bedeutender theoretischer Ansätze der Katastrophensoziologie abermals die zentralen Werke der Risikotheorie (siehe dazu die Anmerkungen oben). Für den neueren Stand auch der theoretischen Forschung siehe abermals den Sammelband „Entsetzliche soziale Prozesse. Theorie und Empirie der Katastrophen" (vgl. Clausen, Geenen, Macamo 2003a), darin insbesondere den Beitrag von Robert A. Stallings „Soziologische Theorien und Desaster-Studien" (Stallings 2003). Zahlreiche theoretische Implikationen werden auch diskutiert in dem für die allgemeine Diskussion so aufschlussreichen Sammelband unter dem Titel „What is a disaster? Six views of the Problem", editiert von Enrico L. Quarantelli 1995a. Das Buch wurde 1998 erweitert („Perspectives on the Question", vgl. Quarantelli 1998), geplant ist eine dritte Version („more perspectives").

„[...] ohne Rücksicht auf solche Fragen des Faches betrieben [...] wie sie Stabilität und Wandel, Konflikt, Sinngebung und Macht samt deren Erklärungen immer wieder stellen" (Stallings 2003: 35). Eine Folge daraus sei, so Stallings weiter, dass empirische Ergebnisse katastrophensoziologischer Forschung in die allgemeine soziologische Diskussion keinen Eingang gefunden haben (vgl. ebd.). Mit der prozesssoziologischen Theorie der Katastrophe der Kieler Katastrophenforschungsstelle (insbesondere Lars Clausen, Wolf R. Dombrowsky und Elke M. Geenen) liegt allerdings ein Ansatz vor, der seit mehr als 20 Jahren das Prozessuale gegenüber der objektfixierten, naturalistisch-szientistischen Betrachtung hervorhebt, der damit die skizzierte Entwicklung der katastrophensoziologischen Forschung und letztlich der soziologischen Forschung insgesamt in weiten Teilen vorwegnahm. Auch der ökosystemtheoretische Ansatz Walter L. Bühls eignet sich als katastrophentheoretisches Grundlagenwerk.[38] Ergänzt etwa um Charles Perrows Überlegungen zu den „normalen Katastrophen" (vgl. Perrow 1992), schließen die Überlegungen dieser Arbeit an diese Ansätze an. Sie dienen ihr als Hintergrundfolie, vor der dann detaillierter besprochen werden kann, was in dieser Arbeit gemeint ist, wenn von *Katastrophen*, von *Gesellschaft* und vom *Menschen* gesprochen wird.

Die Arbeit ist, obgleich sie weit in die Philosophie eindringt, soziologisch orientiert: Es geht ihr nicht um die Klärung individueller Schicksale noch um „physische" Verschiebungen tektonischer Platten, sie fragt nach Katastrophen, die Gesellschaften, die Menschen betreffen. Diesen Überlegungen zur Katastrophe muss ein Bild von Gesellschaften zugrunde gelegt werden, von dem ausgehend sich weitere Fragen dann erst im Detail angehen lassen. Wie also lässt sich „Gesellschaft" in einer ersten Annäherung begreifen und welche Anhaltspunkte für eine Katastrophensoziologie lassen sich aus dieser Annäherung gewinnen? Moderne Gesellschaften sind komplexe Systeme, lautet eine viel gebrauchte Formel, die sogleich impliziert, dass sich moderne Gesellschaften nicht steuern ließen. Doch ist Steuerung tatsächlich ein Problem oder muss nicht vielmehr gefragt werden, wie es Gesellschaften möglich war und noch bis heute möglich ist, sich komplex zu entfalten, gerade ohne Gesamtsteuerung? Wenn also von gesellschaftlichen Katastrophen die Rede sein soll, welche Rolle kommt dann dem Menschen darin zu? Was ist die Referenz, auf die sich die Überlegungen zu Katastrophen beziehen? Reicht es aus, *den Menschen* als ontologische Kategorie als Bezugsform zu setzen, oder muss nicht die Form des Menschen selbst einer kritischen Klärung unterzogen werden, so wie die

38 Zumindest die ersten beiden Kapitel des Buches „Sozialer Wandel im Ungleichgewicht" (vgl. Bühl 1990). Zur ausführlichen Darstellung und Kritik siehe S. 71-89.

Frage nach der Form der Gesellschaft in diesem Lichte noch einmal neu beantwortet werden muss? Daran schließt sich die Frage an, was es ist, von der sich die Form des Menschen abgrenzt, sodann: Was ist es, wovon sich Gesellschaften abgrenzen, was ist also *Umwelt* für den Menschen und für Gesellschaften, wenn sie, wie schon einleitend deutlich wurde, nicht mit *Natur* gleichgesetzt wird? Zunächst also eine erste Annäherung an die Katastrophe als Prozessphänomen.

Die Katastrophe als Zusammenbruch von Erwartungszusammenhängen – das makrosoziologische Modell FAKKEL

Die „Kieler Schule" begreift die Katastrophe als einen gesellschaftlichen Prozess: „Sie entwickelt sich, je nach dem Entwicklungsstand einer Gesellschaft, schlagend oder schleichend, hervorgerufen durch sie begünstigende Prozesse" (Clausen/Möller 1993: 111, vgl. auch Clausen/Dombrowsky 1983: 47). Dieser Prozess ist bereits im alltäglichen gesellschaftlichen Handeln angelegt. Tauschtheoretisch argumentiert Lars Clausen, dass es für den Einzelnen nützlich sei, Antizipationen zu lernen, da sich erst dadurch ein komplexer Verflechtungszusammenhang von Offerten stabilisieren kann, bei dem es wesentlich darauf ankommt, dass diese Offerten niemals alle auf einmal eingelöst werden können. Das ständige und unmittelbare Überprüfen sämtlicher Offerten bzw. Erwartungen hindert Gesellschaften daran, sich über den absoluten Jetztzustand zu erheben. Wenn aber sich der Zeithorizont einmal durch die Verlagerung der Erfüllung einer Offerte in die Zukunft hinein öffnet, werden immer längere Verflechtungsketten möglich. Es konstituiert sich ein stabilisierter Prozesszusammenhang von Erwartungen, der prinzipiell fragil bleibt, denn wenn „[…] zu viele zentrale, womöglich längst unbewußt zu konkret genommene Offerten nicht mehr zu decken sind […], dann bricht der ganze Prozeß zusammen" (Clausen 1983: 45f.). Nur das Unterlassen der ständigen Reflexion aller Grundlagen, auf denen sich der Prozesszusammenhang stabilisiert, also das Ausblenden von Komplexität (vgl. dazu auch Luhmann 2000 sowie Japp 1996, insbes. 49), ermöglicht längere Verflechtungszusammenhänge, während dabei doch immer auch Bedeutsames mit ausgeblendet wird. Sukzessive, in inkrementalen Schritten, erhöht sich die Fragilität des Prozesszusammenhanges.

In dem nun eingehender zu besprechenden makrosoziologischen Prozessmodell FAKKEL (siehe Schaubild auf S. 63) beschreibt Clausen, von einer adäquat bewältigten Katastrophe ausgehend, den sich ggf. über

Jahrhunderte erstreckenden Prozess der Katastrophe.[39] Insgesamt benennt er sechs Phasen der Katastrophe, die sich in drei Dimensionen des sozialen Wandels erstrecken, die vorab zu erörtern sind, um dann die Phasen im Einzelnen besprechen zu können. Die Darstellung des komplexen Modells bleibt hier skizzenartig und auf das Erkenntnisinteresse dieser Arbeit hin gerichtet, schon da Clausen das Modell selbst unlängst aktualisiert vorgelegt hat, so dass zur detaillierten Auseinandersetzung insbesondere auf diese Publikation verwiesen sei (vgl. Clausen 2003).

Drei Dimensionen des sozialen Wandels: Ritualität/Magisierung, Rapidität und Radikalität

A: Ritualität/Magisierung:

Weil Gesellschaften, auch ihre Wissenschaften, niemals den Horizont magischer Erklärungen zu überschreiten vermögen, sie sich vielmehr lediglich auf einer Skala zwischen den Polen „höchst magisiert“ und „höchst säkularisiert“ bewegen, bleiben sie stets darauf angewiesen, dass ihr figurativ stabilisiertes System an Glaubenssätzen durch keinerlei Anlass grundlegend hinterfragt wird. Eine Infragestellung der hochgradig säkularisierten, verwissenschaftlichen Denkmuster wirft Gesellschaften wieder auf magische Erklärungsmuster zurück, da es keinen festen Grund gibt, auf dem diese Denkmuster fußen. „Katastrophen bedeuten auch Krisen der Maßstäbe des kausalen Denkens“, so Clausen, denn das kausale Denken sei als prinzipiell stets fragile Institutionalisierung von Kausaltypen zu verstehen. Erst die weitgehende Stabilisierung von Erwartungen in spezifischen kulturell geprägten Mustern ermöglicht umfassende, also „weltvernetzte“ (vgl. Clausen 2003: 58) Beobachtungshorizonte. Erst diese Stabilisierung von Erwartungszusammenhängen lässt den Menschen schließlich „Gesetzmäßigkeiten“ erkennen, die entsprechend ebenfalls prinzipiell fragil bleiben. Innerhalb diesen stabilisierten Mustern verbleibend können kausale Zuschreibungen denkend geprüft und rational erklärt werden.

39 Erstmalig veröffentlichte Clausen das Modell 1978 (vgl. Clausen 1978: 118ff.). Zur umfassenden Darstellung des Modells vgl. Clausen 1983: 43ff., Clausen 1994: 13-51 und Clausen 1994, sowie die Ergänzung und Regionalisierung durch Geenen 1995a: 47ff. und 1995b: 177ff. 2003 stellte Clausen das Modell erweitert, auf „reale Gefahren“ bezogen und dabei „soziologischen Rat“ ableitend erneut vor, vgl. Clausen 2003: 51-76. Zum besseren Verständnis ist ergänzend die Lektüre des Buches von Wieland Jäger (Jäger 1977) zu empfehlen, der auf Basis des Konfliktmodells von Hans Jürgen Krysmanski Überlegungen zur Katastrophe anstellt, die in das Modell Clausens Eingang gefunden haben.

Schaubild: Kieler Würfel

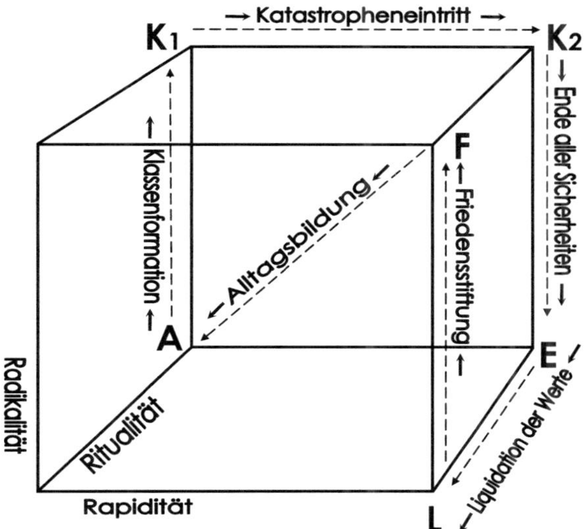

Legende:
x-Achse: Beschleunigung, y-Achse: Vernetzung, z-Achse: Magisierung
F Friedensstiftung, **A** Alltagsbildung, **K1** Klassenbildung,
K2 Katastropheneintritt, **E** Ende aller Sicherheit, **L** Liquidation der Werte[40]

B: Rapidität

Eine grundlegende Erschütterung dieser „Paradigmen"[41] lässt dann allerdings rapide sämtliche auf diese gestützten Erwartungen virulent werden. Je stabiler dieses System an Kausaltypen ist, desto umfassender ist das System selbst gefährdet, weil es zum einen immer stärkerem Rechtfertigungsdruck ausgesetzt ist[42] und weil es zudem immer weniger auf unbestimmte Gefah-

40 Die Grafik wurde leicht verändert entnommen aus Clausen 2003: 61.

41 Der Begriff des Paradigmas wird hier in Anlehnung an Thomas S. Kuhns Theorie wissenschaftlicher Revolutionen verwandt. Gemeint ist eben, dass auftretende Anomalien (die sich keinem Schema zweiwertiger Entweder-oder-Rationalität ohne Zulassen eines Dritten fügen) die institutionalisierten Rationalitätsmuster grundlegend in Frage stellen und schließlich eine Revolution im Sinne eines umfassenden Paradigmenwandels, also hier: einen umfassenden Wandel der institutionalisierten Rationalitätsmuster auslösen (vgl. Kuhn 1991).

42 Vgl. dazu die in dieser Arbeit noch häufig herangezogene Arbeit von Kurt Imhof und Gaetano Romano aus dem Jahr 1996. Der Rechtfertigungsdruck

ren eingestellt ist und sich auf erwartbare Risiken einrichtet. Was dann als Katastrophe beobachtet wird, ist der rapide und radikale Wandel aller säkular stabilisierten Erwartungsmuster, der alle Erklärungen wieder hochgradig magisiert, also lediglich eine extreme Form des sozialen Wandels (vgl. in diesem Sinne Clausen 1978: 128ff.).

C: Radikalität

Während in Phasen des Aufbaus immer umfassenderer Offertensysteme Zeit selbst sich zu verlangsamen scheint, weil alle Erwartungen sich in immer fernere Zukunft hinein erstrecken, geht, wenn dieses System stabilisierter Erwartungsmuster eine grundlegende Erschütterung erfährt, auf einmal alles viel zu schnell, die Zeit scheint sich zu beschleunigen. Die Handlungsoptionen der Betroffenen reduzieren sich massiv, sie büßen die Fähigkeit ein, spürbar auf den sie erfassenden Prozess einwirken zu können. Die Entscheidungsalternativen verknappen sich extrem und bleiben auf die unmittelbare Reichweite begrenzt (vgl. Geenen 2003: 15), bis schließlich auch diese noch eingebüßt werden und die Betroffenen in allgemeiner Lethargie versinken (vgl. Clausen 1983: 71).[43] Weil komplexere Systeme immer längere Erwartungsketten auf bis dahin bewährten Grundlagen aufbauten, die nun zerrütten, alles also derart gründlich vernetzt ist, wird alles andere, das gesamte System institutionalisierter Normen, Werte und Denkmuster, radikal mit in Frage gestellt.

Die sechs Phasen der Katastrophe

Die Katastrophe erstreckt sich also in diese drei Dimensionen des sozialen Wandels und sie durchläuft als Prozess sechs Phasen. Die erste Phase denkt eine Gesellschaft, die nach der adäquaten Bewältigung einer Katastrophe extrem magisiert, extrem verlangsamt und weitgehend entnetzt ist. In diesem ersten Stadium ist die umfassend einschneidende Notlage allen gleichermaßen präsent. In dieser Situation haben „[...] die Betroffenen die

steigt etwa, wenn nicht mehr verschiedene Götter sich die Schuld für eine Plage gegenseitig zuschieben können, sondern nur mehr im Monotheismus ein Gott zur Rechenschaft gezogen werden kann.

43 Ein historisches Beispiel für diese lethargische Stimmung ist wohl die von Thukydides beschriebene Situation während der Pest in Athen im Jahr 430, dem zweiten Jahr des Peloponnesischen Krieges (vgl. Thukydides 2000: 145ff.) Platon war drei Jahre alt, als die Pest wütete, es wird an späterer Stelle in der vorliegenden Arbeit die These vertreten, dass er vor dem Hintergrund dieser umfassenden Zerrüttungen eine Notwendigkeit zur intellektualistischen Stärkung des Guten sah, dass er damit als einer der ersten das Göttliche in seiner Bedeutung wesentlich relativierte und damit die Bedingungen mitzuerschaffen half, die die Moderne ermöglichten. Siehe hierzu Gliederungspunkt 6.3, S. 251-255.

Gefahren und ihre Anzeichen mit bitterstem Realismus einzuschätzen gelernt [...] und [können, M.V.] ebenso realistisch Lösungen von Scheinlösungen unterscheiden [...]“ (Clausen 1983: 53). Alle sind optimal auf die Beobachtung ihrer Umwelt eingestimmt, sie sind hochgradig resilient, weil sie mit allem, also auch mit der unbestimmten und unbestimmbaren Gefahr „rechnen“. Ein komplexes System langer Erwartungsverkettungen existiert nicht. Wenn es nun gelingt, das grundlegend zerstörte Hintergrundvertrauen[44] wieder herzustellen, dann kann es gelingen, „‚Frieden‘ zu ‚stiften‘“ (Clausen: 1983: 56). Die Friedensstiftung (Stadium 1: Friedensstiftung, F) stellt die Bedingungen für den Wiederaufbau längerer Erwartungszusammenhänge. Die Katastrophe ist bewältigt, schon dies stiftet grundlegendes Vertrauen, das mit dem Satz Luhmanns als „Mechanismus zur Reduktion von Komplexität“ erste Ordnung, also Verflechtungszusammenhänge schafft (vgl. Luhmann 2000).

Im zweiten Stadium bildet sich ein *Alltag* (Stadium 2: Alltagsbildung, A). Für die vorliegende Untersuchung ist dies die wichtigste Phase im Prozess der Katastrophe. Die „Vertrautheit“ der „fraglos selbstverständlichen Welt“ entzieht dem Bewusstsein die *volle* Komplexität der Welt und macht Ordnung erst möglich, allerdings um den Preis von Folgenindifferenz. Unsicherheit wird durch Reduktion der Möglichkeiten absorbiert (vgl. Japp 1996: 49), darin ist jedoch bereits der Schritt von der Resilienz gegenüber der unbestimmten Gefahr zur Vulnerabilitätskalkulation des Risikos angelegt. Überleben bedeutet notwendig Ausblendung von Kontingenz: Der „Esel des Buridan“, der zwischen zwei gleichgroßen Heuhaufen steht, muss verhungern, weil es ihm an Entscheidungskriterien für den einen oder den anderen Heuhaufen fehlt.[45] Der Mensch muss derart ständig wählen. In der Regel orientiert er sich dabei an mehr oder weniger bewussten, auch an un- bzw. vorbewussten Strukturvorgaben, an Gewohnheiten, an momentanen Stimmungen usw., die ihm stets schon den Raum der Möglichkeiten einschränken.[46] Der Mensch in Gesellschaft tendiert also zur „Strukturabhängigkeit“: Wenn er „rational“ entscheidet, so tut er dies im Rückgriff auf vorangegangene Entscheidungen und berücksichtigt dabei immer weniger die volle Komplexität der Möglichkeiten. Je detaillierter er seine eigene

44 Vgl. dazu Geenen (2003: 17), die den Begriff in Anlehnung an den der Hintergrunderfüllung bei Arnold Gehlen verwendet.

45 Dieses gerne bemühte Gleichnis zum Aufzeigen der Unmöglichkeit, zwischen zwei gleichwertigen Lösungen zu unterscheiden, wird zwar meist dem Scholastiker Johannes Buridan (um 1300 geboren, gest. etwa 1358) zugeschrieben und ist mit dessen Namen verbunden, es geht aber wohl auf Aristotels zurück.

46 Die Persönlichkeitspsychologie spricht hier von „Habits“, also von gelernten, gewohnten Reiz-Reaktionsschemata, und von „Traits“, also Dispositionen zu bestimmten Verhaltensweisen, die konsistent in verschiedenen Situationen auftreten (vgl. Amelang/Bartussek 2001: 46-50).

Struktur rational zu erfassen vermag, je genauer er also seine eigenen Entscheidungskriterien zu überblicken glaubt, umso stärker schränkt er sich auf diese ein, denn dies verspricht zunächst den sichersten Erfolg: Es hat ja schon funktioniert, also warum Neues ausprobieren? Dies lässt sich auf ganze Gesellschaften verallgemeinern: Der vergangene Erfolg verführt zur Widerholung des Bewährten und zum Ausschluss anderer Möglichkeiten.

Von hier an aber läuft die Gesellschaft immer stärkeren Nebenfolgen dieser Reduktion der vollen Komplexität, bis hin zur erneuten Katastrophe, entgegen; denn dieses Ausblenden von Möglichkeiten und das Festhalten an in der Vergangenheit erfolgreichen Strategien bedeutet auf gesamtgesellschaftlichem Niveau eine umfassende Einschränkung der Wahrnehmung, also der „Sensibilität“ des Gesellschaftsganzen. Während sich die Effizienz des rationalen, also auswählenden, planenden Handelns zunächst steigert, nimmt die Wahrscheinlichkeit unvorhergesehener Nebenwirkungen kontinuierlich zu, für die immer weniger Aufmerksamkeit aufgewendet wird, zumal noch lange Zeit die Nebenfolgen ausbleiben, im Gegenteil die positiven Effekte lange klar überwiegen. Das anfängliche Ausbleiben der Nebenfolgen produziert jedoch immer auch selbst solche, etwa derart, dass der Hunger gestillt, also mehr Menschen satt werden und sich die Population erhöht (vgl. Clausen 1983: 58).[47] Entsprechend wächst die Wahrscheinlichkeit unvorhergesehener und ungewollter Nebenfolgen exponentiell.

Derweil können sich erste Spezialisierungen stabilisieren, es finden sich „Fachleute“, die sich jeweils spezifischen Ausschnitten des Wahrnehmungsganzen zuwenden, so auch im Bezug auf die ersten auftretenden Nebenfolgen. Während das unmittelbare „Betroffenheitswissen“ in seiner ganzen Komplexität von Generation zu Generation verblasst, hält die zuständige Fachelite im Bezug auf ihr jeweiliges Fach noch ein breiteres Wissen aufrecht. Die „materiale Kultur“ der Bewältigungstechniken, also der konkrete im eigenen praktischen Umgang mit den Dingen gewonnene

47 Dies ist auch das Thema der „Logik des Mißlingens“ von Dietrich Dörner (vgl. Dörner 2000, hier insbes. 22-32ff.). Der Psychologe Dörner beschreibt darin das „beklagenswerte Schicksal von Tanaland“ als einer computergestützten Simulation, in der zwölf Versuchspersonen die Aufgabe gegeben wurde, Tanaland zum Wohle der Bevölkerung zu regieren. Durchschnittlich ergab sich dabei zunächst ein Anstieg der Bevölkerung als Folge des verbesserten Nahrungsangebotes und einer verbesserten medizinischen Versorgung. Im 88. Monat des Versuchs kam es daraufhin zu einer nicht mehr auffangbaren Hungerkatastrophe. Dies, so Dörner, sei für das Denken in komplexen Situationen beispielhaft: „[...] anstehende Probleme (hier: der Nahrungsmittelversorgung und der Gesundheitsfürsorge) wurden gelöst, ohne daß dabei die durch die neuen Problemlösungen entstandenen Fernwirkungen und damit die *neuen* Probleme, die durch die Problemlösungen erzeugt wurden, gesehen wurden“ (ebd.: 24, Hervorhebung im Original).

breite Erfahrungsschatz, wandert zu der Fachelite ab, die „Katastrophenlaien“ entlasten sich von der „Gemeinschaftsaufgabe Katastrophenschutz“ (vgl. Clausen 1994: 30). Zugleich beginnt die Fachelite sich mittels einer eigenen „Moral“ ihren Stand zu sichern, es kommt zur „Kastenbildung“. Das Alltagshandeln kann sich derweil anderen Dingen zuwenden. Die Kommunikation zwischen hilfeersuchenden Laien und Fachelite wird schwieriger: Während die Laien immer weniger Lösungen selbst aufbringen und immer mehr auf Hilfe angewiesen sind, treffen sie bei der Fachelite zunehmend auf Unverständnis. Erste fachlich nicht zu bewältigende Nebenfolgen werden von diesen als „unproblematisch“ getarnt und die „[...] Gesamtkonfiguration der betreffenden Gesellschaft wird von anderen, aktuelleren Problemen her definiert, und namentlich die politisch herrschaftsausübenden Gruppierungen konzentrieren sich insoweit auf *andere* Qualitäten“ (Clausen 1983: 60, Hervorhebung im Original).

Die ausgeblendeten Destruktivkräfte[48] werden sichtbarer, somit werden erste Offerten und Erwartungsverflechtungen in Frage gestellt. Die Fachelite „kämpft“ nun als Klasse (Stadium 3: Klassenformation, K) gegen die Laien, indem sie Erfolge generiert, wo keine Lösungen erforderlich sind, während sie Misserfolge uminterpretiert. Die einstige „Notgemeinschaft“ zerfällt in Klassen: „Die Werte der einen bedrohen die Werte der anderen, sind dort Anti-Werte. Gut und Böse sind Standortfragen, wie Wahr und Falsch“ (Clausen 1983: 65). Damit reißen die Informationslinien ab, denn ohne Glauben an die Richtigkeit der Information kommen auch die „wahren“ Katastrophenwarnungen nicht mehr an. Den Erwartungen wird so allmählich ihre Grundlage entzogen. Während sie anfangs noch weitgehend erfüllt werden konnten, beziehen sie sich nun längst auf Unmöglichkeiten. Obwohl ein Gefühl von dieser Unstimmigkeit heranwächst, wird an den eingespielten Kausaltypen und den im System mittlerweile objektivierten Kategorien festgehalten, der Besitzstand wird gewahrt. Alternative Formen (bzw. Paradigmen[49]) sind ohnehin nicht in Sicht, also wird der Glaube an die Vorhandenen gestärkt.

Im Vierten Stadium machen sich die vernachlässigten und verschleierten Probleme bemerkbar, die Katastrophe tritt ein (Stadium 4: Katastropheneintritt, K). Das Anschlagen des gesellschaftlichen Warnsystems angesichts erster Risikoeintritte wird nicht ernst genommen (vgl. Clausen 1983: 66), es fehlt ohnehin an Interpretationsschemata bzw. adäquaten Reaktionsmög-

48 Der Begriff der Destruktivkräfte macht darauf aufmerksam, dass, wo arbeitend produziert wird, immer auch destruiert wird. Alle Arbeit bedeutet Eingriff in einen bereits bestehenden Prozess, somit zieht jeder gezielte und produktive Eingriff stets destruktive, meist nicht gewollte Nebenfolgen nach sich (vgl. Clausen 1988: insbes. 55ff).

49 Zum Begriff des Paradigmas vgl. Kuhn 1991.

lichkeiten. Die Fachelite wird für das Versagen angeklagt, sie weist jedoch alle Schuld von sich, während parallel auch die Machtelite an Handlungsfähigkeit einbüßt. Die Laien können derweil die Risikoquellen nicht mehr identifizieren und den Katastrophen keine erklärenden Ursachen mehr zuordnen. Die gesamte materiale Kultur, alle objektivierten und stabilisierten Erwartungsformen versagen (vgl. Geenen 1995a: 45). Diktatoren sehen in dieser Situation ihre Chance, wenn es ihnen gelingt, das System institutionalisierter Erwartungen rigoros umzudefinieren, z.B. indem sie äußere oder innere Feinde entdecken, denen der Zusammenbruch des Systems zugeschrieben werden kann. Eine glücklichere Alternative könnte, so Clausen, eine charismatische Retterpersönlichkeit sein, die mit ihrer „Fortune" die Geschicke neu gestaltet (vgl. Clausen 1983: 68).

Nun bricht also zunächst die Erfüllung von Bedürfnissen, dann auch das gesamte Offerten- und Normensystem zusammen. Die Gesellschaft wendet sich gegen sich selbst, schockartig muss jeder feststellen, nicht gebraucht zu werden. Darüber hinaus verliert die Gesellschaft wie jeder einzelne Mensch seine Souveränität gegenüber anderen, denn in der Katastrophe bricht das organisierte und stabilisierte Wechselspiel der Institutionen, auch des Rechtsschutzes, der Güterproduktion und -verteilung, (vgl. Clausen 1983: 70) das Begriffssystem selbst und alle in ihm verankerten Rationalitätstypen zusammen. Das „Ende der kollektiven Abwehrstrategien" (so die Benennung des fünften Stadiums des Modells, E) bedeutet damit auch Verlust der Individual- wie Gesellschaftsgrenzen gegen die Umwelt, und damit Verlust der Form. Die „[...] politisch-militärische Bündelung und Organisation sozialer Sanktionen" bricht zusammen, „[...], die diese betroffene Gesellschaft als ‚Ganzes' (als System, als Prozeß) bislang effektiv gegen andere Gesellschaften (d.h. z.B. gegen andere Staaten) *abgegrenzt* (stabiliert)" (Clausen 1983: 70, Hervorhebung im Original) hat. Die möglichen Folgen können schließlich sein: Invasion durch Nachbarstaaten, der (Völker-) Tod oder zumindest, bei gerade doch noch geglückter Stabilisierung der Grenze: Traumatisierung.

Den Abschluss des Zyklus bildet somit die umfassende „Liquidation der Werte" (so auch der Name von Stadium 6: L). Die sich durchsetzende allgemeine Abwertung aller Werte führt schließlich zum totalen Machtverlust an die Umwelt. Nachbargesellschaften greifen ein und von den Opfern werden mit Hoffnung auf eigene Vorteile nach der Zerstörung der eigenen Werte die der anderen zu übernehmen versucht. Das Resultat ist dann meist nur ein „gesinnungsloser Pragmatismus", und auch nach dem Abzug der Interventen bleibt bei deren weiterer kultureller Vorherrschaft ein „Glacis kulturell abhängiger und imitierender ‚gezähmter Barbaren' [...]" (vgl. Clausen 1983: 74).

Anmerkungen zum Modell

Nun wurden in das Prozessmodell der Katastrophe, wie von Clausen vorgelegt, bereits einige Implikationen entsprechend der weiteren Argumentation eingearbeitet, die hier in aller Kürze zu markieren sind. So spricht Clausen als Tauschtheoretiker meist von Offerten, während hier aus heuristischen Gründen stärkeres Gewicht auf die Formulierung „stabilisierte Erwartungsmuster" gelegt wurde, besser ist hier sogar von stabilisierten *Wahrnehmungsformen* zu sprechen. Der Formenbegriff eignet sich besonders, um mit ihm im weiteren Verlauf der Arbeit den Prozess der Hervorbringung (resp. der Konstruktion) sämtlicher durch einen Beobachter in Wechselwirkung mit seiner Umwelt vorgenommenen Unterscheidungen betonen zu können, ohne dabei auf verdinglichende Kategorien mehr denn unbedingt notwendig zurückgreifen zu müssen. Mit dem Begriff der Form wird eine naive Objektontologie vermieden, ohne doch Objekte bereits kategorisch zu negieren. Die soziologischen Formen, so Georg Simmel, gelten, „[...] wenn sie einigermaßen bestimmt sein sollen, nur für einen relativ geringen Umkreis von Erscheinungen" (Simmel 2001: 25). Für diesen geringen Umkreis, für den Moment aber müssen sie relativ bestimmt sein, um sie überhaupt kommunizieren zu können. So kann eine Form zunächst einmal beides sein: Prozess und Objekt, soziale und materielle Form. Dies ist im Folgenden noch zu spezifizieren (siehe insbes. S. 86-89), worauf hier bereits hingearbeitet wurde.

Sodann ist die Stabilisierung von Kausalitätstypen für Clausen Bedingung für *kausales Denken*. Erst auf der Basis dieser stabilisierten Grundlage ist kausales Denken möglich, der Zerfall dieser Kausalitätstypen wirft Gesellschaften dann wieder auf magische Formen zurück. In der vorliegenden Arbeit wird dieser Gedanke verallgemeinert, dass sich im Laufe der Entwicklung „Kausalitätsstufen"[50] stabilisieren, die selbst zur Grundlage weiterer Entwicklung werden. Sie erscheinen dann zum Teil derart verfestigt, dass sie als Kategorien nicht weiter in Frage gestellt werden, so etwa der Glaube an eine allgemein menschliche, unabhängig von dem Niveau der stabilisierten Kausalitätsstufen existierenden „Rationalität". Ganz allgemein schlägt sich dies in der Stabilisierung eines vermeintlich immer „objektiveren" Begriffssystems nieder, das tatsächlich selbst auf bereits stabilisierte Wahrnehmungstypen bzw. -Formen angewiesen ist, das auf diesen beruht, auf Formen also, die in letzter Konsequenz niemals „objektiv" oder „natürlich" und damit unveränderbar sind, sondern stets variabel und fragil bleiben. Diese Arbeit wird sich im sechsten Gliederungspunkt mit solchen

50 Der Begriff der Kausalitätsstufen wurde von Dieter Claessens zur Bezeichnung einer zumeist ungeplant erreichten Verhaltensebene verwendet, die „[...] zur Basis (Grund, Kausalität, Ursache) nächster Entwicklungen [...]" wird (Claessens 1993: 322).

grundlegenden Formen ausführlich beschäftigen. Dabei wird der *historische* Charakter noch so elementarer Formen wie Raum, Zeit und Zahl, aber auch des Werkzeuges und der Sprache, von Verwandtschaftssystemen und von Macht behauptet, womit zugleich postuliert wird, dass sich auch diese fundamentalen Formen, auf denen moderne Gesellschaften bauen, im Grunde ständig wandeln. Diese Variabilität der Formen wird jedoch offenbar gerade in modernen Gesellschaften längstmöglich ausgeblendet, da eben, wie gerade dargelegt, ständige Variabilität den Aufbau längerer Erwartungsketten erschwert. Umso dramatischer sind dann allerdings die Folgen, wenn diese Grundlagen irgendwann doch nicht mehr halten, wie Thomas S. Kuhn für den Bereich der Wissenschaft gezeigt hat (vgl. Kuhn 1991).[51]

Zur Alltagsbildung

Die Stabilisierung komplexerer Offerten- bzw. Erwartungsmuster bedeutet Verbesserung der Lebensverhältnisse, relative Unabhängigkeit gegenüber den Fährnissen der aktuellen Situation. Allerdings geht dieser Aufbau komplexerer Verflechtungszusammenhänge mit der Bildung von Alltag, d.h. mit der tendenziellen Reduktion von Wahrnehmungskomplexität einher, mit der Folge, dass sich – zunächst unbeobachtet – Nebenfolgen anhäufen können, die sich schließlich katastrophal bemerkbar machen. Dieses Modell der Katastrophe gibt damit die Richtung vor, in welche die weitere Untersuchung zu gehen hat: Als besondere Aufgabe stellt sich die Untersuchung des Prozesses der „Alltagsbildung", denn nach der gelungenen Friedensstiftung setzt die neuerliche Katastrophe bereits in jenem Moment an, wo nicht mehr die volle Komplexität für Entscheidungen herangezogen wird, also in *jeder* Handlung. Kein Organismus wäre, wie noch detaillierter besprochen werden wird, überlebensfähig, müsste er in jedem Augenblick alle Möglichkeiten beobachten, die sich ihm bieten. Immer schon greift er auf „Bewährtes" zurück. Er tendiert zur Einschränkung seiner Wahrnehmungsbreite, mit der Folge, dass er auch „Fehler" begehen wird. Insgesamt ist daher Scheitern das Normale, ständig muss ein Organismus, ein Mensch, eine Gesellschaft feststellen, dass er resp. sie mit den bewährten Verfahrensweisen in der neuen Situation nicht erfolgreich ist, entsprechend werden die Verfahren korrigiert und neue Lösungsschritte probiert. Entwicklung auf diese Weise heißt Evolution, sie verläuft entsprechend schwerfällig, zwei

51 Die zunehmende systemische Vernetzung aller gesellschaftlichen Bereiche bei gleichzeitiger Auflösung systemisch-stabilisierter Zusammenhänge bedeutet heute allerdings, dass solche Paradigmenwechsel nicht mehr bloß auf die Wissenschaft beschränkt blieben, sondern das Gesamtsystem fundamental erschüttern würden.

Schritte vor und einen zurück. Schwerwiegende Fehlentwicklungen bleiben bei diesem Verfahren von „Versuch und Irrtum" allerdings höchstwahrscheinlich aus, weil ja *ständig* nachjustiert wird, weil ständig die Wahrnehmungsformen den neuen Notwendigkeiten angepasst werden.

Alltagsbildung ist also immer schon angelegt, doch wird sie nur in seltenen Fällen katastrophenträchtig. Was aber begünstigt die Katastrophe? Wenn moderne Gesellschaften eine Zunahme an Katastrophen beobachten, was hat diese als ungewöhnlich beobachtete Zunahme ausgelöst? Katastrophen, so die dieser Arbeit im Anschluss an Clausen und Dombrowsky vorangestellte Annahme, falsifizieren die Verfahren von Gesellschaften, die Probleme des Lebens zu meistern. Scheitern aber ist insgesamt normal, ständig werden Verfahrensweisen falsifiziert, doch spricht man in der Regel nicht gleich von Katastrophen. Begreift man dagegen Katastrophen als *Extrem* dieses normalen Scheiterns, dann lässt sich folgern, dass offenbar viele kleinere Anpassungsmaßnahmen zuvor unterblieben, die das Scheitern im „normalen" Rahmen gehalten hätten. Formen wurden offenbar immer umfassender nicht mehr bloß für den Moment, nur für einen relativ geringen Umkreis an Erscheinungen für „verifiziert" gehalten, offenbar wurden die Erfolge aus der Vergangenheit vielmehr umfassend in die Zukunft hinein prolongiert, ohne ihren insgesamt fragilen Charakter mehr hinreichend zu erinnern. Offenbar tendieren moderne Gesellschaften zwecks Verlängerung der Handlungsketten dazu, das normale Scheitern, das sie an die Fragilität ihrer Formen erinnert, in besonderem Maße zu unterbinden, mit der Folge, Scheitern auf hohem Niveau wahrscheinlicher werden zu lassen. Offenbar gelingt ihnen dies über derart lange Zeiträume, dass historische, insgesamt fragile Wahrnehmungsformen als in sich ruhend, gleichsam substantiell gedacht werden, eben als „Rationalität" oder als „Markt" usw., dass sie darüber ganz umfassend „vergessen", dass nichts *ist*, sondern vielmehr alles „im Werden". Entsprechend stellt sich hier die Aufgabe für die vorliegende Arbeit, den Prozess der Alltagsbildung ganz grundsätzlich, von seinen Anfängen an, also mindestens anthropologisch zu untersuchen, um die Bedingungen zu klären, die dieser veränderten Form des Umgangs mit dem „normalen Scheitern" zugrunde liegen.

Die Katastrophe als Verlust der Form von Gesellschaften in Umwelten

Es können nun einige Überlegungen angestellt werden, die bereits eine gewisse Systematik erkennen lassen, unter welchen Bedingungen ein System bzw. eine Gesellschaft dazu tendiert, sich radikal und rapide zu wandeln, gar zu kollabieren, die eigene Grenze einzubüßen. Zunächst sind hierzu einige Strukturmerkmale von Gesellschaften zusammenzutragen, um daran anschließend zu untersuchen, wie Gesellschaften beschaffen sein müssen, um in insgesamt unbeständigen Umwelten bestehen zu können. Eine Klärung des Verständnisses dessen, was mit dem Begriff „Gesellschaft" bezeichnet ist, ist alles andere als trivial, vielmehr sind bereits in dieser Konzeption alle Bedingungen der Katastrophe angelegt. Gesellschaften sind keine bestimmbaren „Objekte", sondern, wie zu zeigen ist, hochdynamische, ständig variierende Formen, über die niemals hinreichend Wissen bestehen kann, um sie schließlich steuern und um mittels dieser Steuerung Katastrophen als über Gesellschaften „hereinbrechende Ereignisse" entgehen zu können. Vielmehr „funktionieren" Gesellschaften gerade, weil bzw. sofern sie sich *nicht* rationalistisch auf bestimmte Steuerungsformen verlassen.

Gesellschaften, so Walter L. Bühl, sind hochgradig dynamische Systeme und mit einer auf Ordnung als Normalzustand gerichteten soziologischen Theorie überhaupt nicht zu fassen. Noch immer dominiere in den Sozialwissenschaften ein Bild von Gesellschaften als wohldefinierten, linearen und multistabilen Systemen, die von ihrer Umwelt nahezu unabhängig, also „mechanizistische Entitäten" sind, die zwar komplex, dabei aber doch statisch und mit einer linearen Kontrolltheorie dekomponierbar wären, wenn nur die zugrunde liegende Matrix hinreichend verstanden wird (vgl. Bühl 1990, insbes. 1-31). Das Bild, das Bühl von modernen Gesellschaften zeichnet, ist freilich ein gänzlich anderes, eines, das die prozessuale Seite von Gesellschaften hervorhebt. Diese Grundkonzeption Bühls wird – ergänzt um Überlegungen zum Verhältnis von System und Umwelt sowie zu Fragen gesellschaftlicher Rationalität – im Folgenden kurz dargestellt, denn sie gibt eine weitere gute Hintergrundfolie für die weiteren Überlegungen.

Was Gesellschaften *sind*, dies soll im Folgenden gezeigt werden, lässt sich nicht essentiell bestimmen, sie lassen sich allein in der Relation zu ihrer jeweiligen Umwelt adäquat begreifen. Dies wiederum hat Folgen im Bezug auf die Frage, wie sich Gesellschaften dann den Problemen zuwenden können, die sie herausfordern oder im Umkehrschluss, wie es ihnen hat gelingen können, diese Herausforderungen zu bewältigen, obwohl tatsächlich weder die Probleme, denen sich Gesellschaften gegenüber sehen, noch Gesellschaften selbst bestimmbar sind. „Rationalität" allein reicht angesichts dieser generellen Unbestimmtheit offenbar nicht, um Gesellschaften insgesamt resilient zu machen. Alles rationale Lernen durch Rückgriff auf Vergangenes reicht nicht aus, eine insgesamt unbestimmte Zukunft kontrollieren zu können, vielmehr führt die Ausweitung rationaler Kontrollanstrengungen, die Welt so zu behandeln, als wäre sie bestimmbar, insgesamt offenbar zur Zunahme der unerwünschten Nebenfolgen. Wie es scheint, können wir, so Nicholas Rescher,

> „[...] nicht von der offensichtlichen Adäquatheit unseres Wissens in bestimmten, begrenzten Bereichen [...] schließen, dass unser Wissen über die Weltprozesse insgesamt adäquat ist. Ebensowenig können wir von der statistischen Adäquatheit unserer Information für unsere Zwecke und Interessen auf ihre unfehlbare Korrektheit über einen unbegrenzten Bereich hinweg schließen. Die bloße Tatsache, dass unser Wissen über die Welt auf der Grundlage der mit ihr durchgeführten Interaktionen aufgebaut ist – dass immer eine Extrapolation vom Wahrgenommenen zum noch nicht Wahrgenommenen enthalten ist – bedeutet, dass die Möglichkeit von Überraschungen *im Prinzip* niemals ausgeschlossen werden kann. Im Gegenteil zeigt die Wissenschaftsgeschichte deutlich eine stetige Folge von evolutionären Überraschungen. Solche Überlegungen zeigen, dass das Wirkliche nur unvollkommen rational ist – nur teilweise offen für die kognitive Durchdringung von Intelligenzen, die selbst in der Wirklichkeit verwurzelt sind. Theoretische Überlegungen, verbunden mit den Lektionen der Erfahrung, lassen darauf schließen, dass das Ausmaß, in dem die Wirklichkeit mit den Erfordernissen der Rationalität kooperiert, ausdrücklich begrenzt ist" (Rescher 1993: 224).

Dies bedeutet aber, dass grundsätzlich die Frage nach der Steuerung von Gesellschaften anders gestellt werden muss. Werden bislang wesentlich Weisen der Optimierung rationaler Steuerungsverfahren erforscht, müsste sich unter den Bedingungen der Zunahme von Nebenfolgen dieser Vorgehensweise der Blick mehr den Bedingungen zuwenden, die es Gesellschaften vorab aller rationaler Wahl ermöglichten, fortzubestehen, den Bedingungen also, die „Rationalität" sozusagen „einbetten", die Rationalität erst komplementär zu dem machen, als was sie uns erscheint.

Gesellschaft als dynamisch-komplexes System

Gesellschaften, so Walter L. Bühl, sind keine wohldefinierten Systeme mit weitestgehend bekannten Wahrscheinlichkeitswerten innerhalb des Systemzustandes und der Zustandsübergänge. Vielmehr sind sie „schlechtdefinierte" Systeme, die sich selbst organisieren, bei denen im Zeitverlauf neue Variablen hinzukommen und alte wegfallen und deren Systemzustände sich unvorhersehbar ändern. Vor allem gibt es praktisch keine Systeme mit linearen Funktionen und Ablaufprozessen, diese sind immer nur teilweise durch Dekomposition linearisierbar, während in der Tiefendimension der Systeme nichtlineare Phasenübergänge dominierten. Deshalb bedeutet „Linearisierung" durch Dekomposition „[...] die Abbildung der gesamten Systemdynamik in Differenz- und Differentialgleichungen, die jedoch grundsätzlich nur einen kontinuierlichen und inkrementalen Wandel bei gleich bleibender

Parameterstruktur erfassen können [...]“ (Bühl 1990: 3). Mehrdimensionale Verhältnisse würden auf diese Weise auf eindimensionale Aggregate reduziert, die eigentlichen kritischen Probleme sozialer Dynamik dabei jedoch völlig ausgeblendet, so Bühl. Deshalb sei der Ansatz insgesamt falsch gewählt (vgl. Bühl 1990: 3f.).

Erst recht sind Systeme nicht monostabil, sie tendieren keinesfalls nach Störungen aus der Umwelt zur Wiederherstellung des alten Systemzustandes als Gleichgewichtzustand. Soziale Systeme sind bestenfalls als aus ultrastabilen Komponenten zusammengesetzte multistabile Systeme zu denken:

> „[...] Ultrastabil ist ein System, wenn nicht nur negative Rückkopplungen der Ausregelung der aus der Umwelt kommenden Störungen dienen, sondern wenn negative *und* positive Rückkoppelungen in der Weise regulierbar und reorganisierbar sind, daß die entscheidenden Systemvariablen innerhalb bestimmter Grenzen gehalten werden können. Multistabil sind Systeme, die eines oder mehrere Subsysteme enthalten, die ultrastabil sind“ (Bühl 1990: 5, Hervorhebung im Original fett).

Die Ultrastabilität von Subsystemen bedeutete bezogen auf das Prozessmodell der Katastrophe FAKKEL, dass es nach der gelungenen Friedensstiftung zu keiner „Alltagsbildung“ käme; denn weiterhin blieben alle „Subsysteme“, hier die Handelnden, optimal auf ihre Umwelt abgestimmt, weil negative und positive Rückkoppelungen sie jederzeit zur Neujustierung des „Systems“ bewegen würden, ohne dass sie dabei jedoch ihre „Struktur“, also die bereits stabilisierten Handlungsketten insgesamt einbüßen würden. Nichts bliebe innerhalb eines solchen „multistabilen“ Systems dauerhaft unverändert, ständig würde sich das gesamte System gemäß den sich ständig wandelnden Umweltbedingungen umformen, dabei dennoch eine Form über die Zeiten hinweg erhaltend. Ein multistabiles System vereint also gewissermaßen notwendige Flexibilität mit ebenfalls notwendiger relativer Stabilität. Wie dies zusammen geht, wird in dieser Arbeit noch ausführlich besprochen. Zunächst ist hier aber die Bühl'sche Kritik an einer „linearen Steuerungstheorie“ festzuhalten, die von Gesellschaften spricht, als seien sie mechanizistische, jeweils durch ein allumfassendes Prinzip (Vernunftwesen, der Mensch als auf Verträge angewiesener Wolf usw.) konstituierte Entitäten (vgl. Bühl 1990: 13), die von ihrer Umwelt weitgehend unabhängig sind. Er richtet diese Kritik ausdrücklich auch an jene Denker der Systemtheorie, die Systeme von innen gesteuert, durchgehend hierarchisch aufgebaut und weitgehend umweltinsensibel (als geschlossene Systeme) denken. Systeme seien weitgehend von der Umwelt abhängig (vgl. Bühl 1990: 31), die *Entgegensetzung* von „Mensch“ und „Natur“ noch immer „[...] Ausfluß einer ‚Sonderstellungsanthropologie', die den entscheidenden Umdenkprozeß nicht geleistet hat" (Bühl 1990: 32), dies gelte auch für die Systemtheorie, die in der Autopoiese ein *systeminternes* und *alleiniges* Konstitutionsprinzip sieht (vgl. insbes. Bühl 1990: 156ff., auch 31).

Auch ist nicht tatsächlich die Komplexität das größte Problem der Erklärung und der Kontrolle der sozialen Systeme, sondern die dynamische Seite dieser Komplexität. Unterschiedliche Zeitskalen verschiedener Prozesse, Überlagerungen und Zufälligkeiten und evolutionäre Irreversibilitäten sind von einer linearen Kontrolltheorie nicht zu konzeptualisieren, die lediglich unterschiedliche Systemkomponenten und deren Interdependenz untersucht. Die „Kontrollkapazität", das tatsächlich Kontrollierbare (meist nach praktischen Überlegungen ausgewählte Kontrollparameter) von Gesellschaften erreichen die tatsächliche „Designkomplexität", das mögliche Niveau der Nutzung aller Systempotentiale, in der Regel bei weitem nicht (vgl. Bühl 1988: 85 und Bühl 1990: 7). Deshalb sind soziale Systeme „[...] zwar in statischer Hinsicht dekomponierbar (durch Systembildung, Hierarchisierung, Sequenzierung und Isolation), doch ihre tatsächliche interaktive Komplexität wird damit oft eher noch größer" (Bühl 1990: 7). Die zugrunde liegende „Matrix" einer Gesellschaft sei durch eine lineare, systematische Kontrolltheorie nicht zu ergründen, so Bühl (vgl. ebd. 1990: 2).

Ziel der soziologischen Theorie muss daher, so Bühl weiter, eine allgemeine Systemökologie sein. Hierzu ist es zu allererst notwendig, mit den Denkgewohnheiten eines „mechanizistischen oder auch organizistischen Determinismus" zu brechen. Ökologische Systeme sind lose bzw. variabel gekoppelte Systeme, was jedoch nicht mit Unbeständigkeit oder Indeterminiertheit zu verwechseln ist. Nur ganz wenige Variablen in einem ökologischen System sind stark, die meisten hingegen sind nur schwach miteinander verbunden, „D.h.: die verschiedenen Systemebenen oder auch Teilsysteme der gleichen Ebene reagieren relativ unabhängig voneinander, sie behalten ihr Verhalten auch angesichts der Verhaltensänderung eines anderen interagierenden Subsystems bei" (ebd: 38). Bühl ergänzt allerdings, dass dies jedenfalls für die Kurzzeitperspektive gilt, während in der Langzeitperspektive und im Falle der Überschreitung bestimmter Grenz- und Schwellenwerte es durchaus zur Vervielfachung und Stärkung der Kopplungen kommt. Letztlich kommt es auf die jeweiligen Umstände an, auf die „Umwelt" des Systems, wie stark oder wie schwach die Reaktionen ausfallen, die die Veränderungen auf einer Systemebene auf anderen Systemebenen auslösen. Die Variablen sind jedenfalls häufiger indirekt als direkt, eher lose als eng miteinander verbunden, und dies dient evolutionär der „[...] Aufrechterhaltung lokaler Stabilitäten bzw. [der, M.V.] Abpufferung und

Verlangsamung der Selektion angesichts periodischer Störungen in einer vielfältigen und wechselhaften Umwelt" (ebd.: 38).

Systeme in Umwelten Teil I

Ein tieferes Verständnis der Bedingungen relativer Stabilität von Gesellschaften lässt sich nur dann erlangen, wenn das entsprechende System nicht für sich allein, sondern jeweils in engster Beziehung zu seiner *jeweils spezifischen Umwelt* betrachtet wird. Offenbar reicht es nicht aus, Gesellschaften generell als Systeme zu begreifen, die ihre Formen mehr oder weniger eng miteinander verkoppeln, vielmehr rücken die je spezifischen Bedingungen in den Vordergrund, unter denen die eine oder die andere Form, also die eher lose oder die eher enge Verkoppelung von Formen von Vorteil ist.

Charles Perrow (der bei Bühl keine Erwähnung findet), hatte 1984 „Normal Accidents" (so der englische Originaltitel des im Deutschen unter dem Titel „Normale Katastrophen" erschienenen Buches) in großtechnischen Anlagen als Resultat spezifischer Konstellationen von Systemkopplung und Systemkomplexität begriffen.[52] Perrow unterscheidet, ähnlich wie Bühl, lineare und komplexe Interaktionen resp. Systeme. Lineare Interaktionen bzw. Systeme zeichnen sich dadurch aus, dass in ihnen die einzelnen Schritte nacheinander ablaufen, Fehler jeweils leicht zu identifizieren und ihre Auswirkungen absehbar sind. (vgl. Perrow 1992: 107ff.). Hingegen dienen in komplexen Interaktionen/Systemen einzelne Einheiten oder Subsysteme mehreren Funktionen gleichzeitig, zudem sind die Subsysteme miteinander derart verknüpft, dass es zu Rückkopplungsschleifen kommen kann (vgl. ebd.: 129). Deshalb sind komplexe Interaktionen nicht immer auf einen exakt definierten Bereich begrenzt, vielmehr beeinträchtigen einzelne Veränderungen andere Systemebenen, ohne dass der Zusammenhang notwendig erkennbar ist (sie sind insofern, mit Bühl gesprochen, schlechtdefiniert). Beispiele für solche komplexen Interaktionen bzw. Systeme wären etwa die Gentechnologie oder Universitäten, aber auch Kernkraftwerke.

In linearen Interaktionen besteht dagegen im Falle von Störungen die Möglichkeit zum sinnvollen Eingreifen „Punkt zu Punkt" (vgl. ebd.: 116). Es fehlen Mehrfachfunktionen von Einheiten oder Subsystemen, die deren enge räumliche Nachbarschaft erforderlich machten; die Verbindungen – etwa im Produktionsablauf – bleiben übersichtlich. Hier nennt Perrow u.a.

52 Perrow gelangt darin zu einer Matrix, in der er verschiedene großtechnische Systeme auf die Achsen „linear/komplex" und „lose/eng gekoppelt" verteilt und daraus Schlussfolgerungen sowie politische Ratschläge ableitet. Diese Ergebnisse sind für die vorliegende Arbeit nicht von Belang, aber zum Lesen empfohlen (vgl. Perrow 1992, insbes. 355ff.).

Staudämme, den Schienentransport oder die Fließbandproduktion als Beispiele. Enge Kopplung, so Perrow, bedeutet nun, dass es zwischen zwei miteinander verbundenen Teilen kein Spiel, keine Pufferzone oder Elastizität gibt, während eine lose Kopplung das Funktionieren bestimmter Teile des Systems nach deren eigener Logik ermöglicht. Deshalb können lose gekoppelte Systeme, was allerdings nicht immer ein Vorteil sein muss, mit Erschütterungen, Störungen oder erzwungenen Änderungen im Ablauf bspw. in der Produktion umgehen, ohne sich gefährlich zu destabilisieren, so Perrow (vgl. ebd.: 131). Häufig verspricht die enge Kopplung von Produktionsabläufen zumindest kurzfristig die höhere Effizienz, sofern Störungen im Produktionsablauf angemessen eliminiert werden können.

Mit diesem Vierfelderschema (lineares oder komplexes System, enge oder lose Kopplung) zeigt Perrow, dass sich tendenziell besonders katastrophenträchtige Einrichtungen identifizieren lassen (vgl. ebd.: insbes. 399-411), dass aber letztlich nicht *kategorisch* entschieden werden kann, welche Formen der Kopplung am Ende die katastrophenresistenteren sein werden, dies hängt vielmehr von dem jeweiligen System ab, in das diese Kopplungen eingebettet sind. So sind enge Kopplungen innerhalb eines Kernkraftwerkes zwar unabdingbar; gerade aufgrund dieser engen Kopplungen aber sind Kernkraftwerke als komplexe Systeme hochgradig katastrophenträchtig. In anderen Einrichtungen industrieller Fertigung – wie z.B. der Fließbandproduktion – sind enge Kopplungen zwar an der Tagesordnung, doch führen Störungen im Produktionsablauf hier nicht gleich zu Katastrophen, weil die Auswirkungen eben nicht unkontrollierbar wuchern.

Allerdings können auf gesamtgesellschaftlicher Ebene die engen Kopplungen innerhalb der Fließbandproduktion durchaus langfristig katastrophenträchtig sein, wenn sich etwa erst in der zweiten Arbeitergeneration herausstellt, dass diese Produktionsform zu gesundheitlichen Schäden führt, die nun nicht nur das Krankensystem, sondern auch den „sozialen Frieden“ belasten (während allerdings die Fließbandproduktion selbst weitestgehend störungsfrei umgestellt werden kann). Wenn diese Form der Fertigung – gerade weil sie effizient ist und große Vorteile mit sich bringt – an immer mehr Stellen zum Einsatz kommt, entstehen zudem Kumulationseffekte und Phasenüberlagerungen, die nicht schon an der einzelnen Produktionsstätte absehbar waren (z.B. kritischer CO^2-Ausstoß, Beeinträchtigung des Sozialverhaltens immer breiterer Gesellschaftsschichten, Zulieferengpässe usw.), die ganz neue Arten von Problemen hervorrufen.[53] Entscheidend ist dann nicht mehr, ob die Fließbandproduktion, die sich über Jahrzehnte als effi-

53 Solcherart Prozesse werden in dem bereits erwähnten Buch unter dem Titel „Panarchy. Understanding transformations in human and natural Systems“ besprochen (vgl. Gunderson, Holling 2002).

zient und vielleicht auch ökosozial verträglich gezeigt hat, wesentlich aus engen oder losen Kopplungen besteht. Vielmehr bildet dann *die Fließbandproduktion als Produktionsform* auf einer emergenten Ebene eine eigene Form, auf die sich Gesellschaften mehr und mehr verlassen, an die sie sich also gewissermaßen selbst eng koppeln.

Gesellschaften erhöhen sukzessiv ihre Abhängigkeit von bestimmten, in der Vergangenheit vorteilhaften Verfahren, ohne dabei noch hinreichend zu berücksichtigen, dass diese Verfahren nur unter den entsprechenden Bedingungen vorteilhaft waren, die in der Vergangenheit galten.[54] Gerade die gezielte, immer effizientere Nutzung dieser Verfahren aber verändert die Bedingungen mehr und mehr, die jener Effizienz einst zugrunde lagen. Unterdessen aber sind die Verfahren selbst zur Grundlage weiterer Entwicklung geworden, so kann nun nicht mehr einfach nach Ersatz gesucht werden, vielmehr wird nun alles getan, um diese Verfahren, trotz der sich verschlechternden Rahmenbedingungen, zu erhalten. Entsprechend beginnen die Transaktionskosten, in die Höhe zu schnellen, immer größer wird der Aufwand, nun *die Rahmenbedingungen* herzustellen, die es gestatten, das einst so effiziente Verfahren auch weiterhin beizubehalten. So können langfristig, auch über Jahrhunderte hinweg, stabile Formen, die die längste Zeit völlig unproblematisch erschienen, schließlich katastrophenträchtig werden, ohne dass sie aufgrund der Komplexität des Zusammenhanges dabei ursächlich überhaupt notwendig mit katastrophalen Entwicklungen in Zusammenhang gebracht werden würden.

Es lässt sich also nicht von dem Beobachtungswissen, das sich über lange Zeiträume in bestimmten, begrenzten Bereichen als „wahr" erwiesen hat, darauf schließen, dass dieses Wissen insgesamt „wahr" ist (vgl. Rescher 1993: 224). Vielmehr kommt es stets auf die jeweiligen Umweltbedingungen an, in welche die relevanten Formen eingebettet sind. Erst in der Relation zu den jeweiligen Umweltbedingungen erweist sich der „Wahrheitsgehalt" der Aussagen. Wenn sich Umwelt aber ständig wandelt, wie in dieser Arbeit angenommen wird, dann ergibt sich grundsätzlich die Frage, ob so etwas wie „rationale Steuerung" überhaupt möglich ist, die doch stets auf einen Ausschnitt des Ganzen beschränkt bleiben muss. Offenbar bleiben alle „rationalen" Zusammenhänge insgesamt fragil, eben bloß *noch nicht falsifiziert*, prinzipiell aber falsifizierbar, insofern niemals objektiv wahr. Prinzipiell kann sich ständig alles verändern, auch die fundamentalen Kategorien okzidentaler Wissenschaft bleiben fragil, auch die

54 Diese Logik brachte, so die Vermutung, bereits mehrfach Hochkulturen zu Fall. So koppelte sich etwa das alte Ägypten an den Stoff Purpur, der die Macht der Priesterkaste zunächst hochgradig „effizient" sicherte, bis die Purpurquellen versiegten und damit sogleich die Priesterkaste jegliche ordnungsstiftende Macht einbüßte.

stabilsten Industrieanlagen können unter entsprechenden Umweltbedingungen kollabieren. Wenn also rational gesellschaftliche Stabilität dauerhaft nicht herzustellen ist, diese Stabilität vielmehr stets fragil, also gewissermaßen provisorisch bleibt, wie ist es Gesellschaften dann gelungen, eine derartige Komplexität zu entfalten?

Rationalität in Gesellschaften

Gesellschaften sind also komplexe Systeme, sie müssen eine Vielzahl unvorhersehbarer Interaktionen – von einer auf Ordnung ausgerichteten Gesellschaftstheorie aus gesehen: „Störungen" – verkraften, egal ob diese aus dem System selbst oder aus der Systemumwelt kommen. Die Signale, die einem Beobachter den Zustand des Systems anzeigen, sind stets „unscharf", mehrdeutig und missdeutbar, und entsprechend hoch ist die Wahrscheinlichkeit, dass das „exakte" zielgerichtete Eingreifen von Akteuren in diesen komplexen Prozess destabilisierend, statt stabilisierend wirkt (vgl. Klaus Traube im Vorwort zu Perrow 1992: XI), dass es nichtindendierte Nebenfolgen hervorruft, die langfristig die Systemstabilität grundlegend zu gefährden vermögen. Es stellt sich daher die Frage, wie es *ohne* Steuerung kommt, dass kollektives Handeln als relativ geordneter Ablauf beobachtbar ist.

Nach dem Organisationssoziologen Karl E. Weick bedarf kollektives Handeln keinerlei Einigkeit der Beteiligten über ihre Ziele, eine solche Abstimmung ergibt sich vielmehr erst *als Folge* einander übergreifender Tätigkeiten, mit denen die Akteure zunächst unterschiedliche Ziele verfolgen (vgl. Weick 1985: 134). Akteure verflechten ihre „Strebungen" durch die Erfahrung, dass das Verhalten anderer Personen unter bestimmten Umständen in etwa vorhersehbar ist und deren Verhaltensweisen wiederum aufgrund der gleichen Erwartungsstruktur mit den eigenen verbunden werden können (vgl. ebd.: 144). *Weil* die Beteiligten *ohne* (zumindest ohne explizit formulierte, exakt definierte) Gemeinsamkeiten auskommen, ist es ihnen möglich, komplexere Strukturen aufzubauen, als die einzelnen Akteure verstehen könnten; und mit dieser größeren Komplexität können Strukturen zur Bearbeitung, Lenkung und Lösung von Problemen genutzt werden, von deren Komplexität sich kein Teilnehmer „einen Begriff" machen könnte (vgl. ebd.: 151 sowie 160). Dieses Ineinandergreifen von Erwartungen bildet Verflechtungszusammenhänge, die niemand „rational" durchschaut, die also relativ unbestimmt sind, die außerdem nur lose miteinander verkoppelt sind, in denen also auch unvorhergesehene „Störungen" eher begrenzt bleiben und somit das System nicht gefährden. Zugleich bleibt ein Höchstmaß an Sensibilität für Umweltveränderungen erhalten: Weil die Verflechtungszuammenhänge unbestimmt sind, schließen sie auch nichts kategorisch aus.

Alles kann in diesen Abstimmungsprozess einfließen. Organisationen, die in hochgradig unsicheren „Umwelten" agieren, deren Informationen also „unscharf" und meist ohnehin nur begrenzt registrierbar sind, können dagegen nicht von Bestand sein, wenn sie über eine eng gekoppelte „Infrastruktur" verfügen, die sich kaum auf diese mehrdeutigen Inputs einzustellen vermag. „Rational" erfassen die Akteure innerhalb der Organisation ohnehin nur einen Bruchteil der Information, die zu einem absoluten Verständnis der Umwelt erforderlich wäre. Ihre Rationalität ist ebenso begrenzt wie die der Organisation insgesamt.[55]

Wenn sich eine Organisation auf ihre „Rationalität" verließe, wäre sie meist verloren. Das Bewusstsein, so Gregory Bateson, selektiert, es ist „[...] eine systematische (nicht zufällige) Auswahl aus dem Rest" (Bateson 1981: 556). Nur ein gewisses eingeschränktes Maß der Informationen, die ein Mensch insgesamt aufnimmt, werde auf „den Schirm des Bewußtseins"

55 Siehe hierzu insbesondere das Konzept der „begrenzten Rationalität" (bounded rationality) nach James G. March und Herbert Simon (March/Simon 1976). Die Autoren kritisieren darin explizit (hier insbes. 129ff.) die ökonomische Entscheidungstheorie, dernach der Mensch in einer spezifischen und eindeutig definierten Umwelt zu seinen Entscheidungen gelange. Akteure sähen sich der ökonomischen Entscheidungstheorie zufolge zunächst bloß einer begrenzten Anzahl von Entscheidungsalternativen gegenüber, aus der sie auszuwählen hätten. Zweitens ließen sich die erwarteten Konsequenzen auf nur drei Kategorien reduzieren, nämlich Sicherheit, Risiko oder Unsicherheit. Drittens werde den Entscheidungsträgern stets eine vorhandene „Nutzenfunktion" oder „Präferenzordnung" unterstellt, anhand derer die Konsequenzen zwischen erwünscht und unerwünscht eingestuft werden würden. Der Entscheidungsträger wählt dann viertens letztlich die Alternative, die zu den bevorzugten Konsequenzen führt. Tatsächliche, „objektive Rationalität" billigen March und Simon nur dem Fall der Unterscheidung unter Sicherheitsbedingungen zu. Sie bringen ihren Standpunkt wie folgt zum Ausdruck: „Vom phänomenologischen Standpunkt aus können wir von Rationalität nur in Verbindung mit einem Bezugsrahmen sprechen. Dieser Bezugsrahmen wird durch die beschränkte Kenntnis des rational handelnden Menschen determiniert" (March/Simon 1976: 131). Herbert Simon schlug deshalb bereits 1955 vor, von Rationalität nur zusammen mit passenden Adverbien wie „objektiv" „subjektiv", „bewusst", „überlegt", „individuell" oder „organisationsmäßig zu sprechen (vgl. Simon 1955: 54). Während March und Simon Rationalität in Bezug auf die kognitiven Grenzen der beteiligten Akteure definieren, betrachten John W. Meyer und Brian Rowan Rationalität aus einer institutionalistischen Perspektive. Rationailtät sei ein hochwirksamer Mythos: „Once institutionalized, rationality becomes a myth with explosive organizing potential [...]", so Meyer und Rowan (Meyer/Rowan 1983: 27). Organisationen übernähmen demnach lediglich Anwendungs- und Rationalitätsmuster aus ihrer Umwelt, sie imitieren sie und bleiben somit an ihre Umwelt angepasst. Rationalität sei demnach ein *Glaube*, der suggeriere, dass Probleme nur entlang ganz bestimmter, „rational" kalkulierbarer Regeln gelöst werden könnten (vgl. ebd., insbes. 24-27, sowie Scott 1992: 118).

übertragen (vgl. ebd.). Dies gilt auch für Organisationen und ebenso für Gesellschaften: Sich auf Rationalität verlassend, sich auf diese Form „eng koppelnd", unterbinden sie all jene Abstimmungsformen der Akteure, die mit viel mehr Komplexität umzugehen in der Lage sind, als sie selbst „rational" rekonstruieren könnten. Formen der rationalen Planung „funktionieren" also nur deshalb, weil sie eingebettet sind in einen unbestimmten, ungeplanten Abstimmungsprozess. Rational begreift der Mensch nur Ausschnitte aus seiner Umwelt, die insgesamt nicht rational ist. Sein Überleben ist nur im Zusammenspiel seiner Rationalität mit der Gesamtheit der der Rationalität immer schon vorgängigen Abstimmungsleistungen, man könnte sagen, der ihr vorgängigen Organisationsformen, gesichert; dem Menschen dringt aus seiner Umwelt überhaupt nur ins rationale Bewusstsein, wovon sein Überleben *nicht* primär abhängt.

Allerdings strukturiert der moderne Mensch Teile dieser Umwelt nach dem Vorbild der Rationalität, wo abermals gilt, dass auch diese Teilbereiche nur deshalb funktionieren, wie sie nach dem Vorbild der Rationalität funktionieren sollen, weil ihr „irrationaler" Hintergrund die entsprechenden Bedingungen für dieses Funktionieren gleichsam „systemisch", man könnte auch sagen, komplementär ausgleichend, stellt. Die Fließbandproduktion ist effizient und ökosozial verträglich, weil und insofern zum einen die Arbeiter als „black boxes" in diesen Prozess stets noch ein gewisses Maß an Unbestimmtheit einbringen[56], welches sich der rationalen Planung entzieht, das aber gerade dadurch alle miteinander verkoppelten Formen flexibel bleiben lässt. Die Arbeiter sind sozusagen das „Schmiermittel", das die eng gekoppelte, auf Effizienz ausgerichtete rationale Produktionsweise erst ermöglicht. Zum anderen ist das komplexe gesellschaftliche Gesamtsystem insgesamt derart lose gekoppelt, dass es die negativen (destruktiven) Folgen dieser Fertigungsweise weitgehend auszugleichen vermag. Die Fließbandproduktion lässt sich also durchaus durch detaillierte Ablaufplanung rational optimieren. Diese in einem begrenzten Zusammenhang entwickelten Optimierungsmethoden lassen sich durchaus zumindest teilweise auf andere Bereiche übertragen, so dass sich der Eindruck aufdrängt, hinter dieser Form der Planung stehe letztlich eine „Wahrheit", ein Gesetz. Tatsächlich

56 Vgl. dazu den Beitrag von Christoph Deutschmann unter dem Titel „Systemzeit und soziale Zeit" (Deutschmann 1984). Deutschmann zeigt darin, wie sich die unterschiedlichen Zeitformen der kapitalistischen Produktionsweise auf der einen und der systemischen Zeitformen der Arbeiter komplementär entwickeln: Die warenförmige Linearisierung der Zeit zum Zwecke der optimierten Produktionsabläufe wäre ohne das Komplement der systemischen Zeitvorstellungen der Arbeiter überhaupt nicht möglich, so ließe sich der Artikel von Deutschmann verdichten. Entsprechend problematisch ist es dann, wenn das ökonomische Zeitarrangement dieses systemische Komplement mehr und mehr durchdringt, wie von Deutschmann beschrieben.

aber bleiben diese „Gesetze" eingebettet in einen unbestimmten Hintergrund, der ihnen erst ihre Stabilität verleiht. Nur weil die Bedingungen so sind, wie sie sind, können sich bestimmte Formen derart stabilisieren, dass sie selbst als unveränderliche „Wahrheiten" erscheinen. Dies wird aber immer schwieriger, wenn Gesellschaften zu glauben beginnen, die vermeintlichen Gesetze hinter den Formen seien Konstanten, losgelöst aus Raum und Zeit und unabhängig von allen Umweltbedingungen.

Systeme in Umwelten Teil II und das Beispiel des Marktes

In komplexen Systemen, so noch einmal Walter L. Bühl, ist jede Determination über mehrere Ebenen verteilt und für die auf diesen Ebenen verteilten Regulationsmechanismen gibt es erhebliche Substitutionsmöglichkeiten. Die je nach spezifischem Kontext und entsprechend der funktionalen Erfordernisse eingerichteten Kopplungsformen (eng bzw. lose) sind für die Adaptabilität des Systems gegenüber Umweltveränderungen entscheidend. Komplexe Systeme erhalten nach Bühl gegenüber ihrer Umwelt ihre eigene Form dadurch aufrecht, dass „Module" unterschiedliche Kopplungen ausbilden, die sowohl Anpassung an Umweltveränderungen als auch relative Stabilität der Form ermöglichen (vgl. Bühl 1990: 38). Entscheidend ist dabei, dass zu viel Flexibilität gegenüber einer sich wandelnden Umwelt die Identität und die Verarbeitungsfähigkeit, zu viel Stabilität hingegen die Reaktionsfähigkeit des Systems beeinträchtigt. Ohne Flexibilität verliert ein System den Kontakt zu seiner Umwelt, ohne Stabilität wäre es den Umweltveränderungen hilflos ausgeliefert, wäre es von dieser somit überhaupt nicht mehr zu unterscheiden (vgl. ebd.: 41). Es kommt also wesentlich auf die ganz individuelle Einpassung jeder beobachteten Form bzw. jedes Systems in die jeweilige Umwelt an, darauf, dass jede Form für sich ein optimales Maß zwischen zu viel und zu wenig Flexibilität entfaltet. Sodann muss das so gefundene „optimale Mittel", müssen die derart relativ stabilisierten Verflechtungszusammenhänge des Systems bzw. der Form auf höherem Niveau abermals sich den Umweltbedingungen gemäß anpassen können usw. Mit anderen Worten: Alles muss sich ständig ändern resp. *ändern können.* Dies aber bedeutet, dass sämtliche, selbst noch die grundlegendsten, als relativ feste Kopplungen beobachteten Formen in sich einer Wandlungsdynamik unterliegen, von der ein Beobachter eben gar nicht sagen kann, wann und wie sie sich ändern werden, auch wenn die Formen noch so lange stabil erscheinen. Wenn sich die Umwelt verändert und sich die flexibel gekoppelten „Module" des Systems anpassen, bedeutet die Rede vom System notwendigerweise, dass sich auch alle anderen Module bzw. Strukturen verändern (also selbst noch so fundamentale Kategorien wie die des Raumes und der Zeit), selbst wenn sich dies jeglicher Beobachtbarkeit entzieht.

Die Fließbandproduktion als eng gekoppeltes Produktionsmittel ist vor diesem Hintergrund nur möglich, weil sie in einen insgesamt dynamischen Zusammenhang eingebettet ist, der auch die Fließbandproduktion immer wieder zu – wenngleich nur geringfügigen – Anpassungen veranlasst. Außerdem „puffert" das lose gekoppelte Gesellschaftssystem (mit Bühl müsste man sagen, andere „Module" dieses Systems) eine Vielzahl unerwünschter, oftmals unbeobachteter Nebenwirkungen solcher Formen ab, es kann sie ausgleichen, ohne dass sogleich das Gesamtsystem gefährdet wäre. So erhält sich evolutionär, nicht aufgrund rationaler Planung, ein Fließgleichgewicht (Ludwig von Bertalanffy[57]) von notwendiger Flexibilität und notwendiger Stabilität der gesellschaftlichen Formen. Dieser Abstimmungsprozess wird jedoch erschwert, wenn sich die gesellschaftlichen Formen immer umfassender stabilisieren, sich also insgesamt immer enger koppeln, wenn Gesellschaften beginnen zu glauben, irgendetwas sei – aus allem Wandel gelöst – über alle Zeiten hinweg unveränderlich. Dieser Prozess ist besonders tückisch, weil, wie oben gezeigt, enge Kopplung in vielerlei Hinsicht Effizienzvorteile verspricht. Unerwünschte Nebenwirkungen auszuklammern, ist erklärtes Forschungsziel, alle Störungen eines Produktionsprozesses sind zu eliminieren; gerade dies verspricht häufig den höchstmöglichen Gewinn. Diese Logik aber gilt eben nur auf „Aggregatebene", auf Systemebene bedarf es genau dieser „Störungen", die die Aggregate auf kleinstem Niveau falsifizieren, die sie also zu Anpassungsmaßnahmen auffordern. Je mehr solcher Aggregate also aus dem Anpassungsprozess

57 Bertalanffy (1977) selbst greift auf ein nicht mehr zugängliches Buch von David Rittenberg zurück (David Rittenberg 1948: The Application of Isotope Technique to Problems of Biology and Medicine), um mit dessen Worten sein Verständnis von Fließgleichgewichten zu erörtern: „Jedes organische Gebilde scheint […], von einem bestimmten Gesichtspunkt betrachtet, als beständig, als beharrend; gehen wir aber einen Schritt tiefer, so finden wir, daß diese Beharrung einen ständigen Wechsel der nächst untergeordneten Systeme bedeutet: Der chemischen Komponenten in der Zelle, der Zellen im vielzelligen Gesamtorganismus, der Individuen in den überindividuellen Lebenseinheiten. In diesem Sinne wurde gesagt […], ein beliebiges organisches System sei im Wesentlichen nichts anderes als eine hierarchische Ordnung im dynamischen Gleichgewicht stehender Abläufe […]. [Wir können daher organische Formen] betrachten als Ausdruck eines geordneten Geschehensflusses, als Ausdruck eines geordneten Systems von Kräften", soweit Rittenberg. Nun von Bertalanffy weiter: „Demnach ist der lebende Organismus ein System, das sich in einem Stofftransport von beträchtlicher Geschwindigkeit erhält […]. Wenn wir aber nach den Gesetzen fragen, die diesen dynamischen Zustand der Organismen beherrschen, so finden wir uns in einer schwierigen Lage. Die übliche Physik und physikalische Chemie sagen uns so gut wie nichts darüber, warum ein lebender Organismus in vielen Beziehungen als etwas höchst Paradoxes erscheint, wenn man ihn vom Standpunkt der konventionellen Physik aus betrachtet" (Bertalanffy 1977: 26).

ausgeklammert werden, umso größer wird die Wahrscheinlichkeit, dass die Folgen dieses Ausbleibens von Anpassungsmaßnahmen irgendwann auch nicht mehr von dem Gesamtsystem abgepuffert werden können. Katastrophenträchtig wird dieser Zusammenhang erst recht dann, wenn ganze Gesellschaften sich auf bestimmte Steuerungsformen einschränken, von denen sie „rational“ *glauben*, dass diese die effizientesten seien, wenn sie also meinen, die „Gesetze“ ein für allemal erkannt zu haben, die einer optimalen Funktionsweise zugrunde liegen.

Entscheidend ist dabei nicht die je spezifische Form, auf die sich Gesellschaften fixieren, sondern allein die enge Kopplung selbst, d.h. die Tatsache der *Fixierung* auf spezifische Formen, was zugleich bedeutet, dass alles, was die Funktion dieser spezifischen Formen stört, gezielt ausgeschaltet wird, also auch all jene Zeichen, die sonst Lernprozesse auslösen würden. War es seit der französischen Revolution das (noch relativ unbestimmte) Paradigma der Rationalität, so ist es heute der Markt, dem als verabsolutierter Form mehr und mehr Steuerungskompetenz zugeschrieben wird, weshalb an dieser Stelle das Beispiel des Marktes in Kürze vor dem Hintergrund obiger Ausführungen angesprochen sei.

Von dem Markt wird seit Adam Smith gesagt, dass er, wenn man ihn sich selbst überließe, wie eine „unsichtbare Hand“ zu einem Paretooptimum führen, also eine kollektive wie individuell wünschenswerte Verteilung wirtschaftlicher Güter erreichen würde (vgl. Beckert 1997: 12f., sowie Smith 2003). Die private Verfolgung der individuellen Interessen, der „natürliche Trieb des Menschen“, sein angeborener Egoismus (vgl. Manstetten/Hottinger/Faber 1998, insbes. 133f), führe zum größten Nutzen für die Allgemeinheit, wenn dieser Mechanismus nur nicht durch irgendwelche merkantilen Eingriffe in dieses freie Spiel der Kräfte gehemmt werde (vgl. Smith 2003). Doch gelangte Adam Smith als Moralphilosoph des 18. Jahrhundert zu dieser Vorstellung des sich selbst regulierenden Marktes doch nur vor dem Hintergrund eines für ihn selbstverständlichen Menschenbildes, das immer schon ausgleichend auf eventuelles „Marktversagen“ wirkte. Die individuellen, egoistischen Interessen, die Smith dachte, überschnitten sich in vielfältigster Weise mit denen des Gemeinwohles. Weil es diese Überschneidungen gab, konnten sich die „Individuen“ in ihrer Interessenverfolgung nicht tatsächlich von den Interessen des Gemeinwohles abkoppeln, oder umgekehrt: Wenn sich ein Individuum derart entwickelte, wurde es von anderen gesellschaftlichen „Modulen“ früher oder später zur Korrektur des eingeschlagenen Kurses veranlasst. Die Smithsche Logik von der Verfolgung der Eigeninteressen war also im Grunde eine Wechselwirkungslogik, die nur „funktionierte“, weil das „individuelle“ Handeln eigentlich gar kein individuelles, sondern ein aus der Relation der

„Individuen“ zu dem sie einbettenden Gesellschaftsganzen motiviertes Handeln war.

Die „unsichtbare Hand“ von Smith funktionierte also (wenn man denn einmal annimmt, dass sie funktionierte), *weil sie unsichtbar war*, *weil sie ihre tatsächliche Wirkungsweise dem planenden, rationalen Zugriff verbarg*. Die „Idee“ der unsichtbaren Hand resultierte aus der Beobachtung, dass sich vor dem Hintergrund eines gesamtgesellschaftlich-kulturellen Gefüges, in dem sich Smith vorfand, Vorteile ergeben, wenn dem Markt größere Freiheiten gelassen werden; aus der Beobachtung, dass der einzelne Mensch sein Potential besser auszuschöpfen vermag und damit zum Gemeinwohl beiträgt, wenn er aus den überkommenen, tradierten Fesseln relativ befreit wird. Vor dem Hintergrund des obigen Modelles könnte man sagen, dass das System insgesamt mehr Vorteile durch eine Flexibilisierung seiner Kopplungen erlangte. Diese Vorteile aber ergaben sich eben *strikt relational* im Bezug auf den gegebenen Systemzustand. Vor dem Hintergrund dieser strikten Relationalität lässt sich also sinnvoll überhaupt nicht sagen, was diese Flexibilität *eigentlich* war, die „Effizienzvorteile“ bedeutete; es lässt sich überhaupt nicht sinnvoll sagen, dass es „der freie Markt“ war, der zu diesen beobachteten Vorteilen führte, weil es „den Markt“ zu keinem Zeitpunkt als für sich bestehende Entität tatsächlich gab. Der Markt ist zu jedem Zeitpunkt ein anderer, er ist nur in der Relation zu dem Gesamtgefüge aller den Markt einbettenden Formen, das darüber „entscheidet“, wie sich das Gesamtsystem entwickeln wird. Entsprechend lässt sich also gerade vor dem Hintergrund der Bühl'schen Argumentation zur Komplexität gesellschaftlicher Systeme die Fragwürdigkeit der Annahme plausibilisieren, „der Markt“ wäre das geeignete Mittel, Steuerungsprobleme moderner Gesellschaften zu bewältigen, denn dies wirft nur wieder die Frage auf, was denn „der Markt“ resp. *die Bedeutung* des Marktes *für den Menschen* ist: Wieder ist also der Mensch in der Verantwortung. Im Gegenteil kann nun aber gerade mit Bühl gesagt werden, dass, sich auf „den Markt“ zu verlassen, bedeuten würde, die tatsächliche Komplexität der Bedingungen, die das „Funktionieren“ des Marktes, die schließlich das Fortbestehen komplexer Gesellschaften ermöglichen, ausblenden und damit die Wahrscheinlichkeit des Scheiterns kontinuierlich erhöhen würde. Fatal ist diese Logik dann, wenn Gesellschaften meinen, alle „Nebenwirkungen“ darauf zurückführen zu können, dass das zentrale Prinzip, auf das sie sich verlassen, noch zu sehr getrübt ist von anderen Faktoren, dass also der Markt nur noch nicht frei genug wäre, sich gänzlich zu entfalten, ohne sich mehr die Frage *nach der Bedeutung* des Marktes zu stellen.

Der Markt ist selbstverständlich hochgradig *voraussetzungsvoll*, er „funktioniert“ nur komplementär zu jenen „systemischen“ Bedingungen, die ihm immer schon voraus sind.[58] Der Markt selbst ist eine historische Form, die ihre Bedeutung ständig in Wechselwirkung mit allen ihn einbettenden Formen verändert, entsprechend muss die Bedeutung des Marktes auch ständig neu *begriffen* werden, will man nicht dem Fehlschluss verfallen, es handele sich dabei um eine Art „natürliches Gesetz". „Den Markt" rational auf *eine spezifische Funktion* zu reduzieren, ihn derart zu instrumentalisieren, wäre gerade keine Lösung des Problems, dass sich komplexe Gesellschaften *nicht* rational steuern lassen.

Formen

Die Bühl'sche Systemtheorie wirft noch eine ganz andere grundlegende Frage auf, die hier kurz angesprochen werden soll. Es ist die Frage, ob überhaupt sinnvoll von Systemen zu sprechen ist, wenn doch die so bezeichneten *Formen* sich tatsächlich in *jedem* Augenblick auf die sich wandelnde Umwelt einstellen, wenn auch jedes „Modul" resp. jedes „Subsystem" als Teil des Systems also in einem direkten Anpassungsverhältnis zu anderen „Modulen/Subsystemen" *und* seiner Umwelt steht. Was macht dann noch die Grenze, damit also die Form des Systems, aus?[59] Diese

58 Vgl. dazu bspw. die zentralen Schriften des „Kommunitaristen" Amitai Etzioni, der sich Zeit seines Lebens um die Klärung der sozialen Bedingungen des Marktes bemüht und nach einem „dritten Weg" zwischen totaler Marktdominanz und staatlichem Überengagement sucht (exemplarisch Etzioni 2001), vgl. auch Mark Granovetters Formulierung von der „Embeddedness" des Marktes, der zufolge alles zweckgerichtete Handeln und jede wirtschaftliche Aktivität eingerahmt sei von sozialen Beziehungen (vgl. Granovetter 1985), sowie die Schrift von Jens Beckert zu den „Sozialen Grundlagen wirtschaftlicher Effizienz", so der Untertitel des Buches „Die Grenzen des Marktes" von 1997, worin der Autor ältere und neuere soziologische Klassiker von Emile Durkheim über Max Weber zu Talcott Parsons, Anthony Giddens und Niklas Luhmann kritisch aufarbeitend. Als radikales Gegenstück zu dieser Denkrichtung ist durchaus die Lektüre Gary S. Beckers (vgl. Becker 1998) zu empfehlen, der jegliches Handeln mit einem radikalen ökonomisch-rationalen Ansatz zu erklären versucht, und dabei m.E. eher die Grenzen dieses Modells – wie kaum einer seiner akademischen Kontrahenten es besser vermocht hätte – aufzeigt.

59 Für Luhmann entsteht die Grenze im Akt einer Unterscheidung, die nicht für den Beobachter „im Vollzug", sondern lediglich für einen ihn beim Beobachten beobachtenden Beobachter oder aber für den Beobachter selbst durch nachträgliche Reflexion vorangegangener Unterscheidungen beobachtbar ist. Die Grenze ist demnach nichts „Objektives", sondern ein Beobachterartefakt. So auch das System selbst: Das System grenzt sich von seiner Umwelt ab und bringt dabei sich selbst und seine Umwelt hervor, ohne den Akt dieser Hervorbringung zu reflektieren. Die Grenze zwischen System und Umwelt lasse sich nicht, so Luhmann, objektiv oder wie bei einem Körper durch seine Haut kennzeichnen. „Diese Form von Grenze (die natürlich nur für einen externen Beobachter sichtbar ist und im System einfach nur lebt) entfällt bei Systemen,

Arbeit vermag nicht hinreichend die Vor- und Nachteile des Denkens in Systemen aufzuarbeiten, zumal die unzähligen Systemtheorien selbst noch derart voneinander abweichen, dass schon eine Einigung darüber, was diese mit „Systemen" bezeichneten, kaum zu erlangen wäre; eine solche Klärung ist für den Erkenntniszusammenhang *dieser* Arbeit jedoch auch nicht erforderlich. Im Folgenden wird, wie schon vorab, der Systembegriff durchaus

die im Medium Sinn operieren. Diese Systeme sind überhaupt nicht im Raum begrenzt, sondern haben eine völlig andere, nämlich rein interne Form von Grenze. Das gilt schon für das Bewußtsein, das sich eben dadurch vom Gehirn unterscheidet und nur so die neurophysiologische Selbstbeobachtung des Organismus „externalisieren" kann. Es gilt erst recht für das Kommunikationssystem Gesellschaft, wie seit der Erfindung der Schrift oder der Erfindung des Telefons evident ist. Die Grenze dieses Systems wird in jeder einzelnen Kommunikation produziert und reproduziert, indem die Kommunikation sich als Kommunikation im Netzwerk systemeigener Operationen bestimmt und dabei keinerlei physische, chemische, neurophysiologische Komponenten aufnimmt. Jede Operation trägt – anders gesagt – zur laufenden Ausdifferenzierung des Systems bei und kann anders ihre eigene Einheit nicht gewinnen. Die Grenze des Systems ist nichts anderes als die Art und Konkretion seiner Operationen, die das System individualisieren. Sie ist die Form des Systems, deren andere Seite damit zur Umwelt wird" (Luhmann 1998: 76f.). Was zum System gehört oder zur Umwelt, ist dann eine Frage der Zurechnung. Mit dieser Konzeption lässt Luhmann nur das Entweder-oder zu: Entweder System oder Umwelt, tertium non datur; zwischen beiden ist die sich im Prozess realisierende, aber scharfe, beide voneinander trennende Grenze. Was aber, wenn ein Beobachter gar nicht in dieser Weise unterscheiden würde, sondern seine Beobachtungen als Prozess einer *Wechselwirkung* weder der Umwelt, noch dem System, sondern immer der Einheit dieser Unterscheidung, hier eben einfach *der Wechselwirkung* „zuschreiben" würde? Oder wenn der Beobachter weder der Umwelt, noch dem System, sondern etwas Drittem (z.B. dem als das logisch Andere gedachte „Göttliche") ursächlich zuschreiben würde? Die Ziehung einer scharfen Grenze zwischen System und Umwelt ist erst vor dem Hintergrund der Moderne und ihrer umfassenden Verdinglichung der Wahrnehmungswelt, ihrer Zweiteilung in etwas Transparentes, Invariantes auf der einen und etwas Intransparentes, Veränderliches auf der anderen Seite ohne „Vermittlung" zwischen beiden Polen möglich geworden. Ist aber die Grenze zwischen System und Umwelt uneindeutig (es wird behauptet, dass sie bis zum Beginn der Moderne immer uneindeutig war. Siehe dazu weiter unten in dieser Arbeit), so werden auch das System und seine Umwelt uneindeutig. Luhmann beschreibt freilich „moderne" Gesellschaften. Eine Untersuchung aber, die sich den Bedingungen umfassender Katastrophen zuwendet, darf bei dieser reinen „positiven" Beschreibung nicht stehen bleiben, es könnte sein, dass sie damit gerade das Wesentliche unbeobachtet lässt, nämlich die Möglichkeit, dass diese scharfe Grenzziehung ursächlich sein könnte für umfassende Katastrophen. Verwendete diese Arbeit also jene systemtheoretische Diktion, argumentierte sie „modern", ohne die Bedingungen dieser Modernität mit reflektieren zu können, die Bedingungen der scharfen Unterscheidung, die ja, so die weiter zu verfolgende Argumentation, als potentiell katastrophenträchtig kritisiert wird.

verwendet, es wird aber zugleich etwa von *Menschen* und von *Gesellschaften* als *Formen* gesprochen; denn diese Bezeichnungen tragen selbst eine Bedeutung, die der Systembegriff zumindest *allein* nicht hinreichend zu transportieren vermag, obwohl sie doch nicht anders denn „systemisch“ (aber eben nicht: systematisch) zu denken sind. Der vorliegenden Arbeit geht es gerade darum, auf die Grenzen des Denkens in „Exaktheit“ suggerierenden Kategorien hinzuweisen und die aus diesem Denken resultierenden Probleme für den katastrophensoziologischen Diskurs greifbar zu machen. Sie kann, ja sie muss sich daher eine gewisse Unschärfe erlauben, die in anderen Zusammenhängen gerade zu vermeiden wäre.

Wo also von Systemen die Rede ist, ist hier lediglich die ganz grundlegende Definition anzusetzen, dass jedes „Teil“ (besser: jede Form) innerhalb dieses Systems (also ebenfalls einer Form) mit jedem anderen Teil (jeder anderen Form) zusammenhängt, mit jedem anderen Teil „kommuniziert“, was mit anderen Worten bedeutet, dass es eingebettet in eine Umwelt (anderer Formen) zu denken ist, mit der es insgesamt umfassend „kommuniziert“, von der es also niemals durch eine *scharfe* Grenze getrennt ist. Eine Unterscheidung zwischen zwei Arten der Kommunikation (also intra- und intersystemisch bzw. zwischen System und Umwelt) ist mit anderen Worten das Resultat der Beobachtung, insgesamt jedoch irreführend, weil dem zu überwindenden Substanzdenken, der Unterscheidung von Subjekt und Objekt geschuldet. Gerade nicht gemeint ist jedenfalls, dass Systeme autopoietisch geschlossen seien, denn dies ist ebenso wenig zu begründen, wie sich ihre Offenheit begründen lässt. Vielmehr ist davon auszugehen, dass Systeme bzw. Formen stets mehr sind, als einem Beobachter zugängig ist, sie *sind* also weder geschlossen, noch offen, sondern gegenüber dieser Unterscheidung indifferent, denn die Unterscheidung von Offenheit oder Geschlossenheit setzte Systeme und ihre Umwelten als Objekte, ohne diese Objektform noch weiter zu hinterfragen, noch hinterfragen zu können.

Bereits einleitend wurde mit Nikolaus von Kues und mit Gregory Bateson behauptet, dass das Denken notwendig darauf angewiesen sei, sich gewisse Konstanzen zu schaffen, es also Diskretionen setzt, wo eigentlich alles sich im Fluss befindet. Diese Diskretionen sind jedoch nicht für sich, ihnen kommt nicht tatsächlich losgelöst von dem Prozess ihrer Beobachtung eine eigene Existenz zu, zumindest ließe sich darüber nichts aussagen. Zugleich aber sind sie doch „existent“, schon in dem Moment, in dem sie beobachtet werden. Mit dem Begriff der Form kann von etwas gesprochen werden, das „real“ existiert, ohne dass es zu dieser realen Existenz einer „materialen“ Grundlage bedürfte. Der Begriff der Form verzichtet dabei darauf, die Grenzen dieses real Existenten stets exakt zu bestimmen, er verzichtet demnach auch darauf, exakt die Bedingungen klären zu wollen, wie es zu dieser Grenze kommt. Mit Georg Simmel ließe sich dies so ausdrücken, dass es hier nicht darum geht, *etwas* endgültig in seinem Wesen bestimmen und erkennen zu wollen. Es zeigt sich nämlich, so Simmel, sobald man denn glaubt, eine Sache in ihrer vollständigen Einheit erkannt zu haben, „[...] daß man mit ihr für das Verständnis der Welt nichts anfangen kann, daß sie mindestens eines zweiten Prinzips bedarf, um befruchtet zu werden. Der Monismus treibt über sich hinaus zum Dualismus oder Pluralismus [...]" (Simmel 1996: 107). Dies auszudrücken, eignet sich der Formbegriff eher als der Systembegriff, der doch stets wieder selbst zur Verdinglichung neigt, zum Glauben, es gäbe so etwas wie ein „Wirtschaftssystem" als über die Zeit hinweg konstante Entität, mit scharfen Grenzen zur Umwelt dieses Systems, die auch noch operativ geschlossen seien. Mit dem Formbegriff sei gerade dem Umstand Ausdruck verliehen, dass das, was als Form bezeichnet wird, allein als Prozess besteht, also in *der Relation* zu den Umständen, aus denen heraus diese Form abgegrenzt wird, sowie in der Relation zu allen Formen, die jene abgegrenzte Form umgeben. Eine Form ist also rein relational, im Bezug auf andere Formen und somit in jedem Augenblick schon wieder etwas anderes, letztlich unbestimmbar. Noch einmal mit Simmel:

„Einen Gegenstand erkennen, so stellte Kant fest, heißt: in dem Mannigfaltigen seiner Anschauung Einheit bewirken. Aus dem chaotischen Material unseres Weltvorstellens, dem kontinuierlichen Fluß der Eindrücke, sondern wir einzelne als zu einander gehörig aus, gruppieren sie zu Einheiten, die wir dann als ‚Gegenstände' bezeichnen. Sobald wir die Gesamtheit der Eindrücke, die zu einer Einheit zusammenzubringen sind, wirklich in eine solche versammelt haben, so ist damit ein Gegenstand erkannt. Was aber kann diese Einheit anderes bedeuten, als das funktionelle Zusammengehören, Aufeinanderhinweisen und -angewiesensein eben jener einzelnen Eindrücke und Anschauungsmaterialien?" (Simmel 1996: 103f.).

2.4 Zwischenfazit

Die „konstruktivistische Wende" innerhalb der Sozialwissenschaften hat seit den 70er-Jahren auch in der katastrophensoziologischen Forschung zu einem Perspektivenwechsel von einer auf Objekte fixierten zu einer stärker relativistischen, das Prozessuale deutlicher betonenden Betrachtungsweise geführt. Dieser Paradigmenwechsel stellt allerdings das soziologische Beschreibungssystem selbst vor große Schwierigkeiten, bleibt die Soziologie doch in ihrer Beschreibung, auch wenn sie den Prozess zu denken versucht, notwendig auf vergegenständlichende Kategorien angewiesen. Zugleich zeigte sich, dass die Frage nach *Faktoren* bzw. *Risiken*, die die gesamtgesellschaftliche Stabilität katastrophal gefährden, insgesamt falsch gestellt ist, da per Definition nicht gewusst werden kann, was die Fähigkeiten einer Gesellschaft, mit Katastrophen umzugehen, letztlich real falsifizieren wird, andernfalls könnten sich Gesellschaften auf diese (kalkulierbaren) Risiken einstellen. Tatsächlich aber sehen sie sich unbestimmten und unbestimmbaren *Gefahren* ausgesetzt, weshalb eingangs die These aufgestellt wurde, dass sich die katastrophensoziologische Forschung stärker den Bedingungen zuwenden muss (und bereits insbesondere im Zuge der Nachhaltigkeits- und der Resilienzdiskussion zuwendet), die eine Gesellschaft gerade gegen diese unbestimmten Gefahren widerstandsfähig machen. Es muss also gefragt werden, wie es Gesellschaften gelingen konnte, sich angesichts dieser ungewissen Gefahren und der Unfähigkeit zur umfassenden Steuerung zum Trotz doch erhalten zu können und dabei sogar ein hohes Maß an Komplexität zu entfalten. Wenn über die Gefahren nichts ausgesagt werden kann, dann gelangt die rationale Planung notwendig an ihre Grenzen, entsprechend müssen gerade jene Bedingungen untersucht werden, die die „vorrationale" Abstimmung von Gesellschaften auf eine insgesamt unbestimmte Umwelt ermöglicht haben. Dazu muss die Untersuchung sämtliche Kategorien, um die es ihr wesentlich geht (Katastrophe, Gesellschaft, Umwelt, sodann im Folgenden der Mensch usw.), entsprechend vorsichtig herleiten, ohne die Kategorien selbst als vermeintlich aus ihrem historischen Zusammenhang herauslösbare, rational bestimmbare Objekte zu behandeln.

Mit dem katastrophensoziologischen Modell FAKKEL wurde in diesem Sinne zunächst die Katastrophe als sozialer Prozess skizziert, der in jeglicher Handlung angelegt ist, da jede Handlung notwendig auf Komplexitätsreduktion angewiesen ist, also immer schon andere Möglichkeiten ausgeklammert sein müssen, um sich für eine bestimmte Handlungsform entscheiden zu können. Die Stabilisierung von Verflechtungs- bzw. Erwartungszusammenhängen reduziert Komplexität, sie macht es dem Menschen möglich, sich planend bestimmten Ausschnitten des gesamten Raumes der Möglichkeiten zuzuwenden. „Rationalität" ist nur in solchen begrenzten, erst stabilisierten Zusammenhängen möglich, vor deren Hintergrund sich ein Akteur gemäß seiner ebenfalls stabilisierten Bedürfnisse bestimmte Ziele setzen kann. Insgesamt bewegen sich Gesellschaften auf einer Skala zwischen den Polen „höchst magisiert" und „höchst säkularisiert". Es gibt kein Jenseits dieser beiden Pole, keine immergültige Objektivität, keine Wahrheit, die Rationalität dauerhaft als dominante Weise des Menschen, sich in Umwelt zu verhalten, sichern würde. Im Gegenteil: Wenn die stabilisierten, auf insgesamt ungedeckten Offerten aufbauenden Erwartungszusammenhänge (mit Kuhn: ihre Paradigmen) zusammenbrechen, kollabieren auch die Grundlagen der institutionalisierten Rationalitätsmuster, dann greifen Gesellschaften wieder (noch stärker als auch unter hochgradig säkularisierten Bedingungen) auf magische Erklärungsformen zurück.

Mit Walter L. Bühl wurde sodann ein Bild von komplexen Gesellschaftssystemen gezeichnet, die sich als Totalität dem rational planenden Zugriff grundsätzlich entziehen. Die Designkomplexität überragt die Kontrollkapazität in der Regel bei weitem. Angesichts der insgesamt unbestimmbaren Umwelt, in der sich Gesellschaften entwickeln und dabei ein Netz von überwiegend losen und eher wenigen engen Kopplungen spinnen, stellt sich daher auch aus diesem Blickwinkel die Frage, welche Rolle der Rationalität tatsächlich zukommt; und auch hier zeigte sich, dass sie allenfalls eingebettet in einen insgesamt nicht rationalen Hintergrund „funktioniert", dass aber Gesellschaften, die sich auf Rationalität verließen, langfristig nahezu notwendig katastrophal scheitern müssen. Moderne Gesellschaften tendieren dennoch, wohl vorwiegend aus Effizienzgründen, dazu, sich entlang spezifischer Formen nach dem Vorbild einer verabsolutierten Zweck-Mittel-Rationalität immer enger zu koppeln. So erwarten sie bspw. zu viel von dem Markt, der doch selbst bloß eine historische und damit ständig variierende Form ist, die sich an die sich wandelnden Umstände anpassen können muss. Der Markt wird zu einem zentralen Prinzip erhoben, das der Mensch rational begriffen zu haben glaubt, entlang dessen sich andere Formen ausrichten, mit der Folge insgesamt immer engerer Verkoppelungen gesellschaftlicher Formen. Engere Kopplung aber bedeutet, dass es weniger Spiel zwischen den gesellschaftlichen Formen gibt, dass also die Chance, negative Entwicklungen durch andere Formen auszugleichen, tendenziell abnimmt, die Katastrophenträchtigkeit also steigt. Wie „Rationalität" auf Gesellschaftsebene nur dann funktioniert, wenn die ihr zugrunde liegenden Bedingungen dauerhaft gegeben sind, so vermag auch der Markt nur dann den „Wohlstand der Nationen" (Adam Smith, vgl. 2003) zu steigern, wenn die ihn komplementär einbettenden, systemisch gewachsenen, stabilisierten Formen dauerhaft ihre komplementär ausgleichende Funktion ausfüllen können.

Schon bevor mit Georg Simmel auch der Begriff der Formen spezifiziert wurde und seine Vorteile gegenüber einem deshalb dennoch nicht verzichtbaren Systembegriff hervorgehoben wurden, legte dieser Gliederungspunkt großen Wert darauf, sämtliche Formen als Wechselwirkungsphänomene zu begreifen, die sich nur in der Relation zu ihrer jeweiligen Umwelt, also den sie umgebenden Formen begreifen lassen. Formen haben demnach keinen essentiellen Gehalt (zumindest bedarf es dieses Gehaltes nicht), obwohl sie doch existieren, sobald sie ein Beobachter – als durch diese Beobachtung bereits bedeutungsvoll – beobachtet. Was aber tatsächlich den Gehalt einer Form ausmacht, lässt sich allein aus den Bedingungen erschließen, aus denen heraus die Form geformt wurde. Formen existieren also allein in der Beobachtung, entsprechend verändern sie sich ständig, je nach dem Zusammenhang, aus dem heraus und in den hinein sie beobachtet werden. Letztlich bestehen Formen also nur in der Unterscheidung zu allen anderen Formen, also zur Umwelt der unterscheidenden und unterschiedenen Formen, sich dauernd verändernd. Freilich bleibt diese Eingrenzung des Formenbegriffes noch recht abstrakt, mit Inhalt wird sie im Folgenden, mehr jedoch noch im vierten und fünften Gliederungspunkt gefüllt werden.

3. Menschen in Umwelten

Im weiteren Verlauf dieser Arbeit ist also eine Rekonstruktion des Prozesses zu versuchen, wie sich Gesellschaften vorab jeglicher „Steuerung“ bzw. Einschränkung auf eine spezifische „Rationalität“, vorab der immer engeren Kopplung des Systems stabilisierter Erwartungszusammenhänge an eine spezifische „instrumentelle“ Form, hinreichend Offenheit und Flexibilität für Rückkopplungen mit ihrer Umwelt, bei gleichzeitigem Erhalt grundlegender Verflechtungszusammenhänge, haben erhalten können. Bevor es Gesellschaften gab, haben schon unendlich viele Organismen diese Leistung vollbracht, in jeweils ganz spezifischen Umwelten ein exakt auf diese Umwelten abgestimmtes Maß notwendiger Flexibilität *und* hinreichender Stabilität zu entfalten. Auch dem Menschenvorläufer ist diese Abstimmung gelungen, schon bevor schließlich auch der Homo sapiens als bereits selbstbewusstes Wesen – doch noch ohne einen Begriff von Rationalität – sich als Form in Abstimmung mit seiner Umwelt hat stabilisieren können. In einer ersten Annäherung lohnt es, sich diese Abstimmungsleistungen des Menschen anzuschauen und hierzu zunächst auf einen Diskussionsstrang innerhalb der okzidentalen Wissenschaften zurückzugehen, der sich seit ihren Anfängen mit der Frage des Verhältnisses von Organismen und der Umwelt der Organismen beschäftigte. Es ist dies die auf Aristoteles zurückzuführende Diskussion um „Vitalismus“ und „Mechanismus“. Vor dem Hintergrund dieser Auseinandersetzung formulierte Helmuth Plessner ein Bild vom Menschen, das den obigen Ausführungen am ehesten gerecht wird, insbesondere weil es einen grundlegenden Rahmen zeichnet, wie das Verhältnis von Mensch und Umwelt in einer ersten Annäherung gedacht werden kann. Mit dieser ersten Skizze der Mensch-Umweltbeziehung werden weitere Probleme aufgeworfen, die dann zum nächsten Gliederungspunkt überleiten, in dem der Prozess der Genese der menschlichen, dann der gesellschaftlichen Formen ausführlich aufgearbeitet werden wird.

Zunächst ist zu untersuchen, was denn den Menschen *als Form* kennzeichnet. Oben wurden komplexe Systeme derart beschrieben, dass eine

Vielzahl von (relativ) losen und eher wenigen (relativ) festen Kopplungen vorab jeder rationalen Steuerung für ihre Adaptabilität und ihre Resilienz verantwortlich ist. Ein derart beschaffenes System lässt sich aber nicht deterministisch bestimmen, es lässt sich nicht definieren, weil es in jedem Augenblick bereits wieder zahlreiche Veränderungen vollzogen hat. Eine Definition ginge nur um den Preis, dass sich die Beobachtung gegenüber dem tatsächlichen gesellschaftlichen Wandel abschließt. Das gleiche muss nun auch für „den Menschen" gelten, auch dieser verfügt demnach nicht über ein festes, objektiv bestimmbares *Wesen*, das hier definitorisch voran gestellt werden könnte. Entsprechend gilt nun noch mehr, dass vom Menschen zu sprechen weiterhin bedeutet, ihn lediglich als Ereignis zu nehmen, das etwas anzeigt, ohne zu sagen, *was genau* es anzeigt. Seine Form ist dabei weiterhin *weitgehend* unbestimmt zu lassen, allein in ihrer Beziehung zur Umwelt ist die Form des Menschen zunächst näher zu beschreiben, bevor dann weitere Erörterungen das Bild schärfen.

3.1 Vom teleologischen Prinzip zur Neubewertung des Verhältnisses von Form und Umwelt

Für die gesamte Tradition, die heute als „Vitalismus"[1] bezeichnet wird, galt die Annahme, dass es eine, wie auch immer geartete „Lebenskraft" geben müsse, die für den Prozess des Lebendigen, seine Einheit, verantwortlich ist. Mit „Entelechie" bezeichnet Aristoteles diese Kraft, die auf eine Vollendung hinstrebt, die als teleologisches Prinzip allen Entitäten ihre Einheit gibt. Die Seele als „vollendete Wirklichkeit" organisiert den Körper, der Same bildet den Körper durch eine Art von Beseelung, eine „ars vitalis", kraft eines besonderen Formprinzips, der „Entelechie" (vgl. Driesch 1922: 13 und 15). Der Auftrieb der Evolutionstheorien (Vererbung) und die Entwicklung der Embryologie sowie die Untersuchungen zu dem Phänomen der Regeneration (Epigenese)[2] führten zu einer Wiederbelebung des vitalistischen Gedankens in der neuzeitlichen Wissenschaft. Im Mittelpunkt der Diskussion stand nun die Frage, ob generell die Strukturen und Funktionen

1 Der Vitalismus, so wie er den Denkansätzen der im Folgenden erwähnten Hans Driesch und Helmuth Plessner zugrunde lag, hat sich in der Auseinandersetzung mit dem Aristotelischen Entelechiebegriff als Folge des Cartesianischen Dualismus von „res cogitans" und „res extensa", im Grunde sogar erst in der zweiten Hälfte des 18. Jahrhundert formiert (vgl. Driesch 1922, zum Entelechiebegriff auch Wildfeuer 2003).

2 Vgl. hierzu das im Text folgende Beispiel der Seeigel bei Hans Driesch.

lebendiger Systeme allein mit den Mitteln der physikalisch-chemischen Naturwissenschaften kausal-mechanisch erklärbar seien, oder ob es hierzu spezieller immaterieller Faktoren bedarf, die, so Armin G. Wildfeuer im Handwörterbuch der Philosophie, „[...] planmäßig, zielstrebig (teleologisch) und eigengesetzlich (autonom) Gestalt und Funktion von Organismen mit bedingen, so dass sie einen selbstzentrierten Sinn und eine sinnstiftende, die Selbstregulation bestimmende Ganzheitsform haben" (Wildfeuer 2003: 667).

Bereits in der Antike warf diese Frage das Problem auf, wie denn, einen solchen immateriellen Faktor angenommen, sich dieser zu dem „Materiellen" des Organismus verhalte, in welchem Verhältnis beide Formen zueinander gedacht werden könnten. Während sich die Positionen über die Jahrhunderte hinweg unversöhnlich gegenüberstanden und die besseren Argumente mal auf der einen, dann auf der anderen Seite gesehen wurden, machte es die Beschaffenheit des „ars vitalis", weder Stoff, noch Kraft zu sein, den Vitalisten in Folge der bedeutenden naturwissenschaftlichen Entdeckungen an der Schwelle zur Neuzeit zunehmend schwerer, ihre Annahmen gegen mechanistische Deutungen zu verteidigen. Die Beweislast hatte sich geradezu umgekehrt: Während anfangs der Entelechiefaktor als wahrscheinlich galt und von seinen Kritikern zu widerlegen war, war es nun naheliegender anzunehmen, dass die Besonderheit des Lebendigen nur noch nicht, wohl aber letztlich mit kausal-rationalen Mitteln zu erklären sei. Bis heute ist dieser Beweis nicht erbracht[3], so konnte der vitalistische Gedanke insbesondere zum Anfang des 20. Jahrhundert neu aufleben. Immer wieder traten in den Wissenschaften Phänomene in Erscheinung, die rein „mechanistisch" nicht erklärbar zu sein schienen, immer wieder rückte dabei das Verhältnis der Form zu ihrer Umwelt ins Zentrum der Aufmerksamkeit.

Der Biologe und Philosoph Hans Driesch, als vielleicht bedeutendster Vertreter der (neo-)vitalistischen Position, hatte im Jahr 1891 mit seinen Experimenten an Seeigeln das Phänomen der Epigenese untersucht und dabei festgestellt, dass die Teilung von Eizellen zu einem bestimmten Zeitpunkt dazu führte, dass sich zwei kleinere Ganzheiten, zwei vollständige Organismen entwickelten (vgl. Driesch 1891). Driesch war daher der Meinung, dass es in Organismen etwas geben müsse, dass diese zu ihrer Ge-

3 Dies gilt trotz aller Fortschritte bei der Entschlüsselung des Gengutes, an denen gerade vielmehr deutlich wird, dass die genaueste Kenntnis des „Materials" (hier also der DNS) nichts über dessen komplexe Bedeutung als Teil eines übergreifenden Organismus auszusagen vermag. In dieser Bedeutungsfrage steht die Forschung weiterhin vor einem *verschlossenen* Buch und nicht, wie bereits Galileo Galilei von dem gesamten Universum behauptete, vor einem *offenen* Buch, dessen Sprache nur noch zu entziffern sei (siehe dazu Gliederungspunkt 6.3, S. 262-267.

stalt, zu ihrer Form führe, auch wenn diese Entwicklung zwischenzeitlich unterbrochen werde und der Formungsprozess erneut begonnen werden müsse. Der Biologe Jakob von Uexküll war in seinen Untersuchungen zu den Umwelten von Tieren ebenfalls zu dem Ergebnis gekommen, dass es eine Eigengesetzlichkeit, eine selbst gegebene Regel und einen Plan geben müsse, die mechanisch nicht hinreichend zu erklären seien. Von Uexküll vertrat die Ansicht, dass lebende Organismen mit ihrer Umgebung nicht kausal-mechanisch durch Ursachen und Wirkungen, sondern durch Zeichen verbunden seien, die eine *Bedeutung* für sie haben. Am Beispiel der Zecke argumentiert von Uexkuell, dass es einen Plan geben müsse, der die Zecke dazu veranlasst, vollkommen blind über Zeiträume von mehreren Jahren[4], lediglich mit Wärme- und Geruchsinn (um auf das Signal des Duftes von Buttersäure reagieren zu können) und einem allgemeinen Lichtsinn ausgestattet, auf einem Ast auf Nahrung zu warten, um sich dann in einem seltenen Moment als Reaktion auf ein bedeutungsvolles Zeichen auf einen Säuger fallen zu lassen (vgl. Uexküll 1983: 23ff.). Dieser Plan sei jedoch nur innerhalb einer dem Organismus entsprechenden Umwelt angemessen und auf aus dieser spezifischen Umwelt kommende Zeichen eingerichtet, und so gäbe es nicht die eine, sondern *für jede Art angemessene Umwelten.*

Organismen bilden mit ihren spezifischen Umwelten „Schaltkreise". Das Modell des Schaltkreises zeige, so von Uexküll,

> „[...] wie Subjekt und Objekt ineinander eingepasst sind und ein planmäßiges Ganzes bilden. [...] Alle Tiersubjekte, die einfachsten wie die vielgestaltigsten, sind mit der gleichen Vollkommenheit in ihre Umwelten eingepasst. Dem einfachen Tier entspricht eine einfache Umwelt, dem vielgestaltigen eine ebenso reichgegliederte Umwelt" (ebd.: 27).

So ließe sich selbst das Phänomen der Seeigel-Teilung dahingehend erklären, dass jeder Organismus derart individuell und einmalig in eine ihm ebenso individuell und einmalig spezifische Umwelt integriert ist, dass er von dieser auch im Falle einer Unterbrechung der Entwicklung noch die notwendigen Informationen – seinem Plan gemäß – für seine Entwicklung erhält, dass die Umwelt also sozusagen dem Organismus genau jene Bedingungen „liefert", die er für den nächsten Entwicklungsschritt benötigt, ja die den nächsten Schritt geradezu erfordert. Mit einem derart neu formulierten Umweltbegriff stellte von Uexküll zugleich das Instinktkonzept der Biologie grundlegend in Frage. So fragt er: „Benötigt die Eichel einen In-

4 Von Uexküll gibt einen experimentell gemessenen Hungerzeitraum von 18 Jahren an (vgl. Uexküll 1983: 29). Allerdings ist anzumerken, ohne dass das Beispiel damit seine Aussagekraft einbüßte, dass die moderne Biologie heute freilich über ein anderes Verständnis von Zecken verfügt.

stinkt, um eine Eiche zu werden […]?" (ebd.: 65). Wenn man dieses verneine und statt des Instinktes einen Naturplan als ordnenden Faktor setze, so von Uexküll weiter, so würde man auch im Weben des Spinnennetzes oder im Nestbau der Vögel einen solchen Naturplan erkennen (vgl. ebd.: 65f.). Insofern sei der Instinkt nicht mehr als „[…] ein Verlegenheitserzeugnis, das herhalten muß, wenn man die überindividuellen Naturpläne leugnet." Man leugne diese aber nur deshalb, weil „[…] man sich von dem, was ein Plan ist, keine rechte Vorstellung bilden kann, da er sicher weder Stoff noch eine Kraft ist" (ebd.: 66).[5]

Für Driesch wie für von Uexküll war dieser Plan zwar aristotelisch *im* Organismus zu suchen, doch hatte er mit dem Modell des Schaltkreises bereits deutlich gemacht, dass sich dieser Plan nur in enger Verbindung mit der je spezifischen Umwelt zu verwirklichen vermag. Offenbar lässt sich auf die jeweils individuell spezifische Verklammerung eines Organismus mit seiner jeweils individuell spezifischen Umwelt kein allgemeingültiger Plan legen, vielmehr muss jeder Organismus in Relation zu der ihm spezifischen Umwelt beurteilt werden, will man ihn zur Gänze verstehen, ohne Bedeutendes in der objektivierenden Analyse auszuklammern. Den Organismus unabhängig von seiner Umwelt zu denken, löst ihn aus allen Bedingungen heraus, die ihn erst zu dem werden lassen, als was er sich dieser Analyse stellt.

Dieses Denken lässt sich auch auf den Menschen übertragen, wenngleich von dem Vitalismuskonzept im eigentlichen Sinne nun mehr abzulassen ist, sollte damit doch in erster Linie der Kontext vorab skizziert werden; denn nur vor diesem Hintergrund erschließt sich der Bedeutungsgehalt der Plessner'schen Theorie der exzentrischen Positionalität des Menschen. Auch die menschliche Form steht mit ihrer je spezifischen Umwelt in einer unlösbaren Beziehung, die sich gegenüber Objektbegriffen verschließt. Ohne den Bezug zur Umwelt *ist* die menschliche Form nicht; den Menschen als Objekt zu denken, verfehlt dessen phänomenalen Charakter. Die philosophische Anthropologie Helmuth Plessners versucht konsequent, das objektivistische Verständnis vom Menschen zu überwinden, den Menschen als Prozessphänomen, als sich ständig neu realisierendes Produkt einer Wechselwirkung zu beschreiben, dessen „Plan" sich in der Relation zwischen Organismus und Umwelt in jedem Augenblick neu ent-

5 In ganz ähnlicher Weise äußert sich auch Dieter Claessens über Instinkte: „Wobei man sich mehr und mehr darüber klar werden muß, daß die Wendung ‚Instinkte' nur eine Verlegenheit gegenüber der Frage darstellt, wie und woher denn Koordinierung *im* Tier, *zwischen* Tieren und zwischen Umwelt und Tieren entsteht, woher sie kommt" (Claessens 1970: 127, Hervorhebungen im Original).

wirft. Für die vorliegende Arbeit kann aus dieser Konzeption des Menschen Bedeutendes gewonnen werden.

3.2 Zur Untrennbarkeit von Mensch und Umwelten – das Menschenbild Helmuth Plessners

Das Denken der philosophischen Anthropologie des beginnenden 20. Jahrhundert führte die hermeneutische mit der phänomenologischen Denktradition zusammen. Der Ansatz, das „Wesen" des Menschen erkennen (Phänomenologie) zu wollen, dieses Wesen aber relationistisch als Bedeutung, eingewoben in einen Entstehungszusammenhang, der sich nur zirkulär erschließt (Hermeneutik), zu verstehen, führte Helmuth Plessner zu einer umfassenden Theorie der besonderen Seinsform des Menschen. Mit seinem Ansatz glaubte Plessner, die Problematik überwinden zu können, die sich ihm als die unüberwindbar scheinende Spaltung zwischen jenen Theoretikern darstellte, die meinten, das „Wesen" des Menschen abschließend „mechanistisch" bestimmen zu können, und jenen, die hingegen die Ansicht vertraten, dass hierzu immer die Annahme eines nicht mechanistisch erklärbaren Entelechie-Faktors benötigt werde. Weder die mechanistische noch die vitalistische Position schienen Plessner geeignet, die Frage nach den Bedingungen des Lebendigen zu beantworten, er sah die Lösung in der *Vermittlung* beider Positionen: Der Mensch, der im Mittelpunkt seines Interesses stand, ist *ein vermitteltes Wesen*, dessen Bedingungen weder substanziell, also mechanisch, noch durch eine zusätzliche „Komponente" (Entelechie), erklärt werden könnten. Der Mensch ist nicht getrennt von seiner Umwelt (Umwelt hier i.S. von Uexkülls) zu denken, er steht zu ihr in einem prozessualen Verhältnis, aus dem er selbst erst hervorgeht.

Die Form des Menschen ist von seiner Substanz, wie von seiner Umwelt, nicht zu trennen: Form, Substanz und Umwelt realisieren sich erst *im Vollzug*. Die menschliche Form ist das *Produkt eines Prozesses der Grenzrealisierung*, so Plessner. Der Mensch ist in der Ambiguität gefangen, einerseits ein Leib zu sein und andererseits einen Leib zu haben, und ist daher weder allein als Körper, noch als Seele, sondern gegen diesen Unterschied indifferent zu verstehen (vgl. Plessner 1981: 64). Subjekt und Objekt stehen einander nicht gegenüber, sondern sind Bedingung der prozessualen Realisierung der Grenze. Subjekt, Objekt und Grenze machen die Form, die Aufmerksamkeit ist daher auf die Bestimmung *der Grenze* zu legen. Statt zwischen Wirkungseinheit und Ganzheit nur negativ zu unterscheiden, wie es Mechanisten und Vitalisten täten, wäre, so Plessner, die Grenze positiv aufzuweisen, welche überschritten werden müsse, damit eine Gestalt die spezifischen Prädikate von Ganzheit zeige, denn: Das Überschreiten der Grenze ist die Bedingung der Form des Lebendigen (vgl. ebd.: 146). Lebendige Körper weisen „erscheinungsmäßig" eine „prinzipiell divergente Außen-Innenbeziehung als gegenständliche Bestimmtheit" auf, daher kommt es bei der Bestimmung der Form des Lebendigen auf *das Verhältnis* des begrenzten Körpers zu seiner Grenze an (vgl. ebd.: 149). Dabei, so Plessner weiter, sind zwei Fälle denkbar: Für unbelebte Körper ist die Grenze nur das „[...] virtuelle Zwischen dem Körper und den anstoßenden Medien [...]", während bei lebenden Körpern die Grenze reell dem Körper angehört, die „[...] von sich aus das durch sie begrenzte Gebilde als solches von dem Anderen als Anderem prinzipiell unterscheidet" (ebd.: 154).

Die Probleme, vor die sich alle Philosophen bei der Frage nach dem Vitalen gestellt sahen, sieht Plessner aufgehoben, indem er den Unterschied zwischen Anorganischem und Lebendigem als keinen für sich, „[...] sondern nur in seinen Konsequenzen oder seiner Erscheinung [...]" (ebd.: 158. Im Original kursiv) erfahrbaren Unterschied bezeichnet. Die Form kommt nicht als Eigenschaft zur Substanz, sondern in deren dynamischer Abgrenzung von Innen und Außen, in der Realisierung der Grenze der Form gegenüber der Umwelt zustande. Das Lebewesen steht im Doppelaspekt der nicht ineinander überführbaren Richtungsgegensätze nach innen und nach außen (vgl. ebd.: 187). Das Problem der Ganzheit (bzw. der Form) könne daher auch niemals *kausalanalytisch* gelöst werden, weil die besondere Eigenschaft der Ganzheit gerade sei, dass ihr fehlt, was erscheinen könnte, jener „[...] in der oder jener Gegebenheitsweise faßbare Kern" (ebd.: 173). Die Kategorien der Ganzheiten, Plessner spricht synonym auch von Modalen, sind logisch nicht zu begründen, weil sie nicht aus dem Sachverhalt der Grenzrealisierung, sondern aus dem *Gesichtspunkt ihrer Realisierung* abgeleitet werden. Die Form, die in eine Umwelt eingebunden ist, lässt sich demnach von dieser nur unter spezifischen Gesichtspunkten abgrenzen, wobei dem Prozessualen die zentrale Bedeutung zukommt. Die Form variiert, je nach dem Gesichtspunkt, unter dem sie sich selbst realisiert. Entsprechend variiert das, was als Mensch bezeichnet wird, unaufhörlich, je nach der jeweiligen Umwelt, von der er sich abgrenzt. Drei Formen solcher Umwelten des Menschen hebt Plessner gesondert hervor.

Außen-, Innen- und Mitwelt

Die Welt, so Plessner, ist dem Menschen in dreierlei Hinsicht gegeben: Als Außen-, Innen- und Mitwelt. Der Mensch ist also nicht lediglich in eine Umwelt, sondern immer schon in drei grundlegend verschiedene „Umweltweisen" eingebunden. In jeder dieser drei Sphären hat es der Mensch „[...] mit Sachen zu tun, die als eigene Wirklichkeit, als in sich stehendes Sein, ihm gegenübertreten. Alles ihm Gegebene nimmt sich deshalb fragmentarisch aus, erscheint als Ausschnitt, als Ansicht, weil es im Licht der Sphäre, d.h. vor dem Hintergrund eines Ganzen steht" (ebd.: 366).

Die Außenwelt (Umwelt) stellt ein Kontinuum der Leere oder der räumlichen Ausdehnung dar, in die sich der Organismus eingliedert. Diese Eingliederung ist jedoch nicht als in einem Umfeld geschehend zu denken, sondern je schon als unaufhebbarer Doppelaspekt seiner Existenz als Körper (als Ding unter Dingen) und Leib (als absolute Mitte einer Sphäre) zu verstehen. Diese doppelte Perspektive von Körper und Leib findet sich auch in der Innenwelt wieder: „In der Distanz zu ihm selber ist sich das Lebewesen als Innenwelt gegeben" (ebd.: 368). Innen und Außen bedingen sich gegenseitig, wobei auch auf die Welt der Körperdinge streng genommen der Terminus Außen gar nicht anzuwenden wäre, weil ja die so genannte Außenwelt nur das zur Welt gewordene und in sie eingegliederte Umfeld, die Umwelt (i.S. v. Uexkülls) ist, so Plessner sinngemäß an gleicher Stelle.

Überboten werden Außen- und Innenwelt von der Mitwelt, die als eigene Seinsschicht nicht auf Körper und Seele zurückführbar ist. Dem Menschen als exzentrisch positioniertem Wesen ist die Mitwelt immer real gegeben, er muss sie nicht erst als solche wahrnehmen. In der Mitwelt erkennt sich der Einzelne, die Mitwelt ist „[...] die vom Menschen als Sphäre anderer Menschen erfaßte Form der eigenen Person. Man muß infolgedessen sagen, daß durch die exzentrische Positionsform die Mitwelt gebildet und zugleich ihre Realität gewährleistet wird" (ebd.: 375). Und weiter heißt es bei Plessner: „Die Mitwelt umgibt nicht die Person [...]. Aber die Mitwelt erfüllt auch nicht die Person [...]. Die Mitwelt trägt die Person, indem sie zugleich von ihr getragen und gebildet wird" (ebd.: 376, im Original mit Hervorhebungen).[6] Die Sphäre des „Wir" bezeichnet er daher als „Sphäre des Geistes", sie sei die Voraussetzung für Natur und Seele:

6 Zur gleichen Zeit hatte neben Plessner auch George Herbert Mead (vgl. bspw. Mead 1980: 177-271) die Wir-Sphäre in ganz ähnlicher Weise charakterisiert: Für Mead ist Identität (im weiteren Sinne auch Bewusstsein) ebenfalls als Prozess zu denken, als permanentes Wechselspiel von „Mich" (als Summe der durch Rollenübernahme erworbenen Elemente) und „Ich" (als impulsiv aus dem „Unbewussten" auftauchende Reaktion auf die Haltung anderer). Die „Mitwelt" geht (auch) bei Mead jedem gegenstandsbezogenen Bewusstsein voraus, dies könne auch gar nicht anders sein: „Korrekter können wir sagen, daß die Erfahrung in ihrer ursprünglichen Form reflexiv wurde aufgrund der Anerkennung der Identität der anderen, und daß sich erst allmählich eine reflexive Erfahrung von Dingen als rein physikalischer Natur ausdifferenzierte" (Mead 1987: 231). Meines Wissens geht Plessner jedoch an keiner Stelle seines Werkes direkt auf die Arbeiten Meads ein, doch kann man wohl ohnehin

„Geist ist nicht als Subjektivität oder Bewußtsein oder Intellekt, sondern als Wirsphäre die Voraussetzung der Konstitution einer Wirklichkeit, die wiederum nur dann Wirklichkeit darstellt und ausmacht, wenn sie auch unabhängig von den Prinzipien ihrer Konstitution in einem Bewußtseinsaspekt für sich konstituiert bleibt" (ebd.: 378).

Damit läuft Plessners „Biosophie" auf eine Soziologie zu, wobei jedoch die Mitwelt bzw. das Soziale gerade nicht als „soziale Umgebung" gefasst, sondern als *Weltverhältnis* begriffen wird, das erst vom Menschen hervorgebracht wird und welches den Menschen und seine Umwelt hervorbringt (vgl. Eßbach 1994: 28). Dieses Weltverhältnis unterläuft die Unterscheidung von Subjekt und Objekt, die „Sphäre des Geistes" lässt sich nur als „subjektiv-objektiv neutral" bestimmen (vgl. Plessner 1981: 378f).

Drei „anthropologische Grundgesetze"

Die in den „Stufen" formulierten drei „anthropologischen Grundgesetze", die im Folgenden in aller Kürze erörtert werden, heben die Eingebundenheit des Menschen in die ihn selbst erst hervorbringende(n) Umwelt(en) weiter hervor. Es ist dies zunächst das Gesetz der „natürlichen Künstlichkeit", dann das Gesetz der „vermittelten Unmittelbarkeit" (Immanenz und Expressivität) und schließlich das Gesetz des „utopischen Standorts" (Nichtigkeit und Transzendenz).[7] Mit ihnen verdeutlicht Plessner, dass „der Mensch" sich mit seinem ganzen Sein auf Umwelt aus-, und Umwelt für sich einrichtet, seine ganze Konstitution auf diese Wechselbeziehung und entsprechend auf die Wahrnehmung von Umweltveränderungen ein- und ausgerichtet ist, während *zugleich* Umwelt wie ein eigenständiger „Akteur" den Menschen auf sich ausrichtet, ihn erst konstituiert.

mit Blick auf diese Themenstellung mit Recht von einem „Diskursiven Feld" sprechen, das zu dieser Zeit zahlreiche andere Autoren ebenfalls beschäftigte. Plessner äußert sich in dem Vorwort zur zweiten Auflage der „Stufen" im Jahr 1965 zu den „überraschenden Übereinstimmungen" etwa mit den frühen Arbeiten Jean-Paul Sartres, mit dem Werk Maurice Merleau-Pontys, aber auch mit den „entsprechenden Stellen" bei Hegel, die ihm damals noch nicht bekannt gewesen wären, mit den Worten: „Konvergenzen beruhen nicht immer auf Einfluß. Es wird in der Welt mehr gedacht, als man denkt" (Pleßner 1965: XXIII).

7 Vgl. hierzu und zum Folgenden auch Arlt 2001: 121ff.

Das „Gesetz der natürlichen Künstlichkeit"

Mit dem „Gesetz der natürlichen Künstlichkeit" benennt Plessner den sich aus der exzentrischen Positionierung ergebenden Zusammenhang, dass sich der Mensch erst zu dem machen muss, was er schon ist (vgl. Plessner 1981: 383). Nur im Prozess, im Vollzug, in der Realisierung der Grenze wird der Mensch, was er ist. „Als exzentrisches Wesen nicht im Gleichgewicht, ortlos, zeitlos im Nichts stehend, konstitutiv heimatlos, muß er ‚etwas werden' und sich das Gleichgewicht schaffen" (ebd.: 385). Dies gelingt ihm nur mit Hilfe außernatürlicher, von ihm erschaffener *Dinge*. Bedingung dafür, dass diese Dinge stabilisierend wirken können, sei jedoch, dass sie sich vom Prozess ihrer Entstehung lösen und ein Eigengewicht erlangen, anders wäre die Existenz in dieser „zweiten Natur" nicht erreichbar. In diesem Bedürfnis nach Kompensation der Hälftenhaftigkeit, der Stabilisierung der Exzentrizität des eigenen Wesens, liege „[...] das Movens für alle spezifisch menschliche, d.h. auf Irreales gerichtete und mit künstlichen Mitteln arbeitende Tätigkeit, der letzte Grund für das *Werkzeug* und dasjenige, dem es dient: die *Kultur*" (ebd.: 385). Der Mensch sei daher „von Natur aus künstlich", so Plessner. Die Erfindungen, die vom Menschen geschaffenen Dinge, sind jedoch keine Schöpfungen aus dem Nichts. Der Mensch erfindet nichts, was er nicht *entdeckt* (vgl. ebd.: 395). Alle Vergegenständlichungen sind, um mit Georg Simmel zu sprechen, in ständiger Wechselwirkung mit der Umwelt situativ und bei Gelegenheit entstanden. Seine Erfindungen ent-decken ihm einen Sinnzusammenhang, der schon vor dem Werkzeug da war, in einem „glücklichen Griff" (vgl. ebd.: 397); man könnte auch sagen, seine Umwelt, der „Geist der Mitwelt" ent-deckt ihm diese Sinnzusammenhänge, die in ihr gemäß den Bedürfnissen des Menschen angelegt sind.

Das „Gesetz der vermittelten Unmittelbarkeit"

Mit dem „Gesetz der vermittelten Unmittelbarkeit" definiert Plessner Kultur als das Ergebnis notwendig produktiven Handelns des exzentrisch positionierten Menschen. Weil er in seiner Existenz immer unvollständig nach seiner zweiten Hälfte sucht, steht der Mensch über sich und arbeitet sich in rastlosem Tun ab, während er sich selbst in der Wirsphäre erfährt. Künstlichkeit bzw. Kultur ist ihm natürlich, weil sie das Mittel ist, mit sich und der Welt ins Gleichgewicht zu kommen, sich bzw. seine Grenze zu stabilisieren (vgl. ebd.: 396). Kultur ist ihm Mittel und Ergebnis zugleich. Wie der Mensch nur Mensch ist, wenn er sich zu diesem macht, er erst über die „kultürliche Vermittlung" zu dem wird, was er schon ist, so ist die Produktivität „[...] nur die Gelegenheit, bei welcher die Erfindung Ereignis wird und Gestalt gewinnt" (ebd.: 397). Plessner spricht von der *Korrelativität von Mensch und Welt*, die auf die Identität von Positionsform und Struktur der dinglichen Realität zurückweise. Es gäbe für den Menschen kein Sein, das nicht exzentrisch vermittelt ist. Der Mensch kann deshalb nur erfinden, was er entdeckt. So komme es zu dem „glücklichen Griff" in der Begegnung zwischen dem Menschen und den Dingen nicht deshalb, weil der Mensch schöpferisch tätig ist, sondern weil er stets nach etwas sucht, das er in Wahrheit schon gefunden hat: „Es wiederholt sich hier das [...] Verhältnis der Korrelativität des apriorischen und des aposteriorischen Elementes, wie es die Situation des Lebewesens oder die Anpassung an die Umgebung allgemein beherrscht, ja geradezu ausmacht [...]" (ebd: 397).

Das Gesetz der vermittelten Unmittelbarkeit hebt darüber hinaus den *Ausdruckscharakter* des menschlichen Tuns hervor. Das Werkzeug, so war bereits gesagt, kann nicht erfunden, es kann nur entdeckt werden. Ohne eine Verwendungsmöglichkeit wäre der Hammer nicht erfunden, doch war der Tatbestand der Nützlichkeit des Hammers gegeben, als der Mensch diesen ent-deckte. Der Mensch suche nach der Form, die für einen Tatbestand gefunden werden muss, weshalb der schöpferische Griff eine *Ausdrucksleistung* sei. Der Tatbestand wird als Inhalt *in eine Form gedrückt*, durch die er *aus allem anderen herausgedrückt wird*, sich abhebt. Dies gelte auch für das psychische Ausdrucksbedürfnis, das seinen Grund wohl in der Tendenz habe, „[...] das Flüchtige des Lebens durch Gestaltung aufzubewahren und es übersichtlich zu machen" (ebd.: 399). Ausdruck stiftet demzufolge Übersicht, er stabilisiert, indem er formt.

Die Expressivität als „Ausdrücklichkeit menschlicher Lebensäußerungen" (vgl. ebd.: 399) folge notwendigerweise aus der exzentrischen Positionalität, weil diese das Lebenssubjekt in eine Lage versetze, in der es mit allem in indirekt-direkter Beziehung stehe. „Eine indirekt-direkte Beziehung soll diejenige Form der Verknüpfung heißen, in welcher das vermittelnde Zwischenglied notwendig ist, um die Unmittelbarkeit der Verbindung herzustellen bzw. zu gewährleisten" (ebd.: 400). Die Beziehung des Menschen zu anderen Dingen ist eine indirekte, weil er im Zentrum seines Stehens steht. Er kann diese Beziehungen nur vermittelt erleben, und dennoch lebt er sie als direkte, unmittelbare Beziehung. Er weiß um die Indirektheit seiner Beziehung, steht aber nur in einer Beziehung zu den Dingen, die den Charakter der vermittelten Unmittelbarkeit, der indirekten Direktheit, eben der Gleichzeitigkeit habe. Er lebe in einem Umfeld von Weltcharakter: Dinge erscheinen ihm in ihrer Gegebenheit von ihrer Gegebenheit ablösbar und sind im oben beschriebenen Sinne doch nur *als Ausdruck von und durch den Menschen* als solche erfassbar. In Form von Wissen über das bzw. als Ausdruck von dem Objekt tritt die Vermittlung stets zwischen Subjekt und Objekt und tilgt dabei „[...] im Vollzug [...] den Menschen, als das hinter sich stehende vermittelnde Subjekt, es vergisst sich (er vergisst sich nicht!) – und die naive Direktheit mit der ganzen Evidenz, die Sache an sich gepackt zu haben, kommt zustande“ (ebd.: 404). Die Exzentrizität vergisst sich im Vollzug des Wissens, der Vermittlung, des Ausdrucks, und doch wird die mittelbare Umwelt nur exzentrisch erfasst. Das Wissen fasst die „Realität in der Erscheinung, das Phänomen der Wirklichkeit“ (ebd.: 405). Diese Erscheinung verhüllt, indem sie enthüllt[8], sie zeigt an, ohne sich selbst preiszugeben. „In solcher verdeckenden Offenbarung liegt das Spezifische des in der Erscheinung selbst Daseienden, des Verborgenen, des Für-sich- und An-Sich-Seienden“ (ebd.: 405).

Der Mensch erfährt Umwelt, die er selbst erst vor sich hinstellt, die er entäußert, vergegenständlicht, und entdeckt dann in ihr den „vitalistischen Plan“, wie er selbst sich ihr gegenüber zu verhalten habe, obwohl sie nicht ist, was sie zu sein scheint. Mensch und Umwelt stehen derart in einem sich stets *verbergenden* Kommunikationsverhältnis zueinander, *Objektivitätscharakter* dagegen erlangen Erscheinungen überhaupt erst durch diese vermittelte-Unmittelbarkeit. Nur in diesem vermittelt-unmittelbaren Sinne tritt ein Subjekt einem Objekt gegenüber; *alle wesentlichen diesem Objektivitätscharakter der vergegenständlichten Form zugrunde liegenden Abstimmungsleistungen bleiben dagegen verborgen.*

Das „Gesetz des utopischen Standorts (Nichtigkeit und Transzendenz)“

In dieser Beziehung der vermittelten Unmittelbarkeit liegt auch der Grund aller Geschichte, aller Expressivität, dem dritten „anthropologischen Grundgesetz“. Expressivität ist stets nur als inadäquater Versuch der Äußerung innerster Lebensregungen zu verstehen, von vornherein zum Scheitern verurteilt, niemals zur Formung, zum Ausdruck der wahrhaftigen Lebenstiefe im Stande. Doch wird diese Unerfüllbarkeit nicht zum Verhängnis, zur Tragik, weil der vermittelten Unmittelbarkeit des Ausdrucks bereits ein „Kompromiss mit der Realität“ immer schon vorausgegangen ist. Wirklichkeit ist dem Subjekt schon unterworfen, „[...] durch seine Beobachtungen, Erfahrungen und Berechnungen gefügig gemachte Wirklichkeit“ (ebd.: 413); deshalb fängt die indirekt-direkte Beziehung zwischen Subjekt und Objekt den inadäquaten Ausdruck auf (ebd.: 411): Der Gegenstand „[...] entspricht für sich der Struktur des Bewusstseins von ihm.“ (ebd.: 414).

Jede Lebensregung als Tat, Sage oder Mimus bringt ihre Intention, ihren Inhalt in eine Form, zum Ausdruck; wieder sind Inhalt und Form nicht voneinander zu trennen, die Form ergibt sich in der Realisierung der In-

8 In seiner Arbeit „Produktive Arbeit, destruktive Arbeit“ definiert Lars Clausen das *Ritual* derart: „Das Ritual zeigt stets, was es verbirgt“ (1988: 97). So zeigt sich die ganze Umwelt als rituell aufgeladen, als des Menschen eigenes „Produkt“, dessen Entstehungsprozess ihm doch verborgen bleibt, das aber dennoch stets adäquates Handeln evoziert.

tention. Nur kann keine Äußerung tatsächlich adäquat sein, ihren Inhalt angemessen zum Ausdruck bringen, da die Intention nur vermittelt kommuniziert werden kann, sich die Intention jedoch stets mittels der Form, mittels des Ausdrucks verfälscht, und „[...] da das Streben nicht aufhört und nach Realisierung verlangt, kann ihm das Gewordene als Formgewordenes nicht genügen. Der Mensch muß sich erneut ans Werk machen" (ebd.: 416). In dieser Variation des Ausdrucks, der Expressivität lässt der Mensch eine Geschichte hinter sich zurück. Die Expressivität ist der Grund für den historischen Charakter seiner Existenz, sie ist ihr Motor (vgl. ebd.: 416f.).

3.3 Zwischenfazit

Das Bild von der menschlichen Form, das Plessner vor dem Hintergrund der die gesamte okzidentale Philosophiegeschichte begleitenden Debatte um Vitalismus und Mechanismus zeichnet, kommt gänzlich ohne einen rational planenden Akteur aus. Der von ihm charakterisierte Mensch richtet sich nicht rational in einer „Natur" ein, macht sich diese nicht zu einem klar definierten Objekt und ist entsprechend nicht unvorhergesehenen *Aktionen* aus „der Natur" ausgesetzt. Alle Umweltformen sind sein ureigenes Produkt, so wie er selbst Produkt dieser Umweltformen ist und entsprechend ist er in all seinem Sein immer in diese Wechselbeziehung eingepasst, oder aber er vergeht – dann allerdings auch, ohne Umwelt resp. Natur dafür verantwortlich zu machen. Umwelt und Mensch bilden zusammengenommen eine Einheit, beide Seiten bringen einander zu gleichen Anteilen hervor.

Nun können erste Anhaltspunkte für die weiteren Überlegungen benannt werden. Obgleich alle diskutierten Formen, also Katastrophe, Gesellschaft, Umwelt und Mensch, sich einer klaren substantialisierenden Bestimmung entziehen, konnten sie doch derart *konstruiert* werden, dass der durch die Begriffe markierte Gehalt in Annäherung angezeigt wird, so wie er sich dieser Untersuchung als Problem stellt. Damit ist der Zirkel nicht durchbrochen, dass etwas zum Gegenstand der Untersuchung gemacht wird, von dem ein Verständnis längst schon vorliegt. Und doch vermeidet diese Herangehensweise einen Positivismus derart, dass sie den Bedeutungsüberschuss, den jeder der diskutierten Begriffe trägt, der sich einem jeden Beobachter unterschiedlich anzeigt, nicht aus den Überlegungen ausgrenzt, sondern vielmehr von vornherein die in alle Richtungen verweisende Offenheit der Formen betont. Als Kritik verstanden, wird gerade nicht vergessen, dass die Begriffe mehr bedeuten als das, was sich der wissenschaftlichen Untersuchung als fügig erweist. Nicht an das sich unmittelbar Anzeigende wurde angeschlossen, wohl aber daran, dass die Untersuchung nur deshalb im wissenschaftlichen Diskurs einen Platz einzunehmen vermag, weil die besprochenen Phänomene offenbar etwas *bedeuten*, sich ihre Bedeutung, freilich noch sehr allgemein, eingrenzen lässt, ohne sie damit doch bereits positivistisch zu reduzieren, zu verdinglichen, ihre Grenzen abschließend exakt zu bestimmen. Begriffe sind also nicht bedeutungslos, sie zeigen Bedeutung an, sie befähigen zum *Begreifen* der Welt. Zum *Erkennen* der Welt befähigen sie jedoch offenbar nicht, davon zeugt das Schwinden der wissenschaftlichen Objekte bzw. ihrer Begriffe und das umfassende Versagen des exakten naturalistischen Denkens, die Katastrophe adäquat zu begreifen, noch ihrer falsifizierenden Kraft, ihrer Fähigkeit zum Ent-setzen etwas entgegen-setzen zu können. Das Dilemma, entweder auf Objektkategorien zurückgreifen zu müssen oder aber Wissenschaft selbst zu destruieren und damit handlungsunfähig zu werden, wird also zunächst derart aufgelöst, dass die tradierten Begriffe beibehalten, dass sie nun aber als über sich hinausverweisend und dynamisch gedacht und damit in ihrem Erscheinen als Bedeutungsträger genommen werden.

Die prozessuale Betrachtung der Katastrophe ließ derart bereits Bedeutendes zu Tage treten, dass ihre „Ursachen" im Sozialen zu suchen sind, in der Bildung von Alltagsroutinen etwa. Die Betonung des Dynamischen und sich einer analytischen Beobachtung Entziehenden an Gesellschaften wies auf die Möglichkeit falscher Schlussfolgerungen einer reduktionistischen Konzeptualisierung hin, die nicht zwischen jeweils spezifischen Form-Umwelt-Relationen differenziert. Die Forderung Jakob von Uexkülls, Hans Drieschs und Helmuth Plessners, Umwelt nicht als Objekt, sondern allein relational in Bezug auf die von ihr sich abgrenzende Form zu denken, machte sogleich deutlich, dass die menschliche Form in jedem Augenblick und stets relational zu ihrer Umwelt ein neues Ganzes bildet, das erst die spezifische Umwelt determiniert. Bedeutend sind alle besprochenen Formen, nur daher sind sie durch einen Beobachter markiert. Was *genau* sie aber bedeuten, scheint nicht in dem, was sich zeigt, ergründbar. Ihre Bedeutung zu verstehen, so lässt sich daraus folgern, bedarf es eines umfassenden Einbezugs der Bedingungen, durch die sie für einen Beobachter zu einer Bedeutung gelangten.

Katastrophen bedeuten etwas für Organismen, so wie die menschliche Form und die Form der Gesellschaft einem Beobachter etwas bedeuten. Katastrophen zeigen nach der obigen Annäherung an, dass diese Formen bzw. Systeme, oder eben einfach Menschen oder Gesellschaften, nicht resilient genug gewesen sind, mit den rapiden und radikalen Umweltveränderungen umzugehen, sie das System ihrer Erwartungszusammenhänge nicht haben flexibel genug den veränderten Bedingungen anpassen können und schließlich die Form ihre Grenze verlor. Unter Hinzunahme der Hypothese, dass Katastrophenphänomene tatsächlich zunehmen, dass Atom-, Bio- und

Chemiewaffen ebenso wie Elektrosmog, BSE, Vogelgrippe, SARS, AIDS und andere Epidemien den Menschen heute mehr bedrohen als je zuvor, und angenommen, die Klimakatastrophe ist ein realistisches Szenario, so scheint die Fähigkeit, in jedem Augenblick auf mögliche Gefahren mehr oder weniger eingerichtet zu sein, dem „zivilisierten" Menschen zunehmend abhanden zu kommen, werden – anders herum gesagt – diese Fähigkeiten immer häufiger und immer umfassender falsifiziert.

Diese Entwicklung ist bedeutend, sonst erführe sie keinerlei wissenschaftliche Aufmerksamkeit. Während sich aber der Mensch bemüht, „denkend" bzw. rational-analytisch seine Fähigkeiten zu verbessern, mit Risiken umzugehen, während er immer umfassender auf Spezialisten, Methoden und Technik setzt, steigt die statistisch angezeigte Katastrophenwahrscheinlichkeit ungebremst, vielmehr exponentiell an. Die Falsifikation instrumentell-rationaler Methoden führt dabei jedoch nicht (mehr) zu deren Infragestellung, vielmehr scheint es, als koppelten Gesellschaften ihre gesamte Organisation unabhängig (oder gar durch diese noch beschleunigt) von den negativen Rückkoppelungen immer enger auf technisch-analytische, rationale Verfahren der Problemlösung. Sie verlassen sich auf dieses eine ganz spezifische Verfahren, ohne mehr Alternativen in den Blick zu nehmen, noch überhaupt solche denken zu können. Immer mehr Probleme werden aus dem Alltag verwiesen und dieser einen technisch-analytischen Verfahrensweise überantwortet, obwohl mit dieser Verfahrensweise vielleicht bereits eine kritische Schwelle überschritten ist, von der an sie mehr Probleme produziert, als sie zu bewältigen vermag. Die Alltagsbildung wird trotz einsetzender Nebenwirkungen immer umfassender.

Nun ist die Alltagsbildung, wie oben behauptet wurde, ein *allgemeines* Phänomen, das nicht erst die Moderne kennt, das aber doch offenbar nie zu so dramatischen Bedrohungen der gesamten Gattung geführt hat, wie jenen, vor die sich moderne Gesellschaften gestellt sehen. Es müssen also in der Moderne besondere Bedingungen den Prozess der Alltagsbildung verschärft haben; und es müssen die längste Zeit der Menschheitsentwicklung andere Weisen der Problemlösung genutzt worden sein, die dem Prozess der Alltagsbildung ausgleichend entgegenwirkten. Um herleiten zu können, wie trotz stets laufender Prozesse der Alltagsbildung, also des Ausblendens von Komplexität, komplexe Gesellschaften möglich wurden, um Antworten auf die Frage zu finden, die den „normalen" Prozess der Alltagsbildung haben zu einer globalen Bedrohung werden lassen, ist nun ganz grundlegend der Prozess der Menschwerdung in Gesellschaft und Umwelt zu untersuchen.

Zunächst sind dazu noch erweiternde Klärungen vorzunehmen, welcher Art von Kategorien sich diese Arbeit bedient bzw. in welcher Weise sie – wie oben bereits auf die Begriffe „Katastrophe", „Mensch" und „Gesellschaft" – auch im Folgenden auf grundlegende, tradierte Begrifflichkeiten zwar zurückgreift, die sie jedoch nicht auf Objektbegriffe reduziert, sondern die sie als Anzeige, als Symbol für etwas Bedeutendes nimmt. Nun kann im Rahmen dieser Arbeit allerdings nicht mehr jede Kategorie einzeln umfassend hergeleitet werden, weshalb zunächst exemplarisch für die dann folgenden Überlegungen fundamentale anthropologische Kategorien „symmetrisiert“ werden, indem ihnen ihr naturalisierender Charakter genommen und ihre Historizität und ihr insgesamt unbestimmter Charakter, ihr unabgeschlossener Bedeutungsgehalt also, zurück verliehen wird. Die Arbeit fragt nach Grundlagen einer Katastrophensoziologie und in diesem Sinne ist auch der anschließende Gliederungspunkt zu lesen: Es geht auch darum, die Anthropologie insgesamt – im Rahmen der hier gegebenen Möglichkeiten – anzuschließen an die soziologische Katastrophendiskussion. Es wird angenommen, dass eine Katastrophentheorie, die die Geschichte des Menschen vergisst, nur katastrophenbeschleunigend wirken kann, dass dagegen seine *ganze* Geschichte wieder einzubeziehen, den Katastrophenprozess bis auf das Niveau des „normalen Scheiterns“ zu verlangsamen, zu „entschleunigen“ vermag. Die Historizität des Menschen aber lässt sich nur dann begreifen, wenn er nicht ontologisch gesetzt, sondern als Phänomen, das sich ständig in Wechselwirkung mit seiner Umwelt neu hervorbringt und das ständig neu hervorgebracht wird, gedacht wird. Noch bevor also tatsächlich von „dem Menschen“ gesprochen wird, ist immer schon die Eingebundenheit aller (organischen) Formen in ihre Umwelten hervorzuheben, um einem mechanistischen bzw. ontologisch-essentialistischen Reduktionismus vorzubeugen.

4. Zur Vorgeschichte des Menschen – Ansätze zu einer symmetrischen Anthropologie

Nichts ist in dieser Welt beobachtbar, was nicht durch den Beobachter selbst erst seine Form erhält. Der Mensch nimmt Welt immer erst wahr, während er selbst sie schon formt. Die Vermittlung tritt stets zwischen das Subjekt und das Wissen über ein vermeintliches Objekt. So kann der Mensch nicht einmal sich selbst „objektiv" begreifen, schon da er nicht festgestellt, sondern exzentrisch positioniert und also stets erst im Werden ist. Und doch verfügt er durch den „glücklichen Griff", der „Korrelativität des apriorischen und des aposteriorischen Elements" (vgl. Plessner 1981: 397), über die Mittel, mit seiner Umwelt gerade so zu kommunizieren, dass ihm die Aufrechterhaltung seiner Grenze – vorab allen Bewusstseins davon – gelingt. *Alle* Formen, die der Mensch im Akt der Beobachtung schöpft, haben insofern Bedeutung, als dass sie diese Leistung der Grenzerhaltung, der Unterscheidung des Menschen von seiner Umwelt, immer schon erbracht haben, ohne dass aber diese Bedeutung, ihr „Sinn" sich ihm jemals vollständig zeigte, Sinn bleibt stets vermittelt unmittelbar. Lediglich als gelungene Aufrechterhaltung seiner Grenze offenbart sich ihm diese Bedeutung.

Bevor nun der Prozess der Genese der menschlichen Form und anschließend von Gruppen jeweils in Umwelten beschrieben werden kann, sind vor dem Hintergrund dieses Menschenbildes im weitesten Sinne logische Probleme anzusprechen. Dann ist es notwendig, einige anthropologische Vorannahmen zu besprechen, die den anschließenden Überlegungen zu entscheidenden Etappen im Prozess der Menschwerdung residual, weil nicht zur Gänze soziologisch herleitbar, zugrunde gelegt werden. Anschließend kann dann anthropologisch der Prozess der Menschwerdung skizziert werden, um zu zeigen, dass dieser Prozess ein Prozess der kleinen Schritte ist, ein Prozess, in dem das Scheitern normal (und „heilsam") ist, wo sich ständig alle Formen neu organisieren, während sich langfristig immer höhere und komplexere Ordnungen aufbauen. Diese so entstehende Ordnung ist multistabil, weil sie sich andauernd auf sich wandelnde Umweltbedingungen neu einstellt, ohne doch dabei ständig gänzlich von neuem ansetzen zu müssen. Wie dies gelingt, ist dann Gegenstand der weiteren Untersuchung.

4.1 Vorüberlegungen zum Verhältnis von Beobachter, Teil und Ganzem

Vorab ist noch einmal auf die Rede von „Umwelten" zu sprechen zu kommen. Es wurde in dieser Arbeit bisweilen die Mehrzahl gewählt, um damit zu signalisieren, dass unterschiedliche Organismen in je spezifischen Umwelten leben. Der Mensch als das exzentrisch positionierte Wesen wurde von Plessner in drei unterschiedliche Umwelten hineingedacht, je nachdem, ob er sich der Außen-, der Innen- oder der Mitwelt zuwendet. Doch muss dies nun noch einmal dahingehend radikalisiert werden, dass diese Umwelten im Grunde für *jeden* Organismus, also auch für jeden *individuellen* Menschen, absolut unterschiedliche Umwelten sind, sie einem Beobachter als „Umwelten" *anderer* Formen also überhaupt nicht zugänglich sind. Es gibt demnach auch keine „objektive" Übereinstimmung zwischen Umwelten unterschiedlicher Beobachter, keinerlei objektive Vergleichskriterien also, welche die Bildung von „Umwelttypen" (Innen-, Außen oder Mitwelt) ermöglichten. Wer von der Umwelt eines anderen spricht, *konstruiert*, er beschreibt also nicht eine „tatsächliche" Umwelt des anderen, sondern das, was er selbst beobachtet. Die Plessner'sche Rede von den *drei* Umwelten, die in dieser Ausdrucksweise selbst den Anschein von etwas Objektivem, voneinander klar Abgrenzbarem erweckt, ist also zu kritisieren. Der Mensch kann Umwelt lediglich als Objektivation erfassen, ohne dabei jedoch hinter die Vermitteltheit dieser Objektivation zu gelangen. Umwelt ist stets seine individuelle Umwelt, die er in jedem Beobachtungsakt neu formt, Umwelttypen dagegen sind Abstraktionen, die der *tatsächlichen* Komplexität nicht gänzlich gerecht werden, obgleich sich mit ihnen Bedeutungsvolles in den Begriff bringen lässt.

Noch nicht einmal für einen Beobachter *gibt* es streng genommen eine Umwelt jemals *tatsächlich*. Niemals gelingt es einem Beobachter, *alle* Bedingungen seiner Beobachtungen „objektiv" zu ergründen, denn ihm sind nur seine Beobachtungen als Unterscheidungen zugängig, während er nicht nicht unterscheiden kann, er also nichts denken kann, das diesen Unterscheidungen *vorgängig* wäre, während doch dieses, der Unterscheidung Vorgängige, konstitutiv als Bedingung der Unterscheidung in diese mit eingeht.[1] Ein Beobachter beobachtet seine Umwelt, doch ohne jemals tatsächlich zu begreifen, was er beobachtet; er kann seine Umwelt erahnen, er hat ein Gefühl davon und verdichtet dieses Gefühl zu einem Begriff, doch schon in diesem Moment des Verdichtens ist seine Umwelt wieder eine andere, das Formgewordene kann ihm nicht genügen, so Helmuth Plessner oben[2], er muss sich erneut ans Werk, oder besser: an die Beobachtung machen.

Seine Beobachtung kommt niemals zu einem Ende, der Mensch erfährt Umwelt immer wieder neu, weil er niemals das Ganze der Bedingungen zu erfassen vermag, welches seine Beobachtung erst zu dem macht, als was sie ihm dann in der vergegenständlichten Form erscheint. Mit anderen Worten: Die *Summe* der Beobachtungen eines Menschen ergibt nicht das Ganze des von ihm Wahrgenommenen, es ist stets die Summe von Teilen, die als einzelne Ganzheiten mehr sind denn als Teile des summierten Ganzen. In jede Beobachtung geht ein Horizont an Bedingungen mit ein, der in der Vergegenständlichung der Beobachtung verblasst, der Reflexion aber sind nur diese Vergegenständlichungen zugängig. Die *Summe* der der Reflexion zugänglichen Vergegenständlichungen von Beobachtungen ist daher niemals prozessuale, systemische *Ganzheit* im eigentlichen Sinne, sondern Ganzheit *nach* der systematisierenden Teilung – sie sei als Ganzheit zweiter Ordnung bezeichnet –, während dem Beobachter Ganzheit im eigentlichen Sinne – also Ganzheit erster Ordnung – Ganzheit vor jeder Unterscheidung, *reflexiv*

1 Niklas Luhmann (vgl. bspw. Luhmann 2004: 146, 158, 160) und andere Systemtheoretiker sprechen hier von *dem* „blinden Fleck“ und davon, dass der Beobachter nur beobachte, was er beobachten kann und er nicht sehen könne, was er nicht sehen kann. Diese Formulierung des „blinden Flecks“ erweckt den Eindruck, als gäbe es eine klare Grenze zwischen Beobachtetem und dem „blinden Fleck“. Hier ist aber entscheidend, dass das, was der bewussten Beobachtung entzogen bleibt, doch konstitutiv in die Beobachtung mit eingeht, es die Bedeutung des Beobachteten konstitutiv mitbestimmt. Das Unbeobachtete ist also vom Beobachteten nicht geschieden, es ist ein Teil davon. Der Beobachter beobachtet mehr, als er zu beobachten glaubt, er kann beobachten, was er nicht beobachten zu können glaubt, so lange er nicht glaubt, nur beobachten zu können, was er zu beobachten können meint; dann nämlich beginnt er, sich gegenüber dem „Beobachtungsüberschuss“ zu verschließen. Beobachten heiß nicht unterscheiden i.S. von „eine klare Grenze ziehen“, beobachten heißt, Bedeutungen relational zu anderen Bedeutungen überzugewichten, ganz ohne scharfe Trennungen.

2 Vgl. dazu noch einmal Plessner 1981: 416 sowie in der vorliegenden Arbeit S. 104f.

unerreichbar ist.[3] Aus dieser grundsätzlichen Unmöglichkeit, jemals das Ganze erster Ordnung erfassen zu können, folgen grundsätzliche Konsequenzen für die wissenschaftliche Begriffsbildung; denn wenn stets Bedingungen jeder Beobachtung unbeobachtet bleiben, dann lässt sich das Beobachtete niemals *vollständig* begrifflich *bestimmen*. Jede Beobachtung bedeutet mehr, als sie zu bedeuten scheint, entsprechend gilt auch für den Begriff, der die Beobachtung festzuhalten vorgibt, dass er niemals bloß das bedeutet, was er zu bedeuten scheint.

Die Wissenschaft (und somit auch diese Arbeit) kann nicht auf die Verwendung von substantialisierenden, das Allgemeine über das Besondere stellenden Begriffen verzichten. Das allgemeine Problem wissenschaftlicher Begriffsbildung, von den konkreten Erscheinungen abstrahieren zu müssen, lässt sich auch dadurch nicht lösen, dass alle Substanzbegriffe durch Kunstbegriffe (wie System, Kommunikation, Autopoiese usw.) ersetzt werden würden. Auch diese artifiziellen Kategorien nehmen mit der Dauer ihrer Verwendung mehr und mehr dinglichen Charakter an, so als bezeichnete der Systembegriff etwas scharf von seiner Umwelt Geschiedenes, als sei Kommunikation ein objektives und über die Zeit hinweg mit sich identisches Phänomen, als sei Autopoiese eine real existierende, bestimmbare Tatsache mit der moderne Gesellschaften umzugehen zu lernen hätten. Kein Begriff lässt sich finden, der tatsächlich ist, was er zu sein vorgibt.

Ein Ausweg kann daher nur im Erinnern liegen, dem Erinnern daran, dass ein Begriff *stets* auch noch etwas anderes ist, als er zu sein scheint. Die moderne, die „exakte" Wissenschaft aber vergisst, ihr Ziel ist es, zu vergessen. Die wissenschaftliche Begriffsbildung zielt seit den Anfängen der Wissenschaft auf eine möglichst exakte Beschreibung einer vermeintlich objektiven Wirklichkeit, so zumindest die dieser Arbeit zugrunde liegende Annahme, die in ihrem weiteren Verlauf noch ausführlicher besprochen werden wird. Im Folgenden wird aber behauptet, dass gerade diese Grundtendenz der okzidentalen Wissenschaften dazu führt, zentrale Bedingungen der Menschheitsentwicklung in einer unangemessenen Weise zu konzeptualisieren und dass sich die Wissenschaft somit den Blick auf (langfristige) katastrophenträchtige Entwicklungen versperrt. Behauptet wird, dass Wissenschaft die Bedeutung ihrer Beobachtungen nicht exakt zu bestimmen vermag, weil sich das Bedeutendste nicht im Begriff abbilden, sondern allein durch den Begriff sich auf Bedeutendes hinweisen lässt. Durch die *begriffliche* Bezeichnung fixiert ein Beobachter etwas ihm Bedeutungsvolles,

3 Der Mensch kann allerdings die Einheit seiner Unterscheidungen, das Sein im Seienden erahnen, ja erfahren, das zumindest glaubten die ersten okzidentalen Philosophen, bspw. Heraklit und Parmenides, aber auch noch der Scholastiker Nikolaus von Kues (vgl. in dieser Arbeit Gliederungspunkt 6).

ohne doch damit die tatsächliche Bedeutung seiner Beobachtung zu *begreifen*. Um die tatsächliche Bedeutung seiner Beobachtung begreifen zu können, bedürfte es eines absoluten Wissens. Ganzheit erster Ordnung ist aber grundsätzlich unzugänglich, entsprechend kann der Beobachter die Bedeutung seiner Beobachtung nur vor einem begrenzten Horizont von vorgängigen, zudem noch erinnerten Beobachtungen „rational" bewerten. Insgesamt bleibt diese Bewertung eingebettet in einen unabgeschlossenen, sich an seinen Rändern verflüchtigenden Horizont. Die Bedeutung seiner Beobachtung bleibt ihm insgesamt verborgen und doch ist sie nicht bedeutungslos, sondern in genau dieser Unabgeschlossenheit hochgradig bedeutungsvoll. Auf der einen Seite wird also nominalistisch zumindest die Unzugänglichkeit einer äußeren, real existierenden Welt behauptet (unabhängig davon, ob sie existiert oder nicht, darüber lässt sich keine Aussage machen), zugleich aber argumentiert diese Arbeit durchaus „realistisch", als dass sie Begriffe als etwas sehr reales, nämlich für den Menschen Bedeutungsvolles zu begreifen versucht, das sich jedoch nicht offen zeigt, das sich vielmehr im Begriff verbirgt.

Dies lässt sich an einem Beispiel verdeutlichen – wie auch insbesondere die beiden folgenden Gliederungspunkte sich an Exempel, an Narrationen halten müssen, um den Spagat zwischen Konstruktivismus und Begriffsrealismus aushalten und seine Notwendigkeit zugleich plausibilisieren zu können. Gerade weil jede Beobachtung insgesamt *stets unbestimmt* bleibt, lässt sich zwischen unterschiedlichen Beobachtungen ein Konsens über etwas nicht real Existentes herstellen. Im wissenschaftlichen Diskurs kommunizieren unterschiedliche Beobachter miteinander über ihre Beobachtungen, es entsteht dabei ein gemeinsames „Objekt", und das in diesem Moment für alle Beteiligten durchaus „real". Wenn sie aber versuchten, *alle* Bedingungen zu klären, die sie dieser Beobachtung zugrunde legen, werden sie feststellen, dass es ihr Objekt nicht tatsächlich „gibt", weil alle Beobachter in absolut unterschiedlicher Weise unterscheiden. Solange ihre Kommunikation unscharf bleibt, solange sie nicht darauf bestehen, sämtliche Bedingungen zu bestimmen, die sie zu ihrer Beobachtung führten, so lange sie also keinen absoluten Wahrheitsanspruch erheben, an dem sie ihre Beobachtungen abzugleichen versuchen, kann ein gemeinsames Objekt existieren. Die Kommunikation bricht dagegen ab, wenn nicht akzeptiert wird, dass gewisse Abweichungen „normal" sind, mit anderen Worten: das gemeinsame Objekt verschwindet. Die Bedingung für eine erfolgreiche Kommunikation ist, dass die Beteiligten lebensweltlich „wissen" (ohne darüber reflektiert haben zu müssen), dass ihr „Objekt" etwas Gemeinsames *bedeutet*, das sie alle beobachten.[4] Der Versuch der abschließenden Bestimmung aber führt gerade zum Gegenteil (so oben bereits Georg Simmel), zum Schwinden der Objekte, man stellt unweigerlich fest, dass es das Objekt nicht tatsächlich gibt. Es *ist* nur in seiner je spezifischen Umwelt, das Objekt ist von seiner Umwelt untrennbar, zugleich ist es stets von ihr geschieden. Umgekehrt ist Umwelt nicht von dem Objekt eindeutig abgrenzbar, während sie doch ein anderes ist.

Begriffe sind natürlich ein ganz bedeutender Faktor in der Auseinandersetzung des Menschen mit seiner Umwelt. Die Benennung als solche ist nicht das Problem, so wird im Folgenden ausführlicher zu zeigen sein, sondern *die Bedeutung*, die wir den Kategorien beimessen. Problematisch ist es nicht, von Umwelt zu sprechen, obwohl es *die* Umwelt doch nur als kommunikativ erzeugte, insgesamt unbestimmte und unbestimmbare Form „gibt". Problematisch ist die *Einschränkung* von Begriffen auf eine „rational-analytische", substantialisierende und auf kausale Funktionen reduzierende Benennung; problematisch ist, dass wir von den Begriffen erwarten, dass sie *eine* spezifizierbare Funktion hätten, dass sie *etwas* anzeigten, dass sie auf *etwas* referierten, das sich uns in ihnen offenbart. Problematisch ist dies, weil dabei all jene Bedeutungsüberschüsse ausgeblendet werden, den Begriffe in der aktuellen Verwendung *anzeigen*, den sie transportieren, von denen aber niemand im engeren Sinne *wissen* kann, was letztlich ihr Gehalt, ihre Funktion ist. Problematisch, bis hin zur Katastrophenträchtigkeit, wird die Verwendung von Begriffen, wenn mit diesen der Anschein erweckt wird, sie bezeichneten einen objektiven, von ihrer aktuellen Gegebenheit absolut abhebbaren Gegenstand, und sonst nichts, einen Gegenstand, der über alle Zeiten hinweg als invariant angenommen werden kann, ja sogar genommen werden soll. Dagegen ist die Verwendung des Begriffes als Symbol[5] für etwas, dessen Bedeutung in dem Symbol an-, aber nicht abschließend gedeutet wird, eine Notwendigkeit schlechthin, um sich über insgesamt nur symbolisch-vermittelt zugängige Problemlagen verständigen zu können.

Wenn also weiterhin bspw. von Umwelt gesprochen wird, so ist der Begriff als relativ unbestimmter zu nehmen, als Symbol für einen kommunikativ verdichteten Bedeutungszusammenhang, der etwas Bedeutendes anzeigt. Das gleiche gilt für alle anderen verwendeten Begriffe, so auch für

4 Mit den Worten von Jürgen Habermas: sie müssen *verständigungsorientiert* eingestellt sein (vgl. Habermas 1997: 394), sie müssen bereit sein, Umschärfe zu akzeptieren und damit auch einander widersprechende „Wahrheiten" nebeneinander zuzulassen.

5 Der Begriff des Symbols bleibt zunächst ohne weitere Erläuterung; denn es geht dieser Arbeit insgesamt wesentlich um die Bedeutung des Symbolischen, es zu „definieren" ist insofern Sache der gesamten Arbeit.

die Rede von „Reflexen“ und von „Instinkten“, für den Begriff vom Menschen usw. Wenn vom „Hordenwesen“ gesprochen werden wird, meint dies nicht, dass es dieses „Hordenwesen“ tatsächlich jemals gegeben hätte, das im Folgenden ebenfalls besprochene „Körperausschaltungsprinzip“ referiert nicht auf einen „biologischen“, tatsächlich als solcher existierenden Körper. Allein, diese Begriffe eignen sich, einen insgesamt bedeutungsvollen Zusammenhang, hier im Bezug auf die Katastrophe, zu skizzieren und in diesem Bedeutungszusammenhang sind sie zu denken.

4.2 Anthropologische Vorannahmen

Wenn hier also notwendigerweise auf anthropologische Vorannahmen zurückgegriffen wird, so geschieht dies im Sinne einer – wie von Bruno Latour und Michael Callon geforderten (vgl. bspw. Latour 2002b, Callon 1986 und Callon/Latour 1992)[6] – „symmetrischen Anthropologie“. Es wird versucht, den Menschen als von seiner Umwelt – und Umwelt meint stets auch den aktuellen Erklärungs- und Bedeutungszusammenhang, in den der Mensch hier hineingedacht wird – nicht substantiell geschieden zu denken, sondern in diese Umwelt unhintergehbar eingeflochten. Sämtliche Beschreibungskategorien sollen vorab der erst dem modernen Denken zugängigen Unterscheidung von unveränderlichen „Dingen“ auf der einen und ständig sich verändernden Formen auf der anderen Seite gedacht werden, ohne eine diese beiden extremen Pole eindeutig voneinander trennende Kluft. Allerdings, dies sollten bereits die obigen Ausführungen gezeigt haben und werden die weiteren Ausführungen noch deutlicher begründen, wird es für aussichtslos gehalten, die überkommenen anthropologischen Begriffe jeweils für sich zu symmetrisieren oder durch neue zu ersetzen. Hier wird behauptet, dass eine Symmetrisierung an der *Weise des Umganges* mit den verwendeten Kategorien anzusetzen hat. Allein *wie* ein Beob-

6 So erheben Bruno Latour und Michel Callon den Anspruch, „[...] jeden für Menschen gebräuchlichen Begriff auch für Nicht-Menschen“ zu verwenden (Latour/Callon 1992: 353) und damit „[...] die Unterscheidungen zwischen den wahrhaftig sozialen und menschenzentrierten Begriffen [zu, M.V.] verwischen“ (ebd.: 347). Es gehe darum, nicht schon vorab zwischen abhängigen (sozialen) und unabhängigen (natürlichen resp. technischen Formen) zu unterscheiden, sondern soziale, technische und natürliche Faktoren durchgängig als abhängige Variablen zu behandeln (vgl. Schulz-Schaeffer 2000: 194f.). Diesen Anspruch teilt diese Arbeit, sie geht dabei jedoch anders vor als die „Akteur-Netzwerk-Theorie“ (ANT) von Latour, Callon und anderen. Für die Katastrophensozologie wäre die ANT erst noch aufzubereiten. Dies ist Ziel eines Anschlussforschungsprojektes.

achter die Kategorien *denkt*, macht einen Unterschied, es macht dagegen keinen wesentlichen Unterschied, an die Stelle eines Begriffes einen anderen zu setzen.

Dies lässt sich am Werk Max Schelers in besonderer Weise exemplifizieren, im Allgemeinen, da Scheler als einer ihrer wichtigsten Vertreter wesentlich das Bild von der Anthropologie im 20. Jahrhundert insgesamt geprägt hat, im Besonderen, weil Scheler mit seiner Stufenlehre den Menschen als „Sonderentwurf“ der Evolution von allen anderen organischen Formen kategorisch unterscheidet. Er ist damit einer der prominentesten Vertreter der oben von Bühl kritisierten „Sonderstellungsanthropologie“[7], Vertreter eines Bildes vom Menschen also, das weit in aktuelle soziologische Ansätze hineinreicht[8], das aber, wie eben zu zeigen ist, dem Denken in asymmetrischen ontologischen Kategorien entspringt. Vor dem Hintergrund dieses Menschenbildes, das kategorisch zwischen dem Menschen und allem anderen unterscheidet, das die fließenden Übergänge zwischen dem so Geschiedenen negiert, muss eine Katastrophensoziologie scheitern. Anschließend kann dann anthropologisch die Entwicklung des Menschen für den hier zu behandelnden Bedeutungszusammenhang skizziert werden, ohne den Menschen dabei jemals als etwas von seiner Umwelt *tatsächlich* Geschiedenes zu denken.

Max Schelers Stufenlehre

In dem 1928 erschienenen Spätwerk Schelers „Die Stellung des Menschen im Kosmos“ hatte dieser den Menschen im Verhältnis zur Pflanze und zum Tier zu definieren versucht. Scheler sieht den Menschen in einer qualitati-

7 Vgl. Scheler 1976: 31 sowie Bühl 1990: 32 und in der vorliegenden Arbeit Gliederungspunkt 2.3, S. 73-75. Zu den verschiedenen Positionen in den Natur- und Geisteswissenschaften im Rahmen dieser Sonderstellungsdiskussion siehe die Arbeit von Helmut Hofer und Günter Altner (Hofer/Altner 1972). Es geht im Folgenden wesentlich darum, zu zeigen, wie Scheler zu der These von der Sonderstellung des Menschen allein aufgrund der Verwendung essentialisierender Begrifflichkeiten gelangte, es geht nicht darum, die Scheler'sche Argumentation insgesamt zu kritisieren.

8 Der Einschätzung Schelers und anderer, dass der Mensch über keine artspezifische Umwelt verfüge, schließen sich bspw. Peter L. Berger und Thomas Luckmann – für eine von diesen vertretene konstruktivistische Perspektive kaum nachvollziehbar – in ihrer zwar bereits 1966 erstmals veröffentlichten, aber doch für die neuere Wissenssoziologie noch immer so bedeutenden Schrift zur „Gesellschaftlichen Konstruktion der Wirklichkeit“ an (vgl. Berger/Luckmann 1996: 49ff.). Zumindest die Spätfolgen dieser „Sonderstellungsanthropologie“ reichen also noch bis in die gegenwärtige wissenssoziologische Diskussion hinein.

ven Sonderstellung: Als „Vitalwesen" sei er „[...] ganz ohne Zweifel eine Sackgasse der Natur, ihr Ende" (Scheler 1976: 96).[9] Überleben gelingt ihm nicht mehr nach den für alle anderen Stufen geltenden Regeln des Vitalen, als „Geistwesen" vermag er vollständig befreit von allen „[...] stoßenden Kräften auf alle Natur herabzulächeln [...]" (Scheler 1976: 96).

Anders als die vollständig „gesicherte" Pflanze und das souverän, instinktgeleitete Tier, ist der Mensch an keinerlei artspezifische Umwelt angepasst, er ist „Sklave seiner Gehirnrinde" (vgl. Plessner 1976: 93), ein vollständig vergeistigtes Wesen. Damit steht der Mensch nicht einfach auf der obersten Stufe der Entwicklungsleiter, er setzt die Entwicklung nicht einfach fort, so wie das Tier die Entwicklung der Pflanze fortsetzt; der Mensch klinkt sich aus dieser organischen Entwicklung aus, ja das Geistprinzip steht dem „Gefühlsdrang", dem Triebhaften geradezu entgegen (vgl. Hamann 1993: 52). Die Pflanze ist nur von jenem „Gefühlsdrang" beseelt, einem „ganz nach außen gerichteten Drang", der ihre Entfaltung bedingt (vgl. Scheler 1976: 15)[10] Sie steht ohne Bewusstsein, Gefühle und Empfindungen auf der untersten Entwicklungsstufe. Die Pflanze passt sich in langwierigen Prozessen ihrer Umwelt an, doch fehlt ihr die Fähigkeit der Aufnahme einer direkten „Rückmeldung ihrer Zustände" aus der Umwelt (vgl. ebd.: 14f.),[11] was schon darin begründet liegt, so Scheler, dass Gefühl und Trieb noch nicht voneinander geschieden sind. Die Einheit von Gefühl und Trieb gibt der Pflanze optimale Sicherheit, so Scheler, sie hat ihre Form auf Dauer, ohne ständige Umweltirritationen. Wegen dieses totalen Fehlens jeglicher Rückmeldungen von Umwelt an ein „inneres Zentrum" ist die Pflanze schlechthin *die Manifestation* eines „ekstatischen Gefühlsdranges"

9 In dieser Sackgasse findet zugleich die Natur ihre „höchste Konzentrierung", so Scheler an selber Stelle. Der Mensch als ein Geistwesen, „[...] das in dem tätigen Mitvollzug der Geistesakte des Weltgrundes sich selbst zu *,deifizieren'* vermag, [ist, M.V.] eben noch ein anderes als diese Sackgasse: Er ist zugleich der helle und herrliche *Ausweg* aus dieser Sackgasse, ist das Wesen, in dem das Urseiende sich selbst zu wissen und zu erfassen, zu verstehen und sich zu erlösen beginnt. Der Mensch ist also beides zugleich: eine *Sackgasse* und – ein *Ausweg*!" (ebd.: 96, Hervorhebungen im Original). Diese philosophische Dimension wird in den folgenden Ausführungen keine Berücksichtigung finden; hier geht es allein darum, aufzuzeigen, dass die These von der Sonderstellung als solche bereits unhaltbar ist, dass also die auf dieser These bauenden philosophischen Überlegungen Schelers zum „Ausweg aus der Sackgasse" insgesamt unhaltbar sind.

10 Zur Pflanze als unterste Entwicklungsstufe vgl. ebd. 13-17.

11 Dieter Claessens dazu: „Unserer Meinung nach könnte man das im Rahmen differenzierterer kybernetischer Auffassungen doch, denn ,Zustand' ist ein Begriff, der vom Maßstab ,Zeit' abhängt. Kann die Pflanze sich überhaupt anpassen – und sie kann es – dann hat sie auch Rückmeldungen über ihren ,Zustand' [...]" (Claessens 1970: 23).

(vgl. ebd.: 15), doch ist dieser Drang auch im Tier noch vorhanden (vgl. ebd.: 16).

Das Tier ist *instinktgeleitet* und gegenüber der rein reflexiven Form der Pflanze flexibler organisiert, so Scheler. Instinkte lösen – wie im Organismus ansässige Entitäten – „angeborene" und „ererbte" Handlungen als Reaktionen auf typisch wiederkehrende Situationen aus. Zwar sei der Instinkt durchaus durch Erfahrung und Lernen *spezialisierbar*,

> „[…] wie man z.B. an den Instinkten der Jagdtiere sieht, denen zwar das Jagen auf ein bestimmtes Wild, nicht aber die Kunst, es erfolgreich auszuüben, angeboren ist. Das aber was Übung und Erfahrung hier leistet [sic!], entspricht immer nur gleichsam den Variationen einer Melodie, nicht der Erwerbung einer neuen" (ebd.: 19).

Deshalb könne der Instinkt „[…] als von vornherein ‚fertig' bezeichnet werden", so Scheler an selber Stelle. Der Instinkt steuert das Verhalten und die selektive Wahrnehmung des Tieres in seiner artspezifischen Umwelt, er „stiftet" die Struktureinheit von Tier und Umwelt (vgl. Arlt 2001: 95).

Die Befreiung des Tieres aus der primären Einheit bedeutet gegenüber der Pflanze eine riskantere Organisationsform. Die Pflanze ist gesichert, so lange ihre Umwelt sich nicht fundamental verändert. Sie ist über viele Millionen Jahre mit ihrer Umwelt gewachsen, sie ist in dieser vollständig aufgehoben und ihr eigenes Veränderungstempo ist mit dem ihrer Umwelt synchronisiert, sie steht damit geradezu für die „Einheit des Lebens", so Scheler (vgl. Scheler 1976: 16). Das Tier dagegen ist aus dieser absoluten Einheit gelöst, weil es seine angestammte Umwelt verlassen und seinen Einzugsraum ausweiten kann, es ist damit aber auch Einflüssen ausgesetzt, die sein „Instinktsystem" überfordern, auf welche dieses nicht vorbereitet ist. Es ist „orientierungsunsicherer", es verfügt aber nun auch über freigesetzte Energien, die es zur Kompensation dieser Unsicherheit aufbringen kann (vgl. ebd.: 26ff.). So entsteht eine „Stauung", eine „Überschusslage", die den Trieb freisetzt (vgl. Arlt 2001: 96), wenn „[…] der Ablauf von Hemmungen und Enthemmung nicht mehr fest gefügten, artspezifischen Mustern folgen kann […]" (ebd.: 95), so fasst Gerhard Arlt den Gedanken Schelers zusammen.

Die „kurzschlüssige Abfuhr" der Triebe weicht dann einer insgesamt „inadäquaten Befriedigung" (vgl. ebd.: 95f). Dieser freigesetzte Triebüberschuss drängt zur weiteren Differenzierung, er wird aber auch zur Bedingung von Kultur, zur Bedingung der Möglichkeit des Menschen. Der Triebüberschuss nimmt in dem Maße zu, wie sich das Tier von seinen instinktiven Reaktionsschemata zu befreien vermag, und diese Befreiung wird in dem Maße möglich, wie es ein „assoziatives Gedächtnis" (Mneme) entwickelt (vgl. Scheler 1976: 22). Die Geschlossenheit des instinktiven Verhaltens lockert sich zu Gewohnheiten, zu relativ flexibleren Anpassungsformen an die sich nun für ihn verhältnismäßig schneller wandelnde Umwelt. Erfolgreiche Verhaltensweisen werden automatisch wiederholt, so dass sich das Prinzip von Irrtum und Erfolg als Lernprinzip entwickeln kann. Das assoziative Gedächtnis ist somit schon eine Form praktischer Intelligenz, die sich zum Menschen hin dann zur eigentlichen Intelligenz als der nächst höheren Organisationsform entwickelt. Die Organisationsstufe der praktischen Intelligenz ist jedoch noch organisch und an einen Auslöser gebunden, so dass Planung auf diesem Niveau noch nicht möglich ist; allerdings kann das Tier bereits Sach- und Wertverhalte bedingt antizipieren (vgl. ebd.: 28f).

In dem Menschen als Geistwesen kommen nun „alle Wesensstufen des Daseins“ (vgl. ebd.: 16) zusammen, doch vermag sich der Mensch reflexiv diesen Grundlagen zuzuwenden und sich dadurch von ihren Beschränkungen *vollständig* freizusprechen. Damit setzt der Mensch nicht mehr fort, was ihm vorgängige Organisationsformen der organischen Entwicklung erreicht haben:

„Das neue Prinzip steht *außerhalb* alles dessen, was wir ‚Leben‘ im weitesten Sinne nennen können. Das, was den Menschen allein zum ‚Menschen‘ macht, ist nicht eine neue Stufe des Lebens – erst recht nicht nur eine Stufe der *einen* Manifestationsform dieses Lebens, der ‚Psyche‘ –, sondern es ist ein allem und *jedem Leben überhaupt, auch dem Leben im Menschen entgegengesetztes Prinzip*: eine echte neue Wesenstatsache, die als solche überhaupt nicht auf die ‚natürliche Lebensevolution‘ zurückgeführt werden kann […]“ (ebd.: 31, Hervorhebungen im Original).

Die lediglich mit einem „Gefühlsdrang“ ausgestattete, gegenüber ihrer Umwelt ansonsten rein reflexiv ausgerichtete Pflanze ist also laut Scheler mit ihrer Umwelt vollständig synchron. Sie ist gegen Umweltirritationen weitgehend resistent, sie ist somit die „sicherste“ Organisationsform, während das instinktgeleitete Tier dagegen bereits weit mehr Umweltvariation verkraften können muss, weil es sich in Umwelt bewegt. Instinkte „steuern“ das Tier durch die sich auftuende Unsicherheit hindurch, indem sie es mit den adäquaten Reaktionsweisen auf typisch wiederkehrende Situationen ausstatten, doch können nicht mehr für alle Situationen adäquate Verhaltensmuster vorliegen, das Tier ist somit bereits eine riskiertere Form. Den für die vorliegende Arbeit entscheidenden Unterschied beider Organisationsformen sieht Scheler demnach in der Synchronizität von Form und Umwelt. Sicher ist nur die Pflanze, weil sie mit dem Tempo der Umweltveränderungen synchronisiert ist. Sie benötige keine direkten Rückkopplungen für geringere Umweltschwankungen, sondern passt sich nur langfristigen Wandlungen an. Das sich in Bewegung setzende Tier erhöht hingegen selbst die Variation seiner Umwelt mit der Folge, dass sich Tier und Umwelt nicht mehr synchron entwickeln und das Tier nicht mehr allen Situationen optimal angepasst ist (vgl. ebd.: 26). Der Mensch schließlich löst sich gänzlich aus dieser „natürlichen" Trieb- und Umweltbindung, er spricht sich frei von allen Einschränkungen, er ist als Geistwesen „existentiell entbunden vom Organischen", er ist „weltoffen" (vgl. ebd.: 32). Dieser Schluss aber resultiert aus einer objektivistischen Vorstellung nicht allein von Zeit (vgl. abermals Claessens 1970: 23), sondern auch von Umwelt als objektiv gegebener, starrer „Natur", von einem „Gefühlsdrang", von „Reflexen", von „Trieben" bzw. „Instinkten".

Zur Symmetrisierung anthropologischer Kategorien

Jede Pflanze vermag Unterschiede in ihrer Umwelt wahrzunehmen. Der „Gefühlsdrang" der Pflanze entsteht erst in der Wechselwirkung von Organismus und Umwelt, die für jeden Organismus und zu jedem Zeitpunkt einzigartig ist. Eine Pflanze, die im Laufe eines Tages mit einer sich jeder Pflanze anders darstellenden Sonne „wandert", unterscheidet Bedeutungsloses und Bedeutungsvolles voneinander, sie geht mit einer variierenden Umwelt um, richtet sich auf diese Variationen aus und wird von dieser Umwelt ständig neu ausgerichtet.[12] Ihr fehlt keineswegs die Fähigkeit zur direkten Rückmeldung aus der Umwelt. Ihre gesamte „Organisation" ist auf diese Rückkopplungen ausgerichtet, sie ist gerade so beschaffen, dass sie genau die Art von Rückkopplungen aufzunehmen vermag, die sie in der Relation zu der nur für sie bestehenden Umwelt für diese Organisation „benötigt" und die sie – man könnte fast sagen: durch „Akkomodation" und „Assimilation" – im Gleichgewichtszustand, im „Aequilibrium" bleiben lässt. Sie ist in der Tat mit ihrer ganz spezifischen Umwelt synchronisiert, deren Teil sie ist, während sie sich von ihr abgrenzt, ohne ein strukturiertes Bild mit scharfen Konturen von ihrer Umwelt, noch von sich selbst zu haben. Dies ist beim Tier nicht anders. Wie die reflexiv organisierte Pflanze nimmt auch das instinktiv geleitete Tier direkte Rückkopplungen auf und richtet sich nach seinen Fähigkeiten auf seine wechselwirkend erst entstehende Umwelt ein. Das sich „großräumiger" bewegende Tier lebt wie die sich „weniger großräumig", aber dennoch sich ebenfalls bewegende Pflanze

12 Dem stimmt zwar auch Scheler zu: die Pflanze reagiere zwar „[...] auf die Intensität der Lichtstrahlen, nicht aber different auf Farben und Strahlrichtungen" (Scheler 1976: 13). Damit liefert er aber doch eher ein Gegenargument gegen seine eigene These, als dass er sie stützte.

in einer sich bewegenden Umwelt, was wiederum gerade nicht bedeutet, dass trotz dieser „Strukturähnlichkeiten" die Umwelt des Tieres mit der Umwelt identisch wäre, in der sich eine Pflanze entfaltet.

In der Summe der – hier nur angedeuteten doch in dieser skizzierten Richtung erweiterbaren – Kritiken zeigt sich, dass die Annahme eines qualitativen Unterschiedes zwischen beiden Organisationsformen ein Beobachterartefakt ist, zu dem Scheler gelangt, weil er seine Kategorien vor dem Hintergrund eines objektiven, von den Organismen unabhängigen Bezugsrahmen denkt. Zeit und Umwelt werden von ihm als ontologische Invarianten gedacht, vor deren Hintergrund sich Organismen entwickeln, aus dem sich unterschiedliche Organismen unterschiedliche Ausschnitte eröffnen und gemäß dieser Ausschnitte ihre Kompetenzen entfalten. Doch weder Umwelt noch Organismen sind mit sich selbst oder mit anderen Formen zu irgendeinem Zeitpunkt absolut identisch, jede Form definiert sich selbst in jedem Augenblick in der Relation zu allen anderen Formen neu – genauso gut könnte man also auch sagen, dass die Umwelt der Formen die Form in jedem Augenblick neu definiert. Man muss sich daher, wie Dieter Claessens meint, darüber klar werden, dass „[...] die Wendung ‚Instinkte' nur eine Verlegenheit gegenüber der Frage darstellt, wie und woher denn Koordinierung *im* Tier, *zwischen* Tieren und zwischen Umwelt und Tieren entsteht, woher sie kommt" (Claessens 1970: 217) und dasselbe gilt für alle anderen Kategorien wie „Reflexe", „Gefühlsdrang" usw. Max Scheler denkt die Umwelt von Organismen als *Natur*, als einen „objektiv" gegebenen Rahmen, vor dessen Hintergrund sich die unterschiedlichen Lebensformen entfalten. In dieser Relation zu etwas an sich Unveränderlichem erscheinen dann bestimmte Formen als besser und andere als schlechter angepasst, als sicherer oder unsicherer situiert.

Das Bild wird aber ein ganz anderes, wenn Umwelt nicht als „objektive", transparente, nach Gesetzen begreifbare *Natur*, sondern als für jede Form individuell sich anders darstellender Hintergrund, eben als je individuelle Umwelt gedacht wird. Was „Sicherheit" bedeutet, lässt sich dann allein in der Relation zwischen der Lebensform und ihrer individuellen Umwelt begreifen. Es lässt sich dann nichts Absolutes über die Funktion von Instinkten oder Reflexen aussagen, es lässt sich also auch nicht von dem Fehlen einer dieser Organisationsformen bei einem Organismus auf dessen objektiv ungünstigere Stellung in einer Natur schließen. Wie jeder Organismus, wie jede Pflanze und jedes Tier, lebt auch der Mensch in genau jener Umwelt, die ihm bis heute das Überleben ermöglichte. Die Organisationsformen unterschiedlicher Organismen lassen sich nicht skalieren und entlang spezifischer Organisationsleistungen gliedern. Jeder Organismus ist stets angemessen organisiert – so lange eine Form existiert, ist sie sicher (vgl. Claessens 1970: 217). Die These von der Sonderstellung des

Menschen fällt somit mit der Infragestellung einer essentialistisch gedachten, für jede organische Form gleichermaßen gegebenen *Natur*, sie fällt mit der Infragestellung von – wie Substanzen gedachten – „Reflexen“ und „Instinkten“, die *etwas* mit dem Organismus machten, die *in* dem Organismus (und ebenso in jedem anderen Organismus zumindest der selben Art) lokalisierbar wären. Mit anderen Worten: „Reflexe“ und „Instinkte“ sind, wie bereits Jakob von Uexküll sie nannte, Verlegenheitsformeln, in denen ein hochgradig komplexer und systemischer Zusammenhang mit analytischen Termini beschreibbar gemacht wird; ein Wechselwirkungszusammenhang also, der nicht tatsächlich real existiert, der jedoch bedeutungsvoll ist und insofern auch höchst real.

In Begriffen wie „Instinkt“ und „Reflex“ verdichtet ein Beobachter Zusammenhänge, die auszudrücken im Laufe seiner eigenen Entwicklung für ihn bedeutungsvoll geworden ist. Man könnte sagen, dass es sich „evolutionär“ als vorteilhaft erwiesen hat, mit biologistischen Kategorien zu arbeiten, sie brachten Entwicklungsvorteile, die sich ohne diese „Technik“ vermutlich nicht ergeben hätten. Die moderne Wissenschaft ist, was sie ist, weil sie sich solche Kategorien erschuf. Was aber Instinkte sind, ob es irgendetwas Substantielles gibt, auf das der Begriff Instinkt referiert, darüber kann nichts ausgesagt werden. Umgekehrt kann aber mit allerhöchster Wahrscheinlichkeit angenommen werden, dass die Bedeutung dessen, was mit dem Terminus Instinkt bezeichnet wird, *nicht* hundertprozentig bestimmt ist, es wäre ein vollkommen unwahrscheinlicher Zufall, von dem man selbst im positiven Fall nicht einmal etwas erführe. Die „normale“ moderne Wissenschaft versucht jedoch, ihre Objekte möglichst exakt zu bestimmen, hinter ihnen eine Wahrheit zu ent-decken, die es tatsächlich nicht gibt. Um zu „den Dingen selbst“ zu gelangen, versucht sie, all jene Faktoren, die eine eindeutige Diagnose stören, zu eliminieren, bis das „Objekt“ widerspruchsfrei beschrieben werden kann.[13] Auftauchende Widersprüche lösen Prozesse der Eliminierung von Ungereimtheiten aus, nur in ganz besonderen Ausnahmefällen vermögen sie das Paradigma selbst in Frage zu stellen; die Infragestellung des Paradigmas ist nicht das Ziel, das Ziel sind „schöne

13 Es geht, so die These, der normalen Wissenschaft nicht darum, das Bedeutungsvollste zu begreifen; vielmehr geht es ihr darum, entlang bestimmter, im Rahmen wissenschaftlicher Paradigmen geprägter „Denkstile“ (vgl. Fleck 1983b: 68) das Wissen über die in diesen Paradigmen vorgegebenen und scharf eingegrenzten Problemstrukturen zu optimieren. Die normale Wissenschaft orientiert sich gerade nicht an der Bedeutung ihrer „Fakten“ für den Erhalt der Unterscheidung der organischen Form von ihrer Umwelt, sondern an rationalen Erfolgskriterien, die in Paradigmen fest verankert sind und die aufgrund eben dieser Verankerung mehr und mehr eigenständige Logiken entfalten (zu dieser Vorstellung von der Normalwissenschaft und ihren Verfahrensweisen vgl. Kuhn 1991: 37ff.).

klare Fakten". Selbst in diesem unwahrscheinlichen Fall der Infragestellung des Paradigmas werden aber noch zentrale und fundamentale Kategorien beibehalten und in das neue Paradigma übernommen. Ist also bspw. erst einmal eine spezifische Vorstellung von Instinkten verobjektiviert, so schränkt sich die wissenschaftliche Beobachtung immer stärker auf dieses selbst erschaffene „Objekt" ein, das im Laufe dieses Prozesses freilich mehr und mehr erodiert, weil jeglicher Widerspruch den Bereich des noch-nicht-Falsifizierten immer weiter einschränkt. Die Beobachtung konzentriert sich auf einen immer weiter eingeschränkten Bereich, die tatsächliche Komplexität der Einbettung des Objektes in seiner Umwelt, die ganze Breite seiner Bedeutung also, wird immer umfassender ausgeblendet, bis irgendwann wieder, freilich nur vorübergehend, alle Determinanten bestimmbar erscheinen. Auf jeden Fall wird der Eindruck aufrechterhalten, dass sich die Objekte als diskrete Einheiten beschreiben ließen, dass sie vielleicht noch nicht ganz bestimmt sind, dass sie aber auf jeden Fall zukünftig bestimmt sein werden. Ihnen wird, obwohl ständig im Flusse und stets mehr seiend, als sie zu sein scheinen, der Charakter von etwas Invarianten, Substantiellen und zumindest nahezu exakt bestimmten zugesprochen, dem sie tatsächlich niemals entsprechen, während sie gerade durch diesen Schein, den sie erwecken, das (ursprünglich mit ihnen adäquat Begriffene) Bedeutungsvollste verbergen. Irgendwann macht sich dies bemerkbar, dann beginnen die „schönen klaren Objekte" zu erodieren, dann zeigt sich, dass das Bedeutungsvollste gerade von diesen eingeengten, exakten Begriffen *nicht* mehr begriffen werden kann.

Diese einengende Blickrichtung sollte mit der kurzen Auseinandersetzung mit der Schelerschen Stufenlehre exemplarisch aufgebrochen werden. Allein heuristisch sollte aufgezeigt werden, was damit gemeint ist, wenn behauptet wird, Reflexe und Instinkte würden in der klassischen Anthropologie als *Invarianten* begriffen, während sie doch als solche auf gar keinen Fall existieren, ohne dass damit bereits ihre reale Existenz als bedeutungsvolle Kategorie bestritten wäre. Es macht einen Unterschied, wie im Folgenden noch ausführlicher gezeigt werden wird, ob Kategorien als (zumindest Quasi-)Substanzen gesetzt, oder ob sämtliche Kategorien als dynamische Formen begriffen werden, mit Hilfe derer sich ein Beobachter eine ungefähre Vorstellung von der eigenen Vorgeschichte zu machen versucht. Problematisch sind nicht die anthropologischen Kategorien, sondern ihre Verwendung. Problematisch ist es nicht, von Reflexen oder Instinkten zu sprechen, wenn damit nicht eine Kluft, ein absoluter kategorischer Hiatus bspw. zwischen reflexivem oder instinktiven Verhalten auf der einen und rationaler Handlung auf der anderen Seite behauptet wird, ein Hiatus also, *der keinerlei Vermittlung, keine fließenden Übergänge zwischen beiden Formen zulässt*. Ein solches den Menschen und seine Umwelt in unterschiedliche Kategorien zergliederndes Denken macht von vornherein ein ganzheitliches Begreifen prozessualer Zusammenhänge unmöglich. Es führt zu einem Denken in invarianten Kategorien auf der einen und prozessualen, sich ständig gemäß der aktuellen Situationsdefinition verändernden Kategorien auf der anderen Seite ohne den Zusammenhang zwischen beiden Polen denken zu können; es führt zu einem Denken, das mehr und mehr unsensibel wird für jene kleinsten Variationen, die ständig alle von einem Beobachter als bedeutend wahrgenommenen Kategorien durchlaufen. Dieserart Denken schränkt die Wahrnehmungsfähigkeiten des Menschen mehr und mehr ein, es beschränkt sein Verantwortungsgefühl auf einen immer kleineren Bereich, es macht letztlich unsensibel für Umwelt, in die sich der Mensch nun nicht mehr umfassend eingebettet erlebt, der er sich nun vielmehr als etwas kategorisch anderes gegenübergestellt glaubt, zu dem er *ausschließlich* mittels ganz spezieller Techniken einen Zugang finden könne.

Die Kategorien „Reflex“ und „Instinkt“ sind fundamentale anthropologische Kategorien, die einfach aufzugeben bedeuten würde, die gesamte Tradition der anthropologischen Wissenschaften, schließlich die Geschichte des Menschen selbst preiszugeben. Die Anthropologie ist gewissermaßen um diese Kategorien herum gebaut, alle anthropologische Argumentation muss zu diesen Kategorien notwendig Stellung nehmen, mit welchem Resultat auch immer. Gerade in diesem Sinne eigneten sich die besprochenen Kategorien dazu, grundsätzlich zu exemplifizieren, wie anthropologische Kategorien insgesamt *nicht* gedacht werden dürfen, will sich die Untersuchung nicht von vornherein das Bedeutendste verbauen. Instinkte und Reflexe dürfen nicht gedacht werden als irgendwie von anderen Organisationsformen essentiell unterscheidbar, sie dürfen nicht gedacht werden als in oder an einem Organismus lokalisierbare Quasi-Entitäten, sie dürfen nicht gedacht werden als über die Zeit invariante Formen, die einem Organismus sein Überleben mehr oder weniger unabhängig von den sich wandelnden Bedingungen seiner Umwelt sichern. Sämtliche begrifflich gefassten Organisationsformen können dagegen als etwas bedeutende Abstraktionen begriffen werden, die nur im Akte dieser Abstraktion von anderen Organisationsformen eindeutig geschieden sind, die aber doch mit allen anderen derart zum Zwecke der Beschreibung analytisch getrennt gedachten Organisationsformen immer wieder zusammen zu denken sind, die also erst zusammengenommen ein gemeinsames, ungeschiedenes Ganzes bilden.

Anthropologische Residuen

Nun können – nach diesen Ausführungen etwas unbefangener – noch bevor überhaupt Reflexe und Instinkte als Organisatoren zur Geltung kommen, schon zwei fundamental wirksame „Prinzipien" aus dem Faktum des Vorhandenseins von Formen erschlossen werden, die Dieter Claessens als „Vorgaben" bezeichnet hat (vgl. zu diesen beiden Vorgaben Claessens 1993: 32f); Formen also, die sich soziologisch zumindest in diesem Rahmen nicht angemessen herleiten ließen, die ihr daher als „Residuen" vorangestellt werden müssen. Eine solche Vorgabe ist erstens ein „Auftrag zum Überleben": Der Organismus muss fortpflanzungsfähig sein, sonst verschwindet die Form. Reproduktion als Vorgabe bedeutet Weitergabe des Informationsbestandes an die nächste Generation. Die zweite fundamentale, residuale Vorgabe ist das Prinzip der Differenzierung. Die Vorgabe, dass sich Organismen nicht einfach nur reproduzieren, sondern sich dabei differenzieren, bedeutet zugleich Veränderung in Richtung auf verbesserte Anpassung an eine sich wandelnde Umwelt bzw. Ausweitung des möglichen Aktionsradius, also die Erweiterung der Umwelt.

Weitere „Vorgaben", deren soziologische Herleitung den Rahmen dieser Arbeit überfordern würde, die aber den weiteren Ausführungen vorangestellt werden müssen, lassen sich aus der Literatur zur „klassischen" Anthropologie zusammentragen. So vertrat Arnold Gehlen die Ansicht, dass bereits Insekten bestimmte „Reizgruppen" aus diffusen Ganzwahrnehmungen isolieren können. Eine gewisse „Gliederung und Formung" der wahrgenommenen Umwelt zu „Gestalten" sei ihnen bereits gegeben (vgl. Gehlen 1993: 180f.). Konrad Lorenz hat mehrfach die Bedeutung des „Prägnanten" für die Wahrnehmung hervorgehoben. „Der Vorzug des Prägnanten in unserer Gestaltwahrnehmung dürfte außerordentlich tief verwurzelt sein und in biologisch uralte Schichten zurückführen, nämlich ins ‚Instinktive'" (Gehlen 1993: 182), so Gehlen mit Bezug auf Lorenz.[14] Das Tier ist auf dieser primären Ebene schon von der überwältigenden Flut der Wahrnehmungseindrücke „entlastet", es muss nicht alle Beobachtungen ständig auf alle Möglichkeiten hin untersuchen. So sucht es etwa nach einem passenden Teil zum Nestbau, es hat also eine Gestaltwahrnehmung, die die Fähigkeit der Merkmalskombination voraussetzt (vgl. Claessens 1970: 131).

Alle Lebewesen sind schon mit einer allgemeinen Kompetenz zur differenzierten Wahrnehmung „ausgestattet". Diese Wahrnehmungskompetenz ist jedoch keine Kompetenz zur gegenständlichen Wahrnehmung, sondern

14 Vgl. dazu den Zeitschriftenaufsatz von Konrad Lorenz unter dem Titel: „Die angeborenen Formen möglicher Erfahrung" (1943).

eine rein funktional differenzierte Wahrnehmung. Das Tier, das nach einem passenden „Teil“ zum Nestbau sucht, sucht nicht nach einem „Stück Holz“, sondern nach dem Teil, das zu dem Ganzen des Nestes passt. Ohne den Zusammenhang zum Nest bliebe das Aststück bedeutungslos, also im Hintergrund der Gesamtwahrnehmung aufgehoben. Das Teil erhält seine Bedeutung aus der individuellen Konstitution der Organismus-Umwelt-Beziehung, es ist somit dem Tier und auch keinem anderen Tier der gleichen Spezies als für sich bestehend gegeben. Diese grundlegende Unterscheidungskompetenz aber als „in Bezug setzen von Dingen mit Bedeutung“ ist Bedingung der Möglichkeit zumindest für alle höheren organischen Formen, Bedingung der Möglichkeit komplexerer Wahrnehmungen. Insofern tritt den höheren Organismen die Welt *niemals* ungeordnet entgegen, immer sind schon Strukturen – vor aller *bewussten* Wahrnehmung – mehr oder weniger stark stabilisiert. Die Umwelt ist immer schon beruhigt, auf Formen und Richtungen zentriert, die Reaktionen herausfordern (vgl. hierzu insbes. Claessens 1970: 129), die zugleich die Form des Organismus konstituieren, darin scheinen die Hauptvertreter der klassischen Anthropologie weitgehend überein zu stimmen. Komplexität ist immer schon reduziert, der Organismus „hat“ in jeder Situation „so viel Umwelt“, wie er für sein Überleben gerade benötigt und ertragen kann – dies gilt zumindest für den Fall des Überlebens des Organismus. Die Fülle möglicher Wahrnehmungs*gegenstände* entspricht seinen Wahrnehmungs*kompetenzen* und sekundär, im Falle seines Überlebens, kann man auch sagen, dass sie auch seinen Wahrnehmungs*erfordernissen* entsprochen hat. So verfügt der frühe Mensch über eine Reihe feindifferenzierter „[…] Verhaltensdispositionen, die ebenso fein auf in Phylogenese sozusagen abgetastete Umwelt abgestimmt sind“ (ebd.: 100), schon bevor er sich im engeren Sinne als soziales Wesen begreifen lässt.

4.3 Der Übergang vom Horden- zum Gruppenwesen: Zwei Revolutionen auf dem Weg zur Menschwerdung

Über diesen Verhaltensdispositionen, die als residual bezeichnet werden, weil sie in diesem Rahmen nicht weiter hinterfragbar sind, erheben sich nun komplexere Formen, die für die weitere Entwicklung des Menschen von umfassendem dispositivem Charakter sind. Mit ihnen wird nun die Schwelle zum eigentlichen Sozialen erreicht. Das Übertreten dieser Schwelle beschleunigt die Entwicklung so sehr, dass sich die feindifferenzierten Verhaltensdispositionen, die ein Beobachter an einfacheren Organismen noch glaubte beobachten zu können, mehr und mehr verflüchtigen. Diese Dispositionen werden nun derart feingliedrig, dass sie sich mehr und mehr der auf Vergegenständlichung angewiesenen Beobachtung entziehen, bis der Mensch schließlich beginnt, sich von diesen Dispositionen freizusprechen. Auch der Mensch bleibt jedoch angewiesen auf Organisationsleistungen, wie er sie symbolisch verdichtet als „Reflexe" und „Instinkte" an „einfacheren" Organisationsformen beobachtet, also auf unscharfe, in ihren Konturen unbestimmbare Strukturen, die ihm die reale Komplexität der Wahrnehmungswelt handhabbar machen. Die Organisationsformen des Menschen lassen sich schlechter beobachten, schlechter in den Begriff bringen, weil seine eigene Beobachtung Teil dieser Organisation ist, seine Beobachtung daher das Beobachtete unmittelbar beeinflusst, sich sein Objekt also für ihn spürbarer ständig verändert. So erfährt er seine eigene Organisation stärker als Prozess, während er andere Formen meint als Invarianten begreifen zu können, während doch auch sie sich ständig ändern.

Bevor aber die Schwelle zum Menschen im engeren Sinne erreicht war, bis der Mensch schließlich derart sich selbst zu beobachten begann, hatte er noch bedeutende Veränderungen durchzustehen. Dieter Claessens[15] hat die Theoreme Paul Alsbergs vom „Körperausschaltungsprinzip" und Hugh Millers „Insulation gegen selektive Pression" zusammengeführt und damit sehr überzeugend, für diese Arbeit Bedeutendes, über die Phase des „Übergangs" vom Tier zum Menschen ausgesagt. Wenngleich biologistisch argumentierend, eignen sich diese beiden Theoreme doch, einen grundlegenden Wandel zumindest zu skizzieren, der die Entwicklung zum Men-Menschen hin extrem beschleunigt haben könnte; ein Wandel, der sowohl komplexere Ordnungen, als auch deren umso „katastrophaleres" Scheitern ermöglichte.

15 Claessens setzt in dem 1984 verfassten Buch „Das Konkrete und das Abstrakte" (hier wurde die Auflage von 1993 verwendet) seine Überlegungen aus „Instinkt, Psyche, Geltung" (1970) fort. Beide Werke werden hier herangezogen. „Das Konkrete und das Abstrakte" besticht insgesamt mit dem scharfen soziologischen Blick, mit dem Claessens noch die zeitlich entferntesten Zusammenhänge durchdringt, für die oft überhaupt kein verwendbares archäologisches oder paläonthologisches Material aufgeboten werden kann. Umso bedauerlicher ist allerdings, dass Claessens – etwa bei der Geschlechterfrage – zu aus heutiger Perspektive unhaltbaren Positionen gelangt, dass er überhaupt stark auf Biologismen rekuriert. Diese Kritik kann hier nicht im Detail geführt werden, vielmehr vermag die vorliegende Arbeit in dem hier gegebenen Rahmen diese Probleme selbst nicht wirklich befriedigend zu umgehen. Die zentralen Aussagen des Buches bleiben von dieser Kritik unbelastet, weshalb es zum kritischen Lesen zu empfehlen ist.

Verringerung des Drucks auf „körperliche“ Anpassung

Dieter Claessens sieht in dem von Paul Alsberg formulierten Prinzip der „Körperausschaltung“ einen bedeutenden Faktor im Prozess der Menschwerdung. Demnach sei der besondere Weg, den die menschliche Entwicklung ab einem bestimmten Zeitpunkt eingeschlagen hat, dadurch möglich geworden, dass sich der Menschvorläufer von dem Anpassungsdruck auf den Körper[16] hat emanzipieren können. Das Tier unterliege dem „Körperprinzip“:

„Der Körper wird auf wirkungskräftigste Weise (Gebiß, Klauen, Fangarme, Gift) und auf spezialisierteste Weise (Fortpflanzungs-, Brutapparate usw.) zur Bewältigung der Widerstand entgegensetzenden Welt eingesetzt. [...] Instinkt stellt sich als die – per Selektion (Möglichkeiten der Mutation konnte Alsberg nur andeuten) – raffinierteste Form des individuellen, kooperativen und/oder arbeitsteiligen Körpereinsatzes dar. Im Instinktsystem ist sozusagen das Körperprinzip zu seinem Ende gesteigert“ (Claessens 1970: 82).

Das Körperprinzip, oder besser: das Körperanpassungsprinzip als primäre Weise der Abstimmung des Menschen auf die ihm spezifische Umwelt, werde nun zunächst per Versuch und Irrtum überwunden; kritisch müsste besser gesagt werden, dass sich der Anpassungsdruck verringert, weil er in *anderer* Weise abgefangen wird: Der zur Flucht angelegte Primat mag an einem Hang unbeabsichtigt Geröll losgetreten und damit den Verfolger zurückgeschlagen, auf Distanz gehalten haben. Diese unbeabsichtigte, sich

16 Es kann – wie gesagt – der Anspruch dieser Arbeit nicht sein, den Begriff vom – bei Alsberg und Claessens biologisch gedachten – Körper hinreichend zu entsubstantialisieren, bzw. zu denaturalisieren. Ein Ansatz könnte mit Blick auf das Theorem der „Körperausschaltung“ in der Richtung gesucht werden, dass „der Körper“ – als von einem Beobachter als besonders bedeutungsvolle und hochgradig stabilisierte Form beobachtet – insgesamt an Bedeutung gegenüber anderen Formen verliert, er also relativ zu anderen Formen variiert, ohne dass es dabei der Referenz auf einen „biologischen“ Körper bedürfte. Doch müsste, um diesen Gedanken weiter verfolgen zu können, bereits wesentlich auf die anschließenden Erörterungen, insbesondere zum Begriff der „symbolischen Form“ (vgl. Gliederungspunkt 4) vorweg gegriffen werden. Als „Gegengewicht“ ist die Lektüre Judith Butlers „Körper von Gewicht“ zu empfehlen (vgl. Butler 2001), sowie ihr im „Mainstream“ der Soziologie viel zu wenig beachtetes Buch über das „Unbehagen der Geschlechter“ (vgl. Butler 2000), worin sie sich insbesondere im dritten Kapitel (123-218) ausführlich mit dem Thema „Körper“ aus konstruktivistischer Perspektive auseinandersetzt. Auch für die Katastrophensoziologie – nicht bloß für jenen Teil, der sich explizit mit Genderfragen auseinandersetzt – ist das Werk Butlers zu empfehlen. Siehe auch S. 133 FN 21 der vorliegenden Arbeit.

aber sekundär erweisende Zweckmäßigkeit[17] des Einsatzes von Steinen als Mittel zum Auf-Distanz-Halten des Feindes wurde „nachgeahmt“ und konnte sich sukzessive zu einem Prinzip, zu einer Art „Technik“ verfestigen. Das Beibehalten dieser „Distanzierungstechnik“ bedeutete das Ende der bisherigen fundamentalen Eigenschaft, sich als Fluchtwesen gegen Feinde zu behaupten, wobei Claessens für diese Entwicklung durchaus lange Zeiträume ansetzt. Entscheidend ist aber, dass dieser Prozess, einmal in Gang gesetzt, sehr weit reichende „Nebenfolgen“ mit sich bringen und nach sich ziehen musste. Der erfolgreiche Einsatz der „außerkörperlichen Abwehrmethode“ (vgl. Alsberg 1922: 378)[18] schafft die Bedingungen, die es dem Menschen ermöglichen, sich seiner selbst bewusst zu werden; eine wesentlich andere Entwicklungsrichtung wird somit eingeschlagen, die wiederum zahlreiche weitere Entwicklungen einleitet, die später noch näher zu untersuchen sind. Bevor diese „Nebenfolgen“ jedoch genauer behandelt werden, ist das auf Hugh Miller zurückgehende Theorem der „Insulation gegen selektive Pression“ hinzuzunehmen, denn beide sieht Claessens in einem engen Ergänzungsverhältnis zueinander stehend, sie sind überhaupt nur analytisch voneinander zu trennen.

Gruppenschutz als Nische

Um das Prinzip der „Körperausschaltung“, also das relative „Ausklinken“ des Menschen aus dem evolutionären Anpassungsdruck auf einen wie auch immer zu denkenden „Körper“, als einen zentralen Faktor zur Erklärung der Menschwerdung heranziehen zu können, muss, so Dieter Claessens, der Menschenvorläufer als „Hordentier“ und mit bereits hochgradig entwickelten körperlichen und geistigen Kompetenzen ausgestattet gedacht werden (vgl. Claessens 1993: 62). So verfügt er bereits über eine

„[…] geeignete Konstitution einschließlich der Fähigkeit zum beidäugig-räumlichen Sehen und der relativ unspezialisierten Greifhand; dazu aufrechter Gang; dann aber auch: Geselligkeitstendenz, die Solidarität erst möglich macht und eine […] Tendenz zur *Flucht* vor dem Angreifer. Also *ein körperlich vorbereitetes geselliges und mit einer entsprechenden beweglichen Intelligenz ausgestattetes*

---

17 Die Kategorie der „sekundären Zweckmäßigkeit“ hat insbesondere Arnold Gehlen in die philosophische Anthropologie eingeführt (vgl. dazu etwa Gehlen 1986a: 106f, und 251, sowie Rehberg 1990: 123ff.).

18 Bei Alsberg beißt es wörtlich: „Nach unserer ganzen Auffassung beruht der Menschwerdungsvorgang einzig und allein auf dem Übergang vom tierischen Entwicklunsgsprinzip zum Menschheitsprinzip, und es gab den alleinigen Anstoß zur Menschwerdung die außerkörperliche Abwehrmethode“ (Alsberg 1922: 378).

Fluchtwesen wird für die Charakteristik des direkten Menschenvorläufers unterstellt" (ebd.: 62f., Hervorhebung im Original).

Zu erklären ist dann, warum der Mensch den Entwicklungsweg der Körperausschaltung einschlug bzw. einschlagen konnte, den andere ähnlich „luxuriös" ausgestattete Arten nicht nahmen (vgl. Claessens 1970: 81).

Gesagt wurde bereits, dass auch „zufällige" Beobachtungen und Erfahrungen hinzugedacht werden müssen, die dann zur Nachahmung auffordern, also z.B. das bereits genannte Beipiel des Lostretens von Geröll (vgl. Claessens 1993: 63). Darüber hinaus muss aber, so Dieter Claessens, der Horde bzw. dann *der Gruppe* eine besondere Bedeutung zugekommen sein. Zunächst wiederum ungewollt ergeben sich aus dem Zusammensein mehrerer Menschenvorläufer, also hier noch in der Form der Horde, positive Effekte: In der Mehrzahl ergeben sich andere Möglichkeiten zur Verteidigung als für das Einzelwesen, die dann bei entsprechender körperlich-geistiger Voraussetzung be*merkt* und beibehalten werden können. Hugh Miller fand für diesen Zusammenhang den Begriff der „Insulation" und beschrieb damit in Anlehnung an den biologischen Begriff der „Nische", wie sich aus dieser Zufälligkeit bessere Lebensbedingungen ergeben, die den körperlichen Anpassungsdruck zunehmend von den nun geschützteren Lebewesen nehmen.[19] In der Natur gäbe etwa der norddeutsche „Knick" ein Beispiel für eine Nische, in der im Schutze widerstandsfähiger Bäume ein besonderes Klima entsteht, dass dann anderen Pflanzenarten die Möglichkeit zur Ansiedlung gibt, die ohne den Schutz nicht überleben könnten, so Claessens. An einem Beipiel erörtert er:

„In der Tierwelt ist das klassische schon aktivere Insulationsmodell der Schutzring, den Wisente gegen Angreifer dadurch bilden, daß sie sich zu einem Ring mit den Hörnern nach außen aufstellen, in dem Ungehörnte und Schwächere, insbesondere der gefährdete Nachwuchs Schutz finden: Schutz gegen selektive Pression. Wie vorher beim Körperausschaltungsprinzip führt dieses Modell, *soziologisch aktiviert,* über die sich verteidigende Gruppe weiter zum wallgeschützten Dorf, zur Burg und dann zur mauerbewehrten Stadt" (Claessens/Tyradellis 1997: 36, Hervorhebung im Original).

Diese beiden hier skizzierten Organisationsprinzipien zusammengenommen, stellen nun einen Organisationsrahmen, in dem sich der Mensch – relativ gegenüber früheren Entwicklungszeiträumen – immer „luxuriöser" entfalten und entwickeln kann. Die oben erörterten Organisationsprinzipien

19 Siehe dazu Claessens 1993: 60ff., sowie Miller 1964, auf den sich Claessens beruft.

des Reflexes, des Instinktes, der Instinktresiduen, sind notwendige Organisationsformen, sie stellen die adäquaten Organisationsleistungen für Lebewesen, die sich innerhalb einer Umwelt von dieser abgrenzen. Nun werden diese Prinzipien, eben auch das des insofern niemals „biologisch" zu denkenden Körpers, im Schutze der „Insulation gegen selektive Pression" ergänzt, überlagert, in ihrer Bedeutung für das Organismus-Umwelt-Verhältnis reorganisiert, so wie sie schon zuvor ständig ergänzt, überlagert und in ihrer Bedeutung reorganisiert wurden, jeweils den Umweltbedingungen entsprechend, denen sie ausgesetzt waren. Es gibt also von den „einfachsten" Reflexen bis hin zu der abstrakten menschlichen Organisationsform der Insulation eine direkte Linie, ohne Brüche und ohne Notwendigkeit, biologische Kategorien substantialistisch vorauszusetzen, die zu beschreiben sich diese verdinglichenden Kategorien dennoch anbieten. Jedes der hier allein aus analytischer Notwendigkeit heraus zu differenzierende Organisationsprinzipien ist in vielen Millionen Jahren der Evolution auf die jeweiligen Umweltbedingungen des Organismus ausgerichtet. Keines dieser Prinzipien besteht jedoch dabei für sich genommen, alle sind nur in der Wechselwirkung mit einer Vielzahl von Faktoren, die zusammengenommen das Überleben des Organismus gewährleistet haben, letztlich bestehen sie als analytische Formen überhaupt nur für einen Beobachter.

4.4 Die Distanzierung von erster und zweiter Umwelt im Gruppenschutz

Die zunächst zufälligen, dann auf Dauer gestellten „luxurierenden" Bedingungen des Insulationszusammenhanges, also die dauerhafte Sicherung des Gruppenverbundes (anstelle des nur temporären Hordenzusammenhanges), die diese gewährleisten, haben bedeutenden Einfluss auf die Entwicklung des Menschen. Der Mensch ist überhaupt nur analytisch aus diesem Zusammenhang heraus zu denken. Grundlegende Bedingungen seiner Organisation werden von Anfang an im Gruppenschutz gesichert, weshalb ohne Einschränkungen die Gruppe als das „Instinktsystem" (Dieter Claessens) des nun werdenden Menschen genannt werden kann, der „[...] Zusammenhang als ein Ganzer, ein Totales, wird sich in der Psyche der Beteiligten einnisten. Der Gruppenraum und Innenraum erhält – vorbegrifflichen Wertcharakter" (Claessens 1993: 72).

Es soll im Folgenden die Behauptung plausibel begründet werden, dass der in der „[...] erfolgreichen Insulationsgruppe gegebene Wahrnehmungs-, Deutungs-, Bedeutungs-, und Orientierungsrahmen [...]" (ebd.) für den Menschen zu so etwas wie einer *zweiten Umwelt* wird, mit der er sich nun vornehmlich, aber nicht ausschließlich arrangiert. Behauptet wird, dass der

Gruppenzusammenhang eine „zweite" Umwelt von der „ersten" Umwelt des einfacheren Organismus abgrenzt. Dieser Umweltrahmen schützt vor den Einflüssen der ersten Umwelt derart weitgehend, dass sich ganz grundlegende menschliche Formeigenschaften nun vornehmlich im Abgleich mit dieser „inneren" Umwelt entfalten, während der Kontakt zur ersten, „äußeren" Umwelt immer vermittelter wird, sich damit die entscheidende Bedingung für die immer umfassendere Alltagsbildung entwickelt, die später katastrophenträchtig werden wird.

Während der Gruppeninnenraum in kommunikativer Auseinandersetzung aller Beteiligten durchgliedert, geformt, geordnet und immer übersichtlicher gestaltet wird, stellt nun die Gruppe als emergentes „Organ" den „Kontakt" zur ersten Umwelt her, sie übernimmt deren Ordnung und Durchformung für den einzelnen Menschen, entlastet ihn also; sie fordert ihm aber auch neue Leistungen ab, wie noch zu zeigen ist. Dabei gehen die bisherigen formalen Organisationsprinzipien in alle neuen Organisationsformen ein: Alle Veränderung der Umweltwahrnehmung (sowohl der inneren als auch der äußeren) geschieht im Abgleich mit der Notwendigkeit des Erhaltes der bereits erbrachten grundlegenden Organisationsleistungen. Doch kommt zu dem Erhalt des eigenen Organismus nun der Erhalt des Gruppenganzen als gleichrangige Notwendigkeit hinzu. Die Gruppe, die nun zur Voraussetzung des Überlebens des Einzelnen geworden ist, deren Verlassen unweigerlich zum Tode führt, setzt sich wie ein Filter zwischen den Einzelnen und die erste Umwelt. Der Insulationszusammenhang bildet eine Umwelt von ganz anderem „Klima", in dem alles eine andere Tönung erhält. Zunehmend wird dadurch die Gruppe als solche wahrnehmbar, sie gewinnt an Kontur, nimmt selbst Form an, während sie die Kontaktstellen „abpuffert", an denen der einzelne Mensch sich direkt an der ersten Umwelt abarbeitet.

Plausibilisiert wird diese These – dass sich zwei Umwelten voneinander zu unterscheiden beginnen, ohne voneinander getrennt zu sein – und dann die bedeutenden Folgen, die aus dieser Unterscheidung resultieren, zunächst anhand der Beschreibung grundlegender Entwicklungen innerhalb des Gruppenzusammenhanges, also der zweiten Umwelt, anschließend ist dann die Verbindung zu der ersten Umwelt zu beschreiben.

Entwicklung zum Menschen im Schutz der Gruppe: zweite (innere) Umwelt

Der „Mikrokosmos" der Gruppe wird von Anfang an für den Menschen zu einem „Brutofen" (vgl. Claessens 1993: 231), in dem er sich von den Zwängen der körperlichen Anpassung an die erste Umwelt, den „Makrokosmos", relativ befreien und seine gewonnenen Energie- und Aufmerksamkeitsreserven zur Verfeinerung seines Wahrnehmungssystems einsetzen kann. Vom „Brutofen" kann dabei jedoch nicht nur im wörtlichen Sinne gesprochen werden, wenn damit die Möglichkeit der Verlegung der Geburt nach außen, in den nun pazifizierten (Norbert Elias, vgl. 1997b: 19) und zugleich wärmeren Raum (das Feuer kann gemeinschaftlich dauerhaft erhalten werden) bezeichnet wird; dabei ist mit der Möglichkeit zur „extrauterinen Frühzeit" (Adolf Portmann[20]) ein entscheidender Faktor bei der Menschwerdung angesprochen. Brutofen meint auch die komplexeren Folgen und deren Wirkungen derart, dass etwa die nun auf Dauer stellbare soziale Konstruktion „organischer" Unterschiede (z.B. in Form von Kraft- und Größenunterschieden) parallel zur sich verfestigenden Arbeitsteilung[21] weitere Folgen nach sich zieht. Der Nachwuchs kann nun nicht nur in sozialisatorisch eingeengter Offenheit (vgl. Claessens 1993: 231) mit der Welt vertraut gemacht werden und sich damit in der Welt (die eben nun vornehmlich innere Umwelt ist) behüteter und flexibler einrichten. Auch be-

20 Bei Portmann heißt es dazu: „Die Zeit, die der Mensch, als echtes Säugetier aufgefaßt, noch im Mutterleibe verbringen müsste, um eine wirkliche Nestflüchterausbildung zu erhalten, entspricht, wie wir sahen, etwa dem ersten Lebensjahr nach der Geburt. Diese Periode erscheint durch den Gegensatz zu tierischer Norm in einem besonderen Lichte. Wir nennen sie die ‚extra-uterine Frühzeit' [...]" (Portmann 1958: 69).

21 Der hier postulierte Zusammenhang von Arbeitsteilung und sozialer Konstruktion organischer Differenzierungen liegt einfach nahe, doch ist damit nicht die Behauptung verbunden, dass *alle* „körperlichen" Kategorisierungen *allein* Produkt der Differenzierung von Arbeitsverhältnissen entspringen, wie es wohl eine marxistische Theorie annehmen würde. Wieder ist hierzu die ganze Komplexität der Wechselwirkungen zu denken, die auch in die Stabilisierung „körperlicher" Formen hineinspielt. Diese Arbeit vertritt in jedem Fall einen sehr „radikalisierten" konstruktivistischen Standpunkt, wenn damit gemeint ist, dass *jegliche* Form von „Körperlichkeit" das Produkt diskursiver Prozesse ist, es also keine körperliche Differenzierung gibt, die diesen Prozessen außerhalb wären, die diesen vorangingen. Judith Butler (vgl. etwa Butler 2001) hat diese Position wohl am umfassendsten ausgearbeitet und dafür harte Kritik geerntet, die allerdings eher auf (oftmals mutwillige) Missverständnisse zurückzuführen ist, die aber oftmals auch zu Recht auf die Konsequenzen dieser Theorie hinweist, dass nämlich diesem Ansatz zufolge das gesamte humanistische Denken samt seinen Werten mit dieser Theorieanlage negiert und verworfen werden müsste. Butler hat diese Konsequenzen durch ihre Theorie der Performativität zu vermeiden gesucht (eine kritische Aufarbeitung Butlers Theorie der sozialen Konstruktion des Subjektes findet sich bei Hauskeller 2000: 53-152). In dieser Arbeit wird ein Ausweg mit dem Begriff der „symbolischen Form" aufzuzeigen versucht, mit Hilfe dessen substantialisierende Begriffe nicht negiert, sondern beibehalten, aber um ihren symbolischen Gehalt ergänzt gedacht werden können. Vielleicht wäre dafür die Bezeichnung „symbolischer Essentialismus" angebracht.

deutet dieser Strukturwandel die enge Verbindung und die Erfahrung des aufeinander Angewiesenseins mehrerer Gruppenmitglieder untereinander, damit also eine deutliche Anregung aller auf das Soziale gerichteten Wahrnehmungs- und Kommunikationsformen, eine enorme Anregung der gesamten Psyche (vgl. ebd.: 65).

Im Gruppenzusammenhang wächst die Wahrscheinlichkeit, auch zufällig gemachte „Entdeckungen" beizubehalten, sie mit anderen zu teilen und damit in Erinnerung zu behalten. Damit steigert sich die Chance des „Begreifens des ersten Werkzeuges" (vgl. ebd.: 65), was wiederum die Tendenz auf Ablösung vom Anpassungsdruck an die äußeren Rahmenbedingungen, an die erste Umwelt also, verstärkt. Zum einen vergrößert sich damit zunehmend die Distanz zur ersten Umwelt, fundamentale Gefährdungen von außen werden unwahrscheinlicher, so dass man sich nun mit größerer Aufmerksamkeit der zweiten Umwelt zuwenden kann (vgl. Claessens 1970: 84). Die Gruppe formt somit durchaus den Körper, wie ihn die Biologie denkt, sie ist der Grund für die nun mögliche Zurückbildung des Haarwuchses, der unspezialisierten, aber gerade darin *auf alles spezialisierten* Greifhand, der Verbesserung der für spätere Sprache notwendigen Organe usw. Die Gruppe formt aber selbstverständlich den sozialen Körper seiner Mitglieder, „körperliche" *Differenzierungen* werden in ihrer *Bedeutung* erst in diesem sozialen Zusammenhang „konstruiert": Der Unterschied zweier Körpergrößen besteht erst durch die *Fest*stellung dieses Unterschiedes, vermutlich aufgrund beobachteter „Eignungen" zu jeweils bestimmten Tätigkeiten (die also dauernd variieren, entsprechend mag es auch verschiedene Größen jeweils im Bezug auf unterschiedliche Tätigkeiten gegeben haben, z.B. „Klettergröße" etc.), die jedoch, und das ist schon jetzt festzuhalten, zu diesem Zeitpunkt noch nichts mit unserer Vorstellung von körperlicher Größe (i.S. messbarerer Quantitäten) zu tun haben, schon daher, weil es noch keinen Zahlbegriff gibt.

Der Mensch wird also im Gruppenzusammenhang zum Menschen, weil er sich hier Bedingungen ausgesetzt sieht, die nicht mehr vollständig in der Wechselwirkung mit seiner ersten, sondern zunehmend in der Auseinandersetzung mit seiner zweiten Umwelt, der Gruppenwelt gründen: Die selbst geschaffene und durch die Gruppe beeinflussbare „Atmosphäre" stellt sich als zweite Umwelt schützend, aber auch fordernd und strukturierend zwischen den Menschen und die erste Umwelt, die damit für den Einzelnen verblasst, nicht aber für die Gruppe.

Die Wechselwirkung von Mensch, Gruppe und äußerer (erster) Umwelt

Die Gruppe nämlich, die nun zum Mäzen des Menschen geworden ist (vgl. Claessens 1993: 64ff.), muss als zweite Umwelt sich selbst vor den Bedingungen der ersten Umwelt behaupten. Nach außen ist die bedeutende Funktion der Gruppe sicher zu allererst die Schutzfunktion vor Feinden, aber auch vor Hunger und Kälte usw., insgesamt also das Auf-Distanz-Halten der ersten Umwelt mit all ihren deprivierenden Auswirkungen. Das, was zuvor die einfacheren Organisationsformen „organisierten", die Sicherung der Grenze, also des Unterschiedes zwischen Organismus und Umwelt, wird nun in weiten Teilen durch die Gruppe übernommen. Doch gibt der Einzelne nicht einfach Aufgaben an die Gruppe ab, es wäre unterkomplex hier im Sinne von Subtraktion und Addition zu denken, vielmehr verändert sich der gesamte Organisationshaushalt des Einzelnen wie der der Gruppe:

> „Die Grenze, die die von uns gemeinte Gruppe um sich legt, hat eine neue, qualitativ andere Bedeutung. Hierzu muß auf den Begriff der ‚Souveränität' übergegangen werden. Wird Souveränität erst einmal als Herrschaft über den eigenen Körper verstanden, so muß eine solche Souveränität für jedes Lebewesen direkt oder indirekt unterstellt werden" (ebd.: 84f.).

Hatte zuvor der Einzelne die Gewalt über sich, da er seine eigene Grenze sicherte, übernimmt nun die Gruppe die Gewalt über den Gruppenkörper, sie wird selbst „souverän". Also muss auch die Gruppensouveränität gesichert werden: Wie das Tier durch Flucht muss die Gruppe durch Distanzierungstechniken, vermutlich insbesondere zunehmend durch Waffen, ihre Souveränität wahren – Techniken, die zu entwickeln einem Einzelnen nicht möglich gewesen wären, die sich also vollständig dem Gruppenganzen verdanken.

Neben die Tätigkeit des Suchens nach geeigneten Distanzierungswerkzeugen tritt in der souveränen Gruppe die Kommunikation unter den Gruppenmitgliedern über diese Formen der Verteidigung gegen das Einbrechen der ersten in den geschützten Raum der zweiten Umwelt. Dabei müssen jedoch die uns gängigen Kategorien des Zweck-Mittel-Denkens grundlegend anders gedacht werden, etwa in der Weise, dass der Einsatz von Steinen oder Speeren ebenso selbstverständlich mit dem Versuch „magischer" Beeinflussung der Feinde oder aber auch einfach der bedrohlichen Umwelt (der „Natur" des modernen Denkens, also Gewitter, Fluten, Erdbeben usw.) einherging. Alle Formen der Organisation fließen also auch auf der Ebene des Gruppenschutzes nach wie vor ineinander, sie bestehen niemals für sich, sondern entstehen in jeder Situation aufs Neue, das Ganze neu arrangierend; im Grunde fließt der Einzelne und das Gruppenganze ineinander, sie lassen sich nur analytisch voneinander trennen: Ohne den Einzelnen wäre die Gruppe nicht mehr dieselbe Gruppe und ohne die Gruppe wäre der Einzelne nicht überlebensfähig. Auch der Bedeutungszuwachs der Kommunikation fügt sich in das Formensystem ein, doch gehen daraus allmählich besondere Formen hervor, heben sich einige Formen als besonders bedeutungsvoll von anderen immer dauerhafter ab.

„Damit beginnt die Gruppe immer ausdrücklicher und bewußter für die Erhaltung ihrer Souveränität tätig zu sein, beginnt ein Bewußtsein dafür zu entwickeln. Dieses Bewußtsein ist selbstverständlich nicht ein reflektierendes, es ist aber ein strukturierendes. Das Hauptelement, das hier interessiert, ist, *daß ein Bewußtsein der Abhängigkeit vom souveränen Funktionieren der Gruppe entsteht!*" (ebd.: 86, Hervorhebung im Original).

Die Gruppe habe, so Claessens, zwar kein Bewusstsein von ihrem Tun, dennoch zielen „[...] die gesamten Prozesse der gegenseitigen Selbstdarstellung der Mitglieder, der gegenseitigen Investition, des Sicheinigens auf Kooperation, der Homogenisierung des Gruppenklimas darauf, der Gruppe [...] nach innen und nach außen Identität, und das heißt auch Souveränität zu verschaffen" (ebd.: 87). Der in der Gruppe aufgehobene Mensch spürt die Notwendigkeit der Aufrechterhaltung der Gruppensouveränität und setzt sich für sie ein, wie er sich für den Schutz seines eigenen Körpers einsetzt, die Gruppe ist Teil seiner selbst. Der Einsatz für das Gruppenganze erfolgt also gleichsam „instinktiv", die durch die Gruppe hindurchgehende Beziehung auf die erste Umwelt bleibt wie zuvor strukturell, also vorbewusst verankert, doch nun unter dem Vorzeichen des Gruppenhandelns. Das Geflecht der vorhandenen Organisatoren verändert sich stets nur in dem Maße, wie zugleich der Schutz des Gruppenganzen gewährleistet ist. Es gilt das Prinzip, dass Gruppen, die diesen Schutz nicht aufrechterhalten, untergehen. Das Gesamt der Organisationsformen trägt in sich die adäquaten Formen des Umgangs mit der sich ihnen gegenüberstellenden Umwelt. Umwelt und Gruppe bzw. Mensch bilden nach wie vor in ihrer gleichzeitigen Veränderung die jeweils aufeinander abgestimmten Formen aus, die im einen Fall das Fortbestehen der Gruppe gewährleisten und im anderen deren Untergang zur Folge haben, während die Fortbestehenden die Chance haben, ihre Organisationsform weiter der sich wandelnden Umwelt anzupassen, sich dieser zugleich weiter zu „öffnen".

Es gilt also an dieser Stelle festzuhalten, dass das Gruppenganze besondere Formen der Abstimmung mit der äußeren Umwelt hervorbringt, wie es dem Menschen nach innen besondere Entwicklungen und „Techniken" der Anpassung an die innere und die äußere Umwelt abverlangt. Gruppe und

Einzelmensch entwickeln ihre jeweiligen Techniken in Wechselwirkung miteinander, jede komplexere Gestaltung des Gruppenlebens kann nur bei synchroner Entwicklung adäquater Formen der Abstimmung dieses Lebens mit den Notwendigkeiten des Erhaltes des Gesamtzusammenhanges von Dauer sein. Alle diese Organisationsleistungen werden auf Gruppenniveau ebenso erbracht, wie sie auf dem Niveau des Instinktsystems erbracht wurden. Für die gesamte Zeit, von der hier bislang gesprochen wurde, ist nach meinen Vorstellungen beim hier besprochenen Menschen kein „Bewusstsein“ von diesen Zusammenhängen anzunehmen, und doch entsprachen die Organisationskompetenzen den immer komplexer werdenden Organisationsnotwendigkeiten über die gesamte Zeit hinweg.

Dieses „Phänomen“, dass sich immer komplexere Formen im Wechselspiel miteinander herausbilden, die der moderne Beobachter wie für sich bestehende „Komponenten“ begreift, die aber allesamt wie ein einziger Organismus das Fortbestehen des nun allmählich gesellschaftlichen Zusammenhanges gewährleisten, wird nun verstärkt Thema dieser Arbeit sein. Um es untersuchen zu können, muss der Prozess der Stabilisierung von komplexeren Organisationsformen und der gleichzeitigen Vereinfachung und Steigerung der Komplexität menschlicher Wahrnehmungsformen zusammen betrachtet werden. Es ist grundlegend der Prozess der Ausdifferenzierung und Stabilisierung von Formen zu untersuchen, die dem Menschen den Erhalt seiner Grenze gegenüber der Umwelt und zugleich eine weitere Öffnung gegenüber der sich in diesem Zuge stets wandelnden Umwelt erlauben.

4.5 Zwischenfazit

Die Katastrophe wurde oben mit Clausens makrosoziologischem Modell (FAKKEL) als sozialer Prozess begriffen, in dessen Verlauf sich immer umfassendere Erwartungsverflechtungen, bzw. mit Charles Perrow: Kopplungen bilden, die schließlich radikal in Frage gestellt werden, als Prozess also, an dessen Ende im Extremfall die Form (hier die des Menschen oder die Form von Gesellschaften) ihre Grenze gegenüber ihrer Umwelt nicht länger zu sichern vermag. Scheitern ist normal, so die Annahme, die dieser Arbeit mit Hans-Carl Jongebloed vorangestellt wurde, die Katastrophe aber ist Scheitern auf höchstem Niveau, insgesamt unwahrscheinlich. Die Ursachen dieses entsetzlichen Scheiterns sind, das ergaben ebenfalls die vorangestellten Überlegungen zur Katastrophe, in der Form der Verflechtungen zu suchen (eben nicht in einem „natürlichen Auslöser“), in der Alltagsbildung, dem sukzessiven Verblassen realer Komplexität. Gesellschaften sind, so ein weiteres Ergebnis des zweiten Gliederungspunktes, multistabile Ökosysteme. Es ergab sich daher die die weitere Arbeit leitende Frage, wie es ihnen in unterschiedlichsten Umwelten gelingen konnte, gerade ohne rationale Steuerung längere Erwartungszusammenhänge zu stabilisieren, also bereits ein hohes Maß an relativer Ordnung, an „Alltag", aufzubauen, ohne längst und endgültig katastrophal untergegangen zu sein, das Scheitern also in einem Bereich zu halten, der nicht den gänzlichen Zusammenbruch der Form/Umwelt-Unterscheidung zur Folge hatte. Auch im anschließenden Gliederungspunkt stand das Verhältnis der Form zu ihrer Umwelt im Zentrum des Interesses, nun das der Form des Menschen zu seiner jeweils spezifischen Umwelt. Entlang des Werkes Helmuth Plessners konnte ein Bild des Menschen als Wechselwirkungsphänomen, das sich selbst und seine Umwelt erst durch die Realisierung der Grenze zur Umwelt hervorbringt, skizziert und den weiteren Ausführungen heuristisch vorangestellt werden. Dieser konstruktivistische Gedanke, dass es weder die Form, noch die Umwelt irgendwie objektiv gäbe, sondern beide das Resultat eines Wechselwirkungszusammenhanges sind, ist für die gesamte Argumentation ebenso grundlegend wie die Annahme, dass dieser Gedanke auf *alle* Formen übertragbar ist, die als solche wiederum nicht objektiv, sondern allein für einen Beobachter als von einer Umwelt geschiedene Bedeutungsträger – als solche allerdings durchaus real – bestehen.

Entsprechend dieser Annahmen wurden im vierten Gliederungspunkt grundlegende anthropologische Kategorien „symmetrisiert", also als begriffliche Formen reinterpretiert, mit denen ein Beobachter durch und durch dynamische, systemisch gewachsene und niemals klar bestimmbare Verflechtungszusammenhänge mit notwendiger Weise vergegenständlichenden, systematisierenden Termini beschreibt; begriffliche Formen, die terminologisch fixiert dem Menschen die moderne wissenschaftliche Auseinandersetzung und die Kommunikation über Welt erst erlauben, die für ihn in diesem Sinne auch längst „objektiv" lebensnotwendig sind, die seine Form des „In-der-Welt-Seins" ermöglichen, ohne dass diese Formen doch „real" zu existieren bräuchten. In *gewisser* Hinsicht vergegenständlichende Begriffe sind ganz generell die Weise des Menschen, sich mit der Welt auseinanderzusetzen, doch kommt es entscheidend darauf an, diese Vergegenständlichung nicht zu verabsolutieren, sondern sich stets über den Behelfscharakter dieser Vergegenständlichung von etwas *an sich Unbestimmten* gewahr zu bleiben, ansonsten wird sie zur *Verdinglichung* – es kommt dann zu Fehlschlüssen, letztlich ist diese Verdinglichung gar, wie allerdings erst noch detaillierter zu besprechen ist, die Bedingung für umfassende, ganze Kulturen gefährdende Katastrophen. Dieser insgesamt unbestimmte und doch bedeutungsvolle Charakter anthropologischer Begriffe musste ausführlich den anschließenden Erörterungen vorangestellt werden, um die weiteren Argumentationsschritte zumindest im Rahmen der hier gegebenen Möglichkeiten zu rechtfertigen; dazu musste nämlich die Problematik in Kauf genommen werden, dass der zur Thesengenerierung notwendige Rückgriff auf eine anthropologische Rekonstruktion der Menschheitsgenese hier nicht frei sein kann von biologistischen Voranahmen und funktionalistischen Ausdrucksweisen, die besser im Detail hätten kritisiert werden müssen, was andererseits noch stärker vom eigentlichen Thema weggeführt hätte.

Es bedurfte für die weitere Argumentation der Skizze grundlegender Formen, die dem frühen Menschen als Bedingungen bereits gegeben waren, als die Gruppe sich als Schutz um den einzelnen Menschen herum zu stabilisieren begann; nur vor dem mit Hilfe dieser Kategorien skizzierten Bild von der Entwicklung des Menschen und der Bedeutung, die dem Gruppenschutz dann zuwächst, kann die eigentliche Hauptthese dieser Arbeit formuliert und begründet werden. In der Gruppe wird der entscheidende Faktor für die weitere Entwicklung hin zum modernen Menschen gesehen, sie musste dazu aber als „ganz normaler“ Organisator unter anderen hergeleitet werden, als bedeutendes Organisationsprinzip, das sich doch nicht qualitativ, d.h. durch einen Bruch, einen Hiatus von anderen Organisationsformen (besonders kontrastierend: Instinkt, Reflex usw.) unterscheidet. Die Gruppe wirkt wie eine zweite, innere Umwelt, sie stellt einen Mikrokosmos, in dem der einzelne Mensch vor den Einflüssen der ersten Umwelt weitgehend geschützt ist. Dieser Schutz bedeutet, wie noch detaillierter zu besprechen ist, umfassende „Beruhigung“ der Wahrnehmungswelt; er bedeutet aber nicht, dass irgendeine Form innerhalb der zweiten Umwelt den Kontakt zur ersten gänzlich verlöre. Nach wie vor bleiben alle Formen systemisch miteinander „verzahnt“, nichts kann sich innerhalb dieses Formensystems verändern, ohne dass sich das gesamte System der den Menschen organisierenden Formen veränderte. Mit anderen Worten: Jeder Wandel, der innerhalb der *ersten* Umwelt beobachtet wird, führt zum Wandel *aller* Formen, auch jener, die sich im Schutze der Gruppe herausbilden und über längere Zeiträume erhalten, nur wird der Wandlungsdruck nun durch die Gruppe vermittelt und dabei gewissermaßen „gedämpft“. Innerhalb dieses Schutzes entstehen luxuriösere Bedingungen, ein günstigeres Klima, in dem sich nun all jene Formen herauskristallisieren können, die auch den Menschen in seiner modernen Form noch strukturieren.

Hieraus lassen sich nun bereits wieder Überlegungen ableiten, die unmittelbar an die Ausführungen in den vorangegangenen Gliederungspunkten anschließen und an die dann im weiteren Verlauf der Argumentation wieder anzuschließen ist. Der Mensch nimmt seine Umwelt so wahr, wie er gemäß der in der Wechselwirkung mit dieser Umwelt entwickelten Fähigkeiten Umwelt wahrnehmen kann. Alle Formen, die sich in dieser Wechselwirkung herausgebildet haben, sind seit jeher auf den Erhalt der Unterscheidung von Form und Umwelt, der Plessner'schen Grenze, ausgerichtet, sie sind so strukturiert, und sie strukturieren den Menschen und schließlich Gesellschaften derart, dass sie sich jeweils in adäquaten Umwelten vorfinden, in denen ihr Überleben wahrscheinlich ist.[22] Gesellschaften bringen ihre Umwelten und Umwelten ihre Gesellschaften aufeinander abgestimmt hervor, das ist „normale Evolution". Bedingung für dieses wechselseitige aufeinander abstimmen ist allerdings, dass alle Formen (mehr oder weniger) *dynamisch* bleiben, dass die Gestalt des Ganzen *veränderbar* bleibt. Moderne Gesellschaften aber scheinen immer schlechter auf ihre Umwelt abgestimmt, wenn Katastrophen als Symbol für die Realfalsifikation dieses Abgestimmtseins gedeutet werden. Wie aber ist es überhaupt möglich, dass Gesellschaften *nicht* auf ihre Umwelt abgestimmt sind?

Diese Arbeit beobachtet, sie geht also davon aus, dass es Beobachter gibt und Beobachter unterscheiden. Behauptet wird, dass einfachere Organismen, wie auch der Mensch, darauf angewiesen sind, zwischen mehr oder weniger Bedeutungsvollem zu unterscheiden. Zu unterscheiden meint aber nicht: separieren, etwas gänzlich voneinander trennen, scharfe Grenzlinien zu ziehen, die Verbindung zwischen dem einen und dem anderen zu trennen. Diese Bedeutung von Unterscheiden kennt nur der *moderne* Beobachter. Bis an die Moderne heran dominierte die Erfahrung des Flusses, der Bewegung, der Undurchschaubarkeit von Welt. Erst der moderne Beobachter stellt seine Unterscheidungen auf absolute Dauer, er löst das Unterschiedene vollständig aus seinem Zusammenhang und verkoppelt es instrumentell mit anderem, während er die Historizität seiner Unterscheidungen vergisst. Er gewinnt den Eindruck, Welt sei unabhängig seiner selbst real existent und hochgradig stabil.

Wenn aber der Eindruck von Stabilität zur gesamtgesellschaftlichen Grunderfahrung geworden und dagegen die Prozessualität erklärungsbedürftig ist, werden die „natürlichen" Abstimmungsprozesse zwischen Um-

22 Damit hat Plessner im Grunde den dem Habituskonzept Pierre Bourdieus zugrunde liegenden Gedanken vorweg genommen. Der Habitus sorgt stets dafür, dass der Mensch für diejenigen Situationen, in denen er sich in der Regel vorfindet, über die jeweils mehr oder weniger adäquaten Verhaltensrepertoires (Bourdieu spricht von Wahrnehmungs-, Denk-, Handlungs- und Bewertungsschemata) verfügt, die er wiederum in eben jenen Situationen sozialisatorisch vermittelt bekam, in denen sich aufzuhalten für ihn „normal" ist. Selbst noch für Situationen, für die der Habitus nicht optimal vorbereitet ist und vorbereitet hat, schafft er doch nachträglich noch angemessene Rechtfertigungen, „coping-Strategien" also, die die aufgetretenen Dissonanzen im Nachhinein erklären, nach der Art: „Mit denen wollte man ohnehin nie etwas zu tun haben, bei denen das eigene Verhalten gerade unglücklich aufgestoßen ist". Es gibt also im eigentlichen Sinne überhaupt keine Dissonanz, die Situation ist immer die richtige, Ausnahmen sind – wenn überhaupt – nur pathologisch erklärbar (zum Habituskonzept vgl. bspw. Bourdieu 1996: insbes. 277-354 und Bourdieu 1993: insbes. 97-121).

welt und Gesellschaft, die selbst als zwei voneinander kategorisch geschiedene Bereiche beobachtet werden, immer unwahrscheinlicher. Man beginnt dann, sich auf die Invarianz von insgesamt fragilen Zusammenhängen mehr und mehr zu verlassen; man vergisst, welch komplexe Bedingungen den sich mehr und mehr verfestigenden Erwartungszusammenhängen zugrunde liegen, Bedingungen, die doch ständig reproduziert werden müssen um die hochgradig voraussetzungsvolle Stabilität in einem Spannungsgleichgewicht zu halten. Ganze Gesellschaften meinen dann, sich selbst rational steuern zu können oder ihre Steuerung *einzelnen*, doch ebenfalls stets historischen und damit sich ständig verändernden Instanzen („der kritischen Vernunft", oder „dem Markt") überlassen zu können, die von den Einflüssen anderer gesellschaftlicher (Selbst-)Steuerungskräfte zu befreien seien. Ganze Gesellschaften beobachten dann einen Teil ihrer Umwelt als objektiv existent und insgesamt unveränderlich und negieren alle Erfahrungen, die sie nicht mit denselben rationalen Begriffen zu begreifen vermögen; so verlieren sie immer mehr das Gefühl dafür, dass ihre Begriffe nicht sind, was sie zu sein scheinen. Mit anderen Worten: Die Alltagsbildung wird umfassend und die Katastrophe sukzessive wahrscheinlicher, bis hin zur Möglichkeit des Untergangs der gesamten Gattung.

Im Folgenden wird also die These zu begründen sein, dass es einen Unterschied gibt zwischen der Weise, wie ein vormoderner Mensch unterschied und der Weise, wie der moderne Mensch unterscheidet. Es wird gezeigt werden, dass sämtliche organischen Formen immer schon zwischen Wahrnehmungen differenzieren, dass aber der Eindruck von real existierender Konstanz irgendwelcher Formen außerhalb des Beobachtungszusammenhanges ein vollkommen unwahrscheinliches und hochgradig voraussetzungsvolles Geistesprodukt ist, ein Geistesprodukt, das am Anfang der Moderne steht und diese erst begründete.

Die Begründung dieser These ist im folgenden Teil der Arbeit entlang bedeutender Formen der Sicherung der Grenze zwischen Form und Umwelt vorzubereiten; denn um schließlich die Unwahrscheinlichkeit des modernen Denkens darstellen zu können, bedarf es vorab der weiteren symmetrischen Rekonstruktion der Soziogenese des Menschen und seiner Formen der Auseinandersetzung mit Welt bis an die „Neuzeit" (Ferdinand Tönnies, vgl. 1998) heran, ohne dass dabei das scharfe, analytische Trennen, das die Vormoderne nicht kannte, in die vormodernen Kategorien hineingedacht werden dürfte. Die Begriffe und Kategorien der klassischen Anthropologie sind schon Produkt modernen Denkens, sie tendieren dazu, Formen als sozio-kulturell unabhängig, als den sozialen und historischen Bedingungen objektiv zugrunde liegend zu beschreiben, wenn etwa von „dem Werkzeug" oder „der Sprache", „der Zeit" oder „dem Raum", „den Verwandtschaftssystemen" oder „der Macht" die Rede ist. Derart begriffen sind sie gerade nicht geeignet, das moderne Denken genealogisch herzuleiten. Diese Formen dürfen deshalb aber nicht verworfen werden, ihre Bedeutung für die wissenschaftliche Auseinandersetzung ist festzuhalten, ohne sie jedoch festzuschreiben. Die Annahme kontextunabhängiger Kategorien ist eine einmalige Besonderheit des okzidentalen wissenschaftlichen Denkens, dieses Paradigma ist insgesamt defizitär und letztlich katastrophenträchtig. Es zu verwerfen, hätte allerdings ebenfalls katastrophale Konsequenzen, die Antwort muss also in einem Dritten gefunden werden. Dieses Dritte markiert, wie bereits angedeutet, der Terminus „symbolisch", der allen Kategorien ihren Bedeutungsüberschuss zurück verleiht, der nur im abstrakten wissenschaftlichen Denken, nirgendwo sonst, den Kategorien genommen wurde. Diese Dimension des Symbolischen ist nun detaillierter zu erörtern.

5. Die symbolische Formung der Welt

Nach den bisherigen Ausführungen ist bereits klar, dass auch die Beschreibung des nunmehr im engeren Sinne sozialen Daseins des Menschen Schwierigkeiten hervorruft. Notwendigerweise muss der zu behandelnde *vorbegriffliche* Zusammenhang weiterhin mit Begriffen beschrieben werden. Unterschiede in der Umwelt des Menschen, die für den modernen Beobachter zur Bedingung seines Denkens überhaupt *geworden* sind, sollen hier in ihrem Entstehen „erschlossen" werden. Der frühe Mensch verfügt weder über Kategorien wie Raum und Zeit, noch hat er, davon wird hier zumindest ausgegangen, ein gegenständliches Bewusstsein. Kein „Ding" ist ihm gegeben, ein Baum steht ihm nicht als Baum gegenüber, sondern vielleicht als Schattenspender, ohne dass er den *Baum* von der Eigenschaft des Schattens oder der darin verringerten Temperatur *kategorisch* unterscheiden würde; diese Art zu unterscheiden ist vermutlich aristotelisch, dem frühen Menschen war sie fremd.[1] Die Erfahrung des Bedürfnisses „Kühlung" und die Erfahrung des kühlen Platzes wird zusammen mit anderen Merkmalen allerdings im Menschen eine „Spur" als bedeutungsvoller Zusammenhang hinterlassen. Allmählich formt sich so die Welt des Menschen, der selbst unterdessen erst wird, allmählich treten einige Formen über längere Zeiträume hinweg aus ihrem Hintergrund hervor, in den sie doch weiterhin eingebunden bleiben; der Mensch zieht also Grenzen, die doch nichts voneinander trennen, die vielmehr „schöpfen", wo ohne Grenzen nichts ist.

1 Diese Unterscheidung wird für den okzidentalen Kulturkreis durch Aristoteles in seiner Kategorien-Schrift als erste Substanz (für sich seiend) und als zweite Substanz (als einer ersten Substanz als Eigenschaft zukommend) zumindest schriftlich fixiert (vgl. Thiel 2004: insbes. 67), ob sie ursprünglich auf ihn zurückgeht, lässt sich selbstverständlich nicht sicher sagen.

Insbesondere Ernst Cassirer hat in seinem dreibändigen Werk zu einer „Philosophie der symbolischen Formen“ diesen „evolutionären“ Aufbau der Welt bedeutungsvoller Formen beschrieben:

„Nicht dies ist der Anfang des Denkens und Sprechens, daß irgendwelche in der Empfindung oder Anschauung gegebene Unterschiede einfach erfaßt und benannt, sondern daß bestimmte Grenzlinien selbständig gezogen, bestimmte Trennungen und Verknüpfungen vorgenommen werden, kraft deren sich nun aus der fließend immer gleichen Reihe des Bewußtseins [...] Einzelgestalten herausheben“ (Cassirer 1953a: 251).[2]

Alles *Gegebene ist* nur in dem Sinne, als dass es durch grundlegende Erfahrungsakte *geformt* ist. Dabei ist keiner dieser „Akte“ ein Ding für sich, alle Hervorhebungen bleiben in dem Akt ihrer Hervorhebung in die sie umgebenden bedeutungsvollen, relativ stabilisierten Hervorhebungen ein- so wie an den ursprünglichen Akt ihrer Formung angebunden.

„Immer muß das ‚Gegebene' schon in einer bestimmten *‚Hinsicht'* genommen und *sub specie* dieser Hinsicht erfaßt sein: denn sie erst ist es, die ihm seinen ‚Sinn‘ verleiht. Dieser Sinn ist hierbei weder als sekundär-begriffliche, noch als assoziative *Zutat* zu verstehen: sondern er ist der schlichte Sinn der ursprünglichen *Anschauung* selbst“ (Cassirer 1975: 156, Hervorhebungen im Original gesperrt, „sub specie“ im Original kursiv).

Deshalb erhält keine derart hervorgehobene Form einen Dingcharakter, der Eigenschaftsmerkmale zukämen. Nicht einmal die anschauende Form selbst, in moderner Terminologie also der Beobachter, weist einen festen Punkt aus, von dem aus Äußeres als ein Ding mit spezifischen Eigenschaften erfasst werden könnte: „In dem Augenblick, wo wir von einer Form der ‚Sicht‘ in eine andere übertreten, erfährt nicht etwa nur ein einzelner *Moment* der Anschauung, sondern diese selbst in ihrer *Totalität*, in ihrer ungebrochenen Einheit, eine charakteristische Metamorphose“ (ebd.: 156,

2 An anderer Stelle sagt Cassirer: „Allgemein müssen wir uns deutlich machen, daß die Begriffe des ‚Subjekts‘ und ‚Objekts‘, mit denen insbesondere die psychologische Theorie der Erkenntnis als festen Ausgangspunkten zu operieren pflegt, selbst kein gegebener und selbstverständlicher *Besitz* des Denkens sind [...]. Nicht derart schreitet der Prozeß des Wissens fort, daß der Geist, als ein fertiges Sein, die äußere, ihm entgegenstehende und gleichfalls in sich geschlossene Wirklichkeit nur in Besitz zu nehmen hätte [...]. Vielmehr gestaltet sich der Begriff des ‚Ich‘ sowohl wie der des Gegenstandes erst an dem Fortschritt der wissenschaftlichen Erfahrung und unterliegt mit ihm den gleichen inneren Wandlungen“ (Cassirer 1993b: 181, Hervorhebung im Original).

Hervorhebungen im Original gesperrt). Weder der „Beobachter" noch seine Umwelt sind „bestimmt".

Das „mythische Denken" kennt keine Bestimmtheit, das moderne Denken dagegen grenzt Formen scharf voneinander ab. Mit der Stabilisierung der Gruppe und der damit gegebenen Möglichkeit der Stabilisierung der grundlegenden Unterscheidung von erster und zweiter Umwelt ist ein entscheidender Schritt bereits beschrieben, an den nunmehr angeschlossen werden kann, ein Schritt, der von entscheidender Bedeutung für die Entwicklung hin zum Denken in bestimmten, dinglichen Formen ist, dessen Genealogie hier versucht wird.

Zunächst sind mit der Stabilisierung des Gruppenschutzes wesentliche Bedingungen gegeben, unter denen sich der Mensch als Mensch und die Gruppe als Gruppe und beide Formen die erste Umwelt als eigenständige, allerdings weiterhin unbestimmte Form entdecken können. Es entwickeln sich, wie im Folgenden gezeigt wird, im Schutz der zweiten Umwelt Formen, wie das Werkzeug und die Sprache, die selbst die weitere Durchgliederung der Wahrnehmungswelt beschleunigen. Das Werkzeug und die Sprache sind zunächst Formen wie alle anderen. Wie alle oben beschriebenen Organisationsformen sind sie also auch dynamisch eingebunden in das Formenganze, aus dem sie sich erst langsam herausheben, aus dem heraus sie sich für einen Beobachter allmählich stabilisieren. Entsprechend wirkt auch durch sie hindurch der „Auftrag zum Überleben", das oberste Anliegen, die Unterscheidung von Form und Umwelt zu sichern – nun bezieht sich dieser „Auftrag" allerdings bereits primär auf die Unterscheidung von *Gruppe* und erster Umwelt, denn die Gruppe ist inzwischen zu einem eigenen „Organismus" mit emergenten Organisationsanforderungen und -Formen geworden, sie ist für alle ihre Mitglieder überlebensnotwendig.

Dann entdeckt der Mensch in seiner Umwelt immer *umfassendere* Formen, die er (wie alle anderen Formen auch) selbst in sie „hineingeformt" hat,[3] Formen, die bis zum modernen Menschen hin zu „natürlichen" Formen erstarren, scheinbar unveränderlich alles andere strukturierend, wie z.B. den Raum, die Zeit oder das Bewusstsein. Verwandtschaftsbeziehungen und Macht nannte Max Scheler „Realfaktoren", die nach dem Vorbild des Marxschen Basis-Überbau-Modells die „Idealfaktoren" regulieren. Für Scheler hatten *diese* „realen" Formen keine sozio-kulturellen Ursachen, sie übten aber prägenden Einfluss auf die sich über ihnen erhebenden soziokulturellen Formen, die *Ideal*faktoren, aus (vgl. Scheler 1960: insbes. 17-

3 So, wie oben gezeigt, Helmuth Plessner (vgl. Gliederungspunkt 3.2), aber auch Arnold Gehlen (vgl. Gehlen 1970: 21).

51).[4] Die vorliegende Arbeit versucht, auch diese Formen als eingebunden in einen Zusammenhang in ihrem ebenfalls sozio-kulturellen, historischen Charakter zu reformulieren, um weitere bedeutende Formen ergänzt, die als Techniken der Reduktion und Eröffnung von Komplexität noch in modernen Gesellschaften eine bedeutende Rolle spielen. Alle diese in diesem Gliederungspunkt zu besprechenden Formen entwickeln sich aus dem Bestand der bereits stabilisierten Organisationsleistungen, der residualen Verhaltensdispositionen heraus. Das Ziel dieses Gliederungspunktes ist es, anhand dieser Kategorien exemplarisch vorzuführen, dass alle Formen immer schon die relative Stabilität und zugleich die notwendige Flexibilität des Gruppenganzen und des in dessen Schutz aufgehobenen Menschen sichern, dass sie also fortführen, was immer schon zentrale Bedingung der Form war: den Erhalt der Grenze zur Umwelt zu sichern. Dies gelingt gerade dadurch, dass es zwischen Formen keine tatsächlichen Grenzen i.S. scharfer Unterscheidungen gibt.

Mit dieser so skizzierten „Theorie der Formung der Welt“ kann schließlich die Frage einer Beantwortung zugeführt werden, warum sich die Moderne zunehmend mit Katastrophen – gleichgültig ob Beobachterphänomen oder real – konfrontiert sieht. Es gilt dabei, ganz grundlegend und theoretisch aufgearbeitet, zu zeigen, dass bis an die Schwelle zur modernen Wissenschaft heran alle von einem Beobachter aus ihrem Hintergrund hervorgehobenen Formen eingebunden blieben in einen übergreifenden Zusammenhang, sie somit niemals bloß für sich standen, wie die modernen objektivistischen Kategorien und Formen nur mehr für sich stehend genommen werden. Dieses Für-sich-Nehmen der Formen ist die entscheidende Bedingung der Katastrophe, die Katastrophe falsifiziert dieses Aus-dem-Zusammenhang-Lösen von Formen, sowohl der analytisch-begrifflichen, als auch der technisch-instrumentellen. So wird gezeigt, dass die Unterscheidung von wissenschaftlichem Begriff und instrumenteller Technik selbst erst mit dem Für-sich-Nehmen von Formen möglich wird. Noch bis weit in das zweite nachchristliche Jahrtausend (dies wird im anschließenden Gliederungspunkt detailliert begründet) blieben beide Formen, die des Begriffs und die der Technik, eingebunden in ihren systemischen Zusammenhang, waren beide Formen Techniken im allgemeineren Sinne, nämlich Techniken der relativen Stabilisierung bei gleichzeitiger Sicherung der

4 Realfaktoren sind für Scheler im Wesentlichen jene Motivationskräfte, die sich aus den menschlichen „Haupttrieben“, dem „Nahrungs-, Geschlechts- und Machttrieb“ speisen. Ihre Befriedigung gestalte sich kulturell in der Wirtschaft, den Fortpflanzungs- und Abstammungsinstitutionen und der Herrschaft aus (vgl. ebd., auch Oldemeyer 2000: 325 sowie Berger/Luckmann 1996: 8f.).

notwendigen Flexibilität der menschlichen Form gegenüber ihrer Umwelt, Überlebenstechniken der menschlichen Form also.

Der hier nun weiter zu entwickelnde Erklärungsansatz greift ganz wesentlich auf die „Philosophie der symbolischen Formen" Ernst Cassirers zurück, er übernimmt nicht zuletzt seinen zentralen Begriff, doch modifiziert er seine „Philosophie" ebenso wesentlich,[5] so dass eine deutliche Abgrenzung erforderlich ist. Vorab ist daher in aller Kürze das Erkenntnisinteresse darzustellen, das Cassirer mit der Philosophie der symbolischen Formen verfolgte, um dann, in der kritischen Kontrastierung zum Gehlen'schen Institutionenbegriff, eine eigene Definition der Kategorie der „symbolischen Form" vorzuschlagen. Dann können vor diesem Hintergrund wesentliche Formen besprochen werden, die noch der Wahrnehmungswelt des modernen Menschen prägend zugrunde liegen.

5.1 Vorab: Das Erkenntnisinteresse der Philosophie der symbolischen Formen Ernst Cassirers

Cassirer hatte mit seinen Arbeiten zur Philosophie der symbolischen Formen die transzendentale Fragestellung Kants aufgenommen, diese jedoch gänzlich neu ausgerichtet. Für Cassirer war die Frage nach den Bedingungen der Möglichkeit von Erfahrung nur über die Untersuchung der Frage nach den Bedingungen der Möglichkeit von *Bedeutung* zu klären. Bedeutung wird zum Schlüsselbegriff, mit dessen Hilfe die Begriffe von „Erkenntnis" und „Wahrheit" relativiert werden. Wahrheit und Erkenntnis verlieren ihren Status als alleinige Fixpunkte wissenschaftlicher Fragestellung, sie werden zu bedeutsamen und fundamentalen Sonderfällen des „allgemeinen Bedeutungsproblems" unter anderen (vgl. Graeser 1994: 29). Deshalb sei jedoch Objektivität als Kriterium wissenschaftlicher Erkenntnis nicht zu verwerfen, vielmehr zielt die Philosophie der symbolischen Formen darauf, das Objektivitätsproblem in die umfassendere Frage nach der Bedeutung *einzugliedern* (vgl. Cassirer 1993b: 136).[6] Die Bedeutung einzelner Anschauungen und Ausdrücke, Wahrnehmungen und Erfahrungen

---

5 In gewisser Hinsicht führt diese Arbeit auch eine – in der Philosophie der symbolischen Formen Cassirers nicht explizit ausgestaltete, jedoch bereits wesentlich „vorgeformte" – Evolutionstheorie der symbolischen Formen fort (vgl. dazu Bickel 2003: 112).

6 „Die Frage nach der „Objektivität der ‚Dinge' […] ist näher betrachtet nichts anderes als ein Korollar zu der systematisch weit umfassenderen Frage nach der Objektivität der ‚Bedeutung'", so Cassirer an selber Stelle.

ließe sich nur dann „objektiv" bestimmen, wenn man sie jeweils relational zu den Systemen fest gefügter Bedingungen verstehe, aus denen heraus sie ihren Sinn erhalten. Außerhalb dieser Bezugsrahmen, außerhalb der symbolischen Formen, gibt es keine Objektivität (vgl. Cassirer 1910: 411).

Die Philosophie der symbolischen Formen ist der Versuch der Rekonstruktion der Genealogie dieser symbolischen Bedeutungszentren. Alle „[…] Bereiche geistiger Schöpfungen und kultureller Leistungen" seien, so fasst Ernst Graeser den zentralen Gedanken Cassirers zusammen, Ausprägungen einer „symbolbildenden Kraft des menschlichen Geistes" (vgl. Graeser 1994: 17), des „animal symbolicum" (vgl. Cassirer 1990: 51), es könne daher nicht im substantiellen Sinne von einer allem zugrunde liegenden „Objektivität" gesprochen werden. Schon in dem 1910 erschienenen Buch „Substanzbegriff und Funktionsbegriff" hob Cassirer hervor, dass der Gegensatz von Denken und Sein nicht in einem „absoluten Urgrund" überwunden,

> „[…] sondern lediglich in den allgemeingültigen *Funktionsformen* der rationalen und empirischen Erkenntnis gesucht werden [kann, M.V.]. Diese Formen selbst bilden ein fest gefügtes System von Bedingungen: und nur relativ zu diesem System erhalten alle Aussagen über den Gegenstand, wie über das Ich, über Objekt und Subjektivität einen verständlichen Sinn" (Cassirer 1910: 411, Hervorhebung im Original gesperrt),

so Cassirer weiter. Deshalb erfordere ein Verständnis des Wesens und der Funktion des Symbolischen eine Untersuchung der *Genese* der unterschiedlichen „Erfahrungsbereiche und Erfahrungswelten" (vgl. Graeser 1994: 17).

Insbesondere das mythische und das religiöse Denken, die Sprache und die „reine" Erkenntnis, aber auch Technik, Kunst, das Recht, Sitte und Wirtschaft (vgl. ebd.: 51) werden nun von Cassirer als symbolische Formen derart geneaologisch rekonstruiert, dass sich, wie er meint, aus deren Verständnis heraus alle empirischen Erscheinungen „objektiv", d.h. in ihrer relativen Position innerhalb des jeweiligen Sinnzusammenhanges, rekonstruieren ließen. Jede dieser Formen spiegle empirisch Gegebenes nicht einfach wieder, sondern bringe dieses nach einem jeweils selbständigen Prinzip symbolischer Gestaltung selbsttätig hervor:

> „Keine dieser Gestaltungen geht schlechthin in der anderen auf oder lässt sich aus der anderen ableiten, sondern jede von ihnen bezeichnet eine bestimmte geistige Auffassungsweise und konstituiert in ihr und durch sie zugleich eine eigene Seite des ‚Wirklichen'. Sie sind somit nicht verschiedene Weisen, in denen sich ein an

sich Wirkliches dem Geiste offenbart, sondern sie sind die Wege, die der Geist in seiner Objektivierung, d.h. in seiner Selbstoffenbarung verfolgt" (Cassirer 1953a: 9).

Vor dem Hintergrund des Zusammenbruchs der großen philosophischen Systeme zu Beginn des 20. Jahrhundert sowie der philosophischen Diskussionen um Positivismus und Hermeneutik versuchte Cassirer den Objektivitätsgedanken funktionalistisch zu wenden. Die Philosophie der symbolischen Formen zielt auf den Nachweis, dass Objektivität nicht inhaltlich-substantialistisch, wohl aber rein funktional besteht. Am Gedanken der Objektivität lasse sich demnach festhalten, wenn sich trotz ihrer so unterschiedlichen Weisen der Weltstrukturierung ein alle Formen gemeinsames Prinzip finden ließe, auf das bezogen alle Formen miteinander vergleichbar werden würden. Dieses verbindende Band, eine gemeinsame Strukturgesetzichkeit aller Formen sieht Cassirer in der Entwicklung vom Konkreten zum Abstrakten[7] in Richtung auf eine „reine Bedeutungsfunktion" (vgl. ebd.: 270). Alle Formen entwickeln die Tendenz, so Cassirer, sich von ihrer materiellen Bindung, ihrer Gerichtetheit auf individuelle Erscheinungen zu lösen, während sie fortgehend allgemeinere Beziehungsformen entfalten, um der Mannigfaltigkeit der Eindrücke eine Ordnung *aufzuprägen*. Der Mythos unterscheidet sich demnach von der wissenschaftlichen Erkenntnis, weil ersterem ein rein subjektives Weltbild zugrunde liegt, während die wissenschaftliche Erkenntnis den *unmittelbaren* Gegenständen immer näher käme. Doch setzt die Wissenschaft damit den schon vom Mythos beschrittenen Weg fort, beide Formen treiben „[...] eine bestimmte, nicht zufällige, sondern notwendige Art der geistigen Formung [...]" (Cassirer 1953b: 20) immer weiter voran. Diese „notwendige Art der geistigen Formung" als ein verbindendes Band aller symbolischen Formen zu bestimmen, sei die Aufgabe der kritischen Philosophie, so Cassirer: Gesucht ist die Regel, welche die „[...] konkrete Mannigfaltigkeit und Verschiedenheit der Erkenntnisfunktionen [...] zu einer in sich geschlossenen geistigen Aktion [...]" (Cassirer 1953a: 8) zusammenfasst.

Zunächst aber habe er mit der „Philosophie der symbolischen Formen" den Nachweis für eine methodische Grundlegung der Geisteswissenschaften erbringen müssen, dass jede der unterschiedlichen Gestaltungsformen (Sprache, Mythos, Erkenntnis etc.)

„[...] je eigene Aufgaben im Aufbau des Geistes erfüllt und je einem eigenen Gesetz untersteht. Erst wenn eine solche ‚Formenlehre' des Geistes wenigstens im allgemeinen Umriß feststand, ließ sich hoffen, daß auch für die einzelnen geistes-

7 Zur Bedeutungsfunktion vgl. insbes. Cassirer 1975: 329-560 (dritter Teil).

wissenschaftlichen Disziplinen ein klarer methodischer Überblick und ein sicheres Prinzip der Begründung gefunden werden könne" (ebd.: Vorwort V).

Cassirer fand mit der Annahme eines alle Formen verbindenden Bandes eine Möglichkeit, am Gedanken der Objektivität festhalten und dabei dennoch mehrere „Objektivitätssphären" zugleich zulassen zu können. Die Gemeinsamkeiten, die er im Prozess der Formenentwicklung an allen Weisen der Weltbetrachtung zu erkennen meinte, führten ihn zu der Annahme, dass alle Formen die Tendenz hätten, immer allgemeinere Beziehungsformen zu entwickeln, um die vielfältigen Formen in einem übergreifenden Zusammenhang zu ordnen, zu überblicken (vgl. Cassirer 1953b: 20). So mündet das gemeinsame Band aller Formen in der reinen Erkenntnis der modernen Wissenschaften, die mehr und mehr zu den *unmittelbaren Gegenständen* vordringt.

Geteilt wird die Annahme, dass symbolische Formen jeweils unterschiedliche Formen der Weltwahrnehmung bedeuten, die außerdem in jeweils unterschiedlicher Weise einen Zusammenhang bilden, ein System, aus dem heraus sie ihre eigene Bedeutung erhalten. Cassirers Interesse gilt dabei jedoch den *allgemeingültigen Funktionsformen*, insbesondere denen der *rationalen* und *empirischen Erkenntnis*, anhand derer die Objektivität, der „Sinn" von dinglichen Formen *zu bestimmen* sei. Dieses Interesse und den ihr zugrunde liegenden Gedanken teilt die vorliegende Arbeit nicht, hier steht die Annahme im Vordergrund, dass das, woraus die Formen ihre Bedeutung beziehen, selbst erst durch diesen Prozess der Bedeutungszuweisung *im Entstehen* ist, diesem jedoch niemals *voraus*. Das, was bspw. als mythisches Weltbild bezeichnet wird, ist als solches niemals gegeben, sondern zu jedem Zeitpunkt *werdend*. Cassirer sieht das „einigende Band" aller Formen in der generellen Tendenz auf immer abstraktere, von ihrer „materiellen Bindung" gelöste und damit allgemeinere, übersichtlichere Formen. Hier wird hingegen angenommen, dass das, was „Übersicht" bedeutet, ganz von der Konstitution des entsprechenden Organismus und seiner Umwelt, auf die sich diese Übersicht richtet, abhängt. *Übersicht* selbst bleibt eine rein relationale Kategorie, wie alle anderen symbolischen Formen auch. Das einzige alle Formen verbindende Band ist das des Erhaltes der Grenze zwischen Form und Umwelt.

Deshalb wird in der vorliegenden Arbeit als symbolische Form nicht jeweils ein *übergreifender* objektiver Zusammenhang bezeichnet, aus dem heraus alle einzelnen Formen ihre Bedeutung beziehen.[8] Vielmehr wird

8 Die hier vorgestellte Deutung der Kategorie der symbolischen Form, die – den folgenden Abschnitt einleitend – noch detailliert besprochen wird, ist dabei durchaus bereits bei Cassirer selbst angelegt, wenn er etwa betont, es sei „[…] ein gemeinsames Charakteristikum aller symbolischen Formen, daß sie

jede einzelne Form, die vom Menschen wahrgenommen wird, als symbolische Form verstanden. Weil symbolische Formen immer aus bereits bestehenden Formen und in Wechselwirkung mit allen anderen Formen hervorgehen, stehen alle Formen miteinander in einer Beziehung, jede Form erhält ihre Bedeutung relational zu allen anderen Formen. Jede Form steht jedoch *nicht nur* mit allen anderen symbolischen Formen in einer Beziehung. Die unauflösliche Wechselbeziehung des Organismus mit seiner Umwelt als Prozess der Realisierung der Grenze und damit der Form selbst bedeutet immer auch *eine Ausrichtung* aller symbolischer Formen auf diese erste Umwelt. Cassirer benötigte, um den Objektivitätsgedanken halten zu können, eine Umwelt, die jeweils einen in sich geschlossenen, *invarianten* Zusammenhang bildet (Mythos, Religion, Kunst, Technik, Wissenschaft usw.), auf den alle Formen bezogen und in diesem Bezug eindeutig positioniert sind, deren Position daher abschließend zu bestimmen sei, wenn nur der jeweilige Bezugsrahmen geklärt wäre. Hier wird hingegen behauptet, dass tatsächlich alle Formen auf einen gemeinsamen Horizont ausgerichtet sind, während sie untereinander in einem systemischen Zusammenhang stehen. Dieser Horizont ist aber kein qualitativ anderes als alle anderen Formen, er entsteht genau so prozessual wie die beobachtende Form und alle anderen Hervorhebungen, die die Wahrnehmungswelt des Menschen strukturieren, entsprechend ist auch diese Form des Horizontes, der (ersten) Umwelt also, niemals invariant, sondern immer im Werden, in stetiger Veränderung, obgleich ihr bloßes Vorhandensein, vorab jeglicher Bestimmung der Weise dieses Vorhandenseins, als Unterscheidung von der beobachtenden Form Bedingung ihrer eigenen Existenz ist.

5.2 Institutionen und symbolische Formen

Die Grundlagen, auf denen die folgenden Ausführungen nunmehr aufbauen, ergeben ein Bild von dynamisch sich selbst von einer Umwelt abgrenzenden und diese Umwelt dabei erst hervorbringenden Formen. Ein Organismus befindet sich insgesamt gleichsam in einem Zustand dauernder Sensibilität für seine Umwelt, die er selbst ständig neu erzeugt. Ohne Bewusstsein davon verändert sich diese Umwelt, wenn sich seine Wahrnehmungskapazitäten verändern, so wie sich seine Wahrnehmungskapazitäten verändern, wenn die sich wandelnde Umwelt hierzu Raum und Anlass gibt. Sein Wahrnehmungsapparat ist auf seine Umwelt eingestellt, jede bedeutende Veränderung dieser Umwelt löst Assimilations- und Akkomodationsprozesse aus.

auf jeden beliebigen Gegenstand angewendet werden können“ (Cassirer 1985: 49).

Insgesamt befindet sich sowohl seine Umwelt als auch die organische Form selbst im Fluss, beide variieren ständig.

Innerhalb dieses Flusses aber treten allmählich Bedeutungen hervor, heben sich einige für den Beobachter bedeutungsvolle Formen von den anderen ab. Dies geschieht zunächst nur für den Moment. Unregelmäßig auftretende Bedürfnislagen sondieren Bedeutungsvolles nur in dem Augenblick, in dem das Bedürfnis aktuell ist. Das aus dem Hintergrund Hervorgehobene geht sodann wieder in ihm auf, es verschwindet in diesem, ohne länger Form zu sein. Und doch hinterlässt jede Vergegenständlichung von Bedürfnissen „Spuren" im System der den Organismus organisierenden und relativ stabilisierenden Formen, so dass ihre erneute Aktivierung wahrscheinlicher wird. Das in seiner Bedeutung sich wandelnde „Objekt", das der Organismus beobachtend formt, verfügt in diesem Sinne nicht über eine Identität, es *ist* in jedem Moment je nach Bedeutung etwas anderes. So wie sich jedoch bestimmte Bedürfnislagen gegenüber anderen, flüchtigeren Bedürfnissen und Stimmungen relativ stabilisieren und nun regelmäßiger in ähnlicher Form auftreten, formt der Organismus diesen Bedürfnislagen entsprechende Bedürfniserfüllungsformen relativ dauerhaft aus dem unbestimmten Hintergrund heraus. Allmählich verfestigen sich zwischen diesen Bedürfnissen und den diese Bedürfnisse erfüllenden Formen „Schaltkreise", die schließlich derart stabil sind, dass ein (moderner) Beobachter sie als „Reflexe" oder „Instinkte", als enge Kopplung zwischen „Reiz" und „Reaktion" identifiziert. Über diesen weitgehend verfestigten, enger verkoppelten Formen erheben sich weitere, die flexibler sind, bis hin zu eben solchen, die den Moment nicht überdauern.

Sämtliche Formen, die die Aufrechterhaltung der Grenze zwischen dem Organismus und seiner Umwelt sichern, ließen sich also entlang einer Skala von sehr stabil bis sehr „fluide" anordnen, wobei Reflexe und Instinkte den sehr verfestigten Pol kennzeichnen; kurzfristige Stimmungen, die nicht einmal tatsächlich zu Bewusstsein dringen, könnten als Beispiel für den fluiden Pol stehen. Doch bleiben auch die weitgehend stabilisierten Formen untrennbar an diese Skala gebunden, sie sind „systemisch" mit diesen verzahnt und kommen daher ebenfalls niemals abschließend zur Ruhe. Ständig verändert sich das Wahrnehmungsspektrum des beobachtenden Organismus (und damit der Organismus selbst), so verändert sich letztlich auch die Bedeutung der „Grundlagen", die diese Fähigkeit zur Variation in begrenztem Rahmen erst ermöglichen (also etwa die Form der Reflexe und der Instinkte), ohne dass der Organismus dabei sofort die Grenze zu seiner Umwelt einbüßen würde.

Alle sich komplexer entwickelnden organischen Formen beruhigen den Bedeutungsreichtum ihrer Umwelt allmählich zu einem System von relativ stabileren Bedeutungszentren, die sich aus dem gleichmäßigen Strom des

Hintergrundrauschens abheben. Komplexität wird reduziert, weil grundlegende Bedeutungen (im Bezug auf Umwelt, wie auf die eigene Form) relativ stabilisiert und damit mit geringerem Aufwand reaktiviert werden können. Zugleich erhöht diese Stabilisierung die Komplexität, weil nun auf diesem Niveau neue Bedeutungsvariationen, z.B. der Formen untereinander, beobachtbar werden (vgl. auch Cassirer 1975: 149ff.). Erst wenn für einen Beobachter ein Baum als bedeutungsvolle Form relativ stabilisiert ist, kann er diese Bedeutung der Form thematisieren und problematisieren; derart, dass nun Konflikte auftreten, welcher ebenfalls relativ stabilisierter „Verwendungszweck" dem Baum entspricht, wofür er hingegen keinesfalls genutzt werden sollte usw. Wenn Formen relativ stabilisiert sind, werden Beziehungen unter diesen Formen beobachtbar, werden also andere Möglichkeiten ersichtlich. So entstehen auf diesem neuen Niveau neue Probleme und Optionen; die durch relative Stabilisierung erreichte Komplexitätsreduktion wird durch diese neuen Möglichkeiten gleichsam konterkariert, während sich zugleich die Bedeutung aller Formen, die diesen neuen Möglichkeiten zugrunde liegen, verändert.

Alles ist also dauernd in Bewegung, nichts in diesem Prozess kommt jemals gänzlich zur Ruhe. Insgesamt aber zwingt die Richtung der „symbolischen Ideation", als „Akt einer ursprünglichen Formung" (vgl. ebd.: 155) das in diesen Akten Geformte in bestimmte Bahnen, in „Strukturen". Grundsätzlich werden Entwicklungsmöglichkeiten immer auch erweitert, während sich andere verschließen, grundsätzlich verändern sich alle Formen, wenn sich nur eine einzige verändert, dennoch fließt der Strom dieses Prozesses nicht „chaotisch", sondern immer in der Richtung, die zwischen Form und Umwelt ein überlebensfähiges Maß an Abstimmung erreicht, die also die Grenzerhaltung zwischen Form und Umwelt auf jedem erreichten Niveau von neuem sichert, ansonsten verginge die Form, ohne weiter am Evolutionsprozess teilzuhaben. Hat ein Organismus ein gewisses Maß an Ordnung aufgebaut, dann müssen nun grundlegende Bedingungen dauerhaft gesichert sein, andernfalls zerfiele die Form.

Langfristig stabilisieren sich auf diese Weise aus der insgesamt unbestimmten Umwelt hervorgehobene Formen, die für den Organismus von besonderer Bedeutung sind, so wie sich die Form des Organismus selbst entsprechend der Optionen, die seine Umwelt „belohnt", stabilisiert. Solcherart Formen werden im weiteren Verlauf der Arbeit besprochen, um mittels dieser Beschreibung exemplarisch den Nachweis zu erbringen, dass alle Formen, die schließlich dem Menschen und ganzen Gesellschaften das Überleben ermöglichen, evolutionär bedeutungsvoll sind, weil sie alle bestimmte Organisationsleistungen erbringen, ohne dass sie ihre Bedeutung jedoch einem Beobachter offenbarten. Obwohl also einige Formen als „Fakten" erscheinen und manche „Dinge" als über die Zeiten hinweg konstant, fordert die generelle Undurchschaubarkeit aller Bedeutungen ganz generell zur besonderen Sensibilität auf, sie bedeutet, sich grundsätzlich erinnern zu müssen, dass alle Formen, mit denen es der Mensch zu tun hat, mehr bedeuten, als ihnen anzusehen ist. Das moderne Denken tendiert gerade zur umgekehrten Betrachtungsweise, es erwartet besondere Begründungen dafür, dass bestimmte Dinge nicht so behandelt werden dürften, als seien sie gänzlich unabhängig von aller kontextueller Einbettung. Dieser generellen Charakteristik aller Formen ist terminologisch Ausdruck zu verleihen, doch wird dabei nicht auf den Begriff der Institution oder seiner Prozessualisierung, der Institutionalisierung zurückgegriffen, was zu begründen ist, böte er sich doch scheinbar dazu an. In der Kontrastierung zum Institutionenbegriff lässt sich dann auch der Bedeutungsgehalt der anschließend zu erörternden Kategorie der symbolischen Form deutlicher kennzeichnen.

Zum Begriff der Institution

Bereits Karl Marx behauptete im Anschluss an Hegels Phänomenologie des Geistes, dass der Mensch auf selbsttätige „Entäußerung" bzw. „Vergegenständlichung" angewiesen sei.[9] Der Gedanke, dass der Mensch sich Stabilität

9 So etwa in den „Ökonomisch-Philosophischen Manuskripten" (vgl. Engels/Marx 1968: 511 und 574). Der Begriff der Entäußerung ist einer der Schlüsselbegriffe der Hegelschen Phänomenologie des Geistes (vgl. von Borries 1980: 22), den Marx aufnimmt. Der Mensch *entäußert* sich mittels der Arbeit oder der Sprache, er bringt sein Inneres in Äußeres ein und entdeckt sich selbst in den so geschaffenen Objekten, die sogleich eine von ihm losgelöste Eigenständigkeit entfalten (siehe zum Begriff der Entäußerung auch das Nachwort zu Hegels Phänomenologie des Geistes von Georg Lucács: „Entäußerung als philosophischer Zentralbegriff", vgl. Hegel 1973: 551ff.). Wenn der Mensch die Dinge als Bestandteile seiner selbst erkennt, hat er sich in ihnen *vergegenständlicht*, so Volker von Borries. Diese Objekte, die er selbst schuf, gewinnen Macht über ihn, die dann schlagend wird, wenn die Einheit von Produkt und Produzent zerbricht, durch die Arbeitsteilung also; denn nun entäußert sich der Mensch, ohne sich noch in seinen Produkten erkennen zu können. Für diesen Verlust des Zusammenhanges wird in der vorliegenden Arbeit weiterhin der Begriff der *Verdinglichung* verwendet. Tatsächlich lassen sich die Begriffe der Vergegenständlichung und der Verdinglichung (wie schon auf S. 12 FN 7 erwähnt) nur sehr schwer auseinander halten, wie sich bei Rüdiger Dannemann nachlesen lässt (vgl. Dannemann 1997), der ausführlich auch die Begriffsgeschichte aufarbeitet. In der vorliegenden Arbeit wird, wie ebenfalls a.a.O. bereits erwähnt, mit dem Begriff der Verdinglichung eine Differenz zum Begriff der Entäußerung resp. Vergegenständlichung dahingehend markiert, dass die Entäußerung eine Notwendigkeit, die Verdinglichung aber bereits das sich langfristig als katastrophenträchtig erweisende Vergessen der Entstehungsgeschichte, des Zusammenhanges, des gesamten Bedeutungsgehaltes aller Formen bedeutet.

selbsttätig erzeugen muss, liegt auch der Institutionentheorie zugrunde, wie sie insbesondere von Arnold Gehlen entwickelt und in die Soziologie eingebracht wurde.[10] Nach Gehlen ist der Mensch als das „weltoffene Wesen" einer „durchaus untierischen Reizüberflutung" ausgesetzt,

> „[...] der unzweckmäßigen Fülle einströmender Eindrücke, die er also irgendwie zu bewältigen hat. Ihm steht nicht eine Umwelt instinktiv nahegebrachter Bedeutungsverteilungen gegenüber, sondern eine Welt – richtig negativ ausgedrückt: ein Überraschungsfeld unvorhersehbarer Struktur" (vgl. Gehlen 1955: 38).

Der Mensch müsse sich, da er nicht mehr wie das Tier durch seine Instinkte sicher geleitet sei, Institutionen erschaffen, sich also in der äußeren Welt stabile Formen vergegenständlichen, um sich nach innen stabilisieren zu können.[11]

---

10 Ziel dieses Absatzes ist nicht die detaillierte Kritik des Gehlen'schen Institutionenbegriffs. Wie etwa Karl-Siegbert Rehberg gezeigt hat, hat Gehlen selbst zwei voneinander abweichende Institutionenkonzepte vorgeschlagen, wobei die erstere auf der These vom Menschen als Mängelwesen beruht, die daher den Stabilitätsaspekt zentral stellt, während die „revidierte Fassung" stärker individuelle Bewusstseinsformen berücksichtigt und dabei den Stabilitätsaspekt relativiert. In dieser Arbeit wird dennoch behauptet, dass schon der Institutionenbegriff als solcher Stabilität überbetont, während er die zugleich stets notwendige Flexibilität der Formen zu wenig berücksichtigt. Wie die Durkheimsche Rede von den Institutionen als „soziale Tatsachen" suggeriert der Institutionenbegriff bei Gehlen die aus Raum und Zeit gelöste Verdinglichung sozialer Prozesse, die dem Menschen als losgelöste Formen gegenübertreten. Diese Perspektive kappt die Verbindungen, sie löst die Formen aus ihren Entstehungszusammenhängen, dies aber macht es unmöglich, die Bedeutung der Formen als Weise des Menschen, sich in seiner spezifischen Umwelt zu behaupten, zu begreifen. Entsprechend dient dieser hier notwendig kurz gehaltene Bezug zum Institutionenbegriff eher heuristischen Zwecken, denn einer Kritik am Begriff selbst, vgl. dazu Rehberg 1990: insbes. 126, sowie Becker 2003: 8, der das Symbolische im Zusammenhang mit der Institutionentheorie untersucht. Insgesamt ist an dieser Stelle anzumerken, dass das Gehlen'sche Werk vielfache Widersprüche aufweist, die hier nicht angemessen aufgearbeitet werden können.

11 Gerade an einer entscheidenden Stelle, in der Gehlen den Zusammenhang von Institutionen als Instinktersatz erläutert, nimmt er explizit kritisch zu der Umwelttheorie von Uexkülls Stellung. Ein Umweltbegriff, der Umwelt als jedem Organismus je spezifische Umwelt zu begreifen suche, verwische einen „Unterschied allererster Ordnung", der das Tier vom Menschen unterscheide, so Gehlen. „Man verwechselt die ursprünglichen, echt instinktiven Verhaltensfiguren der Tiere, die auf naturhafte, zugeordnete Umwelten bezogen sind, mit den *erworbenen* Spezialisierungen des Verhaltens, die beim Menschen einer reich gegliederten Kultursphäre antworten. Dann entsteht die theoretisch und praktisch gleich fundamentale Frage: wie bringt es denn der Mensch angesichts seiner Weltoffenheit und der Instinktreduktion, bei aller

Diese Notwendigkeit zur „Innenstabilisierung durch Außenstabilisierung" (vgl. Gehlen 1986a: insbes. 42-59), kennzeichnet nach den vorangestellten Überlegungen jedoch keineswegs den Menschen allein, sondern vielmehr alle organischen Formen, die sämtlich „Schaltkreise" zwischen stabilisierten Bedürfnislagen und diesen entsprechenden Bedürfniserfüllungsformen ausbilden und in diesem Prozess erst ihre eigene Form sowie ihre je spezifische Umwelt hervorbringen. Der Gehlen'sche Institutionenbegriff, postuliert, dass grundlegend bedeutende Problemlösungen in den Institutionen auf Dauer gestellt werden (vgl. Gehlen 1986b: 71), womit sogleich die Notwendigkeit stabiler Institutionen behauptet wird. Mit der These von der Institution als Instinktersatz geht somit eine Tendenz zum Konservativismus einher: Institutionen dürften nicht angetastet werden, weil sie – wie Instinkte dem Tier – dem Menschen in seiner ihm unangemessenen Umwelt das Überleben sicherten. „Stabile Institutionen", so Gehlen, „sind der Gradmesser der Fähigkeit eines Volkes" (Gehlen 1970: 116). Wenn aber schon Instinkte, wie oben gezeigt, als Wechselwirkungsbegriffe zu verstehen sind, die sich durchaus gemäß ihrer sich wandelnden je spezifischen Umwelten – wenn auch sich der Beobachtbarkeit weitge-

potentiell in ihm enthaltenen unwahrscheinlichen Plastizität und Unstabilität eigentlich zu einem voraussehbaren, regelmäßigen, bei gegebenen Bedingungen denn doch mit einiger Sicherheit provozierbaren Verhalten, also zu einem solchen, das man quasi-instinktiv oder quasiautomatisch nennen könnte, das bei ihm *an Stelle* des echt instinktiven steht und das offenbar den stabilen sozialen Zusammenhang erst definiert? So fragen, heißt das Problem der *Institutionen* stellen. Man kann geradezu sagen, wie die tierischen Gruppen und Symbiosen durch Auslöser und durch Instinktbewegungen zusammengehalten werden, so die menschlichen durch Institutionen und die darin erst »sich feststellenden« quasiautomatischen Gewohnheiten des Denkens, Fühlens, Wertens und Handelns, die allein als institutionell gefasste sich vereinseitigen, habitualisieren und damit stabilisieren. Erst so werden sie in ihrer Vereinseitigung gewohnheitsmäßig und einigermaßen zuverlässig, d.h. voraussehbar. Werden Institutionen zerschlagen, so sehen wir sofort eine Unberechenbarkeit und Unsicherheit, eine Reizschutzlosigkeit des Verhaltens erscheinen, das man *jetzt* als triebhaft bezeichnen kann. [...] Nur innerhalb eines stabil institutionalisierten Kultursystems kann es zu [...] hochgezüchteten und irreversiblen Attitüden kommen [...]" (Gehlen 1993: 86f., Hervorhebungen im Original). Deshalb, so die Kritik Gehlens an von Uexküll, könne der Umweltbegriff der Biologie nicht auf den Menschen übertragen werden, dieser lebe eben nicht in der Umwelt des Tieres, sondern in der Kultur. Dass allerdings umgekehrt der biologische Umweltbegriff beim Tier ebenfalls als Wechselwirkungsphänomen gleichsam „soziologisiert" werden müsste, um die Form der Stabilisierung des Tieres, wie die des Menschen vor einem symmetrischen Hintergrund beobachten zu können, diese Möglichkeit, ja diese Notwendigkeit, sieht Gehlen freilich nicht (zur Kultur und zu den Institutionen als Instinktersatz vgl. auch Gehlen 1961a: 58ff.)

hend entziehend – anpassen, so müsste dies auch für Institutionen gelten;[12] es sei denn, die These von der Sonderstellung des Menschen wird bemüht, um den Unterschied zwischen der „Instinktsteuerung" und der menschlichen Stabilisierung durch Institutionen aufrechterhalten zu können. Oben wurde aber behauptet, dass Tiere ebenso wie Menschen sich in je spezifischen Umwelten einrichten, dass dem Menschen also keine qualitative Sonderstellung zukäme. Wie alle Tiere, die überleben, ist auch der Mensch, der überlebt, seiner Umwelt gewachsen. Der Mensch ist demnach kein Mängelwesen, wie Gehlen behauptet.[13]

Es wurde außerdem oben argumentiert, dass schon auf Instinktebene neben der relativen Stabilität auch die relative Variabilität der Organisationsformen eine Rolle spielt, dass nicht einfach alles fundamental stabil geregelt ist, dass diese Stabilität vielmehr in der Relation zu der jeweils spezifischen Umwelt zu bewerten ist. Wenn dies stimmt, erweisen sich fundamentale Annahmen, die den Institutionenbegriff kennzeichnen, als zumindest problematisch. Der Mensch steht dann weder gegenüber allen anderen organischen Formen in einer grundsätzlichen Sonderstellung, noch

12 Dass sich absolute Aussagen über die Stabilität von Institutionen nicht machen lassen, hat bereits Helmut Schelsky in einem Aufsatz aus dem Jahr 1949 mit Blick auf die Institution der Verfassung festgestellt: „Jeder Traditionsbruch, der irgendwie die bis dahin institutionell untergebrachten und festgelegten Bedürfnisse verändert, muß sich als Stabilitätserschütterung auf alle Institutionen auswirken […]. Allerdings besitzt jede Institution […] eine gewisse Elastizität und Regulierbarkeit gegenüber Veränderungen der in ihr untergebrachten Antriebe: was an Energien durch den Wandel, sei es nun eine Schwächung oder eine Steigerung, eines Bedürfnisses ihr entzogen oder zusätzlich aufgebürdet wird, kann durch den entsprechenden Gegenvorgang eines oder mehrerer Antriebe dieses Systems so ausgeglichen werden, daß die Stabilität der Institution als solche gewahrt bleibt oder sogar noch gefestigt wird" (Schelsky 1965b: 41). Derart gedachte Institutionen ließen sich als multistabil bezeichnen, da sie zwar eine gewisse Stabilität der Strukturen aufrechterhalten, sich aber zugleich den sich ständig wandelnden Umweltbedingungen neu anpassen. Würden Instinkte als *zugleich* stabilisierend als auch notwendige Flexibilität des Organismus gewährleistend gedacht, wäre der Vergleich von Instinkt und Institution legitim, er führte nur gerade nicht zu der mit dem Vergleich bei Gehlen angedachten Plausibilisierung der Notwendigkeit besonders stabiler Institutionen.

13 Dazu Gehlen: „Morphologisch ist nämlich der Mensch im Gegensatz zu allen höheren Säugern hauptsächlich durch *Mängel* bestimmt, die jeweils im exakt biologischen Sinne als Unangepaßtheiten, Unspezialisiertheiten, als Primitivismen, d.h. als Unentwickeltes zu bezeichnen sind: also wesentlich negativ" (Gehlen 1993: 31, Hervorhebung im Original, vgl. außerdem ebd.: 95ff.). Bereits Herder hatte den Menschen als Mängelwesen bezeichnet, auf den sich Gehlen auch beruft (vgl. etwa Gehlen 1963: 35, siehe dazu auch Hofer/Altner 1972).

wäre durch den Instinktvergleich plausibilisiert, dass bzw. in welchem Maße Institutionen stabil sein müssten.

Institution als Instinktersatz

Auch das einzelne Tier findet im Schutz des Rudels gegenüber seinem Einzeldasein relativ stabilere Bedingungen, auf die es sich einstellen kann und die es auf sich einstellt (es „entäußert" sich und „vergegenständlicht" seine selbst erschaffene Umwelt[14]), auf die es aber auch eingestellt wird, mit denen es also von vornherein abgestimmt ist. Auch das Tier im Schutz des Rudels befindet sich im hier vertretenen Sinne in einer zweiten, inneren Umwelt, die die Kontaktstellen zur ersten Umwelt relativ verringert. Auf der anderen Seite trifft der Mensch wie das Tier auf ihm „instinktiv nahegebrachte Bedeutungsverteilungen" (vgl. abermals Gehlen 1955: 38): Welt tritt ihm nicht ungeformt, sondern immer schon, wie oben gezeigt, vorstrukturiert entgegen.

Insofern meint auch die in dieser Arbeit behauptete These von der Stabilisierung des Gruppenschutzes und die darin angelegte Differenzierung zweier Umwelten keine Sonderstellung des Menschen, sie setzt daher die innere Umwelt auch nicht mit „Kultur" als „zweiter Natur" gleich, die sich von einer ersten „Natur" des Tieres unterscheide.[15] Sowohl der Mensch als auch das Tier leben in je spezifischen, auf sie immer schon abgestimmten Umwelten. Der Mensch geht keinen Sonderweg, sondern einen seiner spezifischen Umwelt gemäßen spezifischen Weg, so wie einfachste Organismen einen ihnen spezifischen Weg gehen. Gehlens Institutionentheorie baut auf der Vorstellung, dass zwar das Tier in einer (biologisch determinierten) Umwelt lebe, der Mensch aber keine derartige Umwelt, sondern „Welt" habe (vgl. Gehlen 1963: 34). Nur vor diesem Hintergrund gelangt er zu der These, dass der Mensch auf Institutionen als Ersatz der ihm abhanden gekommenen Instinkte angewiesen sei, um seine „Bereitschaft zur Chaotik"

14 Allerdings verdinglicht es nicht: Das Tier nimmt nichts als bloßen ahistorischen Gegenstand, diese Denkform ist tatsächlich nur dem (modernen) Menschen bekannt; freilich kann diese Annahme weder verifiziert noch falsifiziert werden.

15 So Arnold Gehlen, der Kultur als die „vom Menschen handelnd veränderte Natur" (vgl. Gehlen: 1961a: 21) bezeichnet, die so umgestaltet werde, dass sie dem Menschen „lebensdienlich" wird (vgl. ebd.: 18) Nach dieser Definition von Kultur wäre vor dem Hintergrund obiger Ausführungen auch das Tier Kulturwesen, das sich ebenfalls stets seine eigene lebensdienliche Umwelt schafft. Norbert Rath hat die Entstehungsgeschichte des Begriffes der „zweiten Natur" seit 1800 aufschlussreich nachgezeichnet und dabei deutlich herausgestellt, dass sich die Entgegensetzung von Natur und Kultur nicht durchhalten lässt, vielmehr „Natur" und „Kultur" als Wechselwirkungsbegriffe zu verstehen seien, die einander diskursiv hervorbringen (vgl. Rath: 1996).

und zur „Ausartung“ zu „züchtigen“ (vgl. Gehlen 1961b: 23) die eben dadurch entstehe, dass sich ihm der Raum der Möglichkeiten bis ins Unendliche öffne. Oben wurde aber mit Jakob von Uexküll und Helmuth Plessner gezeigt, dass jeder Organismus, also auch der Mensch, ausnahmslos über eine ihm spezifische Umwelt verfügt, die ihm, sofern er denn überlebt, auch angemessen ist, die ihm zugleich, vorab allen Bewusstseins davon, allerlei Anpassungsmaßnahmen abverlangt. Vor diesem Hintergrund zeigt sich die Rede vom Instinktersatz allenfalls – wie schon die Rede von den Instinkten – als eine Verlegenheitsformel, die einen Zusammenhang postuliert, der insgesamt in die Irre führt, erst Recht, wenn durch diesen Vergleich die Notwendigkeit stabiler Institutionen hergeleitet wird.

Jakob von Uexküll hatte am Beispiel der Zecke erklärt, wie man sich die je spezifische Umwelt eines Organismus vorstellen könnte. Die Umwelt der Zecke, so von Uexküll, besteht aus drei wahrgenommenen Merkmalen: Anhand des Geruches der Buttersäure erkennt sie, dass sie sich über einem Säuger befindet und lässt sich fallen. Ein rudimentärer Tastsinn lässt sie erkennen, ob sie den Säuger verfehlt hat oder nicht, und drittens kann sie anhand eines Wärmesinnes nackte Haut von weniger warmen Körperstellen unterscheiden, um sich dort einzubohren (vgl. Uexküll 1983: 23ff.). Damit sei der ganze Umweltraum der Zecke markiert, so von Uexküll. Diese einfache Umwelt der Zecke ist für die Zecke genau so real, wie die menschliche, viel komplexere Umwelt für den Menschen real ist. Jedes Lebewesen lebt in einer eigenen Umwelt.

Dazu sei noch ein weiteres Beispiel von Uexkülls angeführt: Schon die Umwelt des Kindes unterscheidet sich grundlegend von der eines erwachsenen Menschen.

> „In der durchaus rationalen Umwelt des alten Forstmannes, der zu bestimmen hat, welche Stämme seines Waldes schlagreif sind, ist die der Axt verfallene Eiche nichts anderes als einige Klafter Holz […], dabei wird die aufgewulste Rinde, die zufällig einem menschlichen Gesicht gleicht, nicht weiter beachtet“ (ebd.: 94).

Für ein kleines Kind aber, für das derselbe Wald noch „von Gnomen und Kobolden bevölkert ist“, ist die ganze Eiche ein Dämon, vor dem es heftig erschrickt (ebd.: 94). Ein Fuchs wiederum findet in der Eiche ein festes Dach,

> „[…] das ihn und seine Familie vor den Fährnissen der Witterung schützt. Sie besitzt weder den Nutzton der Umwelt des Försters noch den Gefahrton aus der Umwelt des kleinen Mädchens, sondern lediglich einen Schutzton. Wie sie im Übrigen gestaltet ist, spielt in der Umwelt des Fuchses keine Rolle“ (ebd.: 97).

Der Prozess, der oben anhand der Markierungen „Reflex“, „Instinkt“ und dann weiterer Verhaltensdispositionen beschrieben wurde, ist in diesem Sinne als ein Prozess der *Veränderung* der Umweltwahrnehmungen von Organismen und damit als ein Prozess der Veränderung von Organismen *und* Umwelt zu verstehen. Stellt man sich die Umwelt der Zecke als eine Fläche vor, die in drei Helligkeitstönen gezeichnet ist, so werden diese Töne nun immer feiner differenziert. Die Wahrnehmungsmöglichkeiten werden aufgrund komplexerer Wahrnehmungsorgane im Organismus immer feingliedriger, die Wahrnehmungskapazitäten nehmen zu, während sich ihre *qualitative* Beschaffenheit ständig ändert. Die „Ökonomie“ der Wahrnehmungsleistungen wird nicht durch ein „mehr“ an Wahrnehmungsleistungen verbessert, vielmehr werden die vorhandenen Wahrnehmungskapazitäten ständig neu „organisiert“. Ständig ändert sich innerhalb dieses Systems alles, keine noch so stabilisierte Form bleibt aus diesem Wandlungsprozess ausgeschlossen.

Entscheidend ist dabei die sekundäre Zweckmäßigkeit der Formenumgestaltung, ihre Viabilität[16], also die Frage, ob der Organismus als Ganzes durch sie seine Chancen auf Fortbestand erhöht. Ständiges Scheitern, dauernde Real-Falsifikation ist dabei normal, dauernd korrigiert der Organismus Entwicklungen, die sich nicht als zweckmäßig erwiesen haben, indem er seine gesamte Struktur neu auf seine durch ihn erst geformte Umwelt justiert. Dies gilt für alle Organismen. Auch der einfachste Organismus stellt seine Formen ständig auf seine spezifische Umwelt neu ab, wie die Formen des Menschen sich ständig neu organisieren. Insofern lässt sich nicht sinnvoll davon sprechen, der Mensch schaffe sich *stabile* Institutionen als Instinktersatz und dies unterscheide ihn vom Tier qualitativ, denn schon für jeden Organismus stellt sich das, was ein Instinkt *ist*, grundsätzlich anders dar. Allein ein menschlicher Beobachter beobachtet Instinkte als ob-

16 Mit dem Begriff der Viabilität soll der Umstand bezeichnet sein, dass sich im Nachhinein herausstellt, ob eine Form sich hat erhalten können, ob sie also „passte“, oder ob ihr Versuch, sich in Umwelt zu erhalten, sich nachträglich als zum Scheitern verurteilt erweist. So definiert bspw. Ernst von Glasersfeld sein Verständnis von Viabilität: „[...] was Begriffe, Theorien und Vorstellungsmodelle *viabel* macht, ist ganz einfach die Feststellung, daß sie sich in Bezug auf die jeweils relevanten Ziele bewähren“ (Glasersfeld 1997: 50, Hervorhebung im Original. Vgl. zum Begriff der Viabilität auch Glasersfeld 1987: 82f.). Gregory Bateson formuliert den mit dem Begriff der Viabilität bezeichneten Gedanken so: „Samuel Butlers berühmter Witz, daß die Henne die Weise des Eis ist, ein anderes Ei zu machen, sollte dahingehend berichtigt werden, daß der spätere Erfolg der Henne bei der Aufzucht einer Familie der Maßstab dafür ist, ob das Ei, aus dem sie entschlüpfte, wirklich ein gutes Ei war“ (Bateson 1982: 250).

jektive, für sich bestehende, invariante Formen, indem er von der tatsächlichen Mikrovariabilität dieser Formen absieht.

Grundlegende Stabilisierung der Wahrnehmungswelt im Schutz der zweiten Umwelt

Beim Übergang des Menschenvorläufers vom Horden zum Gruppenwesen wird die Wahrnehmungsvielfalt auf Seiten jedes Einzelnen zugunsten eines „ökonomischen Arrangements" der Wahrnehmungsformen innerhalb des Gruppenganzen an Bedeutung verloren haben, weil diese Umorganisation für den Einzelnen weit reichende Entlastungen und wesentlich größere Sicherheit bedeutet, weil aber zugleich auch die Gruppe selbst von Anfang an besondere Anforderungen an ihre Mitglieder stellt. Innerhalb des Gruppenzusammenhanges findet Kommunikation statt, in welcher rudimentären Form dies zunächst auch immer geschehen sein mag. Kommunikation setzt einen gemeinsamen Bestand an Symbolen voraus, anhand dessen kommuniziert werden kann. Damit Bedeutungen geteilt werden können, müssen diese eine relative Beständigkeit aufweisen, diese Bedeutung dürfen also gerade nicht mehr allein hinsichtlich der jeweiligen Bedeutung für jeden Einzelnen variieren, sondern müssen in irgendeiner Weise stabilisiert, aus diesem ständigen Fluss der Bedeutungsverschiebung ausgezeichnet, besser: heraus gezeichnet werden. So wie schon alle Wahrnehmungsformen für den Einzelnen relativ in Bezug auf ihre relativ variierenden Bedürfnisse und die relativ variierenden Umweltbedingungen stabilisiert sein müssen, damit Orientierung in Umwelten möglich ist, müssen nun „intersubjektiv" Formen relativ fixiert werden.

Diese neuen Formen und ihre relative Stabilisierung entlasten wiederum den Einzelnen von der Daueraufgabe der Grenzerhaltung, außerdem werden Wahrnehmungskapazitäten freigesetzt, weil vielerlei Aufgaben nun arbeitsteilig erledigt werden. Im Schutz der Gruppe wird also der Anpassungsdruck reduziert, den die erste Umwelt auf den einzelnen Menschen ausübte. Damit können sich schon von dieser Seite her Formen relativ stabilisieren. Innerhalb der Gruppe kommen weitere Bedingungen hinzu, die den Menschen grundlegend vom hohen Wandlungsdruck seiner Wahrnehmungsformen entlasten. In diesem Sinn wirkt ganz grundlegend etwa der Vorrat, denn das Bewusstsein künftiger Bedürfnisbefriedigung bedeutet Sicherheit und damit Stabilität der bewährten Formen: „Der Mensch [...] verändert die ‚Umwelt', den zufälligen Umgebungsbestand in dem Sinne, daß er auch dauernde Erfüllungslagen herstellen kann und sich so von der Fälligkeit des Bedürfnisses und von der fallweisen Beschaffung der Hilfsmittel entlastet" (Gehlen 1986a: 51), so Gehlen. Mit Vorräten können längere Perioden ungünstiger klimatischer Bedingungen überbrückt und innerhalb dieser Perioden andere Tätigkeiten ausgeführt werden. Hierzu bedarf es jedoch relativ stabiler Verhältnisse, Formen also, die diese Bedürfnisdeckung dauerhaft gewährleisten, Bedingungen, die erst der Gruppenschutz stellt. Indem grundlegende Bedürfnisse im Insulationsschutz in den Zustand der „Hintergrunderfüllung“[17] übergehen, sie also nicht mehr chronisch auftreten, kann sich wiederum der einzelne Mensch nun gegen die Variation der Umweltbedingungen umfassender stabilisieren. Der Vorrat bedeutet nicht mehr unter allen Umständen jagen zu müssen, entsprechend die Jagdtechniken auf die Form der relativ luxuriöseren, eben stabilisierten Umweltbedingungen abstimmen zu können. In der relativen Ablösung benutzter Mittel von der unmittelbaren Erfahrungssituation entwickelt sich darüber hinaus tradierbares Wissen, das nunmehr in der Gruppe auch Generationen übergreifend das System der Formen stabilisiert (vgl. hierzu ebenfalls ebd.: 53).

Für Gehlen ist daher der Vorrat eine Institution, weil er dem Menschen grundlegende Sicherheit in einer insgesamt unsicheren Welt verschafft. Was aber Vorrat ist, hängt doch von den jeweiligen Bedingungen ab unter denen er gehalten wird. So kann es sich durchaus als nachteilig erweisen, ständig Vorräte zu halten, lockt dies doch schmarotzende, plündernde Nachbarstämme an. Was Vorrat ist, welche Bedeutung ihm zukommt, ist kontextabhängig, insgesamt also unbestimmt, der Kern dieser „Institution“ bestimmt sich erst im konkreten individuell einmaligen Fall. Der Vorrat hat im Erklärungszusammenhang einer den Menschen zentral setzenden Untersuchung durchaus eine fundamentale Bedeutung, nur darf diese eben nicht über die Möglichkeit hinwegtäuschen, dass auch der Vorrat zu unterschiedlichen Zeiten immer wieder anderes bedeutet haben wird, er also keineswegs über die Zeiten hinweg als Form „stabil“ gewesen ist, er vielmehr zu seiner Form erst in dem jeweils spezifischen Formensystem gelangt, in dem der Vorrat gehalten wird, sofern er denn angelegt wurde. Der Vorrat ist für eine anthropologisch argumentierende Untersuchung eine bedeutende Form, ihre Ränder aber sind unbestimmt, dauernd variierend.

Stabilität und Flexibilität durch sekundär zweckmäßige Außenstabilisierung

Der Mensch, so Gehlen, könne

„[...] zu sich und seinesgleichen ein *dauerndes* Verhältnis nur *indirekt* festhalten, er muß sich auf einem Umwege, sich entäußernd wieder finden, und da liegen die Institutionen. [...] Die Institutionen sind die großen bewahrenden und verzehrenden, uns weit überdauernden Ordnungen und Verhängnisse, in die die Menschen sich sehenden Auges hineinbegeben [...]“ (Gehlen 1963: 245, Hervorhebungen im Original).

17 Zur Kategorie der Hintergrunderfüllung vgl. Gehlen 1986a: 51ff.

Es ist Gehlen zuzustimmen, wenn er als den wesentlichen Inhalt (auch) des *kulturellen* Lebens den „Kampf gegen Vergänglichkeit" (vgl. Gehlen 1986a: 88) bezeichnet.[18] Seiner Meinung nach bestünde diese *kulturelle* Stabilisierung jedoch darin „[...] daß die Menschen sich je zu ganz bestimmten, vereinseitigten, perspektivischen Inhalten der Außenwelt, ihrer eigenen menschlichen Natur und ihrer Denkbarkeiten entscheiden, und daß sie diese Entscheidungen eben durch ihre Institutionen festhalten" (ebd.: 89). Vereinseitigung aber ist gerade nicht das, was den Menschen in seiner unbestimmten Umwelt das Überleben ermöglicht; der „Kampf gegen Vergänglichkeit" wird auch gerade nicht „sehenden Auges" durch „Entscheidungen" von Menschen zur Festlegung auf vereinseitigte Wahrnehmungsperspektiven bestimmt.[19] Formen werden nicht aufgrund rationaler Entscheidungen festgelegt, sie erweisen sich sekundär als zweckmäßig, sie stabilisieren sich als Folge von Versuch und Irrtum; erst im Nachhinein stellt sich heraus, ob sie viabel sind, ob sie „passen", oder ob sie angepasst oder verworfen werden. Niemals sind die festgehaltenen Perspektiven daher „bestimmt" und „vereinseitigt", ihre Konturen bleiben stets unbestimmt und verschwommen, weil sie dauernd neu justiert und den sich ständig neu stellenden Herausforderungen angepasst werden. Viable Formen werden bis auf weiteres beibehalten oder umgeformt, andere verschwinden und nehmen nicht weiter an

18 An anderer Stelle heißt es bei ihm: „*Kultur* ist ihrem Wesen nach ein über Jahrhunderte gehendes Herausarbeiten von hohen Gedanken und Entscheidungen, aber auch ein Umgießen dieser Inhalte zu festen Formen, so daß sie jetzt, gleichgültig gegen die geringe Kapazität der kleinen Seelen, weitergereicht werden können, um nicht nur die Zeit, sondern auch die Menschen zu überstehen. Über lange Zeiten und große Zahlen hin können gerade die hohen und verdichteten Inhalte nur in den Formalismus eingewickelt überleben: Forms are the food of faith [...]" (Gehlen 1986a: 24, Hervorhebung im Original).

19 Hierin ist der Kritik Dieter Claessens zuzustimmen, dass Gehlen nicht konsequent bleibt, wenn er hier von „Entscheidungen" der Menschen und an anderer Stelle doch gerade von der Vorbewusstheit der Institutionen spricht (vgl. Claessens 1970: 42, vgl. dazu auch die in FN 10 dieses Gliederungspinktes bereits erwähnte Kritik Karl Siegbert-Rehbergs sowie Rehberg 1990: insbes. 126). So unterscheidet Gehlen in „Die Seele im technischen Zeitalter" zwischen den Institutionen „vergangener Kulturen" und denen der „modernen Gesellschaft", dabei letztere kritisierend: „Die Institutionen der modernen Gesellschaften haben sich auf das Zweckmäßige reduziert", obwohl doch das „[...] Wesentliche einer dauerhaften Institution [...] ihre Überdeterminiertheit [...]" sei, nur in dieser Überdeterminiertheit könne sie „[...] die tiefen vitalen, aber auch geistigen Bedürfnisse der Menschen nach Dauer, Gemeinsamkeit und Sicherheit [...] erreichbar machen [...]" (Gehlen 1970: 116). Es geht hier allerdings im Wesentlichen nicht um die Kritik der Institutionentheorie, sondern um Schwierigkeiten aufzuzeigen, die der Institutionenbegriff mit sich führt, die daher durch einen anderen Begriff zu umgehen sind; insofern bleiben diese „zwei Gesichter" Gehlens für die vorliegende Arbeit folgenlos.

dem weiteren Entwicklungsprozess teil. So können sich komplexere Formen stabilisieren, diese aber produzieren auf jeder Entwicklungsstufe von neuem Bedeutungsüberschüsse ganz anderer Art, die sich wiederum einer abschließenden Bestimmung entziehen.

Für Gehlen sind, darin mit Plessner übereinstimmend, in der Außenwelt stabilisierte, von ihrem „akuten" Formungsprozess abgelöste, somit „außernatürliche" Dinge vonnöten, über die vermittelt der Mensch *seine* Form, also sich selbst als „Selbst" stabilisiert. Nach Gehlen erhalten Dinge und Lebewesen jeder Art einen „Selbstwert im Dasein" „[...] wenn ihr Daseinswert vorausgesetzt wird, aber sozusagen eingeklammert bleibt und nicht zum Thema des Verhaltens wird [...]" (ebd.: 15). Der Daseinswert eines Dinges wird umso größer, je länger es in seinem objektiven Da-Sein die aktuelle Bedürfnislage *überdauert*, es also nicht sofort aufgezehrt wird. So wie „äußere" Formen sich erst prozessual gegen den Umweltdruck behaupten, so müssen sich auch die „inneren" menschlichen Formen gegen diesen Druck erhalten. Antriebe und Interessen seien „orientiert", so Gehlen, wenn sie eine relativ stabile, ausdrückbare Form gefunden haben, wenn sie nur mehr von bestimmten Auslöserdaten hervorgerufen werden: Ein Bedürfnis sei „[...] dann orientiert, wenn es im Sinne der Verlagerung der Antriebsmomente in den Gegenstandsbereich auslösbar gemacht wurde" (ebd.: 74). Bedürfnisse werden (phylo- wie ontogenetisch) „bildhaft" besetzt, mit Auslöserformen („Reizen") gekoppelt und dann von diesen her auslösbar. Dieser Prägungsprozess, der *auch bei Tieren* beobachtet werden könne, so Gehlen, führt sukzessive zum Aufbau eines spezifischen Verhaltenssatzes, der mit der Befriedigung des entsprechenden Bedürfnisses endet: Erst „[...] jetzt, durch das zugeordnete Verhalten hindurch, ist das Bedürfnis mit einem Richtungsbild des Erfüllungsobjektes besetzt und zugleich auf einen einseitigen (sic!) Inhalt eingegrenzt" (ebd.: 73). In ganz ähnlicher Weise ließen sich Gewohnheiten verstehen. Auch im Falle der Gewohnheiten als stereotypisierte und stabilisierte Verhaltensweisen werden umschriebene, also stabilisierte „Bestandsstücke" der Außenwelt zur Außenstütze, die von sich aus einen immer gleichen oder doch ähnlichen Umgang mit ihnen nahe legen. Damit entlasten Gewohnheiten vom Aufwand „improvisierter Motivbildung" (vgl. ebd.: 23).

Tatsächlich benötigt der Mensch Außenstützen, die ihn erst zu dem machen, was er ist. Doch stabilisiert sich der Mensch dauernd neu, er formt seine Außenstützen dauernd um, nichts ist an ihnen streng genommen von dauerndem Bestand, ständig verändern sie sich und sichern den sich ständig verändernden Menschen gerade deshalb in einer sich ständig verändernden Umwelt. Die Bedeutung von Vergegenständlichungen liegt nicht in ihrer wie auch immer gearteten *absoluten* Stabilität, sondern in ihrer Potentialität in Bezug auf die Organisationsnotwendigkeit der Grenzerhaltung, darin also, inwiefern sie sich kurz- *und langfristig* für den Erhalt der menschlichen Formen eignen.[20] Ihre Bedeutung ist nur innerhalb des je spezifischen Systems relativ stabilisierter Formen zu verstehen, dessen Ganzheit sich einem Beobachter verschließt. Erst sekundär entscheidet sich daher, welches Niveau an Stabilität bzw. Flexibilität tatsächlich adäquat *war*. Für einen Beobachter ist jedoch eines sicher, dass nämlich *absolute* Stabilität der Formen, der Außenstützen bzw. der Gehlen'schen Institutionen bedeutete, Anpassungsleistungen *auszuschließen*, so wie absolute Flexibilität keine organischen Formen hervorzubringen vermag.[21] Grundlegende Fehlent-

20 So sah schon Ferdinand Lassalle, worauf Helmut Schelsky in einem bereits erwähnten Aufsatz zur Frage der Stabilität von Institutionen aufmerksam macht, den Wert und die Dauerhaftigkeit einer geschriebenen Staatsverfassung davon abhängig, dass sie den ungeschriebenen, realen, zu einer Zeit gegebenen Machtverhältnissen, also der ungeschriebenen Verfassung des Landes entspricht (vgl. Schelsky 1965b: 34). Für Karl Mannheim war dies der Ausgangspunkt der Wissenssoziologie, die den Prozess zu untersuchen habe, wie sich die ererbten (Denk-) Modelle stets wieder den neuen, veränderten Anforderungen in veränderten Situationen anpassen. Mannheim plädierte daher für einen „dynamischen Relationismus" als der einzigen möglichen, „[...] adäquaten Form des Suchens nach einem Ausweg in einer Welt, in der verschiedene, zur Absolutheit hypostasierende Möglichkeiten der Weltsicht existieren, deren *Partikularität* bereits sichtbar geworden ist" (Mannheim 1985: 86, Hervorhebung im Original. Vgl. auch Becerra: 1995, 41f.). Es sei zu begreifen, dass nicht nur der Gegenstand, sondern auch die Weise des Verstehens der Geisteswissenschaften, historischer Natur sind, sowohl das Objekt als auch das Subjekt verändern sich dynamisch (vgl. insbes. Mannheim 1985 siehe auch Deininger-Meyn 1986: 70). Das Ziel der Soziologie als „Wirklichkeitswissenschaft", so sah es auch Max Weber, ist gerade, „[...] die uns umgebende Wirklichkeit des Lebens, in welches wir hineingestellt sind, *in ihrer Eigenart* zu verstehen [...]", in ihrer Kulturbedeutung, so Weber weiter (Weber 1988: 170, Hervorhebung im Original gesperrt). Das Bild, das wir von einer Gesellschaft entwerfen, und die „Verfassung", um es mit Lassalle zu sagen, die sich über diesem Bild erhebt, die „Weltanschauung" (Mannheim) oder eben die Institution, die den Menschen sichern sollte, wird „falsch", wenn sich das Bild von der konkret gewordenen Lebensordnung entfernt, die es abzubilden vorgibt (vgl. Deininger-Meyn 1986: 71-90), entsprechend muss die „Institution", die „Außenstabilisierung", die wesentlich unser Bild von einer verobjektivierten Gesellschaft ausmacht, flexibel bleiben, will sie den Menschen weiterhin absichern, anstelle ihn grundlegend zu verunsichern.

21 Gehlen sieht das Problem wesentlich in der Aufweichung der Institutionen, während er die Problematik zu sehr verfestigter Institutionen unterbewertet. Das Aufweichen der Institutionen hat für ihn notwendig katastrophale Folgen: „Wenn große politische und soziale Veränderungen in einer hochdifferenzierten Gesellschaft keine gemeinsame Richtung mehr haben, also sich gegenseitig bremsen, durchdringen und querschieben, wird die Verunsicherung allgemein. Man muß dann in den Kernschichten experimentieren, oder an der Gegenwart entlanggleiten und wieder tiefgewohnte Einstellungen einklam-

wicklungen ließen im ersten Fall das System unangetastet, Bedeutungsumwertungen – also normales Scheitern – als Anpassung an veränderte Umweltverhältnisse wären ausgeschlossen, sie wären nicht „fehlerfreundlich", so dass irgendwann bereits geringfügige Fehlentwicklungen letztlich das Gesamtsystem grundlegend gefährden würden. Für den zweiten Fall gilt einfach, dass organische Formen per Definition höhere Ordnungen bilden und dieser bedürfen, absolute Flexibilität aber eine solche höhere Ordnung logisch ausschließt.

Wenngleich das Verständnis von Institutionen auch in der aktuellen Literatur kaum eingrenzbar variiert und sowohl weitere, flexiblere Ansätze als auch engere, die notwendige Stabilität betonende Ansätze miteinander konkurrieren, verzichtet diese Arbeit auf die Verwendung des Institutionenbegriffs, um nicht zu riskieren, mit der zur konservativen Starre neigenden, essentialisierenden Gehlen'schen Vorgabe vermengt zu werden. Den Institutionenbegriff als wesentliche Kategorie bei Überlegungen zu Grundlagen einer soziologischen Katastrophe zu verwenden könnte die Interpretation begünstigen, Katastrophen allein als den Verlust von Stabilität oder Bindungskraft eben jener Institutionen zu deuten. Der Zusammenbruch fundamentaler, in Gesellschaften über lange Zeiträume gewachsener und weitgehend verfestigter Formen lässt sich als Katastrophe begreifen. Während bei Gehlen aber der Schluss lauten würde, gesellschaftliche Institutionen müssten umso mehr vor ihrer Infragestellung geschützt werden, muss hier das Urteil lauten: Der Zusammenbruch fundamentaler Formen kann gerade – zumindest auch – bedeuten, dass sich diese Formen *zu sehr* stabilisiert

mern. Das fundamentale Bedürfnis nach Grundsätzlichem und Stabilem verlagert seinen Ort und schiebt sich in das Bewußtsein vor, also in eine gerade jetzt sensibilisierte und auf hoher Alarmstufe arbeitende Sphäre. Der Versuch, den Einzelnen bloß vom Bewußtsein her, also mit ideologischen Mitteln, in Sicherheit zu setzen, wird ebenso zwingend wie hoffnungslos. Auch entstehen mehrere öffentliche Meinungen, in deren Sog schlechterdings alles geraten kann, weil unter dieser Konstellation jede Aussage als eine mögliche Handlung erscheint – in völliger Verkennung der Tatsache, daß jetzt das überbelastete Bewußtsein, die Sprache und Meinung das öffentlichen Handeln zum großen Teil ersetzen müssen" (Gehlen 1986a: 43f.). Bereits Ferdinand Tönnies hatte in seiner 1922 erstmals veröffentlichten „Kritik der öffentlichen Meinung" vor der Zersplitterung der Öffentlichen Meinung gewarnt, welche moderne Gesellschaften, wie zuvor die Religion, entlang übergreifender Gesetzmäßigkeiten zu führen vermag. Nur eine relativ verfestigte Öffentliche Meinung könne modernen Gesellschaften relative Stabilität verleihen (vgl. Tönnies 2002). Doch wie Gehlen vernachlässigte auch Tönnies die Möglichkeit, dass auch eine zu sehr verfestigte, sich selbst entlang wissenschaftlich-rationalen Kriterien stabilisierende Öffentliche Meinung die Stabilität von Gesellschaften langfristig zu gefährden vermag, da sie bedeutende Umweltveränderungen nicht mehr wahrzunehmen vermochte (vgl. dazu Voss 2005b).

haben, dass sie nun gerade aufgrund ihrer hochgradigen Stabilität dem Druck des Umweltwandels unterliegen. Diese Arbeit verzichtet aus diesem Grund auf die Verwendung des Institutionenbegriffes, sie verzichtet auf den Begriff aber auch schon deshalb, weil damit allgemein etwas genuin Menschliches verstanden wird, der Mensch als durch Institutionen sich *kategorial* von anderen organischen Formen unterscheidend. Dieser Vorstellung wird hier grundlegend widersprochen, der hier vertretenen Meinung ist daher mit einer anderen begrifflichen Akzentuierung Ausdruck zu verleihen.

Zum Begriff der symbolischen Form

Die Wahrnehmungswelt ist also dem Menschen (wie dem Tier), wie oben besprochen, nicht a priori gegliedert gegeben. Die Gliederungen und Unterscheidungen werden von jedem Beobachter eigentätig (und doch nicht bewusst) in seine individuelle Umwelt eingezogen, er nimmt Umwelt wahr in dem er sie formt, alles befindet sich dabei in ständigem Fluss. Welt ist, mit Helmuth Plessners Worten, vermittelt unmittelbar, sie ist erst so, wie sie erscheint, weil der Mensch sie zu dem macht, wie sie dann ist; Welt ist also stets im Werden. Der Mensch schöpft seine Welt, indem er sie wieder und wieder bedeutungsvoll (re-)trukturiert. Die Wahrnehmungswelt, so auch Arnold Gehlen, ist durch und durch das Resultat menschlicher Eigentätigkeit: „Sie ist […] in sehr hohem Grade symbolisch, d.h. ein Feld von Erfahrungsandeutungen, welche uns die Beschaffenheit und Verwendbarkeit der Gegenstände[22] symbolisieren" (Gehlen 1993: 39). Gehlen beschreibt den Prozess der Formung der Wahrnehmungswelt innerhalb des Gruppenzusammenhanges als Kommunikationsprozess des Menschen mit seiner Umwelt. Die symbolische Aneignung und Formung der Welt geschieht in „[…] kommunikativen Bewegungen und Aktionen […], ihre offene Fülle [wird,

22 Gehlen spricht natürlich von „Gegenständen" und von „Dingen" als materiellem Grund, den die Anschauung formt; die in der vorliegenden Arbeit eingenommene konstruktivistische Position, die auf jeder Art Referenz auf dingliches Material verzichtet, ist ihm fremd. Cassirer argumentiert viel radikaler: Niemals könne „[…] die Analysis des Bewußtseins […] auf ‚absolute' Elemente zurückführen […], – weil eben die Relation, weil die reine *Beziehung* es ist, die den Aufbau des Bewußtseins beherrscht und die in ihm ein echtes ‚Apriori', als wesensmäßig-Erstes hervortritt. Nur im Hin und Her vom ‚Darstellenden' zum ‚Dargestellten', und von diesem wieder zu jenem zurück, resultiert ein Wissen vom Ich und ein Wissen von ideellen, wie reellen Gegenständen" (Cassirer 1975: 236, Hervorhebung im Original gesperrt). Allerdings irritiert, wie gerade dieses Zitat zeigt, die Unterscheidung von ideellen und reellen Gegenständen bei Cassirer an vielerlei Stellen. Es bleibt anzumerken, dass dieses Zitat wohl ebenso hätte von Georg Simmel stammen können, der damit den Wechselwirkungsbegriff definierte.

M.V.] in Erfahrung gezogen, ‚erkannt' und abgestellt, und dieser Prozess, welcher den größten Teil des kindlichen Alters ausfüllt, hat als Resultat die uns gegebene Wahrnehmungswelt" (ebd.: 39, im Original mit Hervorhebung). Alle Wahrnehmung ist in diesem Sinne symbolisch, in Form von Handlungen „durchgangene" und kommunikativ in der Auseinandersetzung mit den Dingen und anderen Menschen erschlossene Welt. Diese Form der Welterschließung ist

„[…] ein Inbegriff dahingestellter, potentiell bekannter, in bloßen Andeutungen übersehener Dinge von *möglicher Verfügbarkeit*, und der bloße oberflächliche optische Eindruck gibt uns Symbole, welche uns den Gebrauchswert und die Umgangseigenschaften der Dinge (Gestalt, Schwere, Textur, Härte, Gewicht usw.) andeuten" (ebd., Hervorhebung im Original).

Die menschliche Sinnenwelt ist symbolisch geformt, sie besteht aus symbolischen Bedeutungszentren, die ein Beobachter aus der Gleichförmigkeit der Ganzheit erster Ordnung hervorhebt, aus Formen, die Welt mehr und mehr bedeutungsvoll vorstrukturieren, die also nicht mehr alle Möglichkeiten gleich wahrscheinlich sein lassen. Müsste der Mensch in jedem Augenblick mit allem rechnen, wäre er nicht für einen Moment überlebensfähig. Die Welt ist ihm, während er sie neu schöpft, immer schon als komplexitätsreduzierte gegeben, er schließt an bereits symbolisch Geformtes an. Nur in diesen „symbolischen Feldern" ist überlebensnotwendige Übersicht möglich. „Es kommt biologisch durchaus erst in zweiter Linie auf die Wahrnehmung von Einzeldingen und Einzelheiten an, in erster Linie gibt die Wahrnehmung *Situationen*, Gesamtfelder von Umweltandeutungen […]" (ebd.: 199, Hervorhebung im Original), so Gehlen. Zu diesen Feldern gehören Andeutungen ihrer möglichen Verwendbarkeit als Eigenschaften, als „Abschattungen"; keineswegs kommen diese lediglich zu ihren „dinglichen" Eigenschaften hinzu, sie sind konstitutiver Bestandteil des Wahrgenommenen. Der Prozess der Bildung dieser Andeutungsfelder verläuft also nicht im Sinne eines Entdeckens von schon vorhandenen Formeigenschaften innerhalb des „objektiven Seins", sondern als ein fortwährender und immer schon laufender Prozess der Grenzziehung und Formung in ein selbst ungeschiedenes Ganzes (erster Ordnung). Dieser immer schon laufende Prozess kommt, anders als es der Institutionenbegriff suggeriert, der von Institutionen wie von objektiven „Tatsachen" spricht, jedoch auch niemals zu Ruhe, an seinem Ende stehen also keine Formen, auf deren Stabilität der Mensch nun auf alle Zeiten angewiesen wäre.

Alle diese Formen befinden sich im Fluss und niemals sind sie dabei bloß das, als was sie einem Beobachter erscheinen. Entsprechend dieser für die vorliegende Arbeit zentralen Gewichtung wird im Folgenden zu der

Kategorie der für einen Beobachter relativ stabilisierten Form das Adjektiv „symbolisch“ hinzugenommen. Als „symbolische Formen“ werden demnach relativ stabilisierte und verdichtete Erfahrungsgehalte bezeichnet, die aus der kommunikativen Erschließung der Welt hervorgehen, also Formen, die sich in einem immer schon laufenden Prozess aus einem insgesamt unbestimmten Hintergrund hervorheben und zu relativ bestimmten Bedeutungszentren stabilisieren. Der stets werdende Mensch erfährt Umwelt kommunikativ durch Handlungen und Rückwirkungen der Umwelt, zunehmend vermag er, auch aufgrund weiterer physiologischer „Luxurierung“, diese Erfahrungen zu erinnern, die unterschiedlichen Erfolge und Misserfolge von Handlungen zu Bedeutungsketten zu ordnen und die symbolischen Formen hinsichtlich ihrer potenziellen Verwendungsmöglichkeiten zu gliedern. Unterdessen bilden die so gegliederten Formen neue Verbindungs- und Erfahrungsmöglichkeiten, sie eröffnen also kommunikative Erfahrungsvielfalt, die sich entweder sekundär als vorteilhaft, also die Lebensbedingungen luxurierend erweisen, oder aber deprivieren und auf ein stabileres Komplexitätsniveau zurückfallen. Auf diese Weise kann sich ein immer komplexeres System symbolischer Formen entfalten, das dauernd „experimentiert“ und Neues „ausprobiert“, das also stets offen bleibt für Umweltveränderungen, das sämtliche Formen dauernd den neuen Verhältnissen anpasst, ohne doch Bewährtes zu verwerfen. In jedem Moment schöpft sich das System von neuem und doch behält es seine Struktur bei.

Symbolische Formen bleiben stets an den Prozess ihrer Entstehung gebunden, sie beziehen ihre Bedeutung aus ihrem Entstehungszusammenhang, also aus der Notwendigkeit der Unterscheidung von Form und Umwelt, und damit auch allen sie „umfassenden“ bzw. einrahmenden symbolischen Formen. Die Totalität aller symbolischen Formen weist der einzelnen Form ihre Bedeutung zu, ein Wandel irgendeiner Form innerhalb des Formen-Ganzen, bedeutet daher den Wandel auch aller anderen Formen. Symbolische Formen sind somit immer mehr, als sie zu sein scheinen, sie verweisen auf das Ganze der symbolischen Formen, in das sie eingebunden sind, auf Umwelt also, ohne diesen Verweis anzuzeigen. Durch die symbolischen Formen hindurch erhält sich das Leben, vorab aller rationalistischen Verobjektivierung, ja die längste Zeit auch noch geradezu trotz aller rationalistischen Verobjektivierung.

Symbolische Formen stehen also nicht in einem leeren Raum, sondern sind umgrenzt von der Ganzheit ihrer Umwelt, von der sie sich abgrenzen. In seinen phänomenologischen Überlegungen zum „modernen“ Bewusstsein hatte Edmund Husserl diesen Zusammenhang untersucht: „Das aktuell Wahrgenommene, das mehr oder minder klar Mitgegenwärtige und Bestimmte (oder mindestens einigermaßen Bestimmte) ist teils durchsetzt, teils umgeben von einem *dunkel bewußten Horizont unbestimmter Wirk-*

lichkeit“ (Husserl 1985b: 132, Hervorhebung im Original gesperrt)[23]. Vor allem Bewusstsein, so wurde oben bereits argumentiert, bilden Organismus und Umwelt immer schon eine Einheit, entwickeln sich beide untrennbar wechselseitig aufeinander abgestimmt. Dieses „Eingepasstsein“ des Organismus in die Umwelt geht auch mit dem Insulationszusammenhang nicht verloren, auch die Gruppe und in ihr der Mensch bildet mit der ersten Umwelt ein Ganzes. Alle symbolischen Formen, die den Gruppenzusammenhang und die in dem Gruppenschutz aufgehobenen Menschen stabilisieren, sind aus der Wechselwirkung von Umwelt und Organismus hervorgegangen und sind untrennbar in diese Wechselwirkung eingeflochten. Das Symbolische jeder Form, als ihr Bedeutungsüberschuss, stellt diese Einheit mit ihrem Hintergrund, von dem sie unterschieden ist, immer schon her. Das System der relativ stabilisierten Formen wirkt insgesamt als Nomos: Durch alle Formen hindurch erhält sich das Leben, niemals jedoch in bewusster Planung, sondern als Prozess von Selektion und Variation.

Die „tatsächliche“ Bedeutung einer einzelnen Form ist für einen Beobachter nicht ersichtlich, sie symbolisiert lediglich Bedeutendes, er vermag sie zu beobachten, weil sie bedeutend ist, ohne dass sie wäre, was sie zu sein scheint, während seine Beobachtung Teil dieses Prozesses ist, der sich ihm schon daher niemals vollständig erschließt. Keine symbolische Form ist funktional abschließend zu bestimmen, keine Form ist auf einen *bestimmten* bzw. bestimmbaren Sachverhalt, reduzierbar. Dennoch gelingt es dem Menschen immer schon, trotz, ja gerade wegen dieser Unbestimmtheit auch seiner Beobachtungsformen sich selbst, dann auch sich in Gesellschaft, zu erhalten.[24] Die Bedingungen dieses Fortbestehens der menschli-

23 Es lohnt sich, Husserl noch mit einer längeren Passage zu zitieren: „Ich kann Strahlen des aufhellenden Blickes der Aufmerksamkeit in ihn [den Horizont, M.V.] hineinsenden, mit wechselndem Erfolge. Bestimmende, erst dunkle und dann sich verlebendigende Vergegenwärtigungen holen mir etwas heraus, eine Kette von solchen Erinnerungen schließt sich zusammen, der Kreis der Bestimmtheit erweitert sich immer mehr und ev. so weit, daß der Zusammenhang mit dem aktuellen Wahrnehmungsfelde, als der *zentralen* Umgebung, hergestellt ist. Im allgemeinen ist der Erfolg aber ein anderer: ein leerer Nebel der dunklen Unbestimmtheit bevölkert sich mit anschaulichen Möglichkeiten oder Vermutlichkeiten, und nur die ‚Form‘ der Welt, eben als ‚Welt‘, ist vorgezeichnet. Die unbestimmte Umgebung ist im übrigen unendlich, d.h. der nebelhafte und nie voll zu bestimmende Horizont ist notwendig da“ (Husserl 1985b: 132, Hervorhebung im Original gesperrt).

24 Siehe dazu das Werk Paul Ricœurs, der sich ausführlich mit der Bedeutung des Symbolischen beschäftigt und dabei die These verfolgt, dass sich durch das Symbolische die Einheit von Mensch und Sein herstellt (vgl. insbes. Ricœur 1974, darin die zwei Kapitel „Hermeneutik der Symbole und philosophische Reflexion“ I und II, 162-216). Die Fragestellung Ricoeurs lautete: „[...] wie kann man die philosophische Reflexion [gemäß den Kriterien der

chen, dann der gesellschaftlichen Form, lassen sich niemals abschließend bestimmen, es lassen sich aber Bedingungen ableiten, die hierzu *notwendig* erfüllt sein müssen.

Das eingangs insbesondere entlang der wissenschaftlichen Risikodiskussion aufgezeigte Schwinden der wissenschaftlichen Objekte kann so verstanden werden, dass Wissenschaft, ja dass moderne Gesellschaften sich mehr und mehr mit der Tatsache konfrontiert sehen, dass objektivistische Kategorien Welt nicht hinreichend zu bestimmen vermögen, dass gerade die schärfsten analytischen Begriffe nur mehr Unverständliches zu Tage bringen, ja schließlich das Bedeutendste gar nur verbergen (vgl. dazu auch Mannheim 1985: 49). So beginnen moderne Gesellschaften an ihren fundamentalen Paradigmen, ja an ihren Begriffen zu zweifeln. Die Reaktion in Form der Destruktion metaphysischer Substanzbegriffe aber führt sie in einen nominalistischen Relativismus, angesichts dessen jegliche Theoriebildung hinfällig, erst recht aber der *praktische* Katastrophenschutz vollkommen handlungsunfähig wäre. Es bedarf schon für jede theoretische Auseinandersetzung, erst recht aber für die Praxis, immer auch relativ stabiler Kategorien, anhand derer sich das Handeln ausrichten kann. Eine Katastrophensoziologie kommt nicht darum herum, Begriffe zu verwenden, die von der konkreten Mannigfaltigkeit abstrahieren, Begriffe, die Konstanz suggerieren, wo doch Prozess ist. So muss sie in ihrer Beschreibung notwendig die Katastrophe als ein über die Zeit hinweg relativ konstantes, bedeutendes Phänomen behandeln. Der Begriff der symbolischen Form aber soll diesen Umstand kennzeichnen, dass es sich bei diesen Phänomenen

---

Rationalität und Strenge, M.V.] mit der Hermeneutik der Symbole *verschränken*? [...] Vielleicht muß man die Enttäuschung erfahren haben, die sich an die Idee einer voraussetzungslosen Philosophie knüpft, wenn man den Weg zur Problematik finden will, mit der wir uns hier befassen. Im Gegensatz zu den Philosophien des Ausgangspunktes geht eine Meditation der Symbole von der Fülle der Sprache und vom bereits vorfindlichen Sinn aus; sie setzt in der Mitte der Sprache an, die schon stattgefunden hat und in der alles bereits auf irgendeine Weise gesagt worden ist; keinesfalls versteht sie sich als ein Denken, das ohne Voraussetzungen auskommen will, sondern als ein Denken in und mit all seinen Voraussetzungen. Darum sieht sie ihre erste Aufgabe nicht darin, einen Anfang zu setzen, sondern sich aus der Mitte des Wortes wiederzuerinnern" (ebd.: 162, Hervorhebung im Original). Dabei käme eben dem Symbol eine besondere Bedeutung zu, mittels des Symbolischen ließe sich die Einheit von Mensch und Sein denken, denn in ihm offenbart sich, was sich verbirgt, es wird zum „Index der Situation" des Menschen im Sein (vgl. Ricœur 1971: 396). Das Symbolische stehe nicht allein für eine „Symbolik der Subjektivität [...], des abgetrennten menschlichen Subjekts, der Bewußtwerdung, des vom Sein abgespaltenen Menschen", es sei im Wesentlichen „Symbol der Verflechtung des Menschen mit dem Sein", so Ricœur weiter (Ricœur 1974: 189).

eben nur um *relativ* konstante, *einem Beobachter* etwas bedeutende Formen handelt, deren Bedeutung absolut gesehen zu keinem Augenblick im Raum-Zeitverlauf mit sich selbst zu einem anderen Zeitpunkt identisch ist. Es handelt sich um Phänomene, die in jedem Falle *individuell* von neuem auf ihren Gehalt hin zu untersuchen sind, gerade wenn sie so sehr betreffen, wie Katastrophen betreffen. Alle von einem Beobachter wahrgenommenen Formen sind für ihn bedeutungsvoll, ihre Bedeutung aber variiert ständig je nach aktueller „Bedürfnislage", die ebenfalls sich in einem ständigen Fluss befindet. Begriffe, die diesen Formen Dauer verleihen, indem sie sie aus diesem Fluss herauslösen, ihnen damit eine Existenz unabhängig von Raum und Zeit verleihen, vermögen diese Bedeutung schließlich nicht mehr abzubilden, wenn sie sich nicht immer wieder selbst korrigieren. Formen, die immer enger miteinander verkoppelt werden, entziehen sich mehr und mehr der Fähigkeit zur gestaltenden Einflussnahme, sie werden dem Umweltwandel entzogen und auf Dauer gestellt, ohne Garantie, dem sich davon ungeachtet weiterhin fortsetzenden Umweltwandel auf Dauer angemessen zu sein, nur weil sie in der Vergangenheit einmal adäquat „funktionierten". In jeglicher Form vergegenständlichender Begriffsbildung als notwendigem Instrument der Auseinandersetzung mit Welt ist diese „Entfremdung" angelegt. Dieser Entfremdung kann begegnet werden, indem gerade den Bedeutendstes symbolisierenden Begriffen ihr Mehrwert „symbolisch" wieder zugeführt wird, den der wissenschaftliche Abstraktionsprozess der relativ stabilisierten Form erst nahm.

5.3 Relative Stabilisierung symbolischer Formen im mythischen Denken

Im Folgenden wird der Aufbau der menschlichen Wahrnehmungswelt als Prozess der relativen Stabilisierung symbolischer Formen weiter verfolgt. Im vorangegangenen Abschnitt ging es bereits grundlegend darum, ein Verständnis des vorrationalen Abstimmungsprozesses von Form und Umwelt zu erarbeiten, ein Verständnis derjenigen Prozesse, durch die hindurch es einem relativ stabilisierten System gelingt – bzw. auf welche Weise es ihm nicht gelingen kann – sich in einer sich beständig wandelnden Umwelt dieser ständig anzupassen und sich zugleich von dieser zu unterscheiden, also seine eigene Form zu erhalten. Vor diesem Hintergrund wird nun das „mythische Denken" skizziert und grundlegende Entwicklungslinien bis hin zum modernen Menschen werden nachgezeichnet, es wird die spezifische Verwobenheit, der systemische Charakter der mythischen Wahrnehmungsformen und deren Wandel beschrieben. Im mythischen Denken formt sich die Wahrnehmungswelt, wie sie sich den ersten Philosophen darstellt, wie sie selbst noch der modernen Wissenschaft zugrunde liegt. Das Ziel dieses Gliederungspunktes aber ist es, zu zeigen, dass das moderne Denken sich gegenüber dem des Mythos, als auch gegenüber dem Denken der ersten okzidentalen Philosophen kategorisch in einer spezifischen, katastrophenträchtigen Hinsicht unterscheidet, die es zunehmend unwahrscheinlicher werden lässt, dass es dem Menschen gelingt, sich gegenüber seiner Umwelt zu behaupten.

Um diesen Unterschied plausibel aufzeigen zu können, muss in diesem Gliederungspunkt der Weg der „dichten Beschreibung" (Clifford Geertz) gegangen werden, es ist die „[...] Vielfalt komplexer, oft übereinandergelagerter oder ineinander verwobener Vorstellungsstrukturen [...]" (Geertz 1997: 15) und für die weitere Entwicklung zum modernen Menschen hin besonders bedeutender vergegenständlichter Formen in ihrem prozessualen Charakter zu beschreiben. Diese Beschreibung vermag erst die anschließenden Erörterungen zu fundieren, ihnen also eine Plausibilität zu verschaffen, die sich rein analytisch nicht erreichen lässt. Dem zu beschreibenden ganzheitlichen Zusammenhang fehlt es an Eigenschaften, die sich substantiell bestimmen ließen, allein in der dichten Beschreibung lässt sich jenes Ineinanderverwobensein der Formen dem *modernen* Denken gegenüberstellen, das sich eben darin vom Mythos unterscheidet, dass es einen wesentlichen Teil dieser Formen aus ihrem sie transzendental, also als Bedingung ihrer Möglichkeit einbettenden Zusammenhang heraus isoliert.

Während im Mythos alles unauflöslich miteinander verwoben ist, sich daher ständig alles verändert, beginnen mit den Anfängen der okzidentalen Wissenschaften zwei Bereiche auseinander zu driften, beginnt sich aus einer intransparenten „Kultur" eine transparente unveränderliche „Natur" heraus zu scheiden, die doch noch die längste Zeit in einen transzendierenden Schleier gehüllt bleibt. Aus diesem anfänglichen Haarriss wird allmählich ein Bruch, der Katastrophen zunehmend wahrscheinlicher werden lässt, während er den Blick auf ihre Ursachen verstellt: Real-Falsifikationen führen nun nicht mehr zur kritischen Reflexion *aller* relativ stabilisierten, also sämtlicher durch und durch sozialen Formen; die „Ursachen" dieses Scheiterns werden nun nur mehr in der „Natur der Dinge" gesucht, von der man glaubt, man müsse eben diese „Natur" nur noch besser verstehen lernen. Gesucht wird nur noch in dieser einen abstrakten Richtung, ohne mehr den eigentlichen konkreten, affektiv wahrnehmbaren Bedeutungsgehalt dieser Falsifikationen in seiner ganzen Breite zu hinterfragen. Das mythische Denken als Form, die ein Beobachter heute retrospektiv beobachtet,[25] kennt

25 Es ist hier zu betonen, dass sich auch das mythische Denken als *einheitliche* Form nur durch Abstraktion beschreiben lässt, Abstraktion nämlich von den unendlich vielen „gescheiterten" Formen, die diese Entwicklung in ihrer gan-

keinen solchen Bruch, die Kategorien des Mythos standen stets untereinander in einer unauflösbaren Wechselbeziehung, die die ständige Neuausrichtung *aller*, auch der noch so stabilen Formen ermöglichte. Das Scheitern irgendeiner Form warf Fragen an alle anderen Formen auf. Im modernen Denken sind zwei Bereiche kategorisch und ohne Vermittlung voneinander getrennt, Veränderungen im einen Bereich wirken sich nicht mehr notwendig auf den anderen aus, mit der Folge der Möglichkeit katastrophaler Fehlentwicklungen. Wie also konnte es zu diesem Bruch kommen?

Die Verklammerung von erster und zweiter Umwelt im mythischen Denken

Um diese Frage klären zu können, bedarf es zunächst eines Begriffes des mythischen Denkens, also besonderer Charakteristika, die nach Ernst Cassirer den Mythos zu einer besonderen Form des Weltzuganges machten. Hierzu zählt insbesondere das, was Cassirer, Gehlen und Claessens den „sympathetischen Zusammenhang" genannt haben: Während das moderne Denken Zusammenhänge herstellt, in dem es zwei Entitäten durch ein vermittelndes Drittes miteinander in Beziehung setzt, nimmt das mythische Denken auch komplexere Zusammenhänge als eigenständige Formen war, ohne sie in Bestandteile zu zergliedern. Dieses Denken ist vielmehr bildlich, mimetisch, ganzheitlich im eigentlichen Sinne, es sieht Einheiten in für den modernen Menschen nur schwer nachvollziehbaren, oftmals weit auseinander liegenden „Dingen". In diesem Denken gibt es kein Getrenntes, alles fließt ineinander, Formen werden nur für den Moment hervorgehoben, alles ist durch alles beeinflussbar und jedes Wahrgenommene kann zugleich Ursache für alles andere sein.[26]

---

zen Breite ebenso begleiteten, die sich einem Beobachter aber nicht mehr zeigen, eben weil sie vergangen sind, ohne noch erkennbare Spuren hinterlassen zu haben. Auch im mythischen Denken haben sich immer wieder Formen stabilisiert und gegen Umweltveränderungen derart immunisiert, dass sie schließlich untergingen. Der Mythos ist nicht frei von Fehlentwicklungen. Im Laufe der Evolution werden immer wieder Versuche gestartet, und nur der erfolgreiche Versuch befähigt zur Fortsetzung der Entwicklung, weil die Form überlebt, die gescheiterte Form aber vergeht. Doch erst in der Moderne wird das normale Scheitern zur umfassenden Bedrohung für das gesamte Ökosystem.

26 Auch dem „modernen" wissenschaftlichen Beobachter sind seine Unterscheidungen nicht einfach gegeben, er muss erst „lernen", jene Formen zu unterscheiden, die im wissenschaftlichen Zusammenhang relevant sind. Im Jahr 1935 veröffentlichte Ludwik Fleck einen Aufsatz unter dem Titel „Über die wissenschaftliche Beobachtung und die Wahrnehmung im allgemeinen" (vgl. Fleck 1983b). Fleck stellt darin fest, dass es einer gewissen Schulung, also ei-

Die Welt tritt dem Menschen niemals ungegliedert gegenüber, immer erscheinen in ihr schon Formen, als Produkt eigener Differenzierungen, von anderen mehr oder weniger deutlich geschieden. Das mythische Denken ist also bereits „geformte“, vermittelte Wahrnehmung, niemals trifft der Mensch auf eine „materia nuda“ (vgl. Cassirer 1975: 18). Und doch kennzeichnet das mythische Denken, so Cassirer, eine *besondere* „Geschlossenheit“: Subjekt und Objekt, „Bedeutung“ und „Ding“ erscheinen dem Beobachter noch derart eng miteinander verklammert, dass sie stets nur für den Augenblick als eigenständige Formen „aktiviert“ werden, dann aber sofort wieder in der Einheit der Verklammerung aufgehen (vgl. Cassirer 1953b: 31). Im mythischen Denken steht jede einzelne Wahrnehmung untrennbar für das Ganze. Die Welt stellt sich dem Menschen als ein übergreifender, nur für den modernen Beobachter als Differenz beobachtbarer Zusammenhang zwischen „Mensch“ und „Natur“ dar. Dieser Zusammenhang ist dem Menschen „natürlich“ gegeben, er nimmt ihn unmittelbar in allen miteinander zu untrennbaren Formen verwobenen Handlungen wahr, wie „[…] Hunger und Durst, Durst und Quelle, Auge und Licht, Wort und Antwort“ (Gehlen 1986a: 165), so Gehlen. Die Alltagserfahrung macht auf Schritt und Tritt sinnvolle, aber unverstehbare Zuordnungen sichtbar, lässt alle Wesen und Ereignisse in einem „[…] Verhältnis des geheimen Einverständnisses, der gegenseitigen Erwartung […]“ (ebd.) zueinander stehend erscheinen, lässt die „[…] dynamische Konzeption der Welt, nach der Wesenheiten oder beseelte Ereignisse in einer sympathetischen Beziehung der Anziehung oder Abstoßung stehen […]“ (ebd.), völlig unvermeidlich

ner Spezialisierung, einer „begrenzten Scharfsichtigkeit“ des praktizierenden Arztes bedürfe, die allerdings mit einer „auf gewisse andere Phänomene begrenzten Blindheit verbunden“ sei, um Krankheitsbilder routiniert erkennen zu können. Er nannte das im Sprachjargon der Zeit „Gestaltsehen“: „Ein in einem gewissen Bereich geschulter Beobachter ist nicht imstande, eine brauchbare Beschreibung zu geben. Im besten Fall gibt er eine ausgedehnte, viele Einzelheiten enthaltende Beschreibung, von denen die Mehrzahl unwesentlich oder überhaupt zufällig sein wird, gibt aber nicht die charakteristischen Züge an und unterstreicht nicht die hauptsächlichen Merkmale. Das Abbild seiner Beobachtung ist wie eine überbelichtete Photographie: überzeichnet, ohne Kontraste. Der Hintergrund ist nicht leer oder diskret zurücktretend, die Gestalt hebt sich nicht von ihm ab, tritt nicht hervor, kommt nicht aus dem Hintergrund ‚heraus‘“ (ebd.: 61). Der ungeschulte „Laie“ sieht eben nur das für *ihn* Bedeutsame, das sich aus seinem spezifischen Hintergrund hervorhebt, das sich aber nicht mit dem verobjektivierten „Krankheitsbild“ trifft, für das er ohne Übung keinerlei Wahrnehmungsformen besitzt. Das mythische Denken verfügt noch über keinerlei derart stabil verobjektivierte Formen, wie mit Cassirer behauptet wird, es kennt noch keinen „Alltag“ (im oben genannten Sinn). Er unterscheidet nicht zwischen Bedeutendem und Unbedeutendem, alles ist ihm bedeutsam.

werden. Der Mensch versteht sich selbst, ohne sich dabei zu begreifen, als in diesen Zusammenhang eingebunden, schon wenn er einen Vogel zu seinem Nest flattern sieht, so Gehlen weiter (vgl. ebd.). Die „Dinge und Menschen reden gewissermaßen miteinander, sie verstehen sich und harmonieren auf natürliche Weise [...]" (Durkheim 1984: 207), so Emile Durkheim. Diese Denkform entspricht den gegebenen Bedingungen, sie verklammert zweite und erste Umwelt derart eng miteinander, dass große Abweichungen voneinander nicht von Dauer sind, die notwendigen Anpassungsleistungen damit das Gruppenganze nicht dauernd grundlegend gefährden. Der *ständige* Abgleich von erster und zweiter Umwelt verhindert, dass die erste Umwelt irgendwann katastrophal in die zweite Umwelt einbricht. Dieser „sympathetische Zusammenhang" kann daher mit Gehlen als eine „Erkenntnisform des Instinkts" umschrieben werden (vgl. Gehlen 1986a: 234).

Wesentliche, für die Existenzform des exzentrisch positionierten Menschen grundlegende stabilere Grenzscheiden fehlen im sympathetischen Denken noch vollständig, die erst in einem langen Erkenntnisprozess in die „Welt" eingezogen werden, alles fließt in einer einzigen Ebene zusammen.[27] Jede von ihrem Hintergrund in der Handlung nur kurzfristig abgehobene Form trägt zunächst die Form des primären Ganzen in sich, ist stets Repräsentant der Gesamtform, ohne überhaupt im eigentlichen Sinne zu unterscheiden. Kein Einzelnes ist als solches individuell, es wird stets in seiner Repräsentationsfunktion für den allgemeinen Zusammenhang gedeutet, ohne dass jedoch diese Repräsentationsfunktion jemals zu Bewusstsein käme. Auf diesem Niveau erscheint der Repräsentant nicht als Repräsentant, sondern als *Sein* des Repräsentierten, Hintergrund und Vordergrund erscheinen auf einer Ebene, so Ernst Cassirer: „Es fehlt hier vor allem jede feste Grenzscheide zwischen dem bloß ‚Vorgestellten' und der ‚wirklichen' Wahrnehmung, zwischen Wunsch und Erfüllung, zwischen Bild und

27 Dazu auch Kurt Imhof und Gaetano Romano: „Subjektive Gefühle, individuelles Leiden und eigene Biographien können sich in dem Netz von Analogien und Kontrasten nicht als etwas Spezielles hervorheben. Eine Weltdeutung, in der die uns selbstverständliche Unterscheidung von objektiver, sozialer und subjektiver Welt unterschiedslos zusammenhängt, kann auch *Sprache* nicht als Medium ‚für sich' *abheben. Zeichensubstrat* wie *Semantik* sind unmittelbar mit dem *Bezeichneten* verbunden. Diese interne Verbindung von Begriffen mit dem Bezeichneten manifestiert sich im magischen Ritus in der Beziehung von Beschwörungsformel und erwartetem Ereignis. Im archaischen Denken verändert die Sprache die Welt noch physisch" (Imhof/Romano 1996: 22f., Hervorhebungen im Original). Diese physische Veränderung durch die Sprache bleibt allerdings bei Imhof und Romano ansonsten unbesprochen, dabei ist es doch gerade die Frage, warum die Sprache ehemals so fundamental formend gewirkt haben soll, sie es heute aber nur mehr „psychisch" (als Gegensatz zum Physischen) vermag.

Sache" (Cassirer 1953b: 48). Sein ist unmittelbares, im modernen Sinne unreflektiertes, also „vernunftloses" Sein. Insbesondere werde dies an der Art der Verarbeitung von Traumerlebnissen und Todeserfahrungen deutlich, so Cassirer weiter: Weder Traum, noch der Tod von Gruppenangehörigen werden als qualitative Brüche wahrgenommen, vielmehr reihen sie sich nahtlos in den gleichmäßigen Fluss aller objektiven Wirklichkeit ein.[28] Cassirer nennt den Mythos die „Stufe der Konkreszenz" (vgl. Cassirer 1953b: 82): Alles fließt ineinander, alles koinzidiert auf der gleichen Ebene, das Bild, die Form von „etwas" ist mit „der Sache" identisch, sie sind *eins*. Bei dem Kulturanthropologen Maurice Godelier heißt es dazu:

„[...] befähigt, alle Aspekte und alle Ebenen [...] einander näher zu bringen, ist das [mythische, M.V.] Denken [...] folglich unmittelbar und gleichzeitig *analytisch* und *synthetisch*, und in der Lage, zugleich in den mythischen Weltbildern alle Aspekte der Realität zu totalisieren und von einer Ebene der Wirklichkeit zu einer anderen durch die reziproken Transformationen seiner Analogien überzugehen." So gewinne „[...] die ganze Welt einen Sinn, wird alles Bezeichnendes und kann alles bezeichnet werden innerhalb einer symbolischen Ordnung, in die alle in das Material der Mythen übernommenen positiven Kenntnisse sich in der ganzen Fülle ihrer Einzelheiten einfügen" (Godelier 1973: 316).

Technik

Cassirer sieht das Ritual in dieser Identität von Bild und Sache begründet: In der rituellen Darstellung wird der „reale" Vorgang wiederholt, wird die Sache noch einmal erlebt, kann das Ereignis in seinem ursprünglichen Verlauf noch einmal beeinflusst werden. Der Zusammenhang zum Ganzen ist ungebrochen, weil der Tänzer im Ritual zum „Gott" *wird*, er der „Gott" *ist*, so wie der Clan sein Totemtier *ist* und diese Identität in nachahmenden Verhaltensweisen noch einmal bestätigt wird. Jede neue Grenzziehung, jede Formenbildung, die etwas aus dem ganzheitlichen Zusammenhang für den Moment hervorhebt, es mit Heidegger gesprochen „entbirgt" (vgl. bspw.

28 Dies ist eine für die soziologische Diskussion der Katastrophe ganz entscheidende Beobachtung, bedeutet sie doch, dass eben auch der Tod nicht notwendig und in allen Kulturen gleichermaßen abschreckend und Entsetzen hervorrufend gedeutet werden muss. Es bedeutet, mit anderen Worten, dass auch eine größere Anzahl an Todesopfern bspw. als Folge einer Überschwemmung in anderen kulturellen Zusammenhängen „normal" sein kann, während im westlichen Kulturkreis dasselbe Ereignis als Katastrophe beobachtet wird. Elísio Macamo kam zu eben diesem Ergebnis, dass die lokale Bevölkerung in Mosambik nach dem verheerenden Hochwasser im Jahr 2000 selbst die Todesopfer für „normal" hielt und sie akzeptierte, ohne zumindest diesbezüglich von einer Katastrophe zu sprechen (vgl. Macamo 2003).

Heidegger 1976: 12),[29] stellt zugleich diesen Zusammenhang her, in dem es geborgen bleibt. Geste, Laut, Wort und Name haben keine bloße Darstellungsfunktion, in ihnen ist „[...] der Gegenstand selbst und seine realen *Kräfte* enthalten" (Cassirer 1953b: 53, Hervorhebung im Original). Jede Formung wirkt sich unmittelbar auf das ganze System der symbolischen Formen aus, in den die für den Moment entborgenen Formen eingebettet bleiben; weil noch keinerlei Dauer „objektiviert" ist, verändert sich alles dauernd und massiv.

Kausalität sei durchaus bereits im mythischen Denken angelegt, es verfüge bereits über eine allgemeine Vorstellung von „Ursache" und „Wirkung", doch wären die voneinander als geschieden wahrgenommenen Formen – wie die Wahrnehmungsformen selbst – noch nicht dauerhaft fixiert, die „Ursache-Wirkungszusammenhänge" haben noch keine eigenständige Seinsweise entfaltet, so Cassirer (vgl. ebd.: 57). Dem mythischen Denken fehlt der *Begriff* der Kausalität, über die *Form* des kausalen Denkens aber verfügt es durchaus (vgl. ebd.: 63); doch wird alles „Individuelle" immer wieder in den ganzheitlichen Zusammenhang aufgehoben, jede Wahrnehmung innerhalb des Systems symbolischer Formen eingeordnet, alles bekommt seinen Platz im ineinander fließenden Ganzen zugewiesen. Das mythische Denken kennzeichnet eine spezifische Art der Vergegenständlichung: Selbst noch die Genese, der Prozess wird stets an ein konkretes, sinnlich gegebenes Dasein geknüpft, der Mythos „klebt" an den Körpern (vgl. ebd.: 70), er schmilzt „[...] alles Sein in konkret-bildhaften Einzelheiten zusammen" (ebd.: 81), deren Form dabei doch unbestimmt und in ständigem Wandel bleibt.

Alles zusammen Erscheinende gehört nach der Grundvorstellung der „sympathetischen Magie" zusammen, es besteht letztlich eine durchgängige Verknüpfung, ein „echter Kausalnexus" (vgl. ebd.: 95), der zugleich bedeutet, dass alles *beeinflussbar* ist. Die möglichen Formen der Beeinflussung werden zunächst ebenfalls gleichsam „vorgegeben": Ein beobachteter Zusammenhang drängt darauf, erneut hergestellt zu werden, das „Gefühl" von Kausalität wird durch Handlungserfolge, durch die immer komplizierter Verlängerung von Handlungsketten bestärkt. Diese Verkettung bleibt jedoch nicht auf Handlungen beschränkt, auch Traumerlebnisse oder Todeserfahrungen etwa, abstrakte Ereignisse schlechthin, werden in einem Zusammenhang wahrgenommen, der als solcher beeinflussbar ist.

Der umfassende Prozess der relativen Stabilisierung symbolischer Formen führt zugleich zur Wahrnehmung von immer umfassenderen, als auch zur immer differenzierteren Wahrnehmung von Zusammenhängen und der diesen Zusammenhängen entsprechenden „Beeinflussungstechniken". Im

29 Siehe dazu auch weiter unten in der vorliegenden Arbeit.

sympathetischen Denken erscheint alles durch alles beeinflussbar, doch zeichnen sich immer schon gewisse „Beeinflussungsvektoren“ vor anderen Formen aus, die ständig ausprobiert, umbewertet, durch weitere ergänzt oder fallengelassen werden. Allmählich kristallisieren sich bestimmte Formen heraus, die sich besonders eignen, ebenfalls evolutionär weitgehend stabilisierte „Zwecke“ zu erreichen bzw. „Bedürfnisse“ zu erfüllen. Die grundlegende Notwendigkeit der Aufrechterhaltung des Gruppenganzen gegenüber dem unbestimmten Hintergrund gibt dabei die zentrale „Wirkrichtung“ vor, den zentralen Vektor, entlang dessen diese „Techniken“ sich stabilisieren; diese Wirkrichtung schlägt sich von Anbeginn in *allen* Formen nieder, also auch in jenen, die als „Technikformen“ bezeichnet werden können. Was damit gemeint ist, wenn hier von Technik gesprochen wird, ist detaillierter zu erörtern, denn es geht entscheidend darum, den Charakter, das „Wesen“ der Technik in diesem Stadium zu begreifen.

Zum allgemeinen Charakter von Technik und Werkzeug

Für Arnold Gehlen ist das Werkzeug eine Institution, die dem Menschen den ihm notwendigen äußeren Halt in einer ihm unangemessenen Natur bietet. In „[...] seiner Spezialisiertheit auf bestimmte, einseitige Funktionen spiegelt jedes Werkzeug oder Gerät die Tatsache wider, daß sich chronische Bedürfnisse oder Interessen über wiederkehrende, eingewöhnte Arbeitsgänge auf typische, ebenfalls wiederkehrende Sachlagen und Sachumstände beziehen“ (Gehlen 1986a: 19). Nur mittels dieser Institution vermag, Gehlen zufolge, der Mensch sich trotz seiner umfassenden Mängel zu behaupten. Eine solche Definition des Werkzeuges erweckt den Eindruck, als stabilisierten sich zwar Sachlagen und Sachumstände, auch noch Bedürfnisse und Interessen *prozessual*, das Werkzeug selbst aber erscheint „fertig“ gegeben, *ahistorisch*, als Weise des (als Objekt ebenfalls „fertigen“) Menschen, seine Organmängel zu kompensieren, sich in einer *Natur* zurechtzufinden, (in) der er nicht „gewachsen“ ist.[30] Der wie vom Himmel

30 Gernot Böhme kritisiert, dass bei der Untersuchung der anthropologischen Dimension der Technik „[...] was der Mensch ist und was Gesellschaft, vorausgesetzt und auf dieser Voraussetzung die Technik als ein Mittel zur Erreichung humaner Zwecke bzw. zur Realisierung gesellschaftlicher Funktionen angesehen“ wird, doch „[...] die humane und gesellschaftliche Bedeutung von Technik [wird, M.V.] durch den Begriff eines Mittels unzureichend [...]“ erfasst (Böhme 1998: 31). Allerdings relativiert Böhme in seinem Aufsatz zur „Technisierung der Wahrnehmung“ die in der vorliegenden Arbeit (im Folgenden noch detaillierter) vertretende These, nach der sich Technik und Beobachtungsformen aus derselben Quelle entwickelten, jede Form der Objektivierung in ihren Anfängen also Technik im allgemeinen Sinne war: Böhme geht *nicht* davon aus, dass die Wahrnehmung immer schon technisch geformt ist, man befinde sich vielmehr *heute* in einer Phase der Humange-

gefallene Mensch findet sich in einer Situation, in der er das zufällig zuhandene Werkzeug notwendig braucht. Von dieser Blickwarte aus erscheint Technik als Kompensations*mittel*[31], als Organerersatz[32], auch als notwendiges Mittel zur Emanzipation von den „Natur"-zwängen[33], die nur auf ein der Natur nicht adäquat entsprechendes Wesen derartigen Zwang auszu-

schichte, „[...] in der Technik in das, was der Mensch ist, und das, was Gesellschaft ist, eingedrungen ist" (ebd.: 31).

31 So eben besonders prominent bei Arnold Gehlen, der behauptete, der Mensch sei in jeder „natürlichen" Umwelt überlebensunfähig (vgl. Gehlen 1986b: 94f.), Technik definiert sich damit als das Außernatürliche, das den ebenfalls außernatürlichen Menschen mit der Natur versöhnt. Dabei beruft sich Gehlen auf Paul Alsberg und Ortega y Gasset, die bereits die Notwendigkeit der Technik aus den Organmängeln abgeleitet hätten (vgl. ebd.: 93f., sowie Alsberg 1975 und Ortega y Gasset 1978b). Helmuth Plessner dagegen sah den Menschen zwar ebenfalls auf Technik angewiesen, doch vertrat er eben nicht jene kompensatorische Vorstellung von der Technik, sondern sah sie allgemein als Form, mittels derer sich der Mensch als Mensch entfalte: „Gesellschaft ohne Technik und Zivilisation ist nicht möglich, Technik im weitesten Sinne genommen" (Plessner1972: 37).

32 So auch Gehlen. Radikalisiert wird die These von der Technik als Organersatz aber bei Vilém Flusser, der die menschlichen Körper zunehmend verkümmernd sieht (vgl. Flusser 1992: 144ff.). Bei Ernst Kapp (vgl. Kapp 1978) hingegen – dem prominenten Vertreter der Theorie von der Organ*verlängerung* und wohl dem ersten, der sich ausdrücklich an einer „Technikphilosophie" versuchte – entwickelt sich Technik, wie bei Paul Alsberg und Hugh Miller, allmählich als Folge luxurierender Bedingungen: „Solange der Mensch ohne Waffen den reißenden Tieren gegenüberstand, mußte er ihnen an Stärke des Gebisses und der Nägel, an Faust- und Armkraft, wie an affenartiger Geschwindigkeit ebenbürtig sein" (ebd.: 35), dann aber trat allmählich zu „[...] der Erschaffung von Mitteln, berechnet auf Schutz und Sicherheit, sowie auf annähernde Behaglichkeit des Daseins und dadurch sich steigernde geistige Thätigkeit [...] die zu ungewöhnlicher Anstrengung und Kraftäußerung nicht mehr genöthigte Physis ins Gleichgewicht" (ebd.: 36). Nun verlängere der Mensch – dies ähnelt wiederum sehr den Plessner´schen Überlegungen – seine Organe in seine Umwelt hinein, er bildet seinen eigenen Körper in seine Umwelt hinein und erkennt sich dann schließlich darin „[...] als Resultat eines Processes, in welchem das Wissen von einem Aeußern zu einem Wissen von einem Innern umschlägt" (ebd.: 23). Wenngleich die Kappsche Technikphilosophie den Ansprüchen einer „modernen", erst recht einer „symmetrischen" Anthropologie insgesamt nicht gerecht zu werden vermag, bedeutet die Kompensationsthese doch vor dem Hintergrund der Kappschen Theorie noch einen Rückschritt in der Geschichte der philosophischen Anthropologie.

33 So heißt es bei Karl Marx: „Die Freiheit in diesem Gebiet kann nur darin bestehen, daß der vergesellschaftete Mensch, die assoziierten Produzenten, diesen [...] Stoffwechsel mit der Natur rationell regeln, unter ihre gemeinschaftliche Kontrolle bringen, statt von ihm als von einer blinden Macht beherrscht zu werden" (Marx 1970: 828).

üben vermögen.[34] Der historische Charakter der Technik als Form, ihre Historizität, ihr Entstehungszusammenhang gerät in dieser Perspektive jedoch nicht in den Blick.

In der vorliegenden Arbeit aber wird das Werkzeug ebenfalls als symbolische Form zu begreifen versucht, als eine Erweiterung der immer schon vonstatten gehenden Wechselwirkung und relativen Stabilisierung von Formen mit dem übergreifenden Ziel der Sicherung der Form-Umwelt-Unterscheidung. Auch vermittels des Werkzeuges werden Formen in einer Raum-Zeit-Stelle hervorgehoben (vgl. Gehlen 1986a: 90). Ebenso gilt für das Werkzeug, wie für alle anderen relativ stabilisierten Formen, dass es nicht „plötzlich" auftritt, sondern immer schon in allen anderen Formen angelegt ist, sich jedoch immer deutlicher von diesen – vermittelt über die von ihm in besonderer Weise geschaffenen Formung der Umwelt – absetzt und irgendwann dem Menschen als eigenständige, beobachtete Kategorie „auffällt". Wie Normen sich schon im Spiel abzeichnen (vgl. Claessens 1993: 146f., auch Mead 1987: 419-429), so ist das Werkzeug schon in jeder Tätigkeit des Tieres angelegt, dass seine Klauen benutzt, um seine „Homöostase" herzustellen, sein „Aequilibrium" zu erreichen. Jedes Leben, so ließe sich mit Ernst Jünger sagen, „[...] hat die Technik, die ihm angemessen, die ihm angeboren ist" (Jünger 1964: 82), es gibt nicht die Technik an sich, sie ist, so Oswald Spengler, eine Taktik des Lebens an sich, „[...] die Taktik des ganzen Lebens. Sie ist die innere Form des *Verfahrens* im Kampf, der mit dem Leben selbst gleichbedeutend ist" (Spengler 1931: 7, Hervorhebung im Original).[35] Schon gar nicht eignet sie sich daher als Abgrenzungskriterium des „Homo faber" vom Reich der Tiere.

Mittels des Werkzeuges als ebenfalls erst stabilisierter Form zieht der Mensch selbsttätig Trennungen wie Verbindungen und Verknüpfungen in ungeschiedene Ganzheit erster Ordnung ein, so wie er mittels *aller* von ihm selbst stabilisierten, objektivierten Formen weitere Ordnung aufbaut (vgl. Cassirer 1953a: 251). So entdeckt der Mensch mittels des Werkzeugs nichts, was nicht schon vor seiner Verwendung „technisch" geformt war, und doch schafft das Werkzeug kraft seiner eigenen Funktion Formen, deren Bedeutung erst in diesem Akt relativ stabilisiert und gegen andere Formen abgegrenzt werden, die sich also durch die spezifische Wirkweise des Werkzeuges von anderen Formen unterscheiden. Das Werkzeug ist also *niemals allein Mittel* zur Verwirklichung von spezifizierten Zwecken, im-

34 Einige Quellenhinweise verdanke ich hier Susanne Fohlers insgesamt so hilfreichen Übersicht über Techniktheorien (vgl. Fohler 2003: 104).

35 Dort heißt es weiter: „In Wirklichkeit ist die Technik uralt. Sie ist auch nichts historisch Besonderes, sondern etwas ungeheuer Allgemeines. Sie reicht weit über den Menschen zurück in das Leben der Tiere, und zwar *aller* Tiere" (Spengler 1931: 7, Hervorhebung im Original).

mer wirkt es selbst konstitutiv am Prozess der symbolischen Durchgliederung der Wahrnehmungswelt mit. Das Werkzeug ist *ein* Mittel des Entbergens von Formen, so wie *alle* Technik eine Weise des Entbergens ist, so wie schließlich *alle Formung der Wahrnehmungswelt Technik ist.* Oben wurde der Terminus der symbolischen Form eingegrenzt, indem gesagt wurde, symbolische Formen verwiesen über sich hinaus, sie symbolisierten lediglich, was sie verbergen, ohne zu sein, was sie *offen* zeigten. Dies gilt für alle Technik (vgl. auch Clausen 1988: 94-105): Alle Technik verbirgt zugleich, während sie zeigt. Mit den Worten Heideggers: Technik ist eine Weise des „Entbergens“, dabei „west“ sie in der „Unverborgenheit“ (vgl. Heidegger 1976: 13). Sie entbirgt, sie bringt Formen aus dem unbestimmten Hintergrundrauschen hervor, sie schöpft also, sie ist poietisch (vgl. dazu ebenfalls Heidegger ebd.: 12), während sie doch nie den Zusammenhang mit dem Unverborgenen (also dem unbestimmten Ganzen der ersten Umwelt, von der sich zu Unterscheiden erster Lebensauftrag ist) trennt, aus dem heraus sie die Formen entbirgt. Technik auf diesem Niveau ist insofern stets „Sozialbeziehung“ (Volker von Borries)[36]: Während sie neue Formen schöpft, zieht sie stets einen Ariadnefaden hinter sich her, der alle Formen mit dem „Auftrag zum Überleben“ der Gruppe verbindet, also alle miteinander in diesem Auftrag vereint.

Die mechanische und geistige Funktion des Werkzeuges

Die Technik ist also die allgemeine Form des Entbergens, der symbolischen Durchformung und relativen Stabilisierung der Wahrnehmungswelt, das Werkzeug ist *eine* Technik, eine Weise der Formung, die sich erst für den modernen Beobachter von anderen „Techniken“, von anderen Weisen der Durchformung der Wahrnehmungswelt deutlich unterscheidet. Das Werkzeug als derart beobachtete, abgegrenzte Form vermag stärker als andere Handlungen die Objektwelt zu fixieren, weil es in besonders „effizienter“

36 Vgl. hierzu die nach wie vor lesenswerte und für die Techniksoziologie, die zum Zeitpunkt des Erscheinens seines Buches als Disziplin noch gar keine Form angenommen hatte, in mancherlei Hinsicht bis heute vorbildliche Soziologisierung der Technik durch Volker von Borries (1980). In einer Fußnote kritisiert Jost Halfmann das Buch von Borries als „[...] stark der industriesoziologischen Sichtweise auf Technik verhaftet. Sie [...] [geht, M.V.] noch nicht über die Marx-Weber-Tradition hinaus, in der Technik als Rationalisierungs- und Herrschaftsinstrument gedeutet wird, d.h. also primär die Institutionalisierung ungleicher Handlungschancen in oder durch Technik betrachtet wird“ (Halfmann 1996: 11). Dem kann hier nicht zugestimmt werden, beruft sich der Autor doch ganz wesentlich auf den figurationstheoretischen Ansatz Norbert Elias', was ihn insgesamt in eine andere Richtung führt als Marx und Weber (Technik wird eben *selbst* als sozialer Prozess begriffen) noch kann ihm eine industriesoziologische Blickweise vorgehalten werden, hat er diese doch im Untertitel des Buches angekündigt.

Weise das ihm sich bereits vorgeformt bietende „Material“ hinsichtlich bestimmter in ihm schon angelegter Möglichkeiten umarbeitet, aus ihm noch gezielter Formen „herausholt“. Kategorisch aber unterscheidet sich das Werkzeug nicht von allen bisher erwähnten Formen, weil es wie alle anderen auch, nicht einfach „da“ ist und hinsichtlich selbst gesetzter Zwecke zur Anwendung gebracht wird. Auch das Werkzeug dient niemals einfach der „[...] Bewältigung und Beherrschung der Außenwelt, die hierbei als ein fertiger, einfach gegebener ‚Stoff‘ anzusehen wäre, sondern mit seinem Gebrauch stellt sich für den Menschen auch erst das Bild dieser Außenwelt, dieser geistig-ideellen Form her“ (Cassirer 1953b: 256f.).

Das Werkzeug steht immer schon in einer unauflöslichen Korrelation mit dem von ihm „Be*handelten*“, ihm entspricht neben der sich zunehmend abzeichnenden „mechanischen Funktion“ von Anbeginn auch eine „rein geistige“ Funktion im Prozess der Stabilisierung der symbolischen Form des Menschen (vgl. ebd.: 256). Das Werkzeug stabilisiert Handlungsfolgen, indem es bestimmte Vorgänge festhält und Handlungsfolgen auf ebenfalls wiederkehrende Sachlagen *relativ* fest „koppelt“.

Gehlen hatte von Gewohnheiten gesagt, dass sie vom Aufwand „improvisierter Motivbildung“ entlasten, weil sie selbst nun sozusagen Appellcharakter annehmen, denen eindeutige Handlungen zugeordnet sind (vgl. Gehlen 1986a: 23). Solche „Schaltkreise“ bzw. Handlungsfolgen bildet auch das Werkzeug aus. Diese Verfestigung von Handlungsfolgen ist eben kein *besonderes* Charakteristikum des Werkzeuges sondern aller Formen, die immer erst Welt konstituieren und damit auch das gesamte System relativ stabilisierter Bedeutungen beeinflussen, also gleichsam rückwirkend ihre eigenen Grundlagen uminterpretieren, nachdem sie selbst „objektiviert“ sind. Gewohnheiten wirken ebenso wie das Werkzeug auf die Umwelt beruhigend, immer aber auch zugleich Komplexität erhöhend, beide Formen grenzen Formen relativ stabil gegen andere ab und machen dabei neue Zusammenhänge ersichtlich. Je stereotypisierter dann eine Gewohnheit, eine „werkschaffende“ Handlung, oder auch eine Gefühlslage wird, umso deutlicher kann sie als Form selbst zum „Gravitationszentrum“, zum „Attraktor“[37], zum „Wegweiser“ (vgl. ebd.: 40f.) bzw. zum „Vektor“ (vgl. Cassirer 1975: 150) werden, zum Bedeutungskern, der die Bedeutung anderer symbolischer Formen entsprechend stärker zu beeinflussen vermag und dabei den Aufbau wieder komplexerer Formen in einer bestimmten Rich-

37 Der Begriff des Attraktors wird hier sehr frei nach Grégoire Nicolis und Ilya Prigogine verwendet, die damit eine klar erkennbare Struktur bezeichnen, die ein System bestrebt ist, einzunehmen. Attraktoren sind also gewissermaßen Anziehungspunkte, die sich über die Zeit hinweg relativ stabil erhalten, die also Umweltvariationen (über- und unterkritische Zustände) bis zu einem gewissen Maß ausgleichen (vgl. Nicolis/Prigogine: 1987, insbes. 103ff.).

tung kanalisiert. Jeder Stabilitätsgewinn bedeutet also immer zugleich Variabilität auf einem veränderten Niveau.

Der provisorische Charakter jeder technischen Stabilisierung

Die Stabilisierung von Formen im Gruppenzusammenhang geschieht ganz allgemein vermittelt über die Darstellung bzw. den Ausdruck (vgl. Gehlen 1986a: insbes. 54-59, auch 155f). Formen erlangen relative Stabilität, wenn sie Beobachtern als etwas Beobachtbares gegenübertreten, sie ihm dargestellt werden und sie somit losgelöst aus ihrer Raum-Zeitstelle den aktuellen Moment ihres Entstehens überdauern. Für den Gruppenzusammenhang erwächst aus dieser Bedingung die zentrale Bedeutung kultischer Handlungen. Mittels der *Technik* des Rituals etwa werden Formen im sozialen Raum auf relative Dauer gestellt, können Kommunikationszusammenhänge der Vergänglichkeit enthoben, können ganze Verhaltensabläufe, etwa bei der Jagdvorbereitung, tradierbar gemacht werden. Im mythischen Denken, in dem alles noch mit allem in unmittelbarer Verbindung steht, jeder Zustand in jeden beliebigen anderen überführbar ist und alles durch alles beeinflussbar ist, ziehen sich allmählich mit der Stabilisierung kultischer Handlungsfolgen zunehmend bestimmtere und den Moment überdauernde Kausalitätsketten ein. Die unvermittelt magische Form der Beeinflussung drängt über ihre Äußerungen, ihre Verobjektivierungen, auf eine Strukturierung und Formung alles sinnlich Wahrnehmbaren.

Diese „neue Ordnung" selbst lässt nunmehr einzelne Bereiche von anderen dauerhafter unterschieden erscheinen, was wiederum zur Stabilisierung der zur Beeinflussung dieser Bereiche geeigneten kultischen Handlungsfolgen, der Kausalitätsvektoren, drängt. Der kultische Ausdruck setzt vom Ganzen hervorgehobene Bedeutungszentren ab, denen nunmehr von der sich stabilisierenden Gruppe und dem sich stabilisierenden Ich dauerhaft Aufmerksamkeit zuteil wird. „Die Allmacht des bloßen Wunsches" (vgl. Cassirer 1953b: 256) wird zunehmend gebrochener, es zeichnen sich immer deutlicher Wege und Bedingungen ab, die eingehalten werden müssen, um einen Zweck zu erreichen. Das Werkzeug etwa drängt auf die Wahrnehmung bestimmter Wirkungen, die nun auch gezielter angesteuert werden. Evokationen, dann Sprache drängen irgendwann auf die Wahrnehmung der Tatsache, dass auf bestimmte Äußerungen bei anderen wiederholbare Reaktionen hervorgerufen werden können. Das gezielte Hervorholen eines bestimmten Zweckes durch gezielten Mitteleinsatz ist also immer schon in allen Formen angelegt.

Instrumentelle Formen – wie alle Formen – weiten sich, sofern sie sich als viabel erweisen, aus, lassen andere Möglichkeiten offensichtlich werden, reduzieren und erhöhen Komplexität zugleich, indem sie Abläufe zu eigenständigen Formen „sympathetisch" zusammenfügen. Wie bei allen anderen symbolischen Formen bleibt aber der Zusammenhang von Mitteleinsatz und Wirkung eingebettet in das System aller symbolischen Formen, er bildet ein Teil des Ganzen. Gerade weil im mythischen Denken noch alles mit allem beeinflussbar ist und alles jederzeit alles beeinflussen kann, muss jede „instrumentelle“ Handlung, die sich als eigenständige Form stabilisiert, ständig auf ihre tatsächlichen Wirkungen in alle Richtungen überprüft werden. Ihre tatsächliche Bedeutung variiert je nach dem Zusammenhang, aus dem heraus sie eingesetzt wird und je nach den Folgen, die sie hervorruft, entsprechend bleiben die Radien dieser Kausalitäts-Vektoren begrenzt. Alle Verkopplungen, die zwischen den Formen vorgenommen werden und aus ihnen neue bilden, bleiben auf Dauer „provisorisch“, erst die Zeit wird darüber entscheiden, ob die Form insgesamt vorteilhaft wirkt, ob sie weiterhin provisorisch beibehalten, verworfen oder neu arrangiert wird. Selbst der positive Fall hebt diesen provisorischen Charakter niemals ganz auf, weil nie gewusst werden kann, was die Zukunft bringt. Das mythische Denken kennt nicht die Kategorie der Unveränderlichkeit, den Ausschluss der Möglichkeit, dass die Formen vor einem insgesamt offenen Horizont der Möglichkeiten mehr sein könnten, als sie dem Beobachter „rational“ erscheinen. Damit bleibt immer alles möglich, was wiederum bedeutet, dass auch das Schlimmste nicht den Zusammenhang des Ganzen in Frage zu stellen vermag, es nicht entsetzt, es führt lediglich zur Umgestaltung, nicht zum Zusammenbruch des Gesamtsystems.[38] Das mythische Denken kennt also die Unterscheidung von Risiko und Gefahr im oben genannten Sinne nicht, es „rechnet“ immer mit Allem – genau genommen *rechnet* es gerade *nicht:* Es gibt im Mythos nichts, was nicht geschehen kann.

Werkzeug und Sprache – Techniken des Überlebens

Für Dieter Claessens ist das Werkzeug das „fehlende Glied“ zwischen dem „nichtspezialisierten Wesen“ Mensch und einer Umgebung, die Anpassungen erfordert (vgl. Claessens 1970: 84). Werkzeug und Mensch haben einander wechselwirkend hervorgebracht: Ohne das Werkzeug kein „moderner“ Mensch, ohne den Menschen keine ihm angemessene und eigene Art des Werkzeuges. Durch das Werkzeug hält sich der Mensch die Welt „vom Leibe“, bringt er Umwelt auf Distanz. Diese Distanz *schafft* Über-

38 Dazu Kurt Imhof und Gaetano Romano: „Wenn im magischen Ritus das ‚Ganze‘ gelebt werden kann, dann verliert selbst der Tod seinen endgültigen Charakter: Er ist nur eine andere Form der Existenz innerhalb des Stammesuniversums. *Im Mythos können die Risiken einer unbeherrschten Natur bzw. alle Kontingenzen in der Daseinsform archaischer Gesellschaften keinen prinzipiell angsterfüllenden Charakter erhalten* […]“ (Imhof/Romano 1996: 23, Hervorhebung im Original).

sicht, schafft Formen, und so kann der Mensch sich der Umwelt auswählend zuwenden. Komplexität wird reduziert, doch entsteht gleichzeitig neue Komplexität. Mit dem vollen, stabilen Erreichen der Ebene der Körperausschaltung durch Werkzeugnutzung trete

„[...] die Welt mit Fragen auf ein zur Antwort wenig vorbereitetes Wesen zu, zwingt es zum träge-allmählichen Herausarbeiten jenes Äquivalents für den nicht mehr notwendig körperlich zu begreifenden Gegenstand, nämlich der ihn symbolisierenden Sprache, in der zum Wort wird, was nicht mehr ergriffen zu werden braucht! Das Wort wird damit das ‚zweite Werkzeug', vermittels dessen Natur – nun auf höherer Distanz – bewältigt werden kann" (ebd.: 85).

Das *Wort* als „zweites Werkzeug" bearbeite, so Arnold Gehlen, die Welt, *ohne* sie auch noch „körperlich" verändern zu müssen, das „erste Werkzeug" bearbeite die Welt hingegen „körperlich", so etwa wenn ein Stein behauen wird. Die Handlung des Behauens hole aus dem Stein seine Eignung zur bestimmten Verwendung heraus, die zuvor schon einmal irgendwie als solche festgestellt wurde, so wie eine Vielzahl an zumindest erahnten Abstraktionen zwischen Bedürfnis und Erfüllung in der Handlung „zu Tage" treten, die dann in weiteren Handlungen selbst stabilisiert werden können (vgl. Gehlen 1986a: 11f.). So bringe der „Einsatz" der Form des Werkzeuggebrauchs es mit sich, dass ein Verhältnis zum „Material Gestein" ebenso entsteht wie zur Größe oder zum Gewicht, so Claessens (vgl. Claessens 1993: 145). Gehlen bezeichnet daher die paläolithischen Werkzeuge gar als „steinerne Begriffe", die Bedürfnisse und Gedanken des Menschen mit den vorgefundenen Sachbedingungen zusammenschließen (vgl. Gehlen 1986a: 12).

Diese Unterscheidung, dass also das Werkzeug sich auch an der körperlichen Beschaffenheit von Gegenständen abarbeite, wohingegen die Sprache die Welt durch das bloße Wort bearbeitet, greift allerdings auf die ontologische, ja gerade zu überwindende Differenz zwischen real existierendem und bloß ideellem Sein zurück. Der Stein ist ebenso sehr und ebenso wenig real und unabhängig vom Beobachter existierendes Objekt wie das Wort, das im Raum steht oder der Tanz, der die Gruppenmitglieder miteinander verklammert und zahlreiche weitere „Funktionen" ausfüllt, die sich dem Beobachter verbergen. Nur ist die Form des Steines symbolisch schon viel länger dem Wahrnehmungsraum des einzelnen Menschen „gegeben", besser: in ihm gewachsen und in ihm stabilisiert als das Wort, das sich zudem deutlicher und offensichtlicher verändert als der Stein. Der Stein ist also abermals nur wesentlich stabilisierter als das Wort, beide aber bleiben symbolische Formen, Geistesprodukte also. Entsprechend müsste die Unterscheidung von Werkzeug und Sprache woanders ansetzen, will man nicht gänzlich auf diese Unterscheidung verzichten, die doch offenbar für den modernen Beobachter, der seine eigenen Konstitutionsbedingungen zu begreifen versucht, von großer Bedeutung ist. Wie alle symbolischen Formen stabilisiert Sprache Formen, so auch das Werkzeug. Beide Formen ziehen in die Umwelt neue Grenzlinien ein, so wie sie neue Zusammenhänge herstellen und andere umformen. Allein in ihren *symbolischen Folgen* unterscheiden sich beide Formen voneinander, nämlich in *strikt relationaler Hinsicht*. Die Technik des Werkzeuges übt in dem *durchstrukturierten* und umfassend *stabilisierten* Wahrnehmungszusammenhang des Menschen einen *anderen* Einfluss aus, in welchem sie selbst zu einer hochgradig stabilisierten Form geronnen ist, als die Sprache. Beide Formen nehmen im System aller Formen prozessual eigene Positionen ein, wenn erst einmal eine gewisse dauerhafte Ordnung etabliert ist. Das Werkzeug wird dann zum Mittel insbesondere in der Auseinandersetzung mit hochgradig stabilisierten Formen, während die Sprache in weniger verfestigte Zusammenhänge deutlicher einzugreifen, diese umzugestalten vermag. Da aber die frühe Form des Mythos über *strikte* Grenzziehungen und *gänzlich* stabile Formen noch nicht verfügte, müssen Sprache und Werkzeug innerhalb des mythischen Denkens noch auf einer ununterscheidbaren Ebene, eben als Techniken des Lebens begriffen werden, als selbst erst relativ stabilisierte Formen, mittels derer Gesellschaften ihre Form gegenüber ihrer Umwelt verteidigen. Insofern können Sprache und Werkzeug gleichermaßen „Techniken des Lebens" genannt werden, kann die Sprache ohne weiteres als Werkzeug, das Werkzeug wiederum als symbolische Form bezeichnet werden, zwischen ihnen besteht kein qualitativer bzw. kein kategorischer Bruch.

Sprache

Eine Beschreibung des Prozesses der Sprachentwicklung und seiner Bedeutung für den allgemeinen Prozess der Entwicklung der menschlichen Formen vermag Grundlegendes zur Klärung der Bedeutung der Kategorie der symbolischen Form für eine Katastrophensoziologie beizutragen, denn anhand der Sprache zeigt sich viel deutlicher noch als an der Werkzeug-Kategorie die Notwendigkeit, die Formen *immer* auch als symbolische zu denken, die den Beobachter stets schon mit seiner Umwelt verschränken, lange bevor Bewusstsein diesen Zusammenhang zu reflektieren beginnt. Die Moderne meint, Welt sprachlich begreifen und schließlich kontrollieren zu können. Sie macht sich dabei aber keinen hinlänglichen Begriff des Charakters von Sprache, sie vergisst, dass der Begriff selbst nicht ist, was er zu sein vorgibt; vielmehr denkt sie den Begriff nur mehr exakt, während er doch als Technik des Überlebens – wie alle Technik – gerade nicht exakt sein kann. Sprache verklammert seit ihren Anfängen nicht bloß Menschen untereinander, sondern den Menschen als Gattung mit seiner Umwelt; Sprache ist *der* Ausdruck dieser sozialen Verklammerung, nie lässt sie sich auf ein Einzelnes zurückführen. Den Begriff aber exakt zu denken, heißt, ihn auf ein Einzelnes zu reduzieren, heißt zu glauben, die Sache an sich begriffen zu haben. Glaubt man die Sache erst einmal derart begriffen, kann sich der Alltag anderen Dingen zuwenden, das aber heißt, sich nicht mehr ständig von neuem um die Verklammerung des Menschen mit seiner Umwelt zu bemühen. Der Gedanke, es mit einer Sache an sich zu tun zu haben, war dem frühen Menschen fremd, als Sprache für ihn zu einer herausragenden Überlebenstechnik zu werden begann.

Der Prozess der Stabilisierung sprachlicher Formen

Anzunehmen ist nun schon ein physiologisch und psychisch hochgradig aufnahmebereiter Mensch, der sich von der geistigen Ausstattung des modernen Menschen nur geringfügig unterscheidet[39]. Der Prozess der Formung der Wahrnehmungswelt ist bereits umfassend im wahrsten Sinne des Wortes, die Welt ist als relativ bestimmtes wie zugleich relativ unbestimmtes Ganzes (i.S. sekundärer Ganzheit) schemenhaft gegeben, alle Wahrnehmung wird in dieses System an einen zwar variablen, aber dennoch relativ stabilisierten Platz, weiterhin „vorbewusst", eingeordnet. Diese Ganzheit ist erreicht, weil der unbestimmte Hintergrund selbst in irgendeiner Form, nämlich als Hintergrund der Gruppenumwelt, relativ bestimmt ist. Hat der Mensch einmal dieses Niveau erreicht, auf dem Komplexität bereits derart organisiert ist, dass überlebensnotwendige „Welt" auf immer „grobförmigere Stabilitätszentren" reduziert ist, von denen aus die Wahrnehmung immer selektiver, d.h. auch luxuriöser ausgehen kann, dann kann man mit Dieter Claessens sagen, dass alle „[…] Gegenstände, Zustände und Prozesse beginnen, Kommunikationen mit ihm aufzunehmen."[40] Sie treten ihm nun zunehmend übersichtlich, vorgeordnet entgegen, damit aber auch schon mit Bedeutungen aufgeladen, die selbst immer bestimmter Anforderungen stellen. Der Mensch lässt sich nun mit seiner gesamten Persönlichkeit auf *den Zweig* ein, den er abzubrechen versucht, der sich ihm widersetzt usw. und ruft dabei die gesamten Qualitäten des ihm nun relativ bestimmten Gegenstandes auf, die ihn zur Reaktion auffordern (vgl. Claessens 1993: 118).

39 Allerdings unterscheidet sich dieser frühe Mensch in seiner Art des Weltzuganges von dem modernen Menschen grundlegend.

40 Claessens 1993: 116. Dazu abermals auch Emile Durkheim: „Dinge und Menschen reden gewissermaßen miteinander, verstehen sich und harmonieren auf natürlich Weise" (Durkheim 1984: 207).

Diese Ordnung der Wahrnehmungswelt ist möglich geworden, weil der Mensch synchron zu dieser Ordnung ein adäquates Bewältigungsrepertoire an symbolischen Formen entwickelt hat, er ist, mit dem Begriff von Humberto R. Maturana und Fracisco J. Valera strukturell mit seiner Umwelt verkoppelt (vgl. Maturana/Valera 1987: 85, auch 105f. und 113).[41] Die Welt tritt ihm nicht unvorbereitet in ihrer Ausdruckshaftigkeit gegenüber, sondern allmählich in einem immer schon laufenden Prozess. Der Sprache liegt *schon vor ihrem „Erscheinen"* eine „Grammatik des Instinktes" zugrunde, auf dem sie „sicher" aufbaut und deren Formen sie fortsetzt:[42] Sprache ist zunächst noch ganz „sensomotorische Aktion" (vgl. Gehlen 1993: 279), als Mimik, Gestik, Zögern, Verdecken, Verstellen, Täuschen vorsprachliches Tuscheln oder Flüstern (vgl. Claessens 1993: 158) wächst sie „[...] wahrhaft organisch aus dem Unterbau *menschlichen* Sinnes- und Bewegungslebens heraus" (Gehlen 1993: 281, Hervorhebung im Original). Schon lange bevor Phänomene zu einer begrifflichen Form finden, haben sie in der gesamten Organisationsform des Menschen ihre Form gefunden[43], die dann wohl zuerst rein evokativ als ausrufendes Symptom für etwas, als Warnruf oder Appell, später dann als Kommando, Aussage, Frage und Mit-

41 Diese Arbeit widmet sich in weiten Teilen der detaillierten Untersuchung dieses Prozesses der strukturellen Kopplung, doch wird der Begriff deshalb hier nur andeutungsweise verwendet, nur die Nähe zu diesem markierend, weil er m.E. als Schlagwort mehr verbirgt, als anzeigt. Der Begriff der strukturellen Kopplung müsste hier die ganze Entwicklung bis hin zum modernen Menschen bezeichnen, solange der Mensch noch nicht untergegangen, gescheitert ist. Er ist strukturell mit seiner Umwelt verkoppelt, solange er existiert. Entscheidend ist vielmehr die Frage, wie diese strukturelle Kopplung sich gestaltet und wie sie beschrieben werden kann, ohne sie zu rationalisieren und damit zu einem „natürlichen" Phänomen unter anderen zu degradieren. Strukturelle Kopplung ist auf Bedingungen angewiesen, auf die Fähigkeit zur Abstimmung von Form und Umwelt, ihre objektive Beschaffenheit aber lässt sich nicht bestimmen, ganz sicher nicht einfach mit dem für sich stehenden Objekt-Begriff „strukturelle Kopplung", annäherungsweise allerdings mit dem Begriff der strukturellen Kopplung als symbolische Form, die etwas bedeutet, deren Bedeutung sich aber letztlich einem Beobachter vorenthält.

42 Die Sprache setzt sich also auf jene „formalen ‚noch' wirksamen Strukturen bestimmter Organisationsniveaus der Entwicklung zum Menschen hin [auf, M.V.]. Solche Strukturen wären aus dem emotionalen Erlebnisgrund tierischer und menschlicher Vergangenheit ableitbar", so Dieter Claessens (1970: 143).

43 Nach Dieter Claessens ist die Form schon im „Großhirn" angelegt, bevor sie dann zum sprachlichen Ausdruck gelangt. Dieses Verständnis ist jedoch irreführend, es suggeriert das Vorhandensein sprachlicher „Zentren" im Hirn, die in irgendeiner Weise wiederum substantialistisch zu lokalisieren wären. Dem ist gerade nicht so, die Form ist im *Gesamtsystem* der symbolischen Formen angelegt, eben in dem komplexen Ineinander des Organisationsganzen (vgl. Claessens 1993: 158).

teilung, noch später als Beschwörung und Ansprache zur sprachlichen Form wird (vgl. Claessens 1993: 141).

Oben wurde gesagt, dass schon die Wahrnehmung des Tieres eine Formwahrnehmung ist, auch das Tier nimmt nicht objektiv-dinglich in seiner Umwelt Vorhandenes wahr, es grenzt Formen aus dem Gesamtzusammenhang ab, indem es sie bedeutungsvoll auflädt. In allem Werkzeughandeln findet sich dieser Prozess wieder, dass in kommunikativem Umgang, in der Handlung, Bedeutungszentren geformt werden, sich relativ stabilisieren und damit Übersicht stiften. Dabei geht der ganze *potenzielle* Gehalt auch noch der entferntesten, noch gar nicht absehbaren Verwendungsmöglichkeiten der Form in diese ein, sie bleibt daher symbolisch, über sich selbst in einem jeweils *bestimmten* Moment hinausverweisend. Umgekehrt reichen dann Andeutungen, um die Form als solche zu erfassen: „Wenn uns Vorderseiten, Schatten, Glanzlichter *genügen*, um z.B. einen schweren, metallischen, runden Gegenstand anzudeuten, so stecken in dieser hochkonzentrierten Symbolik lange Übungserfahrungen, Umgangsvollzüge und Lernleistungen" (Gehlen 1993: 49, Hervorhebung im Original).

Die Sprache lässt nun diese schon sensomotorisch vollbrachte Leistung noch einmal „konzentriert" geschehen, indem die Lautbewegung selbst schon unmittelbar das Symbol erschafft, „[...] den gehörten Laut, den es, mit der Sache umgehend, von ihr her empfängt – es empfindet also zugleich sich selbst und vernimmt die Sache" (ebd.: 50), so Gehlen. Der Ausdruck schafft also ein *sinnliches* Gegenüber, an dem sich der „Geist" nun orientieren und stabilisieren kann. Durch die „Unterscheidung und Sonderung, die Fixierung gewisser Inhaltsmomente durch den Sprachlaut" wird die Sprache zu einem der „geistigen Grundmittel", zu einer bedeutenden symbolischen Form, die den Prozess der relativen Stabilisierung der Formen bedeutend beeinflusst. Doch führt sie nur fort, was in aller symbolischen Formung schon angelegt ist, nämlich die zugleich übersichtlichere, wie komplexere, also unübersichtlichere, weiterhin flexible aber auch stabilisierte, also gegenüber früheren Organisationsformen vollkommen andere und dennoch strukturell äquivalente Organisation der Aufrechterhaltung der Form gegen die Umwelt. Durch die Sprache, wie durch alle anderen symbolischen Formen wirkt der Nomos, die Vorgabe, der Auftrag zum Fortbestehen der organischen Form, der „Wille zum Überleben" (Arthur Schopenhauer)[44].

44 So heißt es bei Schopenhauer: „Wenn von den Erscheinungen des Willens, auf den niedrigeren Stufen seiner Objektivation, also im Unorganischen, mehrere unter einander [sic!] in Konflikt gerathen, indem jede, am Leitfaden der Kausalität, sich der vorhandenen Materie bemächtigen will; so geht aus diesem Streit die Erscheinung einer höheren Idee hervor, welche die vorher dagewesenen unvollkommeneren alle überwältigt, jedoch so, daß sie das Wesen

Wie alle symbolischen Formen stabilisiert auch die Sprache relativ: Eine gedankliche Intention ist erst im Laut relativ fixiert und auf Dauer gestellt, während sie zuvor nur „Bedeutungsblitz“ (vgl. Gehlen 1986a: 91) ist. Im Gruppenzusammenhang wird die Entwicklung der Sprache hochgradig viabel, weil sie den „Bedeutungsblitz“ nicht nur für den Einzelnen, sondern zugleich für andere ersichtlich fixiert:

„Als Sprachlaut […] wird die Intention unmittelbar in das soziale Kontaktfeld verlegt, sie bekommt als kursierendes, von allen geteiltes Wort schon Sollgehalt, mindestens aber einen Zumutungsgehalt, und in demselben Vorgang wird das Wort, als hörbarer Reiz, schon ein möglicher Auslöser für Handlungen“ (Gehlen 1986a: 91).

Im Gruppenzusammenhang ist eine ungleich höhere Reduktion von Komplexität notwendig und zugleich produktiv, deren adäquates Mittel die Sprache ist. Nicht mehr allein für jeden Einzelnen werden nun Bedeutungen zu Gewohnheiten, im Gruppenzusammenhang entsteht nun der „soziale Raum“ als von allen gemeinsam auf relative Dauer gestellter Formenraum, als „Gruppenschaltkreis“, aus dem heraus zugleich jeder Einzelne seine Formen bedeutungsvoll „auflädt“, während er zugleich die Bedeutungen in diesen Raum einbringt. Dabei stehen Werkzeugverwendung und Sprache in einer Linie, beide „ent-äußern“ einen Ausdruck, bringen Formen in den Bereich des Sozialen ein und stellen es damit relativ, provisorisch auf Dauer. Die Darstellung mittels des Gebrauchs von Werkzeugen ist der sprachlichen Darstellung jedoch insofern überlegen, so Gehlen, als dass letztere „flüchtiger“ ist, der sprachliche Ausdruck schnell wieder „verfliege“, während der objektivierte „Gegen-stand“ von größerer Dauer ist. Gehlen zufolge liegt in dieser dauerhafteren Fixierung eines Bedeutungsgehaltes die Bedeutung der Schrift gegenüber der rein sprachlichen Form,[45] und „[…] nur bei dieser

derselben auf eine untergeordnete Weise bestehen läßt […]“ (Schopenhauer 1999: 205). „Also aus dem Streit niedrigerer Erscheinungen geht die höhere, sie alle verschlingende, aber auch das Streben aller in höherem Grade verwirklichende hervor“ (ebd.: 206), „[…] so daß der Wille zum Überleben durchgängig an sich selber zehrt und in verschiedenen Gestalten seine eigene Nahrung ist, bis zuletzt das Menschengeschlecht, weil es alle anderen überwältigt, die Natur für ein Fabrikat zu seinem Gebrauch ansieht, dasselbe Geschlecht jedoch auch […] in sich selbst jenen Kampf, jene Selbstentzweiung des Willens zur furchtbarsten Deutlichkeit offenbart und *homo homini lupus* wird“ (ebd.: 208, Hervorhebung im Original).

45 Es ergäbe sich vor dem Hintergrund der hier vorgelegten Überlegungen die Frage, ob die „Verschriftlichung“ des Mythos etwa durch Homer nicht in diesem Sinne entscheidend für den Prozess der Stabilisierung der symbolischen Formen gewesen sein könnte, fixiert er doch in der Schriftform, was zuvor stets mündlich und damit wesentlich dynamischer überliefert wurde, zu einem

Auffassung der Darstellung versteht man die für alle archaischen Kulturen so große Bedeutung der *Magie* als des Versuches, die Stabilität der Wirklichkeit selbst durch die Form der darstellenden Handlung hindurch real zu erreichen […]" (ebd.: 56, Hervorhebung im Original).

Gegenüber der darstellenden Form ist die Außenweltstabilisierung in der Sprache also flexibler, weil freieres Kombinieren von aus ihrem Umweltzusammenhang lösbaren Einzelheiten möglich wird. In der Sprache wird dadurch aber auch die Stabilisierung durch „Be-zeichnung" von Bedeutungen möglich, die sich anderen Darstellungsformen mehr oder weniger entziehen; räumliche Verhältnisse und die Zeit werden bspw. erst mittels der Sprache darstellbar (vgl. ebd.: 59).[46] Damit bahnt sich stets schon die andere Seite der Sprache als Form an: Der gerade aufgezeigte Flexibilitätsgewinn wird wieder ausgeglichen, wenn sich das sprachliche System selbst durch neue „Kopplungen" neue Bedeutungsmuster zunehmend stabilisiert. Zwar verblasst der Sprachlaut und das von ihm evokativ, etwa als Warnruf Bezeichnete, ebenso schnell wieder, wie das, vor dem gewarnt wurde, wieder aus dem Blickfeld verschwindet, doch kann eben der Warnruf selbst nun bei wiederkehrenden ähnlichen Situationen seine Funktion als Warnruf stabilisieren, die sich dann, genauso wie alle durch Werkzeuggebrauch stabilisierten Formen, tradieren lässt.

Die Eingebundenheit des Lautes in den Zusammenhang

Wie schon in jede symbolische Form ein Horizont möglicher Bedeutungen eingeht, der in sich den Verweis auf alle anderen symbolischen Formen enthält, aus denen sie selbst ihre Bedeutung bezieht, so geht auch schon in die ersten evokativen Äußerungen dieser Verweis ein. Zum Laut gehört von Anbeginn eine gerichtete Erwartung auf Erfüllung (vgl. Gehlen 1993: 164), als Reaktion aus der angesprochenen Umwelt, auch er bildet also immer schon „Schaltkreise" aus dem herausgenommen er seine Bedeutung verlöre. Einige dieser „Schaltkreise" von Evokation und mit der Evokation gekoppeltem Ereignis heben sich gegenüber anderen hervor, sie werden selbst zu bedeutenden Formen, zu „Attraktoren", deren Einfluss auf die Organisation des Menschen immer bedeutender wird. Dennoch bleiben auch sie eingebunden in den Zusammenhang, aus dem heraus sie entstanden sind, auch sie beziehen ihre Bedeutung erst aus ihrem „Kontext", ohne den sie ihren Formcharakter verlören.

---

nun demgegenüber geradezu versteinerten Text. Dieser Gedankengang liegt den weiteren Ausführungen zwar heuristisch zugrunde, er kann aber im Detail nicht weiterverfolgt werden, dies würde den Rahmen der Arbeit deutlich sprengen.

46 Der Prozess der Stabilisierung der Formen des Raumes, der Zeit und anderer bedeutender Formen wird im Gliederungspunkt 5.3 ausführlich besprochen.

Wenn jeder Sprachlaut also symbolische Formen von ihrem Hintergrund abhebt, dann generiert er damit erst das Verständnis, die Bedeutung des so Ausgezeichneten. Die Bedeutung von Gebärden und Sprachlauten hängt wiederum ab von dem Hintergrund, aus dem sie hervorgegangen sind, ihre Bedeutung beziehen sie aus dem Ganzen *aller* symbolischen Formen (also auch der „materiell-objektivierten"), insbesondere *aller* Gebärde- und Lautformen. Wilhelm von Humboldt sah in der Sprache daher das geeignete Mittel, die vermeintliche dualistische Kluft, den „Hiatus" zwischen Wahrnehmung und Wahrnehmungsreflexion zu überwinden, da beide in ihr eine unmittelbare Einheit bildeten (vgl. Humboldt 1919: 21ff.). Der Laut ist Teil des Zusammenhanges aus dem er hervorgeht, er generiert dessen Bedeutung, wie der Zusammenhang die Bedeutung des Lautes generiert. Um das „Wesen" der Sprache erfassen zu können, müsse diese daher stets in ihrer Genese betrachtet werden, so auch Cassirer. Demnach bleibe das

„[...] Zerschlagen der Sprache in Wörter und Regeln [...] immer nur ein totes Machwerk wissenschaftlicher Zergliederung – denn das Wesen der Sprache beruht niemals auf diesen Elementen, die die Abstraktion und Analyse an ihr herausstellen, sondern ausschließlich auf der sich ewig wiederholenden Arbeit des Geistes, den artikulierten Laut zum Ausdruck des Gedankens fähig zu machen. Diese Arbeit setzt in jeder Einzelsprache je an besonderen Mittelpunkten an und breitet sich, von ihnen fortschreitend, nach verschiedenen Richtungen aus – und doch schließt zuletzt eben diese Mannigfaltigkeit der Erzeugungen zwar nicht zur sachlichen Einheit eines Erzeugnisses, wohl aber zur ideellen Einheit eines in sich gesetzlichen Tuns zusammen" (Cassirer 1953a: 104).[47]

Jede Sprache generiert ihre eigene Auffassungsweise von Welt, mit jeweils spezifischen und nur für sie gültigen Regeln (vgl. ebd.: 124). Bewusstsein von Sprache kann somit nicht von seinem Inhalt hergeleitet, sondern allein in seiner Genese beschrieben werden, weshalb auch der „Anfang" aller Sprachbildung als solcher überhaupt nicht zu bestimmen ist.

„Aber es ist entscheidend für eine anthropologische Sprachtheorie, daß *weder Kommunikationen noch Symbolleistungen*, weder reflektierte, selbstempfundene *Aktivität* noch auch *Intentionen, Hinsichten, Wechsel von Hinsichten* usw. der Sprache *allein* zugehören; dies alles sind vielmehr Charaktere der gesamten spezi-

47 „Ihren knappsten und schärfsten Ausdruck erhält diese Gesamtsicht in der bekannten Humboldtschen Formulierung, daß Sprache kein Werk (Ergon), sondern eine Tätigkeit (Energeia) sei und daß daher ihre wahre Definition nur eine genetische sein könne", so Cassirer weiter (ebd.: 105).

fisch menschlichen Wahrnehmungs- und Bewegungsleistungen“ (Gehlen: 1993: 278f., Hervorhebungen im Original).

Der Aufbau sprachlicher Formen

Der Aufbau sprachlicher Formen unterscheidet sich nicht kategorisch von anderen Formen der Wahrnehmung und der Kommunikation mit der Welt, so etwa der Gebärde, sie geht aus bereits erfolgten Formenstabilisierungen hervor und ist, wie diese, immer „im Werden“. Lange Zeit bleiben die Laute eng an sie begleitende Gebärden verknüpft und lösen sich nur langsam von dieser „Fixierung“. Mit der allmählichen Trennung von Gebärde und Laut kann sich jedoch ein neues Prinzip des geistigen Aufbaus „objektivieren“, dem Menschen also selbst als geistige Form gegenübertreten, so Cassirer, weil die Gliederung der Laute nunmehr zum Mittel für die Gliederung der Gedanken wird, die Gedanken ein immer differenzierteres Organ gewinnen (vgl. Cassirer 1953a: 132). Der Laut gewinnt seine Freiheit in dem Zuge, wie er über die bloße Wiederholung hinausdrängt. Er wird fähig, „[...] als Ausdruck von Beziehungen und formalen Verhältnisbestimmungen zu dienen [...]“ (ebd.: 133). Der Laut bringt etwa *Dynamik* zum Ausdruck, was die Gebärdensprache noch nicht in dieser Weise vermochte, also eine Form, die als solche bislang noch nicht objektiviert, dem Geist noch nicht zur „kommunikativen Bearbeitung“ gegeben war.

In der Sprache erhält aber auch das Soziale eine ganz neue Bedeutung während zugleich die Sprache in der Gruppe überhaupt zu ihrer besonderen Bedeutung kommt; aus der Gruppe heraus bezieht die Sprache den treibenden Impuls zu ihrer Entwicklung, die Sprache wiederum gibt der Gruppe ganz neue Möglichkeiten an die Hand. Das Soziale erfährt durch die Sprachentwicklung eine grundlegende Neuorganisation. Zum Einen stellt der „Brutofen“ der Insulation das „luxurierende Innenklima“, innerhalb dessen die Entwicklung des Neokortex ebenso wie die Veränderung der Kopfmasse, hier aber vor allem entscheidend auch des Rachen-Gaumen-Raumes und des Kehlkopfraumes vorangetrieben werden (vgl. Claessens 1993: 160)· Dann aber tritt die „[...] Sprache dem Wesen, das sie spricht, 1. als ‚es selbst‘ und 2. als etwas Fremdes gegenüber, wobei diese beiden Dimensionen teils verstärkt, teils noch kompliziert werden durch die dritte notwendige, daß Sprache auf einen Empfänger treffen muß, der sie versteht und der reagieren kann“ (ebd.: 140).

Sprache verklammert immer schon den Einzelnen mit der Gruppe, auf welchem Niveau sie auch gedacht wird, zugleich drängt sie auf Verkomplizierung der Verhältnisse. Ihre Bedeutung liegt gerade in dieser Verklammerung, sie setzt damit fort, was schon in allen Organisationsschaltkreisen angelegt ist, nämlich die relativ flexible, weil immer neu abstimmbare Sicherung des erreichten Niveaus. Ihre Bedeutung liegt aber auf der anderen

Seite auch darin, dass sie neue Probleme aufwirft und neue Verhältnisse objektiviert: „Sprachliche Bemühungen sind [...] trotz ihrer sinnlichen Erfassbarkeit in sich lebhaft und hoch abstrakt. Sie schaffen neue Beziehungen und *sind* eine neue Beziehung zu anderen und dem Sprecher selbst."[48] Drei Thesen müssen dabei zusammengedacht werden. Einmal die Hypothese Ludwig Noirés, auf die sich sowohl Arnold Gehlen als auch Ernst Cassirer stützen, dass der Sprachlaut „[...] in seiner Entstehung der die gemeinsame Tätigkeit begleitende Ausdruck des erhöhten Gemeingefühls" (Noiré 1877: 333) ist.[49] Demnach wird alle gemeinsame Tätigkeit mit Gesang oder Rufen begleitet, das Wort hat sich dann aus dem *gemeinsam* hervorgebrachten und *gemeinsam* verstandenen Laut entwickelt (vgl. Gehlen 1993: 317, zu diesem Zusammenhang auch 317-320). Wenn der Mensch dann, wie es Claessens formuliert, als „synkenetisch orientiert" gedacht wird, er also dazu neige Bewegungen, die er sieht, wenigstens in Andeutungen nachzuahmen, der lautlich untermalte Rhythmus, schon Gesang, den er erfährt, ihn zur Bewegung animiert, dann führen diese Anfänge der sprachlichen Äußerungen aus dem Gruppenschutz heraus in die Stärkung und qualitative Erneuerung eben dieses Schutzes hinein:

„Mit dem gemeinschaftlichen Gesang müssen sich bei diesen Voraussetzungen die gemeinsamen Bewegungen einstellen, gemeinsamer Tanz, in dem sich ‚der kleine Leviathan' zeigt: Mit vielen Beinen, Armen, Köpfen und Körpern zeigt sich im verbundenen Gesang und Tanz ein menschlicher Insulationsverbund, der der Umwelt gegenüber, sich selbst stabilisierend, standhalten kann." (Claessens 1993: 188).

Zugleich, als dritte hinzuzudenkende These, drängt der Lautausdruck selbst wiederum auf eine dynamische Abstufung und Untergliederung durch Akzent und Rhythmen hin, wodurch sich ebenfalls neue Formen abzuzeichnen beginnen. Wenngleich der Laut auf dieser Ebene noch in der rein sinnlichen Sphäre verharrt, ist die Tendenz ihrer Überschreitung doch in ihm bereits angelegt: „Die bloße Interjektion, der einzelne, von einem übermächtigen momentanen Eindruck abgedrungene Affekt- und Erregungslaut, geht jetzt in eine in sich zusammenhängende geordnete Lautfolge über, in der der Zusammenhang und die Ordnung des Tuns sich spiegelt [...]" (Cassirer 1953a: 133f). Nun erst sei, so Cassirer, „[...] das Material der Sprache so beschaffen, dass sich an ihm eine neue Form ausprägen kann" (ebd.: 134).

Die Frage nach dem „Anfang" der Sprache beantworten Humboldt, Cassirer, Gehlen und Claessens somit prozessual: Sprache *wird* in dem Pro-

48 Claessens 1993: 140, Hervorhebung im Original.

49 Vgl. dazu auch Gehlen 1993: 317 und Cassirer 1953a: 259.

zess der Stabilisierung, der Umorganisation und der Erweiterung und damit auch der relativen Loslösung von vorangegangenen Organisationsformen, ohne diese jedoch jemals aufzugeben, denn noch das Sprechen oder das Hören kommt ohne das Substrat, die Residuen dieser Formen nicht aus. Was Sprache *ist*, lässt sich sinnvoll wiederum nicht beantworten, nur die Frage, wie Sprache *wird*, ist einer Beantwortung zuzuführen, und diese Antwort läuft darauf hinaus, Sprache als eine Form der Verklammerung von Umwelt und Organismus zu denken, die zugleich das Erreichte im ständigen Abgleich mit allen anderen Formen sichert, aus diesem Abgleich überhaupt erst hervorgeht, und dabei über sich selbst langsam aber stetig hinausdrängt und komplexere Organisationsformen hervorbringt, die sich dann sekundär als zweckmäßig erweisen können, oder eben nicht. Sprache bleibt Teil eines übergreifenden Ganzen, sie entspricht der „Beharrungstendenz" (Ferdinand Tönnies) der organischen Formen,[50] ihrem Streben, sich gegen Umwelt abzugrenzen, so wie alle symbolischen Formen dieser Beharrungstendenz entweder entsprechen, oder sie vergehen.

Die mimische, analogische und die symbolische Ausdrucksform der Sprache

Den Prozess der Sprachentwicklung teilt Cassirer in drei Entwicklungsstufen ein, dies sind die mimische, die analogische und die symbolische Ausdrucksform. Während die mimische Ausdrucksform nur individuelle und somit situativ einmalige Beschreibungen zulässt, weil sie sich unmittelbar auf den sinnlichen Eindruck bezieht, reicht die analogische Ausdrucksform darüber hinaus. Der Laut sucht zunächst noch die „[...] unmittelbare Nähe zum sinnlichen Eindruck und die möglichst getreue Wiedergabe der Vielfältigkeit dieses Eindrucks" (Cassirer 1953a: 139). In der Stufe des analogischen Ausdrucks hat sich bereits ein neues formenbildendes Prinzip entfaltet. Im Verhältnis der Laute und den bezeichneten Sinnesinhalten kristallisiert sich eine *Analogie der Form* heraus, welche bereits verschiedene Erfahrungen miteinander in einen Zusammenhang bringt. Als Beispiel für die analogische Phase des Sprachprozesses nennt Cassirer etwa die Möglichkeit, durch Nachahmung wahrgenommener Geräusche und deren Variation Bedeutungsunterschiede zu entfalten. Diese Stufe, auf der erstmalig Zusammenhänge ausgedrückt werden, geht von Ähnlichkeiten des sinnlichen Eindrucks, den wahrgenommene Formen hervorrufen, aus. Diese

50 „Diese Tendenz", so Tönnies, „bedingt bei den organischen Wesen die Wehr gegen Vernichtung, das Streben nach Nahrung, die Arbeit der Erneuerung und Zeugung. Die Harmonie dieser drei Betätigungen bildet auch den Generalbaß im Leben des Menschen, durch sie bedingt ist das Spiel seiner mannigfachen Gefühle und Leidenschaften, daher sind auch die Anstrengungen seiner Sinne und seines Denkens davon abhängig" (Tönnies 2002: 128).

Form des Zusammenhangs kann, je nach verbindender Qualität (etwa der Form des Geruchs, des Geschmacks, warm, weich etc.), unendlich vielfältig sein, sie bleibt jedoch stets an eine nunmehr bereits relativ fixierte bildliche Verkörperung gebunden (vgl. ebd.: 271f). Dabei folgt die Sprache nicht den wahrgenommenen „Objekteigenschaften", immer gehen neue Leistungen der „subjektiven Sprachphantasie" in die Reihenbildung ein, wirkt Sprache also schöpferisch, so Cassirer: „Niemals wird diese Zuordnung durch bloße Wahrnehmungs- oder Urteilsakte, sondern immer zugleich durch Affekt- und Willensakte, durch Akte der inneren *Stellungnahme* bestimmt" (ebd.: 277, Hervorhebung im Original gesperrt). Sprache tritt also „aktiv" den wahrgenommenen „Dingen" gegenüber:

> „[...] sie unterscheidet, wählt, und richtet und schafft vermöge solcher Stellungnahme erst bestimmte Zentren, bestimmte Mittelpunkte der objektiven Anschauung selbst. Diese Durchdringung der Welt der sinnlichen Eindrücke mit den inneren Maßen des Urteils und der Beurteilung hat zur Folge, daß die theoretischen Bedeutungsnuancen und die affektiven Wertnuancen in ihr zunächst noch ständig ineinander übergehen" (ebd.: 278)

Doch sorgt die Sprache bereits für eine gewisse Beharrlichkeit der entstandenen „Zentren", der Attraktoren, die ihre jeweils eigene logische Konsequenz und Dynamik entfalten und somit die Bestimmung der Modalität des ganzen „Organisationszusammenhanges Mensch" gestalten. In der analogischen Phase wird die Sphäre des rein individuell-einmaligen überschritten, es eröffnet sich der breitere Gestaltungsraum der Analogie, des nicht mehr Identischen, dem aktuell Bezeichneten in einer zunehmend entfernten Weise Entsprechenden.

Anfänge der qualifizierenden Begriffsbildung

Oben wurde gezeigt, dass die Sprache sich selbst erst in der Wechselwirkung mit allen anderen Formen herausbildet. Dabei trägt sie ihren eigenen Teil zur Entwicklung der unterschiedlichen Formen bei, ist also insofern wie alle Technik „schöpferisch", man könnte auch sagen: produktiv tätig. Die „Dinge", die von der Sprache in Klassen eingeteilt werden, sind vor dem Akt der Einteilung nicht schon gegeben, sondern entstehen erst in der Wechselwirkung mit den sich entfaltenden Möglichkeiten sprachlicher Differenzierung. Cassirer wendet sich daher gegen eine vereinfachende „Abstraktionstheorie", die den Begriff aus dem Vergleich übereinstimmender „Dinge" oder Vorstellungen und dem Hervorheben einiger allen gemeinsamer Merkmale hervorgehen lässt.

So hat nach Wilhelm von Humboldt jede Sprache ihre eigene „innere Form". Keine Sprache drückt einfach *an sich* gegebene Gegenstände aus, immer ist die Wahl der Unterscheidungen und Bezeichnungen durch die subjektive Auffassung der Gegenstände bestimmt. Jede Sprache ist eine eigene „Weise der Sinngebung" (vgl. Cassirer 1953a: 256).[51] Aus dem praktischen Tun heraus ziehen sich in Wechselwirkung aller Formen untereinander praktisch relevante, bedeutungsvolle Grenzlinien um bedeutungsvolle Gruppierungen.

„Stellt man sich die Gesamtheit der Anschauungswelt als eine gleichförmige Ebene vor, aus der durch den Akt der Benennung fort und fort bestimmte Einzelgestalten herausgehoben und gegen ihre Umwelt abgesondert werden, so betrifft dieser Prozeß der Bestimmung zunächst immer nur einen einzelnen, eng begrenzten Teil dieser Ebene. Nichtsdestoweniger kann auf diesem Wege, indem sich alle diese Einzelkreise aneinanderlegen, allmählich das Ganze der Ebene fortschreitend ergriffen und mit einem immer dichter werdenden Netzwerk von Benennungen gleichsam übersponnen werden. So fein jedoch die einzelnen Maschen dieses Netzes auch sein mögen, so ist es doch in sich selbst einstweilen nur locker gefügt. [...] Es fehlt [noch, M.V.] an der Möglichkeit, eine Mehrheit und Verschiedenheit von Bedeutungskreisen selbst wieder zu einem neuen, durch eine einheitliche Form bezeichneten sprachlichen Ganzen zusammenzufassen" (ebd.: 266).

Auf der „Stufe der Konkreszenz" vermag das Bild die Sache vollständig zu ersetzen, ist das „Wesen" des Bezeichneten im Wort noch unmittelbar enthalten, das Wort *ist* das für den Moment mit ihm Bezeichnete (vgl. Cassirer 1953b: 82). Signifikat, nach Ferdinand de Saussure die begriffliche Seite, die Bedeutung, die etwas Inhaltliches, etwas „Materielles" anzeigt, und Signifikant, der „materielle" Gehalt des durch das Zeichen Bedeuteten (vgl. de Sassure 2001, insbes. 132ff.), *koinzidieren*. Ganzheit muss nicht hergestellt werden, die Verklammerung von Subjekt und Objekt ist in jedem Bild *gegeben*. Die Stufe der Konkreszenz wird jedoch in Richtung einer „generischen Allgemeinheit" überschritten, wenn die Sprache über die reine Benennung bestimmter Anschauungen hinaus auch *Verbindungen* zwischen einzelnen Anschauungen zu benennen beginnt, die dafür im sozialen Raum bereits hochgradig stabilisiert sein müssen (vgl. Cassirer 1953a: 266). Ist ein solches Niveau erst einmal erreicht, kündigen sich neue Formen als Bedeutungszentren auch vermittels der Sprache an, nun schon Formen, deren historischer Charakter sich dem modernen Beobachter entzieht, die doch auf genau dem gleichen Weg entstanden und ebenso historisch geworden und mehr oder weniger relativ im Bezug auf andere Formen stabilisiert sind, wie schon alle anderen vorgängigen Formen.

51 Vgl. dazu auch Wilhelm von Humboldt (Humboldt 1968, hier insbes. 61), auf den sich Cassirer hier beruft.

Der historische Charakter grundlegender Kategorien

In der Sprache werden, wie schon in allen formenden Handlungen, Einheiten gegen den Fluss der Wahrnehmungen festgehalten, als „Sprachbild" treten dem Einzelnen nun jedoch auch geformte Einheiten entgegen, die über keinerlei anschauliche Merkmale im engeren Sinne verfügen. Diese sprachlichen Formen dienen dann wieder als Ausgangspunkt für an sie anschließende Reflexionen und Beziehungssetzungen; für Cassirer und mit ihm für den gesamten „Linguistic Turn" der Geisteswissenschaften wird Sprache daher zum „eigentlichen Kristallisations-Mittelpunkt" (vgl. Cassirer 1975: 135).[52] Der Begriff fixiert eine bestimmte Perspektive, so Cassirer, und hebt diese so aus dem Strom des zeitlichen Werdens heraus. Hierzu muss die „Totalerscheinung" in einem einzigen Moment „zusammengedrängt" sein (vgl. ebd.: 133), müssen ausgezeichnete Punkte aus dem Strom des Ganzen herausgehoben werden. Zuletzt ist es also wieder „[...] ein und dieselbe fundamentale Leistung [...], kraft deren der Geist sich zur Schöpfung der Sprache, wie zur Schöpfung des anschaulichen Weltbildes, zum ‚diskursiven' *Begreifen* der Wirklichkeit wie zu ihrer gegenständlichen *Anschauung* erhebt" (ebd.: 136, Hervorhebungen im Original gesperrt).

Einige dieser erst über die Sprachform auf *deutlichere* Fixierung drängenden Formen sind nun detaillierter darzustellen, weil sie für den modernen Menschen grundlegende Kategorien bilden, weil an ihnen aber vor allem der symbolisch-formale, schließlich also der *soziale* Charakter selbst noch der wissenschaftlichen Grundbegriffe aufgezeigt werden kann. Diese Kategorien müssen gerade in ihrem *historischen*, unabgeschlossen über sich hinaus verweisenden Charakter begriffen werden, denn dieser ist es, der ihre *ganze* Bedeutung ausmacht. Ohne diese Bedeutung verlieren die Kategorien ihren Sinn, verlieren sie sich selbst, und das bedeutete für den Menschen Verlust seiner grundlegenden Sicherheiten, Verlust letztlich auch von sich selbst. Dies wird exemplarisch entlang der Rekonstruktion des Prozesses der Kristallisation der Formen des Raumes, der Zeit und des damit verbundenen Geschichtsbewusstseins, der Zahl sowie des Selbst- und Gruppenbewusstseins eingehender begründet. Dies muss *exemplarisch* geschehen, weil einerseits selbstverständlich Vollständigkeit unmöglich zu erreichen ist, weil aber ohnehin im Sinne der Gesamtargumentation dieser Arbeit sich nur ein Teil dem Beobachter zeigt, während doch Wesentliches, was dem sich Zeigenden transzendental, als dessen Bedingung zugrunde

52 In diesem Sinne auch Arnold Gehlen: „Auf diesem Hintergrund des Gesamtfeldes menschlicher entlasteter Umgangserlebnisse werden sich einzelne Zentren gleichsam verdichteten Sprach- und Handlungserlebens bilden, von denen die weitere Entwicklung der Sprache in erster Linie ausgeht [...]" Gehlen 1993: 320.

liegt, sich der Beobachtung entzieht. Das, was sich hier als symbolische Formen beobachten lässt, hat keinerlei Substanz. Was dafür letztlich entscheidend ist, dass sich etwas zur symbolischen Form stabilisiert, dass es sich schließlich derart verdichtet beobachten lässt, lässt sich prospektiv nicht sagen. Entscheidend ist vielmehr, dass das, was sich zeigt, nur ist, weil ihm umfassende, sich mehr oder weniger verbergende Bedingungen zugrunde liegen. Diese Bedingungen sind konstitutiver Bestandteil des sich Zeigenden, und können doch nur erahnt werden. Sie aber zu verneinen, muss schließlich auch zur Erosion des sich Zeigenden führen.

Raum, Zeit, Geschichte und Zahl

Der Sprache kommt bei der Stabilisierung der räumlichen Welt eine entscheidende Bedeutung zu. Zwar muss ein Gefühl von Räumlichkeit schon lange (durch alle anderen stabilisierten Formen vermittelt) gegeben gewesen sein, über ein solches verfügt allemal schon das Tier. Die Sprache leitet nun jedoch von dieser „bloßen Räumlichkeit" über zum Raum als systematischer Einheit (vgl. Cassirer 1975: 173). Die Wahrnehmungswelt begegnet dem Menschen schon räumlich – freilich durch ihn selbst – gegliedert, bevor er diese Gliederung differenzierter fixiert, etwa in Nähe und Ferne, oben und unten, in Himmelsrichtungen usw. So wurzeln denn auch die ersten „Raumwörter" in der sinnlichen Ausdruckssphäre, im mimischen Ausdruck. Bei einmaligen Gelegenheiten zunächst eng an das gekennzeichnete Ereignis gebunden, machen sich erste Analogien bemerkbar. Im Sinne der Organprojektionsthese Ernst Kapps (vgl. Kapp 1978)[53] vermutet Cassirer, dass hierbei die Unterscheidung der Gliedmaßen des eigenen Körpers dem Menschen als ursprüngliche Koordinationsebene diente. Zunächst durch vokale Gesten geordnet, drängt beispielsweise der Abstand zwischen beiden Händen immer stärker zu Bewusstsein. Konzentrisch breiten sich die einmal stabilisierten Raumbeziehungen nach dem Vorbild des eigenen Körpers auf immer entferntere Eindrücke aus (vgl. Cassirer 1953a: 159.) Mit der sprachlichen Fixierung der ersten Ausdrucksmittel für räumliche Unterscheidungen sind nun die einzelnen Orte nicht mehr bloß durch rein „[...] qualitative und fühlbare Charaktere voneinander geschieden; sondern es treten in ihnen bestimmte Relationen des ‚Zwischen', der räumlichen *Ordnung* auf" (Cassirer 1975: 177), die zugleich beide Orte miteinander über einen Maßstab, ein „tertium comparationis", miteinander verknüpfen.

In den ersten räumlichen Fixierungen ist auch die Form der Zeit bereits angelegt. Die Fixierung der räumlichen Differenzierungen drängt zunehmend auch auf die Wahrnehmung, also den *Ein*druck der mit der Distanz verbundenen Dauer, die man z.B. für das Zurücklegen einer *aus*gedrückten,

53 Siehe zur Organprojektionsthese auch S. 180 FN 32.

also bezeichneten Wegstrecke benötigt. Wie beim Raum erscheinen auch die zeitlichen Bedeutungsunterschiede zunächst als Eigenschaftsunterschiede. Auf dieser ersten Stufe ist nur zwischen einem „Jetzt“ und „Nicht-Jetzt“ unterschieden. Daran schließe eine zweite Stufe an, so Cassirer, auf der bestimmte zeitliche Unterscheidungen beginnen, sich gegeneinander abzuheben: die vollendete Handlung von der unvollendeten, die dauernde von der vorübergehenden usw. (vgl. Cassirer 1953a: 174). Die Form der Zeit stabilisiert sich also erst langsam gegen den Strom der mannigfaltigen Ereignisse, erst allmählich hebt sie sich aus dem allgemeinen und unbestimmten Hintergrund hervor; aus diesem Zusammenhang heraus und somit stets symbolisch auf ihn verweisend, wird Zeit zur relativ von anderen abgegrenzten Form mit eigenen, stets unscharfen Konturen. Auch hier kommt der Sprache die Bedeutung zu, dass sie durch begriffliche Fixierung Formen veranschaulicht, die als solche abstrakt bleiben. Die stabilisierende Kraft der begrifflichen Fixierung macht erst den Wandel von der reinen „Ichzeit“ zur Zeit als metaphysischer Kategorie der Substantialität möglich (vgl. Cassirer 1975: 197). Für den Prozess von der rhythmischen Gliederung des Zeitablaufes vor dem Horizont ewiger Wiederholung ohne Anfang und Ende bis hin zur systematischen Gliederung in eine Vergangenheit, ein Jetzt und eine Zukunft, ist die begriffliche Stabilisierung die Bedingung, die diesen Prozess erst ermöglicht, zugleich gelangt auch *der Begriff* selbst nur im Prozess dieser Formung zu seiner dem modernen Beobachter sich zeigenden Form.

Der Raum und die Zeit als Formen erhalten also ihre in der Anschauung gründenden Relationierungen und finden für diese umfassendere Einheiten, sie generieren jeweils unterschiedliche Eigenarten der Strukturierung der Wahrnehmungswelt. Während die räumliche Anschauung noch der reinen örtlichen Positionierung verhaftet bleibt, Identität also noch nicht von Nicht-Identität trennt und letztlich das voneinander Geschiedene in einer neuen Einheit aufgehoben bleibt, setzt die Form der Zeit bereits eine „Richtung des Sinnes“ (Cassirer 1953a: 178f.). Die Lösung der engen Bindung an den sinnlichen Eindruck ist die Voraussetzung dafür, Relationen zwischen den „Objekten“ bemerken zu können. Diese Distanzierung wird bei räumlichen Unterscheidungen erleichtert, weil räumlich distanzierte Objekte doch zugleich „sind“, also miteinander als räumliche Objekte eine Art „Metaobjekt“ bilden, so Cassirer. Ihre räumliche Position beziehen sie in einer „neuen“ Einheit. „Die Zeit aber zeigt im Gegensatz hierzu, neben dem Auseinander und der wechselnden Entfernung ihrer einzelnen Elemente, einen bestimmten einzigartigen und nicht umkehrbaren ‚Sinn‘, in dem sie verläuft“ (ebd.: 172). Diese neue Qualität der Verbindung lässt sich aus der unmittelbaren Anschauung nicht ableiten, zeitliche Reihen lassen sich nur durch Verknüpfungsleistungen bilden. „Da die Elemente der Zeit als solche nur dadurch sind, daß das Bewußtsein sie durchläuft und in diesem Durchlaufen gegeneinander unterscheidet, so geht eben dieser Akt des Durchlaufens, dieser *,diskursus'*, in die charakteristische Form des Zeitbegriffes ein" (ebd.: 170, Hervorhebung im Original).

Mit den Formen des Raumes und der Zeit, die selbst schon enorm voraussetzungsvoll sind, entstehen also neue „Vektoren", die geeignet sind, das Formensystem, also die Organisationsform des Menschen, grundlegend neu zu modellieren, während doch weiterhin alle wesentlichen Bedingungen erhalten bleiben, die das bisherige Organisationsniveau sicherten. Wieder gehen in die neuen Formen ihre Entstehungsbedingungen ein und bleiben diese Bedingungen in ihnen „aufgehoben", weiter bleiben sie aufgeladen mit einer Vielzahl unterschiedlicher Bedeutungen, die in ihnen zugleich präsent und angezeigt werden, ohne doch dabei jemals bestimmt zu sein. Wieder bleibt in ihnen und allen ihnen zugrunde liegenden Formen ein Verweis auf den unbestimmten Horizont, die erste Umwelt, enthalten, von dem abzugrenzen ja weiterhin die Bedingung, der Nomos aller Formen ist.

Deutlicher als an anderen symbolischen Formen wird an der Kategorie der Zeit, dass sie „Wirklichkeit" in jeder Hinsicht und in jedem Augenblick *neu* formt. „Geschichte" ist als solche nur denkbar, wenn die Formen von Vergangenheit, Gegenwart und Zukunft derart objektiviert und vergegenständlicht sind, dass sie als „Raster" für die Beschreibung relativ konstant bleiben. Das Bild von Geschichte kann sich überhaupt erst formen, wenn der Geist die Formen von Vergangenheit, Gegenwart und Zukunft derart fixiert hat, dass er diese als eigenständige Formen mit Ding-Eigenschaften vor sich hinstellen, sie vergegenständlichen kann. Auch das geschichtliche Bewusstsein als Bewusstsein von der Zeit beruht also auf der Wechselwirkung von darstellender Objektivation und sich an dieser orientierender Tatkraft, „[...] auf der Klarheit und Sicherheit, mit der das Ich im Stande ist, ein zukünftiges Sein im Bilde vor sich *hinzustellen* und alles einzelne Tun auf dieses Bild zu *richten*" (Cassirer 1975: 212, Hervorhebungen im Original gesperrt). Und doch bleibt das Bild, das sich dem geistigen Auge als Form von der Vergangenheit offenbart, in ständigem Wandel, weil die Wechselwirkung aller symbolischen Formen als solche nicht zur absoluten Ruhe kommt, und so wandelt sich auch das Bild von der „Geschichte" im Zuge dieser Ausdifferenzierung, Umformung und Überlagerung aller Organisationsformen. Auch die Formen des Raumes und der Zeit sind in ihrer Bedeutung „aufgeladen", sie „laden" ihre Bedeutung aus ihrem Eingebundensein in das System der Formen, aus ihrem Beitrag zur Organisation der grundlegenden Bedingungen zur Aufrechterhaltung der Grenze zur ersten Umwelt. Damit verändern sie die Bedeutung aller anderen Formen zu jedem Zeitpunkt, während sie zugleich Bedeutungen relativ stabilisieren.

Noch eine Kategorie, neben der des Raumes und der Zeit und des mit beiden Formen eng verbundenen Geschichtsbewusstseins, ist hier anzuführen, denn mit der *Zahl* ist, so Cassirer, eine dritte Kategorie im Werden, die ebenfalls als Folge der Entwicklung der Form der Sprache grundlegenden Einfluss auf das Gesamtsystem, auf die Form des Menschen schlechthin ausübt. Auch die Form der Zahl baut sich erst sukzessive aus ihren einzelnen Momenten auf (vgl. Cassirer 1953a: 186), die Zahlbegriffe sind zunächst „reine mimische Handbegriffe oder sonstige Körperbegriffe" (vgl. ebd.: 187). Cassirer sieht die Entstehung erster Zählworte, wie die der ersten Raumworte, an körperliche Differenzierungen gebunden. Auch sie leiten sich unmittelbar aus nun bereits vorgefundenen Differenzierungen ab, so etwa aus der Anzahl der eigenen Finger. Doch bereits in den ersten Zahlwörtern ist eine neue „Modalität" angelegt, eine grundlegende Umorganisation aller Wahrnehmungsformen: „Das Moment der Vielheit geht hier in das Moment der Einheit, das der Sonderung in das der Verknüpfung, das der durchgängigen Unterscheidung in das der reinen Gleichartigkeit über" (ebd.: 186). Auch wenn zunächst die Mannigfaltigkeit der dinglichen Besonderheiten noch im Akt des Zählens beim Durchlaufen der eigenen Finger enthalten bleibt, ist doch darin bereits „[…] eine ganz bestimmte Ordnung, eine Reihenfolge des Übergangs vom einen zum anderen Glied […]" (ebd.: 189f.) enthalten:

„Der Geist beginnt, indem er die sinnlichen Objekte nicht lediglich nach dem, was sie einzeln unmittelbar sind, sondern nach der Art, wie sie sich ordnen, erfaßt, von der Bestimmtheit der Gegenstände zur Bestimmtheit der Akte fortzuschreiten: – und an diesen letzteren, an den Akten der Verknüpfung und Sonderung, die er in sich selbst ausübt, wird ihm zuletzt das eigentliche und neue, das ‚intellektuelle' Prinzip der Zahlenbildung aufgehen" (ebd.: 190).

Voraussetzung für die Herausbildung dieses neuen Prinzips sind die Formen des Raumes und der Zeit. Immer bleibt die Herausbildung der Zahl an die Grundformen der Anschauung, den Raum und die Zeit, gebunden – verändert sich eine dieser Formen, verändern sich auch alle anderen und vice versa. Die Unterscheidung der räumlichen Objekte führt die Sprache zum Ausdruck der „kollektiven Vielheit", die Unterscheidung zeitlicher Akte führt die Besonderung und Vereinzelung zum Ausdruck. Die ersten Zahlwörter gehen aus diesen zwei Grundrichtungen hervor, es kommt zu Klassenbildungen und Einteilungen, jedoch gibt es noch kein allgemeingültiges Prinzip, das die Klassen miteinander verbindet. Jede Klasse zählbarer Objekte bleibt *an ihren konkreten Kontext* gebunden, nur in ihm sind sie überhaupt als Klasse *verbunden*, aus ihm erhalten sie ihre Bedeutung. So ist auch die Geschichte der Zahl nur genetisch zu rekonstruieren, denn wie in den Anschauungsformen des Raumes und der Zeit ist auch in der Zahl zunächst noch nicht erkennbar, in welche besondere Richtung sie sich entfalten wird. Einfache lautsprachliche Rhythmisierungen erwiesen sich sekundär als funktional für die Organisation des größer werdenden Zusammenhanges (vgl. ebd.: 201f.), so dass sie selbst in dieser Bedeutung zur Form wurden, als symbolische Form sich stabilisierten. Auch die ersten Zahlformen erweisen sich in diesem Sinne sekundär als erfolgreich, sie „luxurieren" die Organisation des Gruppen-Organismus, und drängen damit auf Stabilisierung, Differenzierung und Erweiterung der Form. Allen geistigen Formen ist gemein, dass sie korrelative Einheiten herstellen. Immer werden diese Elemente als Ausdruck und Ergebnis eines Zusammenhanges zu einer symbolischen Form zusammengefasst. Ihre jeweilige Entwicklungsrichtung jedoch hängt ganz von den Bedingungen ab, die sich in jedem Augenblick aus dem Zusammenspiel aller Formen untereinander neu gestalten.

Ichbewusstsein und Gruppenbewusstsein

Zu homogenen Zahlausdrücken findet die Sprache also erst sehr spät, zunächst muss sie sich über den Weg der Klassen- und Relationenbildung aus den heterogenen Anschauungsverhältnissen lösen.

> „Wie die Zahl den Charakter der ‚Gleichartigkeit' erst dadurch erlangt, daß sie sich fortschreitend aus einem Dingausdruck in einen reinen Beziehungsausdruck wandelt – so gewinnt allmählich auch die Einfachheit und Einerleiheit der Ichbeziehung den Vorrang vor der Vielfältigkeit der Inhalte, die in diese Beziehung eingehen können" (Cassirer 1953a: 231).

Das Ich bildet sich nun zunehmend zur ideellen Mitte, in der alle Zustands- und Relationenbestimmungen durch die personale Form des verbalen Ausdrucks zusammenfinden (vgl. ebd.: 232) doch bleibt diese Mitte ein *Prozess*, selbst eingebunden in die korrelative wechselseitige Hervorbringung der Kategorien der Beharrung und der Veränderung. Sie lässt sich allenfalls als ideeller Fixpunkt beschreiben, der selbst als Bedingung und Resultat an der weiteren Formenbildung (vgl. ebd.: 235) und damit der Verklammerung von Organismus und erster Umwelt Anteil hat.

Das Ich als beobachtete Form kann also zum ideellen Fixpunkt nur vermittels der Sprache geworden sein (was nicht heißt, dass Sprache allein bereits hinreichende Bedingung gewesen ist), die neue Formen des Ineinandergreifens des subjektiven und des objektiven Daseins, also der Verklammerung von Organismus bzw. Gruppe und Umwelt objektiviert. Die Sprache erschafft „[...] gleichsam ein Mittelreich, durch welches die Formen des Daseins auf die des Tuns, die Formen des Tuns auf die des Daseins bezogen und beide miteinander zu einer geistigen Ausdruckseinheit verschmolzen werden“ (ebd.: 225). In dieser Betrachtung wird die Sprache zu einem „[...] Vehikel in jenem großen Prozeß der Auseinandersetzung zwischen ‚Ich‘ und ‚Welt‘, in dem die Grenzen beider sich erst bestimmen und abscheiden [...]“ (ebd.: 237). Die Form der Sprache lässt sich daher nicht als statische Seinsform, sondern allein als dynamische Form fassen, denn die Bezeichnung richtet sich nicht auf einen gegebenen Gegenstand, vielmehr ist der Gegenstand Folge der immer schärferen „Distinktion der Bewusstseinsinhalte“ mittels der sprachlichen Zeichen. Diese schärfere Distinktion lässt „Welt“ in immer deutlicheren Umrissen erkennbar werden, als Inbegriff von „Gegenständen“, „Eigenschaften“, „Veränderungen“, „Tätigkeiten“, „Personen“, „Sachen“, „örtlichen“ und „zeitlichen“ Beziehungen, so Cassirer (vgl. ebd.: 238).

Auch die Kategorie des „Selbst“, der „Person“ ist derart Produkt von Wechselwirkungen und Stabilisierungserfolgen. Zunächst bildet das Ich mit seinem Empfinden, Fühlen und Wollen (vgl. ebd.: 194), mit allen Handlungserfahrungen und relativ stabilisierten Bedeutungsformen als Verklammerung von Organismus und Umwelt ein ungetrenntes Ganzes. Als Teil seiner Umwelt ist es in dieser aufgehoben. Allmählich bricht dieser „eintönige“ Zusammenhang auf in eine rhythmische Phaseneinteilung. Kritische Ereignisse und Zeiten grenzen Phasen des Vor und Danach voneinander ab, die Kategorien des Raumes, der Zeit und schließlich der Zahl besetzen diese Phasen der Ich-Entwicklung mit unterschiedlicher Bedeutung. Parallel erhebt sich das Selbst als eigenständige Form allmählich aus der Gebundenheit im Strom der Eindrücke. Die Form des Selbst gewinnt eigenständige Bedeutung, indem ihr, wie den unterschiedlichen Himmelsrichtungen, spezifische ursächliche Kräfte zugeschrieben werden.

Das Ich als objektivierte symbolische Form kristallisiert sich in einem langen Prozess heraus und seine ganze Beschaffenheit ist das Ergebnis dieses langen Prozesses, der niemals zu einem Abschluss gelangt. Das Ich ist das Ergebnis der Wechselwirkung aller symbolischen Formen im Prozess ihrer Stabilisierung, in ihre Form geht der ganze symbolische Gehalt, also der Verweis auf diese ganze Geschichte als „Surplus“ mit ein. Das Selbst als symbolische Form konstituiert sich als spekulativer Gedanke[54] in einem langen Prozess der Lösung aus dem dichten Beziehungsgeflecht praktischer Erfahrungen, die selbst als symbolische Formen die ganze Wahrnehmung strukturieren. Wie alle anderen Formen richtet sich das Ich als Form aus auf

54 So heißt es bei Cassirer: Das „[...] Ich selbst [ist, M.V.] zuletzt nichts anderes als [...] ideelle Mitte. Es ist kein eigener vorstellbarer oder anschaulicher Inhalt, sondern, mit Kant zu reden, lediglich dasjenige, ‚worauf in bezug Vorstellungen synthetische Einheit haben‘“ (Cassirer 1953a: 232f.).

die Bedeutung, die ihm im Ganzen des Organisationsprozesses immer schon zukommt, so wie es aus dieser Bedeutung erst hervorgeht bzw. hervorgegangen ist.

Der Ausbildung des Ichbegriffs geht, so Cassirer, auch ontogenetisch ein Zustand der Indifferenz voraus, in dem „Ich“ und „Mein“, „Du“ und „Dein“ noch nicht voneinander geschieden sind (vgl. ebd.: 226ff.). Nur in dem Bezug auf die zentrale Bezugseinheit des eigenen Körpers ist die Bestimmung eines Gliedes als zum Körper als Ganzes gehöriges möglich, der wiederum nur im Bezug zu den ihn hervorbringenden Formen seine Ganzheit herstellt, die ihre Bedeutung letztlich aus dem Bezug zur ersten Umwelt, zur Ganzheit erster Ordnung also beziehen. In gleicher Weise verhält es sich auch bei der Stabilisierung des Ich als symbolische Form in Bezug zur ersten Ganzheit. Diese Beziehung zur Bezugseinheit zeichnet die Ausdifferenzierung aller Formen aus. So bleibt, etwa in der Bezeichnung von Verwandtschaftsverhältnissen, der Bezug auf das Ganze der Unterscheidung in Formulierungen wie „mein“ Vater, „deine“ Mutter bestehen. Die Sprache und alle sie einbettenden symbolischen Formen spinnen ein Netz solcher Beziehungsklassen, von „Verschmelzungen des Nominalausdrucks mit dem Possesivpronomen“, und teilen das Ganze zu einer vielschichtigen Stufung des „Objektiven“, je nach der größeren „Nähe“ oder „Ferne“ zum „Ich“, oder nach der Zugehörigkeit zu einer bestimmten „Zahlenklasse“ (vgl. ebd.: 229), letztlich nach der Bedeutung für den Erhalt der Unterscheidung von Form und Umwelt, ein.

Die Bedingungen, die zur Stabilisierung der Form der Gruppe geführt haben könnten, wurden oben bereits besprochen. Auch klang schon mehrfach an, dass ein „unbewusstes Bewusstsein“ von der Notwendigkeit der Gruppe für den Erhalt des Einzelwesens immer schon vorhanden, dieses überhaupt Bedingung der weiteren Entwicklung zu größeren Zusammenhängen gewesen sein muss. Von diesem vorbewussten „Gefühl“ hebt sich allmählich auch eine objektivierte symbolische Form, ein Bewusstsein der Gruppe selbst ab. So wie die Formen des Raumes, der Zeit, der Zahl und des Ichbewusstseins nicht unvermittelt hervortraten, so kristallisiert sich auch die Form der Gruppe in einem langen Prozess vermittelt über objektivierte Formen heraus. Das Wir-Erlebnis wird zuerst realisiert, etwa durch gemeinsamen Gesang, Tanz usw., wie oben bereits erwähnt, bevor es dann „zur Kenntnis“ genommen wird.

> „Der objektive Begriff ‚unsere Gruppe‘ ist […] viel früher in diesem mimischen Vollzug ins Bewusstsein gehoben, als abstrakt gedacht worden. Er geht weit über jedes bloß emotionale oder im direkten, gemeinsamen Verhalten erreichbare Wir-Erlebnis hinaus und gehört einer Reflexion höheren Grades an […]“ (Gehlen 1993: 470).

Die Gruppe wird erlebt, indem sie etwas anderes ist, das Bewusstsein von ihr kommt indirekt zustande, in dem sich alle in einem selben Äußeren identifizieren, in dem ihr Bewusstsein einen gemeinsamen Schnittpunkt findet, so Gehlen. Dieses Thema wird die Untersuchung noch weiter beschäftigen, wenn im Folgenden weitere Formen besprochen werden, die die Organisationsform des Menschen begleiten und beeinflussen. Das Gruppenbewusstsein kann ebenso wenig wie die Form der Zeit abschließend *bestimmt* werden, es bezieht seine Form aus dem Zusammenhang aller Formen und ist nur in diesem Zusammenhang „gegeben". Entsprechend verändert sich das Bewusstsein, ob das der Gruppe oder des Einzelnen, ständig.

Komplexitätssteigerung und neue Techniken der Reduktion von Komplexität

Wie alle symbolischen Formen drängt auch die Sprache, wie oben gezeigt, auf neue Wahrnehmungsformen, die erst durch sie zur Anschauung gelangen und sich nur durch Sprache zu relativen Stabilitätskernen im Prozess der symbolischen Formung entwickeln können. Doch ist Sprache eine notwendige, aber keine hinreichende Bedingung, um die auf ihr aufbauenden Formen umfassend erklären zu können. Eine nur auf die Entwicklungslinien von Sprache und anderen „Techniken" gerichtete Betrachtung vermag nicht die tatsächliche Komplexität der Entwicklung zu erfassen, sie nähme nur das, was sich recht offen zeigt in den Blick, nicht jedoch die komplexen Wechselwirkungen, die sich *insgesamt* ergeben. Dieser sich anzeigende, beobachtbare Zusammenhang zeigt nur einen Ausschnitt der Entwicklung. Entsprechend muss die Kategorie des Symbolischen erneut hervorgehoben werden, mit der der Tatsache Ausdruck verliehen wird, dass das Beobachtbare nur symbolisch für die komplexen Entwicklungen steht, die sich tatsächlich vollziehen, in die das Beobachtbare stets eingebettet bleibt, von deren Ganzheit sich ein Beobachter jedoch keinen exakten Begriff zu machen vermag.

Das, was Sprache ist, lässt sich nicht in der Untersuchung der Sprache ergründen, ihr Wesen *erklären* zu wollen, bedeutete notwendig, alle Bedingungen mit einbeziehen zu müssen, die der Sprache erst ihre Form geben, offensichtlich – vor dem Hintergrund der Unzugänglichkeit des Ganzen erster Ordnung – ein aussichtsloses Unterfangen. Eine Annäherung, ein *Verstehen* der Bedeutung der Sprache aber erfordert zumindest, sich stets gewahr zu bleiben, dass immer noch mehr in die Sprache hineinspielt, als ein Beobachter zu beobachten vermag. Der Charakter grundlegender Kategorien wie der des Raumes, der Zeit und der Zahl lässt sich nicht begreifen, wenn man sie aus ihrem Entstehungszusammenhang heraus isoliert betrachtet. Was Zeit ist, hängt von der Konstellation des Gesamtsystems der symbolischen Formen ab, die der Zeit erst ihre Form zuweisen. Der Raum ist als Kategorie in jedem Augenblick innerhalb dieses dynamischen Formensystems etwas anderes, allein die hochgradige Stabilität dieses Systems lässt den Raum als ebenfalls hochgradig stabile Form erscheinen. Die Zahl hat eine lange Geschichte, ihre Bedeutung hängt ab von allen anderen Formen, die sich in einem dynamischen Fließgleichgewicht zu einem gegebenen Zeitpunkt zueinander verhalten und die erst der Zahl ihre Form zuweisen, die sich einem modernen Beobachter als eigenständiges „Objekt" darstellt. Keine dieser Formen *ist* jeweils für sich, alle Formen aber *bedeuten* etwas vor dem Hintergrund des von einem Beobachter insgesamt symbolisch begriffenen Zusammenhanges, durch den hindurch er sich selbst im Leben erhält.

Neben diesen derart stabilisierten Formen, die sich als Techniken des Lebens besonders hervortun und die dem modernen Beobachter selbst gleichsam als unveränderliche „Tatsachen" erscheinen, sind andere Formen notwendige Bedingung dafür, dass diese Formen zu dem werden, als was sie erscheinen. Auch dem modernen Beobachter erscheinen aber nicht alle Formen gleichermaßen „klar" und transparent, wie die Formen der Zeit, des Raumes und der Zahl. Das Ichbewusstsein und das Gruppenbewusstsein sind bereits weniger „deutlich" beobachtbar, noch weniger bestimmbar aber sind solche Formen, die in besonderem Maße immer schon Gegenstand soziologischer Forschung sind, wie Rituale, aber auch Macht oder die Frage nach der „Funktion" von Verwandtschaftssystemen.[55] Solcherart Formen sind im Folgenden zu skizzieren um damit deutlich zu machen, dass sie – ebenso wie andere Formen auch – für die Entfaltung anderer Formen notwendige Voraussetzung sind, dass nur im Zusammenspiel *aller* Formen miteinander das bislang erreichte Niveau an Komplexität gesichert wird und dass auch die so versteinert erscheinenden Formen von Raum, Zeit und Zahl sich – zumindest bis an die Schwelle zur Moderne – ständig wandeln,

55 Formen wie Normen, Werte und Ethik entziehen sich selbst noch dem Soziologen weitestgehend, sie verflüchtigen sich nahezu gänzlich. Ihre Untersuchung erforderte einen anderen Rahmen, als dass sie hier ebenfalls detailliert besprochen werden könnten, wenngleich sie einzubeziehen wünschenswert gewesen wäre. So bleibt allein zu betonen, dass sie – wie alle anderen sich mit schärferen Konturen zeigenden Formen auch – genau so bedeutend für die relative Stabilität des Formensystems sind, wie etwa die Sprache, das Werkzeug, Kategorien wie die des Raumes, der Zeit, der Zahl usw. Raum, Zeit und Zahl sind nur das, was sie symbolisieren, weil sie eingebettet sind in das System der Formen, also auch von Normen, Werten, von Ethik getragen (vgl. dazu FN 58 im zweiten Giederungspunkt mit den Hinweisen zu Mark Granovetter 1985 und Amitai Etzioni 2001 als prominentem Vertreter des Kommunitarismus).

wenn sich nur irgendetwas wandelt, so beispielsweise wenn die Fähigkeit zur Kommunikation das Jagdverhalten grundlegend umorganisiert und diese Reorganisation wiederum die Sprache und alle anderen Formen verändert.

Neue Verständigungsformen und neue Notwendigkeiten

Sprache ermöglicht das „Be-sprechen" von vergangenen Wahrnehmungen, Vergangenheit wird also wiederholt, sie ermöglicht aber auch den Vorgriff auf Zukünftiges, etwa bei der Vorbereitung der Jagd (vgl. Claessens 1993: 170). Die Jagd bzw. die Tendenz zur Optimierung des Jagdverhaltens drängt auf die Ausdifferenzierung des sprachlichen Vermögens. Zunächst mögen kleinere Zeichnungen u.ä. geholfen haben (vgl. ebd.: 172), auch andere „materielle" Darstellungen wurden vielleicht genutzt, doch selbst diese Formen unterstützen die relative Fixierung von Evokationen auf eindeutige Zusammenhänge, die letztlich zur Sprache führen. Die sich so in jeder Hinsicht andeutende Sprache erhöht die Komplexität zugleich, die sie reduziert. Während sie die Jagd als Zusammenhang planbar macht, sie durch die Möglichkeit zur Absprache das mögliche Verhaltensspektrum der Beteiligten einschränkt, machen sich schon die Folgen dieser Komplexitätsreduktion auf ganz anderem Niveau bemerkbar, die wiederum die sprachliche Entwicklung beeinflussen. So bedeutet die Möglichkeit der Vorbereitung der Jagd auch die Möglichkeit der geplanten Variation des Jagdverhaltens, das immer aber auch ungeplante Variationen hervorruft, die auf die Ausweitung der Wahrnehmung auf neue Zusammenhänge drängen. Das Wahrnehmungsspektrum erweitert sich, während die Jagd ohnehin schon „zentrifugalen Charakter" hat, weil sie ständig mit abstrakten Ereignissen wie Verletzung und Tod konfrontiert (vgl. ebd.: 192). Die Verbesserung der Jagdvorbereitung hat aber auch zur Folge, dass größere Jagderfolge erzielt werden, sich die Überlebensbedingungen im Insulationszusammenhang weiter luxurieren und schließlich die Bevölkerung wächst. Mehr Bevölkerung bedeutet dann wieder die Notwendigkeit wachsender Anstrengungen, die zur Vermittlung der zahlreicher werdenden „Spielebenen" notwendig sind, bis hin zur Ausdehnung des Territoriums, die irgendwann einmal zum auch feindlichen Zusammentreffen verschiedener Gruppen führt (vgl. ebd.: 193ff.)[56] usw.

So müssen die zur Jagd „Abgestellten" ihre Erfahrungen mit den „Nicht-Jägern" kommunizieren, auch hierfür entwickeln sich besondere sprachliche, aber auch andere Kommunikationsformen: „Die Jäger singen vor und nach der Jagd einzeln das Jagderlebnis aufbereitend und beschwö-

56 Die Folgen dieses Aufeinandertreffens zweier Gruppen hat ebenfalls Dieter Claessens an anderer Stelle detaillierter erörtert (vgl. Claessens 1977).

ren sich zusammenschließend und diesen Zusammenschluß bestätigend" (ebd.: 192). Dass der Gruppenschutz erhalten werden muss, so wurde oben bereits argumentiert, ist in der Motivationsstruktur, in dem Bedeutungsgehalt aller symbolischen Formen tief verankert, so dass jegliche Gefährdung dieses Schutzes zu einer erhöhten Bereitschaft zur Neuordnung und zur Stabilisierung „neuer" Verhaltensformen geführt haben wird, wobei diese Formen schon lange in irgendeiner primären Form vorhanden gewesen sind. So drängt das ebenfalls tief verankerte „Bewusstsein" von Rhythmik auf die Stabilisierung von das Gruppenganze bindenden Verhaltensformen. Das lautliche Untermalen von Tätigkeiten wird in der Gemeinschaft verstärkt, weil es die Koordination gemeinsamer Tätigkeiten positiv beeinflusst, und es führt bis hin zum Gesang und zum gemeinsamen Tanz, der dann sekundär wiederum sich als Verstärkung des Gruppenzusammenhanges als zweckmäßig erweist. Damit ist dann bereits das weite Feld der Riten erreicht.

Ritual, Darstellung und Totem

Im Ritual werden, dies haben bereits Emile Durkheim (1984) und Alfred R. Radcliffe-Brown (bspw. 1931) gezeigt[57], die Werte der Gemeinschaft erneuert und bestätigt, Mary Douglas hatte Rituale als Versuch begriffen, Widersprüchliches aufzulösen bzw. Gegensätze zu vereinen (vgl. Douglas 1985: 219f.). Doch heißt das nicht, wie es der Gehlen'sche Institutionenbegriff suggerieren würde, dass die Werte *konstant*, dass die Formen insgesamt dauerhaft dieselben blieben, dass also die mythische Ordnung eine unveränderliche wäre. Jedes Ritual birgt die Chance auf Mikrovariation, jeder Beteiligte bringt sich gemäß der aktuellen Situation in das Ritual ein und verändert damit kaum bemerkbar die Form des Rituals. Diese Variationsfähigkeit macht das Ritual zur „systemischen" Technik der ständigen Anpassung des Gruppenganzen an Umweltveränderungen, noch bevor es überhaupt zu spürbaren Real-Falsifikationen kommen muss; das normale Scheitern ist auf dieser Ebene der Mikrophysik des Gruppenorganismus so minimiert, dass es gar nicht notwendig als Scheitern auffällt. Und dennoch findet der Abgleich des Organismus mit seiner Umwelt ständig durch alle Formen hindurch statt; sofern sich Formen als inadäquat gezeigt haben, werden sie ummodelliert, verworfen, ersetzt usw. So führt die Erweiterung der sprachlichen Kompetenzen ohne Bewusstsein davon zur Umformung noch der habitualisiertesten Verhaltensweisen, während diese Umformung wiederum Einfluss auf die weitere sprachliche Entwicklung ausübt. Wenn also überhaupt sinnvoll von Komplexitätssteigerung gesprochen werden kann, dann muss diese immer notwendig mit den diese Steigerung erst

57 Siehe dazu beider Werke zusammenführend auch Gisela Dombrowsky 1976.

ermöglichenden, weil Komplexität wieder reduzierenden, Formen zusammengedacht werden. Wo neue Probleme auftauchen, müssen neue Organisationsformen her, neue Organisationsformen werfen neue Probleme auf usw. Bedingung für diesen multistabilen Wechselwirkungsprozess ist jedoch, dass sich nichts innerhalb dieses Formensystems derart verhärtet, dass es *dauerhaft* aus der ständig stattfindenden Neuausrichtung aller Formen ausgeklammert bleibt.

Es wurde mit Arnold Gehlen gesagt, dass die Darstellung der Sprache zunächst überlegen ist, weil sie Ereignisse – vielleicht aufgrund ihres deutlicheren Symbolcharakters – eindringlicher „festzuhalten" und relativ stabiler an die Handlung zu „koppeln" vermag. Auch dass diese Verhältnisse sich später umkehren, darf nicht darüber hinwegtäuschen, dass Sprache in ihren Anfängen weit weniger funktional in Bezug auf detaillierte Kommunikation gewesen sein wird als Darstellungen. Erving Goffman hatte in seinem Klassiker „Wir alle spielen Theater" die „Selbstdarstellung im Alltag" beschrieben und darin „[…] den Begriff der ‚Darstellung' zur Bezeichnung des Gesamtverhaltens eines Einzelnen verwendet, das er in Gegenwart einer bestimmten Gruppe von Zuschauern zeigt und das Einfluß auf diese Zuschauer hat" (Goffman 1997: 23). Der Einzelne entwickle „standardisierte Ausdrucksrepertoires", um die Darstellungssituation für sein „Publikum" zu bestimmen, so Goffman weiter (vgl. ebd.). In der Wechselwirkung mit seinem „Publikum" stabilisiert der „Darsteller" ein Formenrepertoire, von dem er erfahrungsgemäß weiß, wie das Publikum in etwa diese Verhaltensweisen interpretieren wird. Auf diese Weise können sich fein differenzierte Schaltkreise stabilisieren, in die der Einzelne seinen *gesamten* Habitus einbringt, die eine viel „breitere" Kommunikation ermöglichen, als es die Sprache jemals vermag. Längst schon ist *vorab* einer differenzierten Sprachkompetenz der „soziale Raum" derart durchformt. In der Darstellung und somit auch im Ritual (als der Darstellungsform der Gruppe), ist schon lange vor der Sprache die Tendenz angelegt, die Anzahl der Wahrnehmungsformen zu stabilisieren und immer deutlicher Bedeutungszentren von anderen Formen abzuheben, die Wahrnehmungswelt sukzessive zu durchgliedern und auf Gruppenebene auf neuem Niveau relativ zu stabilisieren.

Mit dem Ritus verringert sich die Anzahl dieser „Schablonen" weiter, nach denen die Wahrnehmungswelt der Einzelnen geformt wird, die Notwendigkeit, sich zu verstehen, macht diese Einschränkung der Variationsbreite auf Gruppenebene viabel. Gegenüber der rituellen Darstellung bedeutet die Sprache tendenziell die immer weitere Einschränkung der Vielfalt und der Breite, die darstellerisch noch kommuniziert werden konnte; doch tritt Sprache nicht von einem Moment auf den anderen an die Stelle der Darstellung, sondern ergänzt diese zunächst. Erst ganz allmählich „übernimmt" Sprache dann immer weitere Kommunikationsnotwendigkeiten „funktional“ von der Darstellung, entlastet diese dann gleichsam weitgehend von diesen Aufgaben, bis die Darstellung schließlich kaum mehr als „Kommunikationsform“ wahrgenommen wird, was sie aber tatsächlich bis heute – nicht bloß als „Rahmen“ oder als Additivum für sprachliche Kommunikation – bleibt. Insgesamt erweist sich Sprache für die längste Zeit als luxurierender Faktor für das Gruppenganze, weil sie komplementär (eben zur Darstellung und allen anderen Formen der stets vermittelten Kommunikation) die bestehenden Kommunikationsformen ergänzt; erst viel später führt die Sprache bedeutend zum Abbau darstellerischer Kompetenzen und damit zu einer tatsächlichen Einschränkung der Wahrnehmungsvielfalt und -sensibilität, wenn nämlich von ihr erwartet wird, *sämtlichen* Kommunikationserfordernissen ohne komplementäre Ergänzungsformen entsprechen zu können, wenn man schließlich gar von ihr erwartet, dass sie Welt in ihrem Sosein definitiv zu begreifen vermag.[58]

Zunächst macht Sprache – den Kanon bereits vorhandener, systemisch stabilisierter „Techniken“ ergänzend – differenziertere Regelungen, wie die des Tabus, möglich. Das Tabu, so Arnold Gehlen, „[...] institutionalisiert eine ‚kritische Situation‘ im Sinne der Distanzabstufung bis zu einer absoluten Distanzgrenze: berühren verboten“ (Gehlen 1986a: 213). Verbote werden schon lange Teil der Organisation des Gruppenzusammenhanges gewesen sein, bevor sich Sprache ausdifferenzierte, auch sie werden längst schon ihren Platz im Formensystem gehabt haben, bevor sie sprachlich aus diesem System heraus „ausgedrückt“ wurden. Sprache aber ermöglichte dann den viel differenzierteren Umgang und die entsprechende Ausgestaltung der Verbotsregeln, die zugleich auch das Sprachsystem regeln: Verboten kann nun – für den mit der Sprachkompetenz ausgestatteten Gruppenzusammenhang – auch sein, den Namen von etwas auszusprechen, zu bestimmten Zeiten bestimmte Formeln zu verwenden usw.

Auch das Totem ist als darstellende Handlung schon früher angelegt, wenngleich es seine umfassende Bedeutung wohl erst parallel zur sprachlichen Differenzierung erlangt. Das Totem, das für das „mythische“ Denken von zentraler Bedeutung ist, stützt das Einzel- und Kollektivbewusstsein in der zweiten Umwelt gegen die erste Umwelt ab. „Es geht um eine Legitimierung und auch Legalisierung (inhaltliche und formale Rechtfertigung) von Verhalten und Daseinszuständen durch Anlehnung ‚an Etwas‘“ (Claessens 1993: 205). Das Totem gewinnt im Zuge der durch Sprache und andere For-

58 Die Erwartungen an Sprache haben sich freilich im Verlauf der okzidentalen Philosophiegeschichte immer wieder verändert, doch kann wohl behauptet werden, dass niemals von ihr so viel erwartet wurde, wie im 20. Jahrhundert. Differenziert und aufschlussreich arbeitet die Schrift von Ian Hacking die „Bedeutung der Sprache für die Philosophie“ (so der Buchtitel) auf (vgl. Hacking 1984).

menentwicklungen hervorgerufenen Differenzierungen an Bedeutung als Mechanismus zur Reduktion der entstehenden Komplexität innerhalb des Gruppenzusammenhanges (durch Verortung des Einzelnen innerhalb des emergenten Gruppenganzen, vgl. Durkheim 1984: 146ff.), es sichert zudem den „Kontakt" des Gruppenganzen – also der zweiten Umwelt – zur ersten Umwelt, zugleich ermöglicht es erst die Entfaltung von Komplexität bzw. deren Weiterentwicklung. Es ist die adäquate „Technik", die sich nur in der unlösbaren Korrelation mit der durch sie ermöglichten Entwicklung entwickeln kann.

Diese Technik kann daher, und das gilt es hier zunächst nur zu zeigen, nicht losgelöst aus ihrem Entstehungszusammenhang verstanden werden. Totem und Tabu sind nicht für sich allein stehend „Kategorien", die unabhängig von ihrem Entstehungszusammenhang zu bestimmten „Zwecken" eingesetzt werden, sondern lediglich als von einem Beobachter beobachtete Formen zu verstehen, die genau den Zweck erfüllen, den sie erfüllen, ohne dass dieser Zweck jemals abschließend bestimmbar wäre. Seine Bestimmung erforderte die umfassende Beschreibung des gesamten Zusammenhanges symbolischer Formen, deren Modalität sich zu jedem Zeitpunkt neu gestaltet. So kommt Sprache nicht als fertiges Kommunikationssystem über *den* Menschen, sondern als sich stabilisierende und gegenüber anderen Formen erst Konturen entfaltende Form unter anderen und in Ergänzung zu anderen, bringt sie selbst den Menschen mit hervor. Sprache *ist* nicht, Sprache ist in ständigem *Werden*. Rituelle Formen *sind* nicht, ihnen kommt keine objektive, entlang definierbarer Merkmale bestimmbare, von anderen Formen deutlich geschiedene Existenz zu; sie verändern sich ständig und erbringen ihren Beitrag, der vermittelt über das komplexe System der Formen an gänzlich anderer Stelle bedeutend sein mag, ohne diese Bedeutung zu offenbaren. Beobachtbar ist stets nur ein unbestimmter, sich vor anderen Formen hervorhebender, für das Überleben des Menschen bedeutungsvoller Zusammenhang, die Grenzen dieses Zusammenhanges aber erstrecken sich stets ins unbestimmte Ganze.

Hierarchie und Macht

Auch der Form der Macht fehlt es an irgendwie bestimmbaren Grenzen. Der in der gegenwärtigen soziologischen Diskussion besonders wirkmächtige Michel Foucault hat sich ausführlich mit der Frage nach der Macht beschäftigt. Insbesondere in seiner späteren Phase tendierte er zu einer durch und durch relativistischen Konzeption von Macht. So sagte er in einem Gespräch auf die Frage nach seinem Verständnis von Macht:

„*Die* Macht gibt es nicht. […] Die Idee, daß es an einem gegebenen Ort oder ausstrahlend von einem gegebenen Punkt irgend etwas geben könnte, das eine Macht ist, scheint mir auf einer trügerischen Analyse zu beruhen und ist jedenfalls außerstande, von einer beträchtlichen Anzahl von Phänomenen Rechenschaft zu geben" (Foucault 1978b: 126, Hervorhebung im Original unterstrichen).

Foucault betont dagegen den prozessualen Charakter machtvoller Praktiken und „Technologien":[59]

„Die Rationalität der Macht ist die Rationalität von Taktiken, die sich in ihrem beschränkten Bereich häufig unverblümt zu erkennen geben – lokaler Zynismus der Macht –, die sich miteinander verketten, einander gegenseitig hervorrufen und ausbreiten, anderswo ihre Stütze und Bedingung finden und schließlich zu Gesamtdispositiven führen: auch da ist die Logik noch vollkommen klar, können die Absichten entschlüsselt werden – und dennoch kommt es vor, daß niemand sie entworfen hat und kaum jemand sie formuliert: impliziter Charakter der großen anonymen Strategien, die, nahezu stumm, geschwätzige Taktiken koordinieren, deren ‚Erfinder' oder Verantwortliche oft ohne Heuchelei auskommen" (Foucault 1999: 116).

So zeichnet Foucault ein Bild von der Macht als Phänomen zwischen den Polen „sehr verfestigt" und dadurch „vollkommen klar" erkennbar auf der einen und gänzlich sich ins Unbestimmte verflüchtigend, implizit, nahezu stumm, kaum oder gar nicht mehr wahrnehmbar auf der anderen Seite. Die anthropologische Perspektive gehört dagegen tendenziell eher zu jenen Konzeptionen, die Foucault gerade kritisiert, die dazu neigen, Macht objektbezogen und damit auf den Pol des mehr oder weniger offensichtlichen beschränkt zu denken, sie letztlich *einem* „stärkeren" zuzuschreiben, der idealer Weise schon aufgrund seiner „physischen", sprich „biologischen Kräfte" über größere „Machtchancen" (i.S. Max Webers Definition[60]) verfügt, als der körperlich Schwächere.

Doch lässt sich der Machtbegriff eben, wie bei Foucault angelegt, auch anthropologisch symmetrisch denken, vorab aller Werturteile, die erst der moderne Beobachter in spezifische Machtformen legt, der damit ihren besonderen Charakter einerseits hervorhebt, andererseits jedoch gerade ihre

59 Vgl. dazu auch die insgesamt empfehlenswerte, von Marcus S. Kleiner (Kleiner 2001) herausgegebene Einführung in das Denken Michel Foucaults und darin besonders den Beitrag von Andrea Seier (Seier 2001) zur Macht. Auch die Einführung in das „vagabundierende Denken" Foucaults, die François Ewald als Einleitung in die unter dem Titel „Dispositive der Macht" erschienene Aufsatzsammlung (vgl. Ewald 1978) geschrieben hat, ist zum Einsteig in die Machtfrage bei Michel Foucault zu empfehlen.

60 Die Webersche Definition lautet: „*Macht* bedeutet jede Chance, innerhalb einer sozialen Beziehung den eigenen Willen auch gegen Widerstreben durchzusetzen, gleichviel worauf diese Chance beruht" (Weber 1984: 89, Hervorhebung im Original).

Undurchschaubarkeit mitproduziert. Auch Macht lässt sich als Organisationsprinzip beobachten, das sich evolutionär als viabel erwiesen hat (so auch der „späte" Foucault, der die „produktive" Seite der Macht hervorhob[61]), als „Technik" also, die seit jeher einen Beitrag zum Überleben der menschlichen Form leistet, die also die längste Zeit gegenüber einer sich an ethisch-normativen Kriterien orientierenden Bewertung indifferent war. Wie alle Objektivierungen, alle Vergegenständlichungen ist auch Macht zunächst einmal wertneutral.[62] Macht ergibt sich aus den Notwendigkeiten komplexer werdender Zusammenhänge systemisch, z.B. im Zuge der Jagd, wie Dieter Claessens plausibel begründet. Sie ist schon immer in irgendeiner sich verflüchtigenden Form anwesend, nimmt dann irgendwann eigenständige Form an; erst viel später wird sie zum Problem, zum Faktum, zur „ärgerlichen Tatsache" (Ralf Dahrendorf, vgl. 1977: insbes. 17 ff.). Dies lässt sich, das Beispiel beibehaltend, abermals an der Jagd skizzieren.

Die Jagd wird irgendwann nicht mehr allein rituell darstellend ver*arbeitet*, sie wird der sprachlichen Entwicklung entsprechend auch be*sprochen* werden. Immer werden sich auch besondere Verhaltensweisen begünstigende „Merkmale" einzelner Gruppenmitglieder *be*merkbar gemacht haben, so eine besondere Laufbegabung, besondere Kraft, aber auch die besondere Sprach-

61 Foucault denkt Macht in dieser späteren Phase nicht mehr deprivierend, sondern produktiv in dem Sinne, dass ohne Macht Gesellschaften zumindest nicht in der Form möglich wären, wie wir sie kennen. Macht ist die Bedingung der Möglichkeit von Gesellschaft, beide Formen bringen einander wechselwirkend hervor: Erst durch „[...] gewisse Prozeduren, deren Aufgabe es ist, die Kräfte und Gefahren des Diskurses zu bändigen, sein unberechenbar Ereignishaftes zu bannen, seine schwere und bedrohliche Materialität zu umgehen" (Foucault 2001: 11), so ein berühmtes Foucault-Zitat, wird Gesellschaft in der uns bekannten Form möglich. Vgl. hierzu sowie insgesamt zur neueren Diskussion um Foucault unter dem Schlagwort „Gouvernementalität" die Arbeit Thomas Lemkes (Lemke 1997, darin insbes. 50-67), die diesen Diskurs in Deutschland wohl maßgeblich initiiert hat.

62 Vergegenständlichungen der wahrgenommenen Formen, also ihr „Auf-Dauer-Stellen" ist eine Notwendigkeit, eine „[...] unaufhebbare Äußerungsweise im gesellschaftlichen Leben des Menschen", so Georg Lukásc (Lukásc 1968: 26). Jede „[...] menschliche Ausdrucksweise", so Lukásc weiter, vergegenständlicht, „so auch die Sprache, die menschlichen Gedanken und Gefühle [...] usw.", deshalb sei es „[...] evident, daß wir es hier mit einer allgemein menschlichen Form des Verkehrs der Menschen miteinander zu tun haben. Als solche ist die Vergegenständlichung freilich wertfrei: das Richtige ist ebenso eine Vergegenständlichung wie das Falsche, die Befreiung ebenso wie die Versklavung. Erst wenn die vergegenständlichten Formen in der Gesellschaft solche Funktionen erhalten, die das Wesen des Menschen mit seinem Sein in Gegensatz bringen, das menschliche Wesen durch das gesellschaftliche Sein unterjochen, entstellen, verzerren usw., entstehen das objektiv gesellschaftliche Verhältnis der Entfremdung und in ihrer notwendigen Folge alle subjektiven Kennzeichen der inneren Entfremdung" (ebd.).

kompetenz. Die Jagd bietet eine der möglichen Szenen, in denen sich diese Begabungen haben bemerkbar machen können, mit der möglichen Konsequenz, dass sich rund um die Jagd – wie um andere Formen herum – eine gewisse Rollenverteilung relativ stabilisiert. So vermutet Dieter Claessens in der Jagd einen ganz entscheidenden Faktor für das Aufkommen eines berechtigten und unberechtigten Führungs-Anspruches (vgl. Claessens 1993: 173f.). Der vielleicht zunächst in der Jagd sich als funktional erweisende Führungsanspruch wird dann zu Spannungen innerhalb des Gruppenlebens, also auch außerhalb der Jagd geführt haben, dem wiederum andere „Techniken" entgegenwirkten, etwa in der Form eines Sprechers, zunächst vielleicht als Gruppenältester, der in die Gruppe hinein schlichtend wirkt. Dazu bedurfte es keines Begriffes von Macht, der Zusammenhang von Macht und Sprecher muss also keinesfalls wahrgenommen worden sein; das gerade ist ja damit gemeint, wenn gesagt wird, die Formen würden sich systemisch aufeinander abgestimmt entwickeln.

Weiterhin steht unterdessen die Sicherung des Gruppen- und des Individualorganismus' gegenüber der ersten Umwelt an erster Stelle, und weil sich diese erste Umwelt als „zweite Welt" auch in Form von Traum und Tod bemerkbar macht und zu „Fragen" an sie auf-ruft (warum bin nicht ich gestorben, sondern er?), wird ein Kontakt zu dieser Welt auch sprachlich hergestellt werden (vgl. ebd.: 168). Vielerlei Bedingungen führen also zur Entwicklung der

> „[…] *Gestalt des Be-Sprechers der zweiten Welt, des Beschwörers* […], des Vorgängers von Schamanen, Medizinmännern, aber auch der Häuptlinge der ‚nonkephalen' Gesellschaften, d.h. der Gesellschaften mit Häuptlingen, die zwar keine gesellschaftliche Macht besitzen, aber mit Ansehen ausgestattet sind" (ebd.: 168f., Hervorhebung im Original).

Aus ganz verschiedenen Gründen treten also immer schon Positionen aus dem Gruppenzusammenhang hervor, die dann selbst formal relativ stabilisiert werden. Hierarchie ist somit immer schon „da", sie nimmt aus vielerlei Gründen allmählich auch *als beobachtbare Form* relativ überdauernde Konturen an, die dann als solche objektiviert, für die am Zusammenhang Beteiligten beobachtbar, selbst zum *Gegen*stand *neuer* Probleme werden. Mit der Ausweitung des Gruppenzusammenhanges nimmt die Bedeutung des „Häuptlings" für das Überleben der in der Gruppe geschützten Einzelnen sukzessive zu, während der Einzelne an Bedeutung verliert. Entsprechend entwickeln sich Formen, die primär auf den Fortbestand des Gruppenganzen ausgerichtet sind, gegenüber denen die Ansprüche des Einzelnen zurücktreten müssen. Hierarchie, und damit einhergehend auch Macht, sind daher mit der Stabilisierung des Gruppenschutzes stets schon gegeben. Macht wird auf diesem Niveau ausgeglichen durch andere Formen, sie ist – wie alle anderen Formen – wesentlich produktiv für das Gruppenganze. Sie wird die längste Zeit von allen getragen, ja akzeptiert, mehr noch, der Einzelne vergöttert den Häuptling, der nun Macht über ihn ausübt, solange er irgendein „Gefühl" von dessen Bedeutung für sein eigenes Überleben hat, ohne sich dieses Gefühles freilich „bewusst" sein zu müssen. Sicher wird Macht für den Moment immer schon zu Spannungen geführt haben, entscheidend aber ist, dass sie insgesamt das Gruppenganze luxurierte – zur „ärgerlichen Tatsache" wird sie jedenfalls erst sehr viel später. Die längste Zeit bleibt sie aufgehoben im Ensemble aller Formen, eine unter anderen, die anderen beeinflussend und durch die anderen beeinflusst, erst langsam zur festeren Form gerinnend, solange noch jeder ihre Sinnhaftigkeit spürt, als residuales Gefühl der Verbindung des eigenen Schicksals mit dem Vorhandensein von Macht. Macht ist so lange kein Problem, wie sie nicht als solches zu etwas Quasi-Substantiellem verdinglicht, sie aus aller Geschichtlichkeit befreit und erst unter dieser Bedingung für fragmentarische Interessen gezielt einsetzbar ist. Erst *die* Macht der Moderne, zu der der Einzelne den Kontakt verloren, die zu ihm den Kontakt verloren hat, deren Sinnhaftigkeit dem Menschen abgeht, ist ärgerlich, wenngleich, genau genommen i.S. des „modernen" Begriffes, keine Tatsache.[63]

Verwandtschaftssysteme

Schon in jeder Benennung steckt eine Vordimension von „Macht", so Claessens. Auch direkt geht also von der Entwicklung der Sprache eine Linie hin zur Formung von Macht als relativ stabilisierter symbolischer Form. Aus der Bezeichnung ergibt sich eine Profilierung von Positionen, die wiederum neue „abstraktere" Probleme aufwirft: „In größer werdenden Zusammenhängen wird Solidarität schwieriger, und es kann daher geschlossen werden, daß Rangfragen sich in den Vordergrund drängten" (Claessens 1993: 195). Rang- und damit Machtfragen ergeben sich also zwangsläufig, wenn der Gruppenzusammenhang wächst und damit neue Orientierungsleistungen erfordert, die den „Insulationsschutz" weiterhin gewährleisten, ohne dass diese Machtfragen jedoch notwendig als Machtzusammenhänge von den Beteiligten beobachtet worden wären. Macht in dieser frühen Form ist eine Notwendigkeit wie alle anderen Organisationsleistungen auch, sie ist als solche von allen anderen überhaupt nicht zu trennen, gewissermaßen also wieder lange Zeit formales Residuum, das dann irgendwann einmal „objektiviert", selbst zum Gegenstand der Betrachtung und damit der Auseinandersetzung wird. Die (symbolische) *Auseinandersetzung* um die

63 Vgl. zur Genealogie des Tatsachenbegriffs der Moderne Daston 2003: insbes. 108ff.

Macht ist dann selbst schon wieder Teil der Gesamtorganisationsleistung, sie reorganisiert und bietet Orientierung und wird selbst zur relativ stabilisierten Form.

Die Benennungsfrage führt zur Machtfrage hin, sie führt aber auch in zahlreiche andere Verkomplizierungen der Verhältnisse hinein. Die Forschungsarbeiten der frühen Strukturalisten um Claude Lévi-Strauss[64] hoben insbesondere die ordnungsstiftende Funktion der Benennung von verwandtschaftlichen Beziehungen hervor. Verwandtschaftssysteme ermöglichen die kompliziertere Ordnung eines sich vergrößernden Zusammenhanges. Von ersten Benennungen, die sich vielleicht an Generationenunterschieden festgemacht haben, können zahlreiche weitere Ebenen ausgehen, die in sich selbst dann wieder Gliederungen erfordern usw. Immer kompliziertere Verflechtungszusammenhänge, d.h. immer umfangreichere Gruppenverbände und darüber hinaus auch Verflechtungen mit anderen Gruppenverbänden, immer umfangreichere Ordnungen also werden durch die Benennung der Positionen im System der verwandtschaftlichen Beziehungen möglich.

Das Verwandtschaftssystem ist in seiner ordnungsstiftenden Funktion für die anthropologische Rekonstruktion der Genese des Menschen eine sehr bedeutende Form, ihr ganzer Bedeutungsgehalt aber bleibt einem Beobachter wiederum unzugänglich. Entgegen der Meinung Lévi-Strauss' kann das Verwandtschaftssystem keineswegs als eine grundlegende Struktur betrachtet werden, anhand derer sich unterschiedlichste Kulturen *objektiv* erklären ließen. Lévi-Strauss meinte, mit seiner strukturalistischen Methode objektive Strukturen offen legen zu können, weil sich in ihnen die Formen spiegelten, in denen der menschliche Geist arbeitet, die jedoch verborgen lägen unter der Vielzahl verschiedener konkreter Erscheinungen des „eigentlichen“ Allgemeinen (vgl. Lévi-Strauss 1967: 310). Das ist soweit richtig, als dass sich in den Verwandtschaftsstrukturen wie in allen Vergegenständlichungen der „Geist“ derjenigen Menschen widerspiegelt, die diese Formen hervorgebracht haben; der Anthropologe vermag aber wiederum nur jene Bedeutung zu erfassen, die er selbst in durch ihn selbst vergegenständlichte Strukturen hineindenkt, mit anderen Worten: Er entdeckt in ihnen die Strukturen *seines eigenen* Geistes. Lévi-Strauss machte stets auf den unabgeschlossenen Charakter der Untersuchung dieser konkreten Verhältnisse aufmerksam, dennoch meinte er, letztlich durch alle konkreten Erscheinungen hindurch zu dem Allgemeinen zu dringen, von den Strukturen auf allgemeine objektive Modelle schließen zu können (vgl. ebd.: 320f.). Wo Lévi-Strauss über alle Transformationen hinweg im Chaos kon-

64 Vgl. insbesondere den soziologischen „Klassiker“: Die elementaren Strukturen der Verwandtschaft (Lévi-Strauss 1981).

stante Systeme mit beobachtbaren Konturen sah[65], wird hier gerade das Gegenteil behauptet, dass es eben jene unveränderlichen Systeme nicht gibt und auch die Modelle Lévi-Strauss' lediglich für einen Beobachter mehr oder weniger deutlich wahrnehmbare, stabilisierte, gänzlich ohne Bezug auf ein irgendwie gedachtes „Reales" auskommende, in ihrem Bedeutungsgehalt nur begrenzt begreifbare aber dennoch gerade in dieser Unbestimmtheit höchst bedeutungsvolle Formen sind, die sich ständig neu gestalten, deren Grenzen v.a. ständig neu gestaltbar sein müssen, um ihrer Bedeutung weiterhin gerecht werden zu können.

5.4 Zwischenfazit

Die Luxurierung der Lebensverhältnisse insbesondere in Folge des Erreichens des Organisationsniveaus der Insulation gegen selektive Pression sowie die Notwendigkeit der Kommunikation im sozialen Raum führten dazu, dass Unterschiede und Wertigkeiten sich immer dauerhafter abzeichneten, sich vergegenständlichten und damit immer deutlicher, aufgehoben im sympathetischen Zusammenhang, von ihrem Hintergrund abhoben. Der einzelne Organismus ist sich selbst immer schon gegeben, sein ganzes Sein ist auf die Aufrechterhaltung seiner Grenze zur Umwelt ausgerichtet. Die grundlegenden Formen der Stabilisierung der Grenze gegen die Umwelt sind Teil seines Seins, sie werden dauerhaft vorab jeden Bewusstseins davon erhalten, andernfalls vergeht die organische Form. Mit der Stabilisierung der selbstdefensiven Gruppe und den daraus folgenden Konsequenzen kam die Gruppe als für die weitere Entwicklung entscheidender emergenter Organismus hinzu, der nun genau so dauerhaft gesichert werden muss, wie alle anderen Formen auch, die für die Grenzerhaltung bei gleichzeitiger Verklammerung von Organismus und Umwelt bedeutungsvoll sind.

Während andere Formen meist durch vielfache Redundanzen abgesichert sind, ihr „Versagen" durch andere Formen aufgefangen wird, wird der Gruppenschutz zu einem *fundamentalen* Organisator, dessen Kollaps irgendwann nicht mehr durch andere Formen aufgefangen werden könnte. Entsprechend viel Aufmerksamkeit muss der Gruppenschutz auf sich gezogen haben, die Bedeutung des Schutzes wird so allmählich zu Bewusstsein gedrungen sein. Mit dieser immer deutlicheren Formung des Gruppenganzen wird als Negativ zur Gruppenform auch der Gruppenhintergrund geformt, nimmt die erste Umwelt – von der sich abzugrenzen, oberstes Anliegen ist – selbst Konturen an. Einhergehend mit dieser umfassenden

65 Vgl. dazu Lévi-Strauss: „Eine Struktur ist ein System, das über alle Transformationen hinweg unverändert bleibt" (Lévi-Straus 1987: 388).

Beruhigung der Wahrnehmungswelt können sich nun jene fundamentalen Techniken des Überlebens stabilisieren, wie sie in diesem Gliederungspunkt beschrieben wurden, die wiederum selbst den Prozess der relativen Stabilisierung der Formenwelt vorantreiben.

Diesen Abschnitt einleitend wurde zunächst der Institutionenbegriff Arnold Gehlens entlang dessen These, Institutionen seien dem Menschen ein notwendiger Instinktersatz, dahingehend kritisiert, dass der Gehlen'sche Begriff der Institution die Stabilität der Institutionen idealisiere, er dagegen zu wenig die gleichzeitige Notwendigkeit relativer Flexibilität der Formen berücksichtige. Ob ein höheres Maß an Stabilität oder ein höheres Maß an Flexibilität der Formen für das Überleben des Einzelnen wie das der Gruppe letztlich viabel ist, hängt, wie schon im Gliederungspunkt 2.3 (insbes. S. 71-89) erörtert, von den jeweiligen Umweltbedingungen ab, das je adäquate Maß lässt sich niemals absolut bestimmen. Wandelt sich die Umwelt, müssen sich auch die fundamentalen „Institutionen“ entsprechend um- bzw. neu gestalten. Weil sich einem Beobachter jedoch grundsätzlich nur ein Teil der tatsächlichen Organisationsleistungen zeigt, die seine Formen erbringen, weil sich das Ganze erster Ordnung grundsätzlich der Beobachtbarkeit entzieht, er immer nur Ausschnitte dieses Ganzen beobachtet, ist es einem Beobachter unmöglich, alle Umweltbedingungen dahingehend zu kontrollieren, dass sich die Formen vollständig stabilisieren ließen. Umwelt als Ganze ist unkontrollierbar, vor diesem unbestimmten Hintergrund lassen sich stets nur begrenzte Kausalitätsvektoren beobachten, ohne dass das System, in das sie eingebettet sind, ebenfalls dieser Rationalität zugängig wäre.

Dass bestimmte Formen über sehr lange Zeit hinweg relativ stabil bleiben, bedeutet nicht, dass sie „wahr“ sind, sondern – ganz nach Karl R. Popper (vgl. insbes. Popper 1994: 47-60) – allein, dass sie *noch nicht* falsifiziert, dass sie also bislang trotz des ständigen Umweltwandels sich haben erhalten können. Damit ist aber die Möglichkeit fundamentaler Umbrüche auch in den tiefliegendsten gesellschaftlichen Formen niemals ausgeschlossen, auch wenn sie noch so unumstößlich erscheinen, wie einst das Ptolemäische Weltbild unumstößlich erschien. Vielmehr ist es möglich, dass fundamentale Paradigmen auch der „modernen Zivilisation“, die sie erst haben zu dem werden lassen, was sie heute ist, bereits dabei sind, falsifiziert zu werden, dass aber diese „Revolutionen“ sich noch verbergen. Möglich ist also, dass bereits weit reichende „Anomalien“ an den überkommenen institutionalisierten Paradigmen nagen, dass aber diese Anomalien, wie Thomas S. Kuhn beschrieb (vgl. Kuhn 1991) eben noch mit den Mitteln des überkommenen Paradigmas zu bewältigen versucht werden, das diese Anomalien *selbst produziert* – schon deshalb, weil es an alternativen Paradigmen mangelt. Eine Institutionenlehre aber, die jedes Anzeichen von

Anomalien darauf zurückführt, dass die (positiven, beobachtbaren) Institutionen nicht stabil genug, sie dem Menschen nicht hinreichend Außenstabilität gewährleisteten, sie also entsprechend zu stabilisieren seien, muss per Definition blind sein für die Möglichkeit, dass diese Anomalien gerade auftreten, *weil* die fundamentalen gesellschaftlichen Institutionen *zu stabil* gedacht werden.

Die Sprache bleibt hier notwendig abstrakt, weil es dieser Arbeit tatsächlich nicht um die Kritik einzelner „Institutionen" geht. Oben wurde aber bereits am Werk Walter L. Bühls kritisiert, dass er den Markt als dasjenige Prinzip ansah, das Gesellschaften mit der hinreichenden Flexibilität ausstatte, die sie in einer sich wandelnden Umwelt benötigten. Dieses Beispiel noch einmal aufgreifend, um die Richtung zu verdeutlichen, in die diese Überlegungen verlängerbar wären, ließe sich eben nun die Behauptung aufstellen, dass *der Markt* (als insgesamt unbestimmte und unbestimmbare Form) selbst als „Institution" eine derart hohe Stabilität angenommen hat, dass er sich insgesamt gegen jeden Umweltwandel sträubt, dass also gerade der Markt nicht mehr in der Lage ist, sich veränderten Umweltbedingungen anzupassen und damit weiterhin seinen Beitrag zur Sicherung der Grenze zwischen Umwelt und Gesellschaft zu leisten. Es wäre also denkbar, dass der Markt eine eigene spezifische Rationalität entfaltet hat, die in sich hochgradig stabil (und dadurch auch zunächst hochgradig effizient) ist, dass diese Stabilität aber dadurch erkauft wird, dass er nicht dauernd in seinen Fundamenten in Frage gestellt wird, dass also Umweltreaktionen nicht mehr zur grundsätzlichen Infragestellung des Paradigmas bzw. der Institution führen, dass man sich also stattdessen auf Oberflächenkorrekturen beschränkt, ohne doch jemals das Paradigma selbst in Frage zu stellen.

Vor dem Hintergrund der Gehlen'schen Institutionenlehre würden alle auftretenden Anomalien dahingehend gedeutet, dass die Institution des Marktes noch nicht hinreichend „stark" wäre, den Menschen trotz dessen Unzulänglichkeiten als „Mängelwesen" in einer ihm ungemäßen Umwelt zu führen. Dagegen bleibt die Möglichkeit unbeobachtet, dass die auftretenden Anomalien gerade das Resultat der Jahrhunderte langen Spezifizierung eines Prinzips, einer Institution sein könnten, das Resultat der engen Kopplung immer weiterer Bereiche systemisch relativ stabilisierter Formen an den hochgradig verdinglichten Markt, von dem niemand wissen kann, was tatsächlich seine Funktion im systemischen Zusammenhang aller symbolischen Formen ist. Dasselbe ließe sich zur „Institution" der Zweck-Mittel-Rationalität sagen: Dass rationales Entscheiden die Grundlage moderner Gesellschaften ist, stellt die Moderne nicht mehr grundsätzlich in Frage, allein wie sich rationales Entscheiden optimieren ließe, wird gefragt. Doch geht es dieser Arbeit – wie gesagt – nicht um die Kritik einzelner „Institutionen“ resp. einzelner symbolischer Formen, dies würde ihren Rahmen allemal sprengen, vielmehr möchte sie die allgemeinen Bedingungen beschreiben, die hochgradig komplexe und dynamische Systeme, die moderne Gesellschaften in sich ständig wandelnden und insgesamt unbestimmbaren Umwelten haben möglich werden lassen; in der Überzeugung, dass das Verständnis dieser Bedingungen auch fundamentale Fehlentwicklungen überhaupt erst beobachtbar werden lässt.

Auch um bei dieser Beschreibung – obwohl sie in weiten Teilen nah an der Institutionentheorie bleibt – nicht mit der auf Stabilität orientierten Konnotation des Institutionenbegriffes in Schwierigkeiten zu geraten, wurde der Begriff der symbolischen Formen vorgeschlagen. Primär wurde der Begriff der symbolischen Formen allerdings eingeführt, um damit terminologisch dem mit jeder begrifflichen Beschreibung einhergehenden Risiko der Verdinglichung entgegenzuwirken, die jedem Begriff eine Art „objektiven“ Gehalt verleiht, der ihm niemals zukommt. Alle Formen, die der Mensch zur Auseinandersetzung mit seiner Umwelt entwirft, um sich in ihr adäquat verhalten zu können, verweisen über sich hinaus, keine dieser Formen ist bloß, was sie zu sein scheint. Dies gilt auch für die nun detaillierter beschriebenen, weil für die weitere Argumentation und – wie der Autor meint – für moderne Gesellschaften und das Verständnis von ihnen besonders bedeutenden Formen. So wurde nun gezeigt, dass etwa das Werkzeug *eine* Technik des Überlebens ist, wie alle anderen Formen auch Techniken des Überlebens sind, dass sich also das Werkzeug nicht kategorisch von anderen Formen unterscheidet. Die sich allmählich verobjektivierenden Kategorien von Raum, Zeit und Zahl sind wie das Werkzeug erst allmählich sich stabilisierende, also durch und durch soziale und historische Formen, die, je länger sie den Moment überdauern in dem sie entstehen, selbst *als Mittel* (vergegenständlichte) Form annehmen und nun selbst um so bedeutender die weitere Stabilisierung der Wahrnehmungswelt beeinflussen. Das Werkzeug unterscheidet sich von anderen Formen nicht dadurch, dass es ein irgendwie bereits unabhängig seiner selbst gegebenes Material umformt, dies macht bspw. auch die Zeit. Allein in radikal relationaler Hinsicht lassen sich beide Formen voneinander unterscheiden: Das Werkzeug als stabilisierte Form lässt sich zur Manipulation anderer Formen in anderer Hinsicht einsetzen als die stabilisierte Form der Zeit, weil beide Formen in anderer relationaler Stellung zum Gesamtsystem der symbolischen Formen stehen. Substantiell aber besteht zwischen ihnen kein fundamentaler Unterschied. Beide Formen sind Techniken des Überlebens, mit Hilfe derer der Mensch seine Umwelt in anderer Hinsicht formt, als er es ohne diese Mittel vermochte.

Auch die Sprache ist eine Technik der Formung der Wahrnehmungswelt. Als Form selbst stets im Wandel ist sie eine „Technik des Geistes“, mit Hilfe derer der Mensch seine Wahrnehmungswelt relativ stabilisiert und „in Form bringt". Wie die Form der Macht entwickelt sich auch die Form der Sprache im Wechselspiel zwischen Organisationsnotwendigkeiten und vorhandenen Organisationskompetenzen durch Versuch und Irrtum. Was zuerst da war – die Macht oder die Organisationsleistung, die sie erbringt, die Sprache oder das, was möglich ist, weil Sprache „da" ist – lässt sich daher sinnvoll nicht sagen. So wurde auch gezeigt, dass das Soziale sowohl „Brutofen" für die Entwicklung der Sprachkompetenzen ist, als auch, dass die Sprache umgekehrt das Soziale als ihre eigene Bedingung erst wesentlich formt. Alle diese Formen sind nicht als solche, sondern erst im Akt ihrer Beobachtung gegeben, erst der Beobachter legt in sie die Bedeutung hinein, die ihr Sein ausmachen. Dabei setzen jedoch unabhängig von der Form ihrer Beobachtung alle Formen fort, was schon in den Bedingungen angelegt ist, die sie erst hervorbringen: Die Sicherung der Unterscheidung zwischen System bzw. beobachtender Form und ihrer Umwelt – dies allerdings nur so lange, wie die Formen als solche variabel bleiben, auf dass sie ihrem „Auftrag" gemäß beobachtet werden *können*.

Einige der Formen werden nun mit immer deutlicheren Konturen beobachtet, sie drängen dem Beobachter zu „Bewusstsein", freilich ohne, dass dieser um die tatsächliche Bedeutung dieser Formen jemals vollständig wüsste, während andere ebenso notwendige Organisationsleistungen sich bis ins unkenntliche verflüchtigen, von denen er allenfalls ein „Gefühl" hat, die ihn aber deshalb nicht weniger bedeutend leiten. *Alle* diese Formen *zusammengenommen*, samt ihrer nur zu erschließenden Bedeutungsüberschüsse, führen den Menschen als Form in seiner Umwelt, alle Formen sorgen für den ständigen Abgleich aller Formen mit der sich wandelnden Umwelt, während sie insgesamt eine Entwicklung zu komplexeren Formen ermöglichen.

Wahrgenommene Fehlentwicklungen veranlassen den Menschen und den Gruppenzusammenhang zur Suche nach Ursachen innerhalb dieses gesamten Formensystems, in welchem alles mit allem zusammenhängend gedacht wird und in dem jede Form in jede andere übergehen kann, in dem also grundsätzlich kaum etwas *un*möglich ist, also im Prinzip alle Möglichkeiten in Erwägung gezogen werden: Die Gefahr ist allgegenwärtig. Wird etwa ein Zusammenhang zwischen einem stabilisierten Machtanspruch und einem Versagen bei der Jagd gesehen, führt dies nicht allein zur Infragestellung der Machtposition. Vielmehr werden „die Götter" befragt, werden dabei sprachliche Ausdrücke für den zu erfragenden Zusammenhang gefunden, wird diese Anfrage durch rituelle Verhaltensweisen bekräftigt usw., so dass sich letztlich das gesamte System der Formen wandelt, nicht bloß „der" Machtzusammenhang allein. Im mythischen Denken fehlen derart verfestigte Grenzscheiden, die überhaupt die Form der Macht deutlich von anderen Formen abtrennten. Trotz relativer Stabilität befindet sich noch die längste Zeit alles derart im Fluss. Nichts ist allein es selbst, alle Formen stehen lediglich symbolisch für etwas, von dem niemand genau weiß, noch wissen kann, was es „eigentlich" ist. Die Suche nach Ursachen für Marktversagen im Markt wäre dem mythischen Denken als Form unmöglich. Das Versagen einer Form würde stets alle anderen Formen mit in Frage stellen, Ursachen lassen sich eben noch keiner verdinglichten Form eindeutig zuschreiben, sie werden daher *prinzipiell* im „Sozialen" gesucht und soziale Maßnahmen werden ergriffen. Während in der Moderne die Unfähigkeit, mit Katastrophen technisch-instrumentell fertig zu werden, zum Ruf nach der Verbesserung der technisch-instrumentellen Mittel führt, wäre die Katastrophe im mythischen Denken Symbol, dass *irgendetwas* nicht stimmt, dass also alle *sozialen* Formen insgesamt überprüft werden müssen.

Solange allen Formen ein Mehr an Bedeutung konstitutiv zugehört, bleiben sie offen für Reinterpretationen, lassen sie sich nicht dauerhaft aus diesem Prozess der ständigen Reorganisation aller Formen ausklammern. Erst wenn Formen derart stabil geworden sind, dass sie für immer längere Zeiträume aus diesem Prozess ausgeklammert werden, werden längere und komplexere Verflechtungszusammenhänge möglich, die dann auch als solche nicht mehr grundsätzlich und dauernd hinterfragt werden, kaum überhaupt mehr hinterfragt werden können, führte dies doch zu zunehmend umfassenderen Umwälzungen. Eine solche dauerhafte Verkoppelung von Formen wird erst möglich, wenn sich die Wahrnehmungswelt bereits insgesamt fundamental beruhigt hat. Diese Bedingungen sind gegeben, wenn sich die Gruppe als Form dauerhaft stabilisiert und damit ihr Hintergrund, die erste Umwelt, ebenfalls irgendwie als Form wahrnehmbar wird. Diese umfassende Stabilisierung der Wahrnehmungswelt bedeutet in erster Linie Luxurierung der Lebensverhältnisse. Dann aber erreicht diese Stabilität zur Zeit der ersten okzidentalen Philosophen ein kritisches Maß, von dem an diese Stabilität zum bedeutenden Problem wird. Dieser Prozess bis hin zur Möglichkeit der umfassenden Katastrophe ist im anschließenden Gliederungspunkt zu skizzieren.

6. Von der Transzendenz der Formen zur exakten Wissenschaft

Mit dem sich ausweitenden Gruppenzusammenhang werden immer umfassendere Organisationsleistungen erforderlich, wie andererseits der soziale Raum immer umfassender die Stabilisierung symbolischer Formen vorantreibt. Kommunikation wird zur Lebensnotwendigkeit, die Zunahme an Kommunikation wird zu dem luxurierenden Faktor schlechthin, der die Stabilisierung der Wahrnehmungswelt wesentlich beschleunigt. Damit verschiebt sich die Bedeutungsvariation der symbolischen Formen zunehmend von der individuellen auf die soziale Ebene, die Bedeutung variiert nun vorwiegend nicht mehr für jeden Organismus individuell, sondern zunehmend auf der Gruppenebene. Diese Verschiebung auf die Ebene des Gruppenganzen ist möglich, weil sich diese Umorganisation für den Einzelnen als vorteilhaft erweist. Die „Gruppeninnenumwelt" wird immer umfassender beruhigt, so dass die Variationen innerhalb dieses Insulationsschutzes für den Einzelnen immer bedeutungsloser werden, während die Gruppe nun sozusagen als Stellvertreter die Bedeutungsvariationen ihrer Umwelt „verkraften", diese zum Schutze ihrer Mitglieder abfangen muss. Die Variabilität der Bedeutung der symbolischen Formen, die das Gruppeninnenleben anbetreffen, verringert sich sukzessive, einhergehend mit den luxurierenden Folgen für den Einzelnen *und* für die Gruppe.

Doch bleiben alle Formen Teil des Systems, das insgesamt nach wie vor den Erhalt der Unterscheidung von Organismus und Umwelt zu sichern hat, entsprechend kommt die Bedeutungsvariation aller Formen auch mit dem Erreichen des dauerstabilisierten Gruppenschutzes nicht zum Erliegen. Auch auf diesem Niveau wird die enge Verklammerung von Gruppe und Umwelt durch einfache Anpassungserfolge und Fehlleistungen, also Real-Falsifikationen ohne katastrophale Folgen, sichergestellt. Jeder Umweltveränderung muss mit Anpassungsleistungen in der Gruppenorganisation, also dem Gesamtsystem ihrer symbolischen Formen begegnet werden, Veränderungen in der Gruppe können nur im Falle der weiteren Kompatibilität mit der Gruppenaußenumwelt aufrechterhalten werden.

Für die längste Zeit muss in diesem Sinne auch hier eine „Identität" von Gruppe und ihrer Umwelt angenommen werden, die längste Zeit bleibt die Ganzheit von Gruppe und Umwelt die umfassende Erfahrung der Gruppenmitglieder, vor deren Hintergrund sich jedoch ein „unbewusstes Bewusstsein", ein Gefühl von der besonderen Bedeutung des Gruppenschutzes entwickelt. Gruppe und erste Umwelt „[...] unterscheiden sich, ohne sich voneinander zu scheiden" (Cassirer 1953b: 71). Die Gruppe wird zunächst Abbild der ersten Umwelt, in ihr ist die erste Umwelt noch einmal enthalten, kann daher auch im Sinne der sympathetischen Magie *unmittelbar* die erste Umwelt beeinflusst werden, so wie die erste Umwelt unmittelbar die Gruppe beeinflusst. Im ständigen Abgleich stellt die Gruppe sicher, dass erste und zweite Umwelt ineinander überführbar bleiben. Dieser Abgleich findet schon statt, bevor sich die Gruppe und damit auch die erste Umwelt als Formen „objektiviert" haben, die Objektivierung ist sekundär gegenüber der tatsächlichen Wirksamkeit der Unterscheidung. Lange vor einem Bewusstsein von der Unterscheidung von erster und zweiter Umwelt hat dieser Unterschied in allen Handlungen bereits einen festen Platz. So werden *im Kollektiv* „[...] drohende Ereignisse und Katastrophen durch Gesang, durch lautes Schreien und Rufen abgewehrt und ‚beschworen' [...]. Sonnen- und Mondfinsternisse, schwere Stürme und Gewitter werden auf diese Weise durch Geschrei und Geräusch zu bannen gesucht" (ebd.: 53).

In dieser Unvermitteltheit zeichnet sich jedoch die Verschiedenheit der beiden Sphären allmählich ab. Trotz aller Durchlässigkeit der Formen drängt die Notwendigkeit der Unterscheidung von Gruppe und erster Umwelt selbst immer stärker zu einer beobachtbaren Form und schließlich zu „Bewusstsein", allerdings ohne „Wissen" davon, was die erste Umwelt *ist*, die ihren Charakter weiterhin verbirgt, die weiterhin unbestimmt bleibt.

> „In dem Maße, als die verschiedenen Kreise seines *Tuns* sich voneinander abscheiden und in ihrem besonderen Sinn und Wert erfasst werden, weicht die anfängliche Unbestimmtheit der mythischen Empfindung zurück und die Anschauung eines in sich gegliederten mythischen Kosmos, die Anschauung einer Götterwelt und eines Götterstaates beginnt zu entstehen" (ebd.: 88, Hervorhebung im Original gesperrt).

Mit dem Entstehen des „Götterstaates" ist wiederum eine entscheidende Bedingung dafür erreicht, dass sich die Formenwelt noch umfassender beruhigt. Am Ende dieses Prozesses der Beruhigung der Formenwelt steht eine Welt der scheinbar objektiven Fakten einer Welt des offenbar unbestimmten Sozialen gegenüber. Wie es zum Artefakt dieses absoluten qualitativen Unterschiedes hat kommen können, wird im Folgenden Gliederungspunkt ausführlicher rekonstruiert.

6.1 Der große Organisator: das Heilige

Besondere „Merkmale“ der ersten Umwelt werden schon lange besondere Aufmerksamkeit auf sich gezogen und einen herausragenden Status zugeschrieben bekommen haben. Der rhythmische Wechsel von Tag und Nacht und der Jahreszeiten wie auch die Himmelsrichtungen waren in diesem Sinn gewiss früh vor anderen Formen „ausgezeichnet“. Der Sonnenaufgang sowie der Osten, in dem die Sonne zuerst erscheint, wird auf eine besondere Bezeichnung geradezu gedrungen haben. Das Merkmal „Heiligkeit“ ist also keinesfalls, so Cassirer, „[...] von Anfang an auf bestimmte Objekte und Objektgruppen eingeschränkt – sondern jeder noch so ‚gleichgültige‘ Inhalt kann plötzlich an diesem Merkmal teilhaben“ (Cassirer 1953b: 95). Doch bietet die zentrale Unterscheidung zwischen Gruppe und erster Umwelt, die bereits alle Formen entlang eines Vektors „vorgeordnet“ hat, ihre Ordnung geradezu an, die nunmehr in der Unterscheidung von „heilig“ und „profan“ fortgeführt wird. Mit dem Erreichen des Insulationsschutzes sind die Bedingungen gegeben, die sich zur Unterscheidung von Heiligem und Profanem kristallisieren. Die gesamte Wahrnehmungswelt ist bereits entlang des zentralen Vektors der Unterscheidung von Gruppe und erster Umwelt geordnet. Nun aber wird das gesamte System symbolischer Formen auch gezielt, gleichsam „instrumentell“ mit ebenfalls stabilisierten Beeinflussungstechniken, insbesondere durch das Opfer, der einen oder der anderen Seite zugeordnet. Alle „Elemente“ erhalten eine spezifische Tönung je nachdem, ob sie mehr dem „Heiligen“ oder mehr dem „Profanen“ zugeordnet werden, sie bleiben aber in dieser Tönung in einem ganzheitlichen kontinuierlichen Zusammenhang aufgehoben und können zu jedem Zeitpunkt ihre Bedeutung innerhalb dieses Zusammenhanges variieren. Das Profane kann so im nächsten Augenblick heilig werden, je nach dem Zusammenhang, in dem es gerade betrachtet wird. Die Bedeutung der Form variiert je nach der Stellung, die sie aus der Handlung heraus in dieser zentralen Unterscheidung zugewiesen bekommt.

Doppelte Disziplinierung durch das Heilige

Dieter Claessens sieht in der Unterscheidung von Heiligem und Profanem den „[...] Versuch der totalen Einbindung der auseinanderstrebenden Tendenzen des Menschen [...]“ (Claessens 1993: 296). Die Unterscheidung ermögliche es, einander diametral gegenüberstehende Erfahrungen in einen einzigen Zusammenhang einzubinden, sie vermag eine gesamte Bevölkerung, eine ganze Gesellschaft einzuschließen oder zu strafen. Das Profane kann als Sünde oder Erbsünde verallgemeinert werden, die Schuld kann aber auch individualisiert werden, um Vergehen gegen das nach wie vor letztlich unbestimmte, umfassende Heilige zu bestrafen. „Das ‚Heilige' stellt also eine besonders konzentrierte Form der Überbrückung der Spannung zwischen dem Konkret-Sinnlichen [...] und dem Abstrakten [...] dar" (ebd.: 297). Es verbindet das Alltägliche, die Erfahrung der zweiten, der Gruppenumwelt mit den Ereignissen, die aus dem unbestimmten, als Heiliges nun jedoch relativ bestimmtem Hintergrund heraus auf den befriedeten Raum Anpassungsdruck ausüben. In dieser Verbindung ist bereits die „Aufforderung zum Abgleich", zur Reorganisation der Gruppeninnenwelt enthalten, das aus dem unbestimmten Hintergrund hervortretende Abstrakte erfordert Anpassungsmaßnahmen, denn *irgendetwas* hat die Götter verärgert.

Die umfassende Wirkung der Unterscheidung liege, so Claessens, vor allem darin begründet, dass sie das Gruppenganze ebenso erreicht wie jeden Einzelnen. Sie wirkt daher zugleich als

> „[...] ein doppelter Disziplinierungsmechanismus, der geeignet ist, sowohl größere menschliche Verbände zusammenzuhalten, d.h., die Gefühle vieler Menschen auf sich zu konzentrieren, als auch Einzelne sehr persönlich anzusprechen. Die Masse kann angenommen oder verworfen werden; aber in der Konfrontation mit dem Heiligen ist der einzelne Mensch noch in derselben Situation, wie vor Hausdämonen oder Hausgöttern: Er muß sich *persönlich* vergewissern, ob er angenommen oder verworfen ist" (ebd.: 297, Hervorhebung im Original).

Damit erreicht die Unterscheidung von Heiligem und Profanem genau das, was für den Erhalt des einzelnen Gruppenmitgliedes erste Notwendigkeit ist: Den sich ausweitenden Gruppenschutz auf Dauer zu stabilisieren. Wie oben bereits gesagt, ist dieser Schutz schon lange wirksam, *bevor* seine Notwendigkeit auch in der Unterscheidung von Heiligem und Profanem nun eine verobjektivierte Form annimmt. Mit dieser Objektivierung drängt ein Verhältnis, eine Verklammerung von Organismus und Umwelt, eine Organisationsleistung zur Form, dessen umfassende Wirkung längst schon „anwesend" ist. Diese Wirkung liegt nicht spezifisch in dieser einen Form begründet, sondern im gesamten System aller symbolischen Formen, das Bedingung der Möglichkeit der Objektivierung der Form des Heiligen ist. Die Unterscheidung symbolisiert den Nomos, sie zeigt die Bedeutung des Erhaltes der Grenze als Unterscheidung von Form und Umwelt an, wobei die Erscheinung wiederum nur Symbol ist, ohne zu sein, was sie zu sein vorgibt. Gerade an der Kategorie des Heiligen ist aber noch bis in die Moderne hinein plausibilisierbar, ereilt noch den Astrophysiker ein Gefühl, dass sie für mehr steht, als mit ihr beschrieben oder gesagt werden kann. Sie bleibt noch bis heute Symbol für die Eingebundenheit des Daseins in die umfassende Einheit des Seins, das Mysterium schlechthin.

Die Herleitung der Unterscheidung von Heiligem und Profanem aus der grundlegenden Notwendigkeit der Aufrechterhaltung der Grenze zwischen erster und zweiter Umwelt führt also zu einer pantheistischen Erklärung. Das Heilige erweist sich als für den (frühen) Menschen fundamentale Form, weil es als Abbild der grundlegenden und die menschliche Organisationsform nunmehr bedingenden Unterscheidung von Gruppe und Gruppenumwelt nicht nur das erreichte Organisationsniveau sichert, sondern darüber hinaus erst die Organisation abermals größerer Zusammenhänge ermöglicht. Im Heiligen spiegelt sich die Gruppe, und Veränderungen im Spiegelbild fordern die Gruppe zum sofortigen Ergreifen von Anpassungsmaßnahmen auf. Aus dem Heiligen spricht tatsächlich ein „göttliches Prinzip“, weil es das nun durch den Bezug aller Formen zum Heiligen *in allen Formen anwesende*, bezeichnete Unbestimmte ist, das nun selbst zur Gruppe durch Sprecher, Schamanen und Priester mit konkreten Handlungsanweisungen spricht. Das Heilige ist auf diesem Niveau die dem sprachbegabten Menschen adäquate Form der Kommunikation mit sich selbst, oder besser, mit seiner Organisationsform. Aus dem Heiligen spricht die evolutionär residual in allen symbolischen Formen durchgehaltene Notwendigkeit der Unterscheidung der Grenze zwischen Organismus und Umwelt, die dem Menschen nun objektiv gegenübertritt. Als residuale Kategorie verkörpert das Heilige diese unmittelbaren Notwendigkeiten von Abstimmung und Unterscheidung von Gruppe und Umwelt, ohne dabei seinen tatsächlichen Gehalt preiszugeben.

Idée directrice

Es lohnt sich, an dieser Stelle eine Kategorie einzuführen, die Arnold Gehlen als „idée directrice“ bezeichnet[1], denn diese Kategorie hilft, die Form des Heiligen als Ausdruck, als Objektivation der Vorgabe des Überlebens, der Beharrungstendenz, des Nomos näher zu charakterisieren, sie verdichtet diese Charakteristika in einem Begriff. Eine idée directrice ist, so Gehlen, der „geistige Sinn“ von in der Außenwelt stabilisierten Formen (bei

1 Gehlen (vgl. Gehlen 1986a: 178) schreibt den Begriff dem Physiologen Claude Bernard zu, er nennt allerdings an anderen Stellen auch den Rechtsphilosophen Maurice Hauriou als Quelle, auf den der Begriff gemeinhin zurückgeführt wird, worauf Karl-Siegbert Rehberg aufmerksam macht (vgl. Rehberg 1990: 137 FN 31).

Gehlen: Institutionen), ihre „Idee", die als Norm und Motiv „geradezu Handlung im Initialzustand" ist, mit der besonderen Charakteristik, gerade einem bewusst instrumentell-planenden Zugriff unzugänglich zu sein (vgl. Gehlen 1986a: 257). Eine idée directrice, die Gehlen gelegentlich auch als „Führungssystem" bezeichnet, hält die objektiven, übergreifenden Zweckmäßigkeiten fest, die sich durch sämtliche Handlungsformen hindurch und aus diesen heraus kristallisieren. „Eine idée directrice muß anschaulich symbolisierbar sein, in Handlungen entwickelbar, sie muß teilindeterminiert sein und nur im sozialen Zusammenhang evident, ‚subjektiv' gar nicht echt nachvollziehbar. Und sie muß einen ‚Endgültigkeitston' haben, also einen reellen oder auch nur ersehnten Stabilisierungseffekt" (ebd.: 178).

Indeterminiertheit soll heißen, dass sie nicht direkt ihren eigentlichen Gehalt offenbaren darf, um Motiv bleiben zu können, weil sie andernfalls zur bloßen Vorstellung würde, von der mehr oder weniger bewusst Abstand genommen werden könnte, so erläutert Gehlen seine Definition (vgl. ebd.: 178). Ein Bewusstsein, das diesen Führungssystemen folge, ohne sich dessen bewusst zu sein, noch einer solchen reflexiven Bestätigung bedürfe, bezeichnet er entsprechend als „ideatives Bewusstsein": „Die grundsätzlich irrationale, nicht wissenschaftsfähige und nicht direkt kontrollierbare ‚breite' Erfahrung hat *ihre* Wahrheit: es ist die Gewissheit. Und sie hat *ihre* Form des Handelns, das nichtexperimentelle, aus Tradition, Instinkt, Gewohnheit oder Überzeugung" (Gehlen 1993: 357). Deshalb seien die Gewissheiten des ideativen Bewusstseins ihrer Natur nach

> „[...] ‚krisenfest', durch Misserfolge sehr lange nicht enttäuschbar, und ihre Veränderung vollzieht sich jenseits der Horizonte des Einzellebens. Experimentell gesehen sind sie unlogisch. [...] Bei einer sehr praktischen Gruppe dieser Gewissheiten, den ethischen, zeigt sich dieses Unlogische gerade darin, daß sie auf Begründung überhaupt verzichten, d.h. als Sollregeln auftreten" (ebd.: 358).

Idées directrices führen den Menschen entlang einer übergreifenden objektiven Zweckmäßigkeit (vgl. ebd.: 479) und stabilisieren ihn dynamisch in seiner Umwelt, während das instrumentelle Bewusstsein die Natur ausbeutet, so Gehlen: „In der Natur sind alle dynamischen Gleichgewichte bereits Ausgleichsformen widerstreitender Momente. In den organischen Prozeß sind antagonistische Kräfte in unübersehbarer Kompliziertheit eingebaut [...]" (ebd.: 467).

Das Heilige lässt sich derart als „idée directrice" kennzeichnen, es führt den Menschen ohne Bewusstsein davon entlang einer übergreifenden Zweckmäßigkeit, nämlich der Aufrechterhaltung der Unterscheidung von Form und Umwelt, während es zugleich dynamische Fortentwicklung, sogar Luxurierung, sprich „Komplexitätssteigerung" ermöglicht. Doch kann es diese Funktion einer idée directrice nur so lange ausüben, wie es *relativ unbestimmt*, *indeterminiert* bleibt, andernfalls verblasste es zu einer bloßen Vorstellung, die gerade den Bedeutungsüberschuss verlöre, der die idée directrice zu dem werden lässt, was sie ist.[2] Das Heilige „funktioniert" nur, *weil es unbestimmt ist*, weil es verbirgt, was es ist, denn nur solange seine Funktion nicht bestimmt ist, kann es nicht zum Gegenstand reflexiver Auseinandersetzung werden, was dem ideativen Bewusstsein seine Krisenfestigkeit nähme.[3] Das ideative Bewusstsein sichert die Aufrechterhaltung der Grenze zur ersten Umwelt vorab jeden Bewusstseins von dieser Notwendigkeit, es gibt dem Menschen die Form vor, die ihm dann Ausgangspunkt aller Reflexion ist.

Der Bezug auf ein unbestimmtes Jenseitiges bewahrt das vormoderne Weltbild noch bis zur Aufklärung vor der „entdinglichenden Kraft eines hypothetischen Denkens" (vgl. Imhof/Romano 1996: 33f.), es schützt selbst noch die bereits weitgehend „rationalisierten Weltbilder" (vgl. Habermas 1997: 296) vor ihrer radikalen Infragestellung, so Kurt Imhof in der zusammen mit Gaetano Romano veröffentlichten Arbeit zur „Diskontinuität des sozialen Wandels". „Die Fragilität und Innovativität der Moderne wird erst dadurch möglich, wenn das hypothetische Denken keine letzten, transzendenten Prinzipien als solche mehr anerkennt" (Imhof/Romano 1996: 34), so Imhof weiter. Dann nämlich muss sich alles vor der Vernunft rechtfertigen, auch noch die letzten Prinzipien werden fragwürdig[4], so auch der

2 Deshalb lässt sich in den Gehlen'schen Überlegungen zur „idée directrice" eine von ihm selbst bereits revidierte, die Notwendigkeit von Stabilität relativierende Institutionentheorie hineinlesen. Siehe dazu Rehberg 1990.

3 Dieser Gedanke, dass eine idée directrice nur dann den Menschen ohne Bewusstsein von dieser Funktion zu führen vermag, wenn sie unbestimmt bleibt, wäre etwa für eine Nachhaltigkeitstheorie zu entfalten. Hier nämlich wird das Problem schlagend, dass die Bestimmung von Nachhaltigkeitskriterien stets zur Folge hat, dass der Mensch beginnt, sich entsprechend dieser definierten Kriterien zu verhalten, er verändert damit aber sogleich die Bedingungen, die der Definition dieser Kriterien zugrunde lagen, rückwirkend, so dass letztlich jedes operationalisierte Konzept von Nachhaltigkeit zu unerwünschten Nebenfolgen führen muss, die die erwünschten Folgen schnell überwiegen (vgl. dazu Voss 2003b).

4 Dazu Kurt Imhof: „Erst die Entwicklung einer religiösen Symbolisierung in Form einer Besetzung des mythischen Kosmos mit Göttern erlaubt eine erste Differenzierung zwischen Erscheinung und Ursprung und damit die Durchbrechung einer alles ineinanderblendenden Totalität" (Imhof/Romano 1996: 24). Von dieser ersten Differenzierung ausgehend werde dann schließlich die „Entzauberung" (Max Weber) des mythischen Weltbildes möglich, die letztlich zur Fragilität der Moderne führe, die eben erst sich radikalisieren konnte, als die letzten transzendenten Prinzipien aus dem hypothetischen Denken verschwanden (vgl. ebda.: 34). Der „Verlust an Transzendenz" habe jedoch ein „fundamentales Legitimations- und Orientierungsproblem" zu Folge: „Das

Bezug auf einen gemeinsamen Hintergrund, der dem Gruppenzusammenhang seine Stabilität verlieh. Diese Infragestellung der „letzten transzendenten Prinzipien“ ist jedoch erst möglich, nachdem sich bestimmte Formen derart deutlich stabilisiert haben, dass sie als solche in Frage gestellt werden, dass sie also als Objekt angesprochen werden können. Hier ist noch einmal einen Schritt zurückzutreten und der Prozess dieser Stabilisierung der Formen erneut ins Auge zu fassen.

Umfassende Beruhigung der Wahrnehmungswelt als Folge der Ausrichtung auf das Heilige

Die Stabilisierung kultischer Techniken der Vermittlung zwischen Gruppe und der idée directrice, dem Heiligen, führt zur sukzessiven Umwertung der Bedeutung aller Bereiche; insbesondere das Opfer als Entsagung von der unmittelbaren Bedürfnisbefriedigung bedeutet, so Cassirer, ein neues, verändertes Verhältnis des Selbsts zur Götterschaft: Alles wird als *Mittel* zu ihrer Beeinflussung bedeutsam. (vgl. Cassirer 1953a: 266ff.). Das Opfer setzt stärker noch als andere kultische Techniken alle Formen – in gegenüber der früheren Form des mythischen Denkens veränderter Weise – mit dem Heiligen in Beziehung: Standen sie immer schon *vorab jedes Bewusstseins* mit dem unbestimmten Hintergrund in Verbindung, deuten nun alle Formen diese Verbindung zugleich an, sie bringen sie zur Darstellung, ohne dabei doch ihr Eigentlichstes zu offenbaren. Ohne dass die Gruppe tatsächlich um die Bedeutung des Heiligen wüsste, kann und wird sie nun alle Formen immer gezielter auf dieses Fixzentrum ausrichten, während sich die Formen von anderen Bedeutungsüberschüssen und aus anderen Zusammenhängen befreien.

Das unbestimmte Heilige wird also zunehmend relativ bestimmter, so wie die Techniken zur Beeinflussung des Heiligen, zum Abgleich der symbolischen Formen mit der ersten Umwelt relativ stabiler werden. Die Gesamtheit der symbolischen Formen wird durch immer einheitlichere Formen auf diesen zentralen Fluchtpunkt des Heiligen ausgerichtet. Mittels des Opfers als gezielter egozentrischer Technik zur Steigerung der phy-

Problem der Rechtfertigung individuellen wie kollektiven Handelns und das Problem der Orientierung auf eine nicht mehr dem unerfindlichen göttlichen Heilsplan gehorchende Zukunft machen Ideologien und Aushandlungsprozesse zur Bedingung des Handelns wie der sozialen Ordnung. Der Verlust an Transzendenz läßt sich dadurch jedoch nicht wettmachen […]“ (ebd.: 16). Zwar würden Ideologien an die Stelle der Transzendenz treten und als neue Orientierungsgeber fundieren, diese hätten aber „[…] nicht nur kürzere Halbwertzeiten als religiöse Ethiken, ihre handlungsorientierende und sozialintegrative Kraft ist von der Erfüllung der durch sie geweckten Zukunftserwartungen abhängig“ (ebd.).

sisch-magischen Gewalt und Wirksamkeit (vgl. ebd.: 266) wird die gesamte Welt der symbolischen Formen überformt, umgedeutet und neu strukturiert, alle Formen werden nach ihrer jeweiligen spezifizierten Bedeutung im Bezug auf das Heilige gezielt (um-)bewertet. Es entsteht somit erstmals eine als solche dem Menschen gegenübertretende umfassende „Hierarchie" aller Wahrnehmungsformen, die sich auch als Götterhierarchie auf der Seite des Heiligen abbildet: „Die sinnlichen Wünsche und Begierden strömen nicht mehr gleichmäßig nach allen Seiten hin aus, sie suchen sich nicht mehr unmittelbar und ungehemmt in Wirklichkeit umzusetzen, sondern sie beschränken sich an bestimmten Punkten, damit die hier zurückgehaltene und gewissermaßen aufgespeicherte Kraft für andere Zwecke frei wird" (ebd.). Diese Konzentration auf gesonderte Bereiche lasse dann „[...] das Begehren seinem *Inhalt* nach erst zu seiner höchsten intensiven Zusammenfassung und damit zu einer neuen Form der Bewusstheit" (ebd., Hervorhebung im Original gesperrt) kommen, so Cassirer.

Jede Form wird weiterhin regelmäßig daraufhin überprüft, ob sie mit den Ansprüchen des Heiligen, also mit der ersten Umwelt im Einlang steht. Für alle anderen Zeiten aber können die Formen nun ganz auf die praktischen alltäglichen Zwecke hin ausgerichtet und die diesen Zwecken adäquaten Kausalitätsvektoren immer weiter stabilisiert werden. Im Heiligen findet sich also die Form, die der Notwendigkeit der relativen Stabilisierung von Formen ebenso sehr entspricht, wie der Notwendigkeit, Bedeutungen variabel für notwendige Anpassungsleistungen zu halten. Das Heilige ist somit für die Entwicklung zum nun schon fast „modernen" Menschen das „ökonomische Prinzip" schlechthin, es ermöglicht relative Stabilität der Formen, also Sicherheit, während es die notwendige Unsicherheit noch weitgehend aufrechterhält, weshalb schwerwiegende Fehlentwicklungen unwahrscheinlich bleiben – Alltagsbildung ist zwar bereits angelegt, sie wirkt sich aber doch nur selten bedrohlich aus.

Diese „Ökonomie" macht somit erst die relative Fixierung der Differenz von Objekt und Subjekt möglich, erst jetzt können „Dinge" ebenso wie Relationen etc., aber auch das „Ich" des Einzelnen wie das „Du" des anderen immer häufiger und über immer längere Zeiträume hinweg als „objektiv", von Raum und Zeit (relativ) unabhängig beobachtet werden. Allmählich klärt sich die Vielfalt der Bedeutungen zu zwei zentralen: Der Bedeutung des „objektiven" (i.S. von Gegenständen, auf die sich das Subjekt bezieht), invarianten und instrumentalisierbaren Seins mit all seinen (relativ) unabhängig, für sich bestehenden Kausalitätsvektoren und Bedeutungszentren auf der einen und der Bedeutung, die diese selben Objekte im Bezug auf das Heilige haben, auf der anderen Seite. Etwas kann nun „Substanz" sein, das doch *zugleich* seine „wirkliche" Form erst von etwas Transzendentalem, dem Göttlichen her erhält.

Diese zentrale Dualität sichert noch lange[5], eben auf höchst ökonomische Weise, die notwendige, auf zu erbringende Anpassungsleistungen sensibilisierte Variationsbereitschaft der symbolischen Formen. Allerdings steigt die Anpassungsschwelle bereits in hohem Maße. Zunehmend wird das Gruppenganze bedeutsamer als der Einzelne in ihr, der Verlust einiger Gruppenmitglieder als Folge der Alltagsbildung ist bereits zu verkraften, er kann durch Rückgriff auf unterschiedliche Götterfiguren „erklärt" werden, er führt nicht mehr notwendiger Weise zur radikalen Veränderung der gesamten Gruppenorganisation (nicht das Transzendentale schlechthin, nicht *die Götter* sind auf alle zornig, sondern Athene straft die untrainierten Kämpfer), solange begrenzte Maßnahmen zur Korrektur des beobachteten Misstandes ergriffen werden können (härter trainieren). Aber diese Maßnahmen *werden* ergriffen, damit verändert sich letztlich auch weiterhin das gesamte Organisationssystem (jeder nimmt an dem Schicksal der Kämpfer teil und lehrt es seinen Söhnen und Töchtern), die „materiale Kultur" im Sinne Clausens Modell der Katastrophe wird noch weitestgehend von allen gemeinsam getragen. Das Heilige wird milde gestimmt, angesichts der ergriffenen Maßnahmen wird es genau auf seine Reaktionen hin beobachtet. Die Verbindung stellt das Opfer her, es verbindet weiterhin den Einzelnen wie die Gruppe mit dem übergreifenden Ganzen.

6.2 Die Anfänge des wissenschaftlichen Begriffs

Das Opfer als objektivierte kultische Beeinflussungsform wertet alle Äußerungen, also alle symbolischen Formen des magisch-mythischen Bewusstseins um, alle diese Objektivationen werden nun selbst zum Mittel, besser: als Mittel *betrachtet*. Ihnen wird nun eine relativ bestimmte Bedeutung im Bezug auf das Heilige *zugeschrieben*, die ihnen im Bezug auf die durch das Heilige symbolisierte erste Umwelt ja immer schon zukam, ohne dass sie diese jedoch offen gezeigt, also zu „Bewusstsein" gebracht hätten. Mit dieser Objektivierung einer durchgängigen Bedeutung im Bezug auf einen gemeinsamen, jedoch lediglich symbolisch, als idée directrice bestimmten Fixpunkt (man könnte wohl auch in Anlehnung an Kant von einem „Focus imaginarius", einer regulativen bzw. transzendentalen Idee sprechen[6]), verfestigt sich das System der symbolischen Formen so weit, dass sich ein „Alltagsbereich" herauskristallisieren kann, in dem die Formen hinsichtlich

5 Nämlich bis an die Schwelle zur Neuzeit bzw. zur Aufklärung (vgl. dazu Imhof/Romano 1996: 33f.), dies wird zentraler Gegenstand auch der folgenden Überlegungen in dieser Arbeit sein.

6 Vgl. zum Begriff der regulativen Idee resp. dem „focus imaginarius" bspw. Kant 1995, Bd. 2: 565 (B 672, 673) sowie 582ff. (B 697ff.).

ihrer alltagsfunktionalen Bedeutung immer geringfügiger variieren. Diese immer umfassendere relative Stabilität der Formen lässt dann wiederum in konzentrischen Kreisen immer umfassendere Gemeinsamkeiten zwischen den „Dingen" erkennen, die sich im Zuge des gesamten Stabilisierungsprozesses in diese „eingeschrieben" haben. Mit den Worten Plessners kann, nachdem die Wahrnehmungswelt einmal so weit beruhigt ist, jetzt erst der Mensch die Muster in den Dingen entdecken, die er selbst zuvor in sie hineingelegt, nach denen er sie zuvor angeordnet hat – nun aber als objektive, in den Dingen seiende Ordnungen. Die Welt „ist" durch und durch strukturiert, der „glückliche Griff" erweist sich eben darin, dass alles schon so ist, wie der Mensch es braucht, die Tatsache, dass alles auf *das transzendentale Heilige* ausgerichtet ist, erscheint ihm als „Harmonie der Sphären"[7].

Abbau von Bedeutungsüberschüssen

Die Technik des Kultes als symbolische Form stabilisiert das System der symbolischen Formen immer umfassender auf dieses eine symbolische Zentrum hin; sie sichert die Anpassung des Organismus an seine Umwelt ab, sie produziert dabei aber zugleich die „Objekte", die sich dann immer gezielter bearbeiten lassen. Die einheitliche Strukturierung der Wahrnehmungswelt bedeutet das allmähliche Verblassen der zahllosen „Bedeutungsinseln", die symbolische Formen zuvor bildeten. Damit schafft der Kult zum einen die Grundlage einer alles miteinander in eine einheitliche, durchgehende Beziehung setzenden „Rationalität". Mit der Vereinheitlichung der Vielzahl magischer Bedeutungen vereinheitlicht sich zum anderen in einem Jahrtausende dauernden Prozess auch die Welt vieler „Götter".

Gehlen beschreibt den sich vollziehenden Wandel als einen Prozess des „Abbaus von Außenweltstützen": Die sich ankündigende neue Epoche des „bildlosen Monotheismus" verlegt die letzten Evidenzen der Religion sukzessive in das Innere des Menschen (vgl. Gehlen 1986a: 57), der nunmehr „glaubt". Dieser Glaube ist freilich hochgradig voraussetzungsvoll, die Wahrnehmungswelt, insbesondere das Heilige sowie das Ich des Gläubigen müssen dazu bereits hochgradig geformt sein, der Glaube nimmt seine Form in dem Zuge an, wie die einheitliche Strukturierung aller Formen auf das Heilige hin fortschreitet. Die Vielzahl der mit unterschiedlichsten, für jeden Menschen individuell variierenden Bedeutungen aufgeladenen Formen wird rituell entlang dieses einen zentralen Vektors vereinheitlicht, was den Blick für das „objektive Sein" – d.h. das überindividuelle, nämlich für alle Gruppenmitglieder bedeutungsvolle Sein – der Formen freigibt. Das

7 Diese Harmonie entdeckten bereits die Pythagoreer, siehe dazu Gliederungspunkt 6.3, S. 239-243.

„Ganze" der symbolischen Formen verändert grundlegend seine Modalität, es verliert, so Cassirer, gewissermaßen sukzessive seine jeweils individuelle Seele, seinen Bedeutungsüberschuss, und wird zur „toten Sache" herabgesetzt (vgl. Cassirer 1953b: 286).[8] Formen waren immer jeweils für den Einzelnen und gemäß der jeweiligen Situation, aus der heraus sie beobachtet wurden, bedeutungsvoll. Indem nun aber das „Im-Bezug-auf-das-Heilige-bedeutend-sein" selbst zur Form wird, sich also objektiviert, kann sich der mythische Haushalt „entrümpeln", kann er all jene aus vergangenen Zeiten stammenden und ehemals für das individuelle Überleben entscheidenden Bedeutungsüberschüsse ablegen, die angesichts der viel ökonomischeren neuen Organisationsform – zumindest für den Moment – überflüssig geworden sind.

Nun erscheinen mehr und mehr Formen derart stabil, dass sie dem Menschen als fast nur mehr in der Dimension des Heiligen variierend gegenübertreten, in jeder anderen Hinsicht aber geben sie sich „objektiv" nahezu stabil. Die tatsächlichen Bedeutungsvariationen verblassen bis ins Unkenntliche, die Formen verändern sich nur noch so weit bzw. schon etwas weniger, als es die Notwendigkeit unbedingt erfordert, inzwischen ist sogar die Stabilität selbst zu einem gleichsam „objektiven" Wert geworden, weshalb vorübergehende Infragestellungen der tatsächlichen Beschaffenheit von Formen zunehmend ignoriert werden. Es setzen also nun vermehrt Prozesse der Alltagsbildung und des Ausblendens erster einsetzender Nebenfolgen ein.

8 Für Cassirer konstituiert sich allerdings die Religion in der *Abwendung* von der „mythisch-sinnlichen Direktheit" des Daseins und der religiös-symbolischen Aufladung des Daseins. Dies kann hier so nicht geteilt werden, denn nach dem hier vertretenen Verständnis symbolischer Formen war keine Form jemals sinnlich-direkt, alle Formen werden erst im symbolischen Aufeinander-bezogen-Sein konstituiert, werden also stets vermittelt über andere Formen wahrgenommen, sie zeigen stets etwas anderes an, das über sie hinausweist. Auch die einfachsten Formen sind demnach für einen beobachtenden Organismus symbolisch-bedeutungsvoll, diese Eigenschaft kommt gerade nicht erst dem religiösen Denken zu. Der Unterschied liegt allein in der einheitlicheren Strukturierung auf ein gemeinsames Zentrum, die das Sein der Formen weiter stabilisiert und diese schließlich „objektiv" seiend erscheinen lässt.

Beschleunigte Objektivierung abstrakter Verhältniskategorien

Die umfassende Beruhigung der Wahrnehmungswelt ermöglicht auf der anderen Seite die Ausbildung immer allgemeinerer Begriffe, denn erst durch diese Fixierung werden nun immer umfassendere Zusammenhänge ersichtlich. Der Zugewinn an Ordnung und der infolgedessen gewonnenen Freiheit der Übersicht über die verwirrende Vielfalt der Einzelerscheinungen und ihrer verwobenen Bedeutungsstrukturen führt zur fortschreitenden Objektivierung von abstrakteren Verhältniskategorien. Die Erscheinungswelt nimmt immer „objektiveren" Charakter an, immer allgemeinere Formen, wie die der *Stabilität* der „objektiven Ordnung", dann Normen, Werte usw. objektivieren sich. Damit ist die Schwelle zum wissenschaftlichen Begriff erreicht, der sich als Ausdruck dieser Relationen entfaltet.

Im mythischen Bewusstsein kann noch alles mit allem identisch gesetzt werden und sich der Zusammenhang allen Seins somit in allem als Form Wahrgenommenen in vielfältiger Variation konkretisieren. Sukzessive bilden sich im mythischen Denken, wie oben beschrieben, immer umfassendere Kausalitätsvektoren, bis schließlich das gesamte Sein an dem zentralen symbolischen Fluchtpunkt des Heiligen ausgerichtet ist. Beziehungen objektivieren sich zwischen den ebenfalls in diesem Prozess erst deutlicher auseinander tretenden Formen. Die nunmehr nahezu „versteinerten", aber doch nach wie vor auf das noch immer nur unbestimmt-bestimmte Ganze erster Ordnung ausgerichteten und entsprechend weiterhin auch untereinander, nur eben kaum mehr bemerkbar variierenden Formen werden im wissenschaftlichen Begriff noch weiter fixiert.

Die zwischen den Formen beobachtbaren Relationen und Beziehungen erhalten selbst Bezeichnungen und bilden somit sukzessive die „konkrete", zu „Objekten" erstarrte Welt in abstrakten Formeln ab, dabei wird jedoch die Distanz zu diesen relativ stabilisierten Formen ständig vergrößert. Immer umfassendere Relationen zwischen diesen Formen lassen sich erkennen, was sich erst im Nachhinein als Vorteil für das Gruppenganze und also viabel oder als Nachteil und daher als zu verwerfen oder umzuorganisieren erweisen wird. Tendenziell aber bedeutet die Wahrnehmung immer umfassenderer Zusammenhänge einen stetigen, aber noch verkraftbaren Sensibilitätsverlust für die kleinen Variationen, die nach wie vor in den konkreten symbolischen Formen stattfinden. Der Bedeutungswandel eines einzelnen Objektes, etwa eines Kruges, den dieser im Verlauf der Zeit erfährt, wird mehr und mehr zu etwas Akzidentiellem, das dem Krug anhaftet, während der Krug aber doch dabei mit sich selbst identisch erscheint. Allmählich verblasst der Bedeutungswandel – noch immer vor seinem gänzlichen „Verschwinden" durch seinen Bezug auf das Heilige geschützt, der alles nach wie vor mit einem unbestimmbaren „Mehrwert" auflädt – so sehr, dass zwei Seinsweisen immer deutlicher auseinander treten: Das *wahre* Sein und das *nur scheinbare*, eben akzidentielle Dasein, kündigen sich an. Nur mehr die Akzidenzien werden als variierend beobachtet, während sich der tatsächlich nach wie vor stattfindende Wandel des Formganzen zunehmend der Wahrnehmbarkeit entzieht. Diese sich allmählich andeutende Trennung von wahrem Sein und bloß Akzidentiellem bildet dann die Grundlage für die modernen wissenschaftlichen Begriffe, die von dem bloß akzidentiellen gänzlich abzusehen trachten, um sich *nur* mehr dem „eigentlichen", dem „unveränderlichen" *wahren* Sein zuzuwenden.

Der Schritt vom *Verblassen* des symbolischen Bedeutungsüberschusses zur *Negation* jedes symbolischen Mehrwertes ist jedoch noch immer hochgradig voraussetzungsvoll und insgesamt unwahrscheinlich. Er wird nur im Okzident vollzogen*, während der Bezug auf ein transzendentes Drittes in allen anderen Gesellschaftsformen noch bis heute dafür sorgt, dass alle Formen für alle Beobachter stets mehr bedeuten, als sie offen anzeigen.* Dies ist detaillierter zu begründen, ist es doch dieses – vor dem Hintergrund des nunmehr skizzierten Prozesses der Formenkristallisation – vollkommen unwahrscheinliche, methodisch (insbesondere durch den Satz vom ausgeschlossenen Dritten) gesicherte Absehen von sämtlichen Bedeutungsüberschüssen der Formen, das, so die zentrale These dieser Arbeit, zur sukzessiven und schließlich zur exponentiellen Häufung von Katastrophenphänomenen führt. Dazu müssen die Anfänge der griechischen Philosophie und der Prozess des Wandels der Transzendenz der Formen bis an die Schwelle zur Moderne hin untersucht werden. Obgleich erneut tief in philosophische Fragen eindringend, geht es dabei doch primär um die Genealogie der Moderne, um die Frage, wie sich das philosophische Denken der Transzendenz veränderte und welche Folgen dieser Wandel zeitigte, im Grunde also weiterhin um eine soziale Anthropologie, nun lediglich mit anderen Mitteln. Es geht also gleichsam um eine Soziologie der Philosophiegeschichte, um die *sozialen* und zugleich sehr *realen* Konsequenzen philosophischen Denkens für die weitere Entwicklung des Menschen. Die Rekonstruktion zum einen der Weise der „praktischen" Auseinandersetzung mit der Transzendenz und zum anderen des Wandels der Bedeutung, die der Transzendenz im Laufe der okzidentalen Philosophiegeschichte beigemessen wurde, ist entscheidend, wenn es darum geht, die Katastrophe umfassend zu begreifen.

6.3 Der Wandel der Transzendenz seit den Anfängen der okzidentalen Philosophie

Die Anfänge der griechischen Philosophie kennzeichnen einen bedeutenden Wandel, der sich bereits in den obigen Ausführungen zur Herausbildung des Erkenntnisbewusstseins aus seinen mythischen Grundlagen heraus ankündigte. Es ist dies der Beginn der Reflexion über die Grundlagen der Erkenntnis, es sind die Anfänge der Ontologie, die sich nun fragend den Bedingungen des Seins zuwendet. Die bereits umfassenden Befriedungsleistungen der inneren Umwelt haben derart luxuriöse Bedingungen hervorgebracht, dass die Versuchung, den Schleier der Sais, der das Unbestimmte bisher verhüllte, zu lüften, immer größer wird. Es ist dies die Geschichte des Odysseus, der sich dem Gesang der Sirenen aussetzt. Wie Odysseus treffen auch die ersten Philosophen noch allerlei Vorsichtsmaßnahmen. Die Vorsicht nimmt nach dem „Sündenfall", nachdem die Frage nach dem bis dahin unbestimmten Grund allen Seins einmal gestellt ist, jedoch kontinuierlich ab. Dies ist im Folgenden nachzuzeichnen.

Die vorsichtige Frage nach dem Grund des Seins bei den ersten Philosophen

Die ersten griechischen Philosophen dachten im 6. und 5. Jahrhundert v.Chr. darüber nach, wie *das Werden* als möglich begriffen werden kann. Gemein ist den Denkern dieser Zeit, dass sie die Antwort auf diese Frage in einem Dritten suchten, das weder vergänglich, noch beständig, sondern unentstanden, unveränderlich und unvergänglich, also *unbestimmt* ist: „Dieser Gedanke lag den naturphilosophischen Überlegungen der ionischen Philosophen über ein Ur-Element zugrunde, er leitete die Spekulation der Eleaten und führte schließlich zu Theorien wie der atomistischen Konzeption der Materie", so Wolfgang Röd (Röd 2000: 20).

Der Anfang der Philosophie ist zugleich gekennzeichnet durch die Zuwendung zur Frage nach den *Bedingungen* von Erkenntnis, wie es also überhaupt möglich sein kann, Aussagen nicht bloß über diesen unbestimmten Grund, sondern ganz allgemein, also über das Sein als Ganzes machen zu können. Die beiden Denkrichtungen, die Thematisierung des Unbestimmten auf der einen und die Suche nach den Bedingungen der Erkenntnis, also die Frage nach dem Sein auf der anderen, erscheinen in diesen Anfängen noch untrennbar miteinander verwoben. Die meisten Interpreten dieser Zeit sehen hier jedoch einen bedeutenden Wandel einsetzen, der allmählich das Denken aus seinem „mythischen" Grund in eine „rationale" Struktur transformiert. Die verwirrende Vielfalt der mythischen Götterwelt wurde nach und nach systematisiert und Begründungen und Erklärungen für bislang Unhinterfragtes wurden gesucht und gefunden (vgl. ebd.: 35). Doch begann diese Suche *vor dem Hintergrund des Mythos*, eingehüllt in einen sympathetischen Schleier. Während bereits der „rationale Geist" sich fragend dem Wesen des Seins zuwendet, stand doch noch immer unhinterfragt fest, dass alles letztlich seinen Grund in der (unbestimmbaren) Götterwelt findet.

So wird berichtet, dass der als Begründer der griechischen Philosophie genannte Mileser Thales (geb. um 620) die Frage nach dem Ursprung der Welt gestellt habe (vgl. ebd.: 41). Thales soll die Frage dahingehend beantwortetet haben[9], dass alles aus einem *bestimmten* Stoff entstanden sei: Alles sei aus dem Wasser hervorgegangen, doch wie das Wasser wäre auch alles andere zugleich voll von Göttern (vgl. Russell 2002: 47).[10] In dieser Grundlegung der Philosophie wird gemeinhin noch deutlich das „mythische Erbe", identifiziert, alles wird noch anthropozentrisch als belebt gedeutet. Man könnte von einem „Panentheismus" sprechen, weil das Göttliche, von dem alles ausgeht, das als erste Ursache (causa prima) hinter allem steht, in allem *zugleich* anwesend ist. Bei Thales wird zwar die Frage nach dem Grund (Arché) gestellt und mit dem Wasser (dessen letzte Ursache das Göttliche ist) beantwortet, *zugleich* spricht aber aus der physischen Wirklichkeitserfahrung ein Göttliches, von dem alles voll ist. Damit, so Johannes Hirschberger, steht Thales symbolisch für den Ursprung der griechischen Philosophie, die sich fragend dem „wahren Sein" zuwendet, über dessen Eingangstor jedoch der Satz Heraklits stehen könnte: „Tretet ein, auch hier sind Götter" (vgl. Hirschberger 1976: 29f).

Anaximander nahm die Frage nach der Arché ebenfalls auf, beantwortete sie jedoch mit keinem bestimmten, sondern durch Einführung eines *unbestimmten* Stoffes, den er „ápeiron" nannte. Apeiron kann sowohl im Sinne qualitativer Unbestimmtheit, als auch im Sinne von „grenzenlos" (vgl. Röd 2000: 42), als das unbestimmt Unendliche oder unendlich Unbestimmte (vgl. Hirschberger 1976: 20f.) verstanden werden, ohne dass damit allerdings die erste Ursache, also „Gott", *direkt* thematisiert werden würde. Anaximander versucht konsequent alle Ableitungsprobleme dadurch zu überwinden, die Arché gänzlich unbestimmt zu denken, um alles Sein aus ihm hervorgehen lassen zu können. Das Apeiron wird als etwas Göttliches, Unendliches,

9 Von Thales sind keinerlei Schriften erhalten, alles, was über ihn und sein philosophisches Vermächtnis gesagt wird, ist also späteren Autoren zu verdanken und mit entsprechender Skepsis zu betrachten.

10 Russel merkt allerdings an, dass angezweifelt werde, ob dieser Spruch tatsächlich von Thales stamme (Russel 2002: 47 FN 2).

Unsterbliches und Unvergängliches gedacht (vgl. Hirschberger 1976: 21, ebenso Röd 2000: 43).[11]

Mit Anaximander setzt zugleich eine Entwicklung ein, die als beginnende Mathematisierung des Weltbildes bezeichnet werden kann. Er leistete die bedeutende Vorarbeit, an die der Pythagoreismus anschließen konnte. Er abstrahierte bereits von der wahrgenommenen Wirklichkeit zu einer geometrischen Konstruktion der Welt: „Die frühen Naturphilosophen waren freilich noch nicht imstande, qualitative Bestimmungen tatsächlich auf quantitative Verhältnisse zu reduzieren; sie taten aber einen ersten Schritt auf einem Wege, der schließlich zur Erklärung von Tatsachen mit Hilfe mathematisch formulierter Naturgesetze führte“ (Röd 2000: 44), so Wolfgang Röd. Doch durchdringt das „Göttliche“ noch immer vollkommen selbstverständlich alle „Philosophie“; ohne das nunmehr als „Apeiron“ bezeichnete „Unbestimmte“ ließe sich keiner dieser ersten Denker, ließe sich die „Mathematisierung des Weltbildes“, die nun durch die Pythagoreer vorangetrieben wurde, nicht verstehen.

Im Pythagoreismus[12] kamen einige Motive hinzu, die dem Denken des Thales und des Anaximander noch fremd gewesen waren. Neben moralischen Lebensregeln (vgl. ebd.: 47) verdankt die Philosophie den Pythagoreern vor allem bemerkenswerte Ergebnisse in der Mathematik. Nicht nur der vermutlich fälschlicherweise Pythagoras zugeschriebene Lehrsatz ist hier zu nennen, von mindestens ebenso großer Bedeutung war wohl die Entdeckung, dass die Intervalle innerhalb einer Tonleiter als Verhältnisse ganzer Zahlen ausgedrückt werden können. „Dies veranlaßte die Pythagoreer zu einer kühnen Verallgemeinerung: Sie erklärten, die Wirklichkeit als solche sei mathematisch bestimmt, ja das Wesen der Dinge bestehe geradezu aus Zahlen“ (ebd.: 48). So gelangten sie zu der Idee einer umfassenden mathematischen Ordnung der Welt (der „Harmonie der Sphären“) und in der

11 Röd merkt an, dass das Aperion, wenngleich etwas Göttliches bezeichnend, nicht als geistiges Prinzip aufgefasst werden dürfe, dass Anaximander es als stofflich auffasste (vgl. Röd 2000: 43); der Gegensatz von Materie und Geist spielte allerdings zu jener Zeit noch nicht die Rolle, die ihr heute zukommt.

12 Pythagoras gilt als wesentlich durch den Dichter Orpheus beeinflusst, wobei allerdings tatsächlich ungeklärt ist, ob Orpheus tatsächlich ein Dichter war. Um seine Erscheinung ranken sich allerlei Geschichten, Bertrand Russell nennt ihn daher eine „dunkle und interessante Erscheinung“, von der manche glaubten, er habe wirklich gelebt (eben als Dichter, Priester oder/und Philosoph), andere halten ihn für eine Göttergestalt. Auf jeden Fall wird Orpheus zugeschrieben, er habe vieles in die griechische Kultur eingebracht, was einen Ursprung in Ägypten gehabt habe, so die Lehre von der Seelenwanderung, woraus die Notwendigkeit einer strengen Lebensführung abgeleitet wird (vgl. Russell 2002: 38-45).

Folge dieser Idee entwickelte sich die Mathematik zu einer unabhängigen Wissenschaft (vgl. ebd.).

Doch auch hier bleibt festzustellen, dass die Mathematik der Pythagoreer im Sinne des überzeugenden deduktiven Beweises nicht ohne ihren Mystizismus zu verstehen ist (vgl. Russell 2002: 51), denn die Zahl tritt nicht voraussetzungslos ihren Siegeszug an, vielmehr tritt sie dem Apeiron als notwendiges Komplement gegenüber, das die Ionier vernachlässigt hatten. Während Thales und Anaximander stets von dem allen Dingen gemeinsam zugrunde Liegenden (Arché) sprachen, dabei aber übersahen, dass auch die individuelle Einzelart der Dinge nach Erklärungen verlangt, setzten die Pythagoreer dem Unbegrenzten (Apeiron) das Begrenzte (peras) gegenüber: „Groß, allvollendend, allwirkend und himmlischen wie menschlichen Lebens Urgrund und Führerin, teilhabend an allem, ist die Kraft der Zahl [...] ohne diese ist alles unbegrenzt, unklar und unsichtbar“, so Aristoteles im Bericht über die Pythagoreer (Aristoteles: Metaphysik 44 B II, zitiert nach Hirschberger 1976: 25). Die Zahl ist nicht minder mystisch aufgeladen als das Apeiron, nur in dieser Opposition sind beide auch bei den Pythagoreern zu verstehen. Die Zahl zeigt das in diesem Sinne noch immer „mythisch“ zu denkende *Wesen* der Dinge an, das *Eigentliche*, das *wahre* Sein, das sich in den Formen verbirgt.

Damit wird der bedeutende Schritt der Trennung von wahrnehmbarer und gedachter Wirklichkeit in einer zuvor unbekannten Deutlichkeit getan. Die *tatsächliche* Harmonie der Töne wird nun nicht mehr in ihrem wahrnehmbaren Klang, sondern in ihrer mathematischen „Reinheit“ gesehen, nur mehr der Bereich der vernünftig erfassbaren Gegenstände wird nun als die „wahre“ Wirklichkeit gehandelt, während alles Wahrnehmbare zur bloßen Erscheinung herabsinkt (vgl. Röd 2000: 49). Das „wahre“, von den Dingen angezeigte, aber in ihnen verborgene Sein lässt im Pythagoreismus erstmals das Apeiron, die Bedeutung des Unbestimmten, deutlich verblassen. War bislang das Unbestimmte unhinterfragt der Hintergrund allen Seins, auf das alles Seiende bezogen war, verringert sich die Bedeutung des Unbestimmten immer weiter, lassen sich die wahren Eigenschaften nun besser „aus den Dingen selbst“ heraus erklären, dazu bedarf es nicht mehr des ständigen Rückgriffes auf das Apeiron. Doch wird das Göttliche noch nicht tatsächlich ausgeblendet, es darf noch immer nicht direkt thematisiert werden, was notwendig wäre, um es „abschaffen“ zu können. Das Göttliche ist noch immer „tabu“ und damit vor direkter Infragestellung geschützt[13]. Dennoch ist dieser Schritt ein inkrementaler Schritt auf dem Weg zur Be-

13 Vgl. dazu abermals Imhof und Romano, deren zentrale Aussage die ist, dass die Fragilität der Moderne gerade aus der Kritisierbarkeit der letzten transzendenten Gründe resultiert (vgl. Imhof/Romano 1996: insbes. 33ff.).

stimmung des Unbestimmten, des Apeiron selbst, ein Schritt, an den Heraklit anschließt.[14]

Gegensätzlichkeit und Einheit des Logos bei Heraklit

Herakleitos von Ephesos, der wohl um 500 v.Chr. lebte, wird nicht zuletzt deshalb „der Dunkle" genannt, weil sein Werk, wohl beabsichtigt „[...] unsystematisch, sich verbergend vor unberufenen Augen [...] das Wahre in einer kurzen, paradoxen und tief stoßenden Wendung als plötzliche Enthüllung zum Ausdruck [...]" (Schilling 1951: 87). bringt, so Kurt Schilling. Seine Lehre von der die Wirklichkeit beherrschenden Gegensätzlichkeit wirkte schon deshalb weit in die Philosophiegeschichte hinein, weil die These, dass die Dinge in jedem Augenblick gegensätzliche Bestimmungen hätten, ihm etwa die Kritik Platos und Aristoteles' einbrachte, die darin die Aufhebung des Widerspruchprinzips sahen (vgl. Röd 2000: 55). Für die vorliegende Arbeit von noch größerer Bedeutung aber war Heraklit als derjenige, der überhaupt erst die Bedingungen schuf, von denen her sich das Denken dem Sein in einer bis dahin nicht da gewesenen Form zuwenden konnte.

Heraklit unterschied zwei „Seinssphären", die des Alltags der Menschen, die „blind und irrtumserfüllt" (vgl. Schilling 1951: 87) ist, und die wahre Welt des Seins, dem *Logos*, der als letzter Sinn der Welt besteht, und der nur dem Philosophen zugänglich ist. Zu sämtlichen Erscheinungen denkt Heraklit ein logisches Negativ: Wo Tag ist, muss auch Nacht gedacht werden, hell gibt es nicht ohne das logische Gegenstück des Dunkels. Keine Erscheinung besteht jemals für sich, sie ist stets auf das Andere, auf ihr Gegenteil bezogen (vgl. ebd.: 89). Der Sprachgebrauch der gewöhnlichen Sterblichen besitzt nicht die Möglichkeit der Einsicht der Einheit, der *Koinzidenz* dieser Gegensätze,[15] hier wird jedes Ding nur mit seinem eigenen,

---

14 Nur in einer Hinsicht ist Xenophanes hier zu erwähnen. War bei den bisher erwähnten Philosophen die Ablösung des Denkens aus dem Mythos noch erfolgt, ohne dass dieser Prozess reflektiert worden wäre, war Xenophanes der erste, der sich ausdrücklich von den mythischen Göttervorstellungen distanzierte. Xenophanes trug zum Verblassen des Apeiron bei, welches die Verschiebung des Aufmerksamkeitsschwerpunktes hin zu der „sauberen" Unterscheidung von *wahrem* und *falschem* Sein vorbereitet. Doch knüpfte auch Xenophanes noch an das Apeiron des Anaximander an, denn Gott ist, so vermutet Wolfgang Röd, auch bei ihm unbeweglich, unentstanden und unvergänglich, während er zugleich alles bewegt und alles weiß: „Ein einziger Gott, unter Göttern und Menschen am größten, weder an Gestalt den Sterblichen ähnlich, noch in Gedanken" (Xenophanes, zitiert nach Röd 2000: 50).

15 An diesen Gedanken der Koinzidenz schließt im 15. Jahrhundert Nikolaus von Kues an, siehe dazu S. 258-262.

privaten Namen, mit einem vereinzelten Wort angesprochen, ohne zu diesem einen Namen immer auch den Gegensatz hinzuzudenken, obwohl erst beide Formen zusammen „einen wahren Logos bilden“ (vgl. ebd.).[16] Für Heraklit ist in diesem Sinne Tag dasselbe wie Nacht, Tod dasselbe wie Leben, weil in jedem der beiden Gegensätze das jeweils Andere mit gegenwärtig ist, und indem diese Einheit *symbolisch* bezeichnet wird, „[...] wird der gemeinsame Grund der Welt, das Sein selber, offenbar“ (ebd.: 90)[17], das Heraklit ausdrücklich *das Göttliche* nennt. Der Logos, das Weltgesetz, ist das Göttliche, ist *die Natur*, im stetigen Wandel und in Gegensätzen hin und her gehend alles regelnd, so auch die allen Menschen gemeinsame Vernunft, die die Einheit der Gegensätze zu sehen vermag, wenn sie über die Verschiedenartigkeit ihrer Anlagen hinwegsähen, so die Interpretation Kurt Schillings.

Schilling merkt nun aber auch an, dass Heraklit sich des Problems wohl bewusst gewesen sei, dass der Logos kein *reines* Denken sein kann, denn dieses reine Denken führt immer nur auf ein ewiges, starres Sein, es vermag aber die *Einheit* der Gegensätze (die Koinzidenz) nicht zu erfassen, als die Heraklit den Logos verstanden wissen will. Deshalb bleibt Heraklit nicht beim reinen Denken stehen, sondern fügt dem Logos immer wieder nichtlogische Funktionen hinzu: „[...] teils halbsinnliche, wie das Sehen und Hören mit Verstand, die Wachheit des Geistes, teils absichtlich irrationale wie die wortlose Andeutung, die der Herr des Orakels übt, oder das Finden des Unerwarteten, der Einfall oder Symbol und Gleichnis“ (ebd.: 91). Um den Logos derart zu fassen, löst sich für Heraklit die ganze Natur zu Gleichnissen auf, in denen er das Sein als Werden begriff. Dies aber sei, so Schilling weiter, etwas gänzlich anderes, als, wie immer wieder behauptet werde, dem Sein das Werden *gegenüber* zu stellen (vgl. ebd.). Mit Heraklit wird das Göttliche zum Logos, zur Einheit der Gegensätze, welche als solche unbestimmt bleibt, weil diese Einheit nur unter zur Hilfenahme nichtrationaler, eben widersprüchlicher Prinzipien oder einer rein metaphorischen Sprache, die sich in Gleichnissen ausdrückt und damit „dunkel“ bleibt, überhaupt in einer sprachlichen Form ausdrückbar ist.

Das Apeiron taucht bei Heraklit nicht mehr auf. Er ist damit vielleicht der erste Philosoph, der für die Frage nach den Ursprüngen keine eigene Form mehr annimmt, mit deren Hilfe noch bei seinen philosophischen Vor-

16 „Deswegen sind die Menschen in ihrem Alltag ohnmächtig der Natur gegenüber, sie sind wie Schlafende, denn sie *vergessen* von Stunde zu Stunde, was gewesen ist; sie sind, wie das Sprichwort sagt, immer abwesend, obwohl sie doch dabei sind mit ihrem Reden und Handeln“, so Kurt Schilling (Schilling 1951: 89, Hervorhebung im Original). Schilling bezieht sich hier auf das Fragment 34 des Heraklit.

17 Hier verweist Schilling auf das Fragment 123 des Heraklit.

fahren das Göttliche thematisiert werden konnte, ohne dieses tatsächlich *direkt* anzusprechen. Während etwa bei den Pythagoreern das Apeiron als das Unbegrenzte, Unendliche, Unbestimmte diente, über das gesprochen werden konnte, ohne die Götter direkt ansprechen zu müssen, das das Göttliche zwar symbolisierte, ohne jedoch tatsächlich dieses Göttliche zu sein, verzichtet Heraklit auf eine solche Unterscheidung. Bei ihm fließt das Göttliche zunehmend mit dem Gottesbegriff selbst ineinander, ist der Logos nicht mehr nur Symbol für „Gott", sondern „Gott" selbst. Der letzte Grund steht damit nicht mehr *hinter* allem, sondern ist nun unmittelbarer Untersuchungsgegenstand, obgleich – und das ist von entscheidender Bedeutung – doch noch immer nicht ganz unmittelbar, sondern lediglich metaphorisch; tatsächlich beschreibbar ist das Göttliche noch immer nicht, es bleibt das, was nicht zu beschreiben, was nur *erfahrbar* ist. Doch führt nun erstmals ein Weg, der freilich nur den Philosophen offen steht, von der Einsicht in die Beschaffenheit der Substanzen als widersprüchliche auch zur *Einsicht in das Göttliche selbst*, zurück zur ersten Ursache, von der alles ausgeht.

Wahres Sein, Nichts und Offenbarung: Das Lehrgedicht des Parmenides und der dritte Weg

Etwa zeitgleich mit Heraklit wirkte derjenige Denker, der für viele den Anfang der Metaphysik im engeren Sinne markiert: Parmenides von Elea (gestorben um 460 v.Chr.). Heraklit vermochte jeden einzelnen Vorgang isoliert, dabei jedoch zugleich als Verweis auf das mit diesem Vorgang symbolisch angezeigte Ganze des Seins, oder mit den Worten Schillings, „[...] das Sein in den Symbolen des Seienden zu betrachten" (Schilling 1951: 92). Das symbolisierte Eine ist für ihn das Wahre, das jenseits aller einzelnen Dinge liegt, die Einheit, die Koinzidenz der aufeinander bezogenen Gegensätze in Bewegung. Auch für Parmenides ist Philosophie der Rückgang zu einem allein beständigen Grund der Welt, doch ist für diesen dieses Ganze gerade nicht Bewegung, sondern starres Sein, und auch die Methode, dorthin zu gelangen, ist, so wird zumindest behauptet, eine andere, nämlich eben das von Heraklit vermiedene *reine Denken* (vgl. ebd.: 88).

Für Parmenides ist das „wahre", das „evidente" Sein das Eine, von dem die bloße Meinung, die Empirie (doxa) geschieden ist, er weigert sich, diese empirisch-physikalische Welt der ionischen Denker einfach als gegeben zu akzeptieren. Parmenides widerspricht den Ioniern: Von den Erscheinungen her führe kein Weg zum wahren Sein, nur der Weg des Denkens, so wird Parmenides gemeinhin interpretiert, eröffne dem Philosophen die Wahrheit (vgl. Habermehl 1995). In diesem Sinne ist mit Parmenides die Grundlage einer rationalistisch-zweiwertigen Logik gelegt, die nur entweder Wahres, das Sein (das was ist), oder Unwahres, das also *nicht* Sein ist (das was nicht ist), zulässt, ein Drittes aber, also jeglichen symbolischen Bedeutungsüberschuss, durch den auch Widersprüchliches am gleichen „Gegenstand" möglich wäre, ausschließt (tertium non datur). Weil es sich um einen für die weitere Entwicklung des okzidentalen Denkens, insbesondere für den Prozess der umfassenden Stabilisierung der symbolischen Formen so bedeutungsvollen Text handelt, lohnt eine kurze Untersuchung, ob diese Interpretation trifft, ob dieser Urtext der zweiwertig-rationalen Logik tatsächlich nur von zwei Werten handelt.

Die Lehre von den zwei Wegen

Das Lehrgedicht des Parmenides gibt seit jeher den Philosophen Anlass zum erbitterten Streit.[18] Der nur fragmentarisch erhaltene Text wirft etwa zeitgleich mit Heraklit die Frage nach dem Sein auf, die Frage also, die am Anfang aller Metaphysik steht.[19] Mit Heraklit, deutlicher noch mit Parmenides, wendet sich das Denken seinen eigenen Grundlagen zu, es fragt nun nach seinen eigenen Voraussetzungen, die bislang (auch noch bei den Ioniern) noch weitgehend unreflektiert vorgegeben blieben. Das in der Homerischen Form des Hexameters verfasste Lehrgedicht des Parmenides beschreibt, in aller Kürze zusammengefasst, die von Pferden gezogene Auffahrt des jungen Parmenides zum „großen Tor der Wege von Tag und

18 Schon Platon sah die Konfliktträchtigkeit des Parmenides. Im Theaitetos lässt er Sokrates zu Theodoros sprechen: „Parmenides […] ist nach dem Homeros ‚ehrenwert mir' und zugleich ‚furchtbar'. Denn ich habe Gemeinschaft mit dem Manne gehabt, noch ganz jung, da er schon alt war, und es offenbarte sich mir in ihm eine ganz seltene herrliche Tiefe des Geistes. Ich fürchte daher, daß wir teils, was er gesagt hat, nicht verstehen, teils, was er damit gemeint, noch viel weiter dahinten lassen werden […]" (Platon 1967: 150). Auf diese Stelle macht Ernst Heitsch aufmerksam, um damit die Hoffnung gering zu stufen, dass sich die Frage nach der Bedeutung, die Parmenides mit dem Begriff des Seins verband, überhaupt jemals beantworten ließe, wenn schon Platon „[…] von Parmenides durch eine Kluft getrennt gewesen zu sein" scheint (Heitsch 1970: 3).

19 Das Lehrgedicht des Parmenides gilt als einer der „Ur-Texte" der Philosophie vor allem deshalb, weil sich eben hier in aller Deutlichkeit das Denken dem Denken selbst zuzuwenden beginnt, damit also der Übergang von der Frage nach der *Bedeutung* des Seienden zu der Frage nach seinem „Wesen" vollzogen wird. Homer etwa wandte sich noch ganz der *Bedeutung* von „Ereignissen", selbst noch von „Naturkatastrophen", wie Überschwemmungen und Erdbeben zu, ohne aber deren Sein als von dieser Bedeutung gelöst einer eigenständigen Untersuchung zu unterziehen. Zu einer Rekonstruktion dieses Wandels von der auf Bedeutung gerichteten Beschreibung in der Versform des Epos zu einer „historischen" Betrachtung bei den Griechen siehe die sehr gut lesbare und aufschlussreiche Schrift Wolfgang Schadewaldts zu den „Anfängen der Geschichtsschreibung bei den Griechen" (Schadewaldt 1995, hier insbes. 118).

Nacht“ (vgl. Fragment B1 nach Heitsch 1995: 10), das ihm durch Dike als Richterin des Rechten geöffnet wird. Parmenides wird dann von einer namentlich nicht genannten Göttin begrüßt und in die Geheimnisse der Wahrheit[20] eingeführt: „Du sollst aber alles erfahren, sowohl der überzeugenden Evidenz unerschütterliches Herz wie auch die Eindrücke der Menschen, die ohne evidenten Beweis sind; gleichwohl wirst Du auch das hören, wie das Geltende notwendigerweise gültig sein musste durch alle Zeit hin insgesamt [...]“ (Fragment B1 nach ebd.: 13).

Die *unbenannte* Göttin benennt dem Parmenides sodann zwei Wege des Untersuchens, sie gibt ihm seine Aufgabe, was für ihn „das zu Denkende“ sein wird, das, „[...] was fortan in der Geschichte der Wahrheit das anfänglich zu Denkende bleibt“ (Heidegger 1982: 21):

> „Der eine, (der da lautet) ‚es ist, und Sein ist notwendig‘, ist der Weg der Überzeugung; denn sie folgt der Evidenz. Der andere, (der da lautet), es ist nicht, und Nicht-Sein ist notwendig‘, der ist, wie ich dir zeige, ein völlig unerfahrbarer Weg; denn das Nicht-Seiende kannst Du weder erkennen – denn das lässt sich nicht verwirklichen – noch aufzeigen“ (Fragment B2 nach Heitsch 1995: 15).

Damit wird das Sein zum Gegenstand der Philosophie, zum Gegenstand der Betrachtung, wie etwa Hegel meinte[21]. Mit diesen zwei Wegen formuliert das Lehrgedicht die Grundlagen aller modernen aristotelisch-zweiwertigen Wissenschaft, es formuliert nach einer gängigen Interpretation *die Bedingungen der Wahrheit*: Demzufolge ist der erste Weg wahr, weil nur das, was ist, gedacht und ausgesagt werden kann, während der zweite Weg darum

20 Es mache allerdings noch nicht viel Sinn, so Heidegger, die Göttin, von der im Lehrgedicht die Wahrheit gehört wird, einfach zur „Göttin der Wahrheit“ zu personifizieren (vgl. Heidegger 1982: 14). Das griechische ἀλήυεια, das in der Regel mit „Wahrheit“ *über*setzt, wörtlich aber als „Unverborgenheit“ zu übersetzen wäre, erschließe sich in seiner Bedeutung nur, „[...] wenn das übersetzende Wort ‚Unverborgenheit‘ uns übersetzt in den Erfahrungsbereich und die Erfahrungsart, aus dem das Griechentum und im jetzigen Fall der anfängliche Denker Parmenides das Wort ἀλήυεια sagt“ (ebd.: 16). So sind auch die Versuche anderer Philosophen, der Göttin ihren Namen zu geben, nur in ihrem jeweiligen Interpretationszusammenhang zu verstehen, letztlich aber bleibt der Name wohl unbestimmt und gerade darin liegt vielleicht die ideale Übersetzung verborgen. Verbreitet ist allerdings die Ansicht, die auch von Popper vertreten wird, dass es sich einfach erneut um Dike handelt (vgl. Popper 1998: 185).

21 Bei Hegel heißt es wörtlich: „Wenn bei Xenophanes durch den Satz ‚aus Nichts wird Nichts‘ das Entstehen, und was damit zusammenhängt oder darauf zurückgeführt werden kann, überhaupt negiert ist, so tritt bei Parmenides der Gegensatz von Sein und Nichtsein bestimmter, obgleich noch ohne Bewußtsein auf“ (Hegel 1971: 286).

notwendig unwahr ist, denn das, was nicht ist, kann notwendig weder gedacht noch ausgesagt werden. Allerdings sind beide Wege im menschlichen, alltäglichen „empirischen“ Denken und Reden schon immer miteinander verbunden, so Jörg Jantzen,

> „[...] denn indem ein Seiendes bestimmt gedacht und ausgesagt wird, wird es gegen anderes, das es nicht ist, abgegrenzt. Logisch ist die Behauptung von Differenz (Nicht-Sein) Grundlage der Erfahrungserkenntnis, die das Wirkliche als Vieles und Bewegtes sieht und damit schon ein Verhältnis von Sein und Nicht-Sein als Struktur der Wirklichkeit annimmt“ (Jantzen 1988: 514).

Das Denken des Seins kann also nicht gelingen, ohne das Nicht-Sein zu denken, das es somit – logisch – auch *gibt*. Dieses Problem hatte Heraklit noch umgangen, indem er das Sein als Einheit der Gegensätze dachte, welche eben nicht über das *reine* Denken zu erreichen ist. Wie aber ist das wahre Sein, von dem Parmenides spricht, dann zugänglich? Die Sache wird noch schwieriger, weil Parmenides in dem zweiten Teil des Lehrgedichtes der bloßen Meinung der „Sterblichen“ doch eine Bedeutung einräumt. Der Weg der Benennungen (des *Da*seins), der in dem tatsächlich ungeteilten, undifferenzierten Sein Unterscheidungen vornimmt, ist zwar nicht *tatsächlich*, wohl aber für die Menschen, die nichts von der tatsächlichen Wahrheit wissen, wahr. Dennoch bleibt es bei der Aussage, dass es von dieser Wahrheit keinen Übergang zur tatsächlichen Wahrheit des Seins gibt.

Die Möglichkeit des dritten Weges am Anfang der Philosophie

Ernst Heitsch zufolge war es zuerst Karl Reinhardt, der zu Beginn des 20. Jahrhundert mit der Interpretation hervortrat, dass Parmenides nicht von zwei, sondern von drei „Wegen der Forschung“ spreche, doch wird, wennschon dieser dritte Weg überhaupt akzeptiert wird, bis heute kontrovers diskutiert, wer oder was mit dem dritten Weg gemeint sei (vgl. dazu Heitsch 1970: 37 sowie Reinhardt 1916, insbes. 34-36).[22] Diese Diskussion kann hier in keiner Weise angemessen dargestellt werden,[23] doch bietet Karl-

22 Nach Ernst Heitsch ist dieser dritte Weg in der wissenschaftlichen Diskussion sogleich aufgenommen worden, es sei aber bis heute kontrovers geblieben, „[...] wer mit dem zweiten und wer mit dem dritten Weg gemeint ist“ (Heitsch 1970: 37). Homann dagegen meint, dass die meisten Gegenwartsforscher bestreiten, dass es einen dritten Weg gäbe (vgl. Hohmann 2002: 19). Heitsch gibt in dem Kommentar zu der von ihm übersetzten Version der Fragmente des Parmenides explizit Auskunft über die Stellen, an denen sich die Hinweise auf zwei bzw. drei Wege finden (vgl. Heitsch 1995: 85ff.).

23 Einen guten und doch lesbar gehaltenen Überblick zu den zahlreichen, einander oft diametral gegenüberliegenden Positionen, die am Parmenides festgemacht werden, gibt Christoph Rapp (vgl. Rapp 1997: 101-148).

Dieter Hohmann (2002) eine Interpretation an, die für diese Arbeit aufgenommen werden soll. Die im Lehrgedicht vorgestellte Alternative von zwei Wegen ist, wie gesagt, zunächst nur eine scheinbare, denn zu wählen ist an sich immer nur der erste der beiden Wege, nämlich der des Seienden (des Unverborgenen, das Evidente), weil sich niemand für den zweiten, des Nicht-Seins entscheidet. Nur das Sein ist, sonst ist nichts, alles Nicht-Seiende ist bloße *doxa*, empirische Meinung. Die Menschen aber leben in der Welt der Meinungen, denn neben dieser Wahrheit als „göttlichem Weg", dem sicheren Wissen, besteht die Möglichkeit des Irrtums, der „Empirie", das auf tradierten Ansichten beruht, die daher als wahr gelten. Auch dieser Form der „Wahrheit" räumt die unbenannte Göttin eine Bedeutung ein[24], weshalb sie dem Parmenides neben dem ersten Weg auch diesen zweiten offenbart: „[...] gleichwohl wirst Du auch das hören, wie das Geltende *notwendigerweise* gültig sein musste durch alle Zeiten und insgesamt [...]" (Fragment B1 nach Heitsch 1995: 13).[25] Dieser Weg ist also der Weg der Menschen, der Weg der „Empirie", oder mit den Worten Reinhardts: „Die Menschen haben sich ein Gesetz gemacht, die Welt ist eine Konvention, aus einem sanktionierten Irrtum folgerichtig entwickelt"[26], und Hohmann er-

---

24 Wie Christoph Rapp anmerkt (vgl. Rapp 1997: insbes. 101-104 und 147-149), frappiert das Lehrgedicht nicht zuletzt deshalb, weil es sich wohl primär der Trennung des „eigentlich Wahren" vom „Falschen", dem Nichtseienden widmet, der erste Teil des Lehrgedichtes die Phänomene der wahrnehmbaren Welt aber überhaupt nicht belange, während sich der zweite Teil den wahrnehmbaren Formen zuwendet, ohne dass aber die Verbindung zum ersten Teil eindeutig wäre. Es gäbe die Ansicht, so Rapp, dass das Gedicht zu allererst eine Kritik an dem kosmologischen Denken der Vorgänger des Parmenides sein sollte, deren Theorien die Entstehung der Welt und der darin enthaltenen Einzelphänomene unreflektiert zum Gegenstand haben, und dass das Lehrgedicht also „stillschweigend" auf diese Theorien referiere, deren Kenntnis es bedarf, um das Lehrgedicht verstehen zu können. Die diesen Theorien zugrunde liegenden Annahmen, dass das, was ist, entstanden, diskontinuierlich, bewegt usw. sei, seien falsch, wie Parmenides in aller Deutlichkeit zeigt. So scheint es, als ginge es in dem Gedicht *nicht* um eine Bestimmung des Verhältnisses von „falschem" und „wahrem" *empirischen* Wissen, dieses ist als solches immer falsch, denn das einzig Wahre ist eben das Sein ohne jegliche Unterscheidung. Worum es aber tatsächlich in dem Gedicht geht, bleibt wohl Gegenstand der philosophischen Diskussionen.

25 Hervorhebung hier wie bei Homann (Homann 2002: 17), der nach Heitsch zitiert. Im Original ohne Hervorhebung.

26 So legt Reinhardt (Reinhardt 1977: 31) den Schlusssatz des Lehrgedichtes aus, der da lautet: „So also sind – nach dem Eindruck (den die Menschen haben) – diese Dinge geworden und sie sind jetzt und werden von nun an in Zukunft wachsen und vergehen. Die Menschen aber haben ihnen einen Namen gegeben, einen bezeichnenden für jedes Ding" (Fragment B 19 nach Heitsch 1970: 53).

gänzt: „Neben die Wahrheit tritt die in sich geschlossene konsequente Hypothese" (Homann 2002: 21).

Hohmann schlägt nun die Interpretation vor, die beiden Teile des Parmenides als *zwei verschiedene Wahrheiten* zu interpretieren, die durch den *Mythos* als *dritten Weg* zusammengehalten werden (vgl. ebd.). Das Lehrgedicht sei nicht hinlänglich zu verstehen, wenn man es lediglich – einer „modernen" Logik folgend – nach der Unterscheidung von Sein und Nicht-Sein beurteile (vgl. ebd.: 23). Vielmehr spielte für Parmenides der Mythos noch eine ganz entscheidende Rolle, die hier zum Ausdruck kommt: Es ist die unbenannte Göttin selbst, die den dritten Wert verkörpert, die als Unbenannte selbst *unbestimmt* und doch *Bedingung* der Unterscheidung von Sein und Nicht-Sein bleibt, die sie dem Parmenides *offenbart*. Heitsch hatte die drei Wege derart interpretiert, dass die Vorgabe der Alternative zweier Wege gerade nicht bedeute, dass der eine der beiden Wege der richtige, der andere dagegen der falsche sei (vgl. Heitsch 1995: 89). Vielmehr ist die Erkenntnis, dass es beide Wege gäbe, der dritte Weg (in dem die Gegensätze wie bei Heraklit und später bei Cusanus koinzidieren), den die Göttin *offenbart*, nicht ohne davor zu warnen, den „dritten Weg" zu betreten – hier also verstanden als Versuch, *sie selbst in ihrer Göttlichkeit noch zu bestimmen*: „Denn zuallererst halte Dich von dem Weg des Suchens fern" (Fragment B 6 nach Heitsch 1995: 23).

Die Göttin selbst bleibt „als Weg" unbestimmt, „tabu", und doch zugleich Bedingung der beiden Wege, deren ausgeschlossenes Drittes sie ist. Weder der eine, noch der andere Weg ist „falsch" oder „richtig", die Erkenntnis der Gabelung beider Wege ist das, was wahr ist, in denen Sein ungeteiltes, unbestimmbares Sein „erster Ordnung" ist. Nur das ungeteilte Sein ist wahr, dies aber kann nur offenbart werden, es zu ergründen ist dem Menschen nicht möglich, weil er sich nur auf einem der beiden Wege bewegen kann; die Erkenntnis der Gabelung selbst kann dagegen nur in einem Dritten gefunden werden.[27] Damit aber wäre Parmenides zu Unrecht als der

27 Popper freilich sieht zwar lediglich zwei Wege, von denen der eine die „rationale" Erkenntnis beschreibt, der andere aber den „falschen" Weg, der von den Sinnen, von der Empirie ausgeht: „Der Parmenides, den wir kennen, der Autor der zwei Wege, ist einer der radikalsten Rationalisten die jemals eine Erkenntnistheorie hervorbrachten. Sein radikaler Rationalismus könnte als Intellektualismus oder sogar Logizismus bezeichnet werden. Er mußte diese Haltung fast zwangsweise annehmen, nachdem er seine Ablehnung der Sinneserfahrung, der Wahrnehmung [...] verallgemeinert hat" (Popper 1998: 171). Im gleichen Artikel aber stellt auch Popper die Bedeutung der Göttin heraus (ohne allerdings ihr den „dritten Weg" zuzusprechen), wenn er sagt: „Es gibt keinen logischen Weg von der Widerlegung einer Illusion, einer falschen Ansicht – wie dem Zu- und Abnehmen des Mondes – zu der Enthüllung der Wahrheit, zu einer wahren Theorie. Es gibt keine logische Brücke, die von

Vater einer zweiwertigen Logik bezeichnet, die das Dritte ausschließt, vielmehr hätte er das Dritte als notwendige Bedingung der Erkenntnis von Wahrheit benannt, wäre er also als der Vater einer „dreiwertigen Logik“ an erster Stelle zu nennen.

Noch bis in die Scholastik und an die Grenze zur Moderne heran war der Gedanke eines allen zugrunde liegenden Dritten, das sämtliche Formen mit einem Bedeutungsüberschuss auflud, omnipräsent. Das unbestimmte und unbestimmbare Dritte spielte noch lange Zeit darüber hinaus eine bedeutende Rolle innerhalb der philosophischen Schulen, zuletzt noch als in seinem „Handlungsradius“ bereits weitgehend eingeschränkter „Gott“ oder gar als „Weltgeist“[28]. Doch bereits in den Werken Platons und Aristoteles' zeichnet sich ein für die weitere Entwicklung bedeutender Wandel ab, in dem hier der eigentliche Übergang vom mythischen zum modernen Weltbild gesehen wird: Die Philosophie drängt unaufhaltsam auf die Bestimmung des bislang Unbestimmten, darauf, den *Begriff von etwas*, das stets mehr ist, als es zu sein scheint, mit dem *durch den Begriff Bezeichneten, Identischen und Bestimmten* gleichzusetzen.

Platons Begegnung der Krise des Normativen

Platon war ein Kind der Krise. Angesichts des Peloponnesischen Krieges (431-404) mit all seinen Normen zerrüttenden Ereignissen und Folgen

der empirischen Widerlegung zur Wahrheit führt. Und wie er tatsächlich selbst gespürt haben mag, ist das bei jeder Entdeckung der Fall: Die neue Einsicht ist ein Geschenk, eine Offenbarung der Götter“ (ebd.: 169). Popper hätte daraus den Schluss ziehen können, dass dieses Nichtlogische – als ein Drittes – Teil der Parmenidischen Ontologie ist.

28 Für Hegel ist das, was nach Aufhebung aller Vermittlung noch vorhanden ist, das unmittelbare unbestimmte Sein, das innerhalb der Phänomenologie des Geistes erschlossen und als reines Wissen zum Anfang aller Wissenschaft werden soll: „Das reine Wissen, als in diese *Einheit zusammengegangen*, hat alle Beziehung auf ein Anderes und auf Vermittlung aufgehoben; es ist das Unterschiedslose; dieses Unterschiedslose hört somit selbst auf, Wissen zu sein; es ist nur *einfache Unmittelbarkeit* vorhanden“ (Hegel 1928: 72, Hervorhebungen im Original gesperrt). Der Anfang aller Wissenschaft könne, so Hegel, nicht in der Form eines Satzes oder eines Urteils liegen, weil diese immer schon vermittelt seien. „So muß der Anfang *absoluter* oder, was hier gleichbedeutend ist, abstrakter Anfang sein; er darf so *nichts voraussetzen*, muß durch nichts vermittelt sein noch einen Grund haben; er soll vielmehr selbst Grund der ganzen Wissenschaft sein. Er muß daher schlechthin *ein* Unmittelbares sein oder vielmehr nur *das Unmittelbare* selbst. Wie er nicht gegen Anderes eine Bestimmung haben kann, so kann er auch keine in sich, keinen Inhalt enthalten, denn dergleichen wäre Unterscheidung und Beziehung von Verschiedenem aufeinander, somit eine Vermittlung. Der Anfang ist also das *reine Sein*“ (ebd: 73, Hervorhebungen im Original gesperrt).

(etwa die Pest von 430[29]) für die ethische, noch homerische Tradition, stand für Platon, so Jürgen Mittelstraß, die dringliche Aufgabe an, gegen die „Gefahr eines ethischen und erkenntnistheoretischen Relativismus" (Mittelstraß 1981: 50), der seiner Meinung nach insbesondere von Seiten der Sophisten drohte, die Sokratische Frage nach dem Guten zu einer Art ausgleichender regulativen Idee auszubauen: „[...] die schwindende Tragfähigkeit moralischer Traditionen soll durch den Aufbau eines verläßlichen moralischen Wissens anstelle der bloß auf ‚Meinung' beruhenden Empfehlungen der Sophisten wieder ausgeglichen werden" (ebd.). In vielerlei Hinsicht von Parmenides beeinflusst, ja in weiten Teilen des Werkes mit diesem übereinstimmend, unterscheidet sich Platon in diesem Punkt sehr deutlich von seinem Lehrer: Angesichts des Zerfalles des sich bisher im Zustand der Hintergrunderfüllung befindenden, selbstverständlichen und alles durchdringenden Wertekanons konnte dieser nun gerade nicht mehr als unhinterfragt vorausgesetzt werden. So konnte Platon nicht bei dem parmenidischen *Einen* stehen bleiben, das es nunmehr erst, intellektuell, also kraft der menschlichen Vernunft, herzuleiten galt (vgl. Russell 2002: 152).

Platon ist damit wohl der erste, der der Vernunft mehr zutraut als der regulativen Idee des unbestimmten Unbestimmbaren. Für ihn stellte sich angesichts erodierender verinnerlichter Normen insbesondere jenes dringliche Problem, der Vernunft einerseits eine derart starke Position einräumen zu wollen, dem Menschen damit größere Handlungsgewalt zu verleihen, dabei aber zugleich die regulative Idee des unbestimmten Unbestimmbaren

29 Wie einschneidend die Pest in Athen das Normensystem in Frage stellte, ja gänzlich verwarf, zeigt Thukydides beeindruckend: „Diese Krankheitsart war furchtbarer, als Worte es beschreiben können; sie befiel jeden mit einer Gewalt, die über Menschennatur ging. Auch in Folgendem zeigte es sich deutlich, dass sie etwas anderes als die herkömmlichen Krankheiten war: Die Vögel und Tiere, die sonst von Leichen fressen, gingen entweder an die vielen Unbeerdigten überhaupt nicht heran, oder verendeten, wenn sie davon fraßen" (Thukydides 2000: 147f.). Und weiter: „Völlig überwältigt vom Leid und ratlos, was aus ihnen werden solle, kehrten sie sich nicht mehr an göttliches und menschliches Gebot. Alle Bräuche, an die sie sich früher bei Begräbnissen gehalten hatten, wurden in der allgemeinen Verwirrung erschüttert; jeder begrub, wie er konnte. [...] Auf einen fremden Scheiterhaufen legten sie ihren Toten, bevor noch die, die ihn aufgeschichtet, dazukamen, und zündeten ihn an; andere warfen die Leiche, die sie trugen, auf eine schon brennende obendrauf und gingen fort. Auch sonst war die Pest für Athen der Anfang der Sittenlosigkeit" (ebd.: 149). „So hielten sie es für recht, das Angenehme möglichst rasch und lustvoll zu genießen, da ihnen ja Leben und Geld gleichermaßen nur für den einen Tag gegeben seien. Sich im Voraus um ein edles Ziel abzumühen, war niemand bereit, erschien es ihm doch zu unsicher, ob er nicht, ehe er es erreicht, schon ums Leben gekommen sei. Genuss für den Augenblick und alles, was dem diente, das galt als schön und nützlich" (ebd: 150.).

in ihrer verbleibenden Kraft nicht noch weiter einschränken zu dürfen. Während das eine Ganze auch für ihn etwas Göttliches, als unbewegter Beweger Unbestimmtes behalten muss, ist zugleich das Wesen, die Idee dieses leitenden Göttlichen der Vernunft zugängig zu machen, wozu das Unbenennbare doch benannt werden muss.

Mit seiner Ideenlehre hatte Platon, so Jürgen Mittelstraß, zunächst vor allem dem Missstand zu begegnen versucht,

> „[...] daß mit dem die griechische Idee der Geometrie konstituierenden Übergang zu theoretischen Sätzen, die sich auf relevante Eigenschaften geometrischer Figuren beziehen, die Frage bislang unbeantwortet geblieben war, welchen Status die geometrischen Gegenstände selbst, d.h. die Rede von geometrischen Eigenschaften, eigentlich haben. Diese Gegenstände sind keine *empirischen* Gegenstände; was aber sind sie dann?" (Mittelstraß 1981: 46, Hervorhebung im Original)

Für ihn sind eben die Gegenstände der Geometrie nicht die Gegenstände *in ihrer Erscheinung*, als die sie im Zuge der Mathematisierung des Weltbildes zunehmend gedeutet wurden, sondern *in ihrem Wesen*, in dem, was das Dreieck zur allgemeinen Form des Dreieckes macht, wohingegen jedes empirisch vorfindbare Dreieck dieser idealen Form niemals absolut entspricht. Wie Parmenides unterscheidet Platon also zunächst zwischen einer sinnlichen Welt der konkreten Erscheinungen, der Meinungen, die, wie bei Heraklit, jeweils etwas von ihrem Gegenteil in sich tragen und der *wahren* Welt der Erkenntnisse, die allein intellektuell erschaut werden kann. Und doch muss, wer von einem Dreieck spricht, sich auf einen Gegenstand beziehen, der, wie Platon folgerte, wenn er kein empirisch wahrnehmbares Ding ist, ein nur vernünftig erschaubarer Gegenstand sein muss, eine allgemeine Entität (vgl. Röd 2000: 106), also eine Universalie, eine *Idee* die den Gedanken des Dreieckes als solchen in dem Beobachter hervorruft. Nur diese Idee, also etwa die Idee einer „universalen Katzenheit" ist der Lehre zufolge wirklich, während die Katze, die an dieser universalen Idee *teilhat*, doch dieser Wahrheit immer nur in unvollkommener Weise entspricht, eben bloß Schatten ist (vgl. Russel 2002: 143). Die Ideen entsprechen den Bedingungen, die Parmenides der wahren Wirklichkeit zugeschrieben hatte, auch sie sind nicht dem Werden, der Zeit und dem Raum unterworfen, sie sind unwandelbar, unentstanden und unvergänglich (vgl. Röd 2000: 109). Platon verlegte die Ideen ebenfalls in einen Bereich jenseits der Erfahrungswirklichkeit, dachte also alles Seiende auf etwas ganz Anderes bezogen.

Zugleich galt sein Interesse aber, so die hier mit Jürgen Mittelstraß vertretende Interpretation, der intellektualistischen Neubegründung einer Idee des Guten als normativer Leitidee, als Komplement für die seiner Meinung nach in Auflösung begriffene, unbestimmte und unbestimmbare, transzendentale regulative Idee des „Göttlichen an sich". Dieses Komplement musste aber auf das Unbestimmbare rekurrieren, musste dieses also zumindest bedingt, eben als das Gute (hinter dem dann zugleich noch immer das Göttliche steht (vgl. Russel 2002: 151) bestimmen. Um zu zeigen, dass sich die geometrischen Ausdrücke nicht auf empirische Objekte, sondern auf theoretische Objekte, auf Ideen beziehen, musste Platon eine Vielzahl von Ideen annehmen, diese Vielzahl aber musste in der Idee des Guten als objektives und absolutes Kriterium konvergieren. Während Parmenides wie Heraklit die daraus resultierenden Probleme des Verhältnisses von Vielheit und Einheit durch das Unbestimmtheitspostulat, also den dritten logischen Wert vermieden (eben auf die Bestimmung des Guten und damit auch seines Verhältnisses zu den empirischen Formen verzichteten), sah sich Platon in Folge seines normativ-reformatorischen Anspruches großen begrifflichen Schwierigkeiten ausgesetzt.

Im Parmenides-Dialog (vgl. Platon 1967: 61-102) sieht sich der junge Sokrates zunächst gegenüber Parmenides genötigt, diese Ungereimtheiten der Ideenlehre einzuräumen, die sich aus der Frage nach der Teilhabe des Einzelnen an der Idee ergaben, ob das Einzelne an der *ganzen* Idee oder nur an einem *Teil* Anteil habe (vgl. ebd.: 66f.). Dann aber zeigt sich, dass Parmenides immer wieder aus den Formen bzw. den Ideen Beispiele ihrer selbst, aus der Form der Ähnlichkeit eine verdinglichte Form der Ähnlichkeit macht, Ähnlichkeit also als empirisches Ding mit allen notwendig zu empirischen Dingen gehörenden Eigenschaften interpretiert. In den von ihm angeführten Fällen entsteht daher das Problem, dass Teilhabe in der Tat Zerstückelung eines Dinges bedeutet, nicht aber die von Platon gemeinte Verwirklichung einer Form (vgl. ebd.: 67ff. sowie Suhr 1992: 106). Der Fehler liegt also in der Trennung des Einen und Vielen und in ihrer Behandlung als Stücke. Im zweiten Teil des Dialoges führt Platon in der Form des mündlichen Lehrgespräches *praktisch* vor, dass das eigentliche Problem in der *Isolierung* von Begriffen, von Ideen liegt, der *gekonnte Umgang* mit den Begriffen diese Probleme dagegen nicht aufkommen ließe (vgl. Martens 1995: 685). Formen sind nicht als materiell-empirische Dinge anzunehmen, nicht als Einzelnes, sondern als wiederholbare Form, als Allgemeines, so Martin Suhr. Dieser fragt dann:

„Aber worin liegt dieses Allgemeine? Wenn das, was ein Tisch ist, dadurch definiert wird, daß er eine bestimmte Funktion für uns hat, daß wir ihn in bestimmter Weise für die Befriedigung bestimmter Bedürfnisse gebrauchen, liegt das Allgemeine offenbar in der wiederholbaren Struktur der Situation, in unseren Gewohnheiten, bestimmte Zwecke zu verfolgen, in unserer Reaktion auf bestimmte Formen, die diesen Zwecken genügen, in unseren Erwartungen, nach bestimmten

Formen Ausschau zu halten. Das, was Platon die Form [oder den Begriff, M.V.] des Tisches nennt, ist also ein bestimmtes Muster von Aktivitäten auf Seiten des Tischlers oder auf Seiten des Benutzers“ (Suhr 1992: 110).

Die Ideen wären demnach für Platon *dynamische* Wesenheiten an sich, die ihre Bedeutung zum einen aus den ihnen gegenüberstehenden Substanzen beziehen, denen sie selbst Bedeutung verleihen, wie zum anderen aus dem transzendental Unbestimmten, zugleich aber als Gutes bestimmten und der Vernunft zugänglichen göttlichen Ganzen. Tatsächlich ist also auch die platonische Metaphysik auf ein transzendentales Unbestimmtes ausgerichtet, das sich in der Idee des Guten und durch dieses in allen Ideen ausdrückt, damit bleiben Ideen dynamisch auf Anpassung an Umweltvariationen ausgerichtet. Zugleich steigt jedoch das *der Vernunft zugängliche Gute* nunmehr zur *eigentlichen* Kraft auf. Gegenüber dieser Kraft kann sich das Göttliche dann nicht mehr lange behaupten, ihr ist es auf kurz oder lang zwangsläufig ausgesetzt.

Aristoteles’ Trias von Zahl, Grenze und Unbegrenztem

Selbst für Aristoteles stellte sich nicht die Frage, wie das Sein schlechthin intellegibel begriffen werden könne, noch meinte er, Prinzipien *allein* aus der Erfahrung ableiten zu können, die ihm das Sein als Ganzes erschlossen, obgleich er gegenüber Platon die Bedeutung der Wahrnehmung hervorhob. Auch und gerade Aristoteles fand im Göttlichen die letzte Ursache, in dem als unbewegtem Beweger alle Naturphänomene zusammenfielen. Gerade Aristoteles lieferte für die christliche Scholastik die bedeutende neue Interpretation von „Gott“, die diesen nicht mehr in der Abkehr von der Erfahrungswelt, sondern gerade „im rationalen Durchgang durch die Erfahrungswelt“ erkennt, ihn aber zugleich nicht als in der Erfahrung wahrnehmbar denkt (vgl. Höffe 1981b: 78) „Gott“ wird bei Aristoteles erstmalig als *Bedingung der Möglichkeit* genannt, die Erfahrungswelt als Einheit zu denken: „Als erster Beweger alles Bewegten ist er – auf die Weise eines höchsten Zwecks allen Begehrens – der haltgebende Grund der gesamten Natur“ (ebd.). Für Aristoteles ist „Gott“ das Unbestimmte, in dem alles Daseiende zusammenfließen kann, weil in ihm die Widersprüche, beginnend mit der Frage nach der ersten Bewegung, aufgehoben sind, sie also wie bei Heraklit und Parmenides koinzidieren. Erst daran anschließend stellt sich für ihn die Aufgabe der Logik, das Sein als das Wahre im Sinne des Wißbaren zu erkennen (vgl. ebd.: 81).

Allerdings entwirft Aristoteles in der Schrift „Kategorien"[30] eine Klassifizierung alles Seienden, nach der zunächst Substanzen (erste Substanzen, Einzelsubstanzen) und Nichtsubstanzen (zweite Substanzen, Arten und Gattungen) voneinander unterschieden werden. Substanzen sind gegenüber den Nicht-Substanzen keiner anderen Sache bedürftig, sie dienen vielmehr als Subjekte bzw. Träger für alles andere, das demgegenüber als Nicht-Substanz bezeichnet wird, weil es eben eines anderen bedarf, einer Substanz, der sie als Eigenschaft zugerechnet werden kann (vgl. Rapp 2001: 147). So ist der einzelne Mensch Substanz und damit zugleich Träger für Nicht-Substanzen wie etwa der Eigenschaft der Klugheit, des Geizes, aber auch der Gattung Mensch usw. Das bedeutendste Merkmal der ersten Substanzen ist, dass sie kontextual unabhängig sind, dass sie also in jeder Situation und zu jedem Zeitpunkt derselbe Gegenstand bleiben, während ihre akzidentellen Eigenschaften kommen und gehen (vgl. ebd.: 150). Damit unterscheidet sich Aristoteles, obgleich der Unterschied bei genauerer Betrachtung seiner und der Lehre Platons wieder verschwimmt[31], für den hier interessierenden Gesichtspunkt deutlich von der Ideenlehre Platons, dass eben den Substanzen selbst nunmehr unveränderliche Eigenschaften zukommen, er dieses Ideale, unabhängig von Zeit und Raum Gleichbleibende nicht mehr in einer eigenständigen Realitätsschicht sucht, sondern die Ideen sozusagen in den Substanzen selbst findet. Platon stellte den Bezug zur alles umfassenden „göttlichen Transzendenz" über die Ideen vermittelt her, das alles einigende transzendentale Transzendente bildete den letzten Bezugspunkt alles Seienden und Nichtseienden, aus dem heraus alles überhaupt seine Bedeutung erst bezog. Jedes Ding bezieht seine Bedeutung in jedem Augenblick aus etwas Anderem, aus einer Idee.

Auch für Aristoteles bildet „Gott" als der unbewegte Beweger als Ursprung aller Bewegung den haltgebenden Grund der gesamten Natur, doch tritt das Unbestimmte mit ihm[32], spätestens aber in seiner Wirkungsge-

30 Siehe dazu allgemein das Buch Rainer Thiels (2004): „Aristoteles' Kategorienschrift in ihrer antiken Kommentierung".

31 Die Diskussion, ob Aristoteles tatsächlich als der große Widersacher Platons bezeichnet werden kann, entzündet sich wohl in erster Linie an der Problematik, dass Aristoteles in der Kategorien-Schrift eine zumindest auf den ersten Blick der in der späteren *Metaphysik* vertretenen Position widersprechende Vorstellung von ersten und zweiten Substanzen vertritt, die deren Verhältnis gerade umzukehren scheint. Das Problem soll und kann hier nicht abgehandelt werden. Hier interessiert allein, wie Aristoteles auf die Geschichte der philosophischen Idee der Transzendenz wirkte.

32 Man muss wohl besser sagen, dass das Unbestimmte *wieder* in den Hintergrund verlegt wird, aus dem es erst nach Parmenides hervorgetreten war, mit dem bedeutenden Unterschied allerdings, dass sich die Form des Unbestimmten nach diesem „Sündenfall" der Nach-Parmenidischen Philosophie, die sich dem unbestimmten Transzendenten reflektierend zugewendet hatte,

schichte, in den Hintergrund, tritt mit Aristoteles an die Stelle des Unbestimmten die (prinzipiell bestimmbare) *Substanz* als der gemeinsame Bezugspunkt für alle Bedeutungen von „seiend“:

„Von Seiendem spricht man einerseits, weil es sich um Substanzen handelt, andererseits, weil es sich um Affektionen von Substanzen handelt oder weil es der Weg zur Substanz oder Vergehen oder Privation oder Qualität oder Schaffendes oder Erzeugendes der Substanz oder von etwas im Bezug auf Substanz Ausgesagten ist oder die Verneinung von etwas von diesem oder von der Substanz (deswegen sagen wir ja auch, das Nichtseiende sei nichtseiend)“ (Aristoteles: Metaphysik 1003b, 6f., zitiert nach Rapp 2001: 155).

Aristoteles verwirft die Vorstellung Platons, das Allgemeine, die Arten und Gattungen, seien gesonderte Ideen als „hybride und überflüssige Konstruktion“, so Ottfried Höffe: „Denn [...] allgemeine Gegenstände [seien M.V.] zwar denknotwendig. Mit Kants ontologischem Argument vergleichbar, ließe sich aber aus dieser Denknotwendigkeit nicht auf die Existenz schließen“ (Höffe 1981b: 80). Aristoteles erachtete die Ideen als denknotwendig, stritt jedoch zugleich deren Existenz als für sich seiende Entitäten ab, das Allgemeine lässt sich seiner Ansicht nach vielmehr als Abstraktion aus der Wahrnehmung des Seienden begreifen, es ist die Form, die allen Erscheinungen einer Art gemeinsam ist (vgl. Röd 2000: 157). Damit verkehrt sich die Problematik Platons, von Ideen als Substanzen sprechen zu müssen, dabei aber Teilhabe im oben erläuterten Sinn zu meinen, in ihr Gegenteil, zur Problematik Aristoteles’, allgemeine Gegenstände annehmen zu müssen, ihnen aber zugleich eine tatsächliche Existenz abzusprechen. Aristoteles’ Weg aber eröffnet dem Logos, verstanden gleichermaßen als Vernunft, ihrer Artikulation in der Sprache und deren Sinn, die Möglichkeit, „[...] das Seiende als das anzusprechen, was es ist und warum es ist“ (vgl. Höffe 1981b: 81). Die Aufgabe des Logos liegt nunmehr im angemessenen Zur-Erscheinung-bringen des Seienden und seiner Gründe, sie liegt in der Wahrheit, die sich dem Logos in der Korrespondenz von Denken und Sache offenbart. Die Sätze vom Widerspruch und vom ausgeschlossenen Dritten sichern dieses Denken gegen Herakliteische oder Platonische Relativierungen der Substanz ab.[33] Nicht die eigenständig seienden Ideen

nun für alle Zeiten geändert hatte. Es kann nie wieder zum unreflektierten, unbestimmten, transzendenten Hintergrund werden, nachdem es sich der Vernunft einmal gezeigt hat.

33 Der Satz vom Widerspruch ist nach Aristoteles der fundamentalste und sicherste aller Grundsätze, demnach „[...] ist es nicht möglich, daß dasselbe demselben in derselben Beziehung zugleich zukommt und nicht zukommt“, es „[...] ist [...] nicht möglich, daß es ein Mittleres zwischen den beiden Glie-

richten die Dinge in ihrer Bedeutung auf das allem zugrunde liegende unbestimmte Transzendente, auf das göttliche Prinzip aus, das „Télos", das diese Verbindung herstellt, die Zweckmäßigkeit eines Organismus etwa, liegt nun von Anbeginn an im Organismus selbst. Diese innere Zweckmäßigkeit, die „Entelechie", steuert die Entwicklung des Keimes bis zu seiner vollendeten Form (vgl. Röd 2000: 159). So ist auch die aristotelische Natur letztlich auf ein göttliches Prinzip als höchsten Zweck bezogen. Schließlich bleibt Aristotels Platon nahe: Aristoteles Antwort auf die Frage, wie „Gott" bzw. die göttliche Substanz als unbewegter Beweger letztlich diesen Zweck setzt, also bewegen kann, ohne selbst bewegt zu sein, bleibt höchst idealistisch: „Gott" bewegt „[...] wie ein Geliebtes", so Rapp, „nicht als mechanische Ursache, sondern als ein Zweck oder Ziel (telos)" (Rapp 2001: 173).

Mit Platon und Aristoteles hat sich die Bedeutung der Transzendenz der Formen in unterschiedlicher Weise gewandelt. Beide Philosophen haben aber die Vorarbeit geleistet, dass in ihrer Nachfolge die Formen ihren Bedeutungsüberschuss, ihren Unbestimmtheitscharakter verlieren konnten, die Vorarbeit für einen nie zuvor da gewesenen *fundamentalen* Paradigmenwandel also, waren Formen doch bislang stets mehr als bloßes „Ding". Der mit Thales markierte Beginn der Reflexion über die Bedingungen des Seins führte unweigerlich in Richtung auf die Bestimmung des unbestimmten Transzendenten, das sämtliche Formen mit einem Bedeutungsüberschuss auflud und sie davor bewahrte, als bloße für sich objektiv seiende Substanzen gedeutet zu werden, die sie niemals waren. Dennoch dauert es nach Thales noch etwa zwei Jahrtausende bis das Transzendentale tatsächlich als bestimmt gedacht, bis „Gott" tatsächlich für tot erklärt wurde.

Substanz oder Koinzidenz der Gegensätze: Thomas von Aquin und Nikolaus von Kues (Cusanus)

Thomas von Aquin zählt zumindest *auch* deshalb zu den bedeutendsten Personen innerhalb der abendländischen Philosophiegeschichte, weil er den metaphysischen Gehalt der platonischen und auch der aristotelischen Lehre mit der des Christentums zusammenführte. In seinem kurzen, zu seinem Frühwerk gehörenden Traktat „Über das Seiende und das Wesen" (De ente et essentia, entst. etwa 1252-1255, vgl. Elders 1988: 103) unterscheidet Thomas zwei Arten von Substanzen, die zusammengesetzte und die einfache Substanz: Das Wesen der zusammengesetzten Substanz umfasse Form und Materie, das Wesen der einfachen Substanz jedoch nur Form, woraus zwei weitere Unterschiede entstünden. Das Wesen der zusammengesetzten

dern des Widerspruchs gibt" (Aristoteles: Metaphysik 1005b 19, zitiert nach Röd 2000: 157).

Substanz könne sowohl als Ganzes als auch als Teil bezeichnet werden, „[...] bei einem einfachen Dinge aber, welches eben seine Form ist, kann als Wesen immer nur das Ganze bezeichnet werden, weil dort außer der Form nichts anderes vorfindlich ist, das gewissermaßen eine Form aufnähme“ (Aquin 1965: 46). Diese einfache Substanz sei also bloßes Sein, ohne dass irgendetwas von diesem Sein verschieden gedacht werden könne, dieses Sein vertrüge „[...] keinerlei Beifügung eines unterscheidenden Merkmales, weil es dann sofort nicht mehr Sein, sondern ein Sein und überdies irgendeine Form wäre [...]“ (ebd.: 48). Dieses Sein könne es also auch nur einmal geben und so folgert er: „Demnach müssen auch die Geister aus Form und Sein bestehen und ihr Sein von einem ersten Seienden her haben, welches nur Sein ist. Dieses aber ist die erste Ursache, d.h. Gott“ (ebd.: 50).

Thomas von Aquin zufolge sind alle Lebewesen beseelt und in ihrer Form von „Gott“ erschaffen. Die gesamte christliche Lehre wird also von ihm, an die aristotelisch-griechische Tradition anknüpfend, auf eine reine Idealität (einfache Substanz) transzendental ausgerichtet, deren Wesen von allem Wandel frei ist, während der Mensch sich Gottes Ansichten anzunähern vermag. Form und Substanz werden aufeinander in einem Dritten, Unbestimmten, transzendenten Transzendentalen (als Bedingung ihrer Möglichkeit) bezogen, ohne ineinander überführbar zu sein, doch führt Thomas von Aquin eine deutliche Trennung zwischen „zusammengesetzten Substanzen“ und „einfachen Substanzen“ ein, wie sie der *christlichen* Einheitslehre bis dahin unbekannt war. Diese Unterscheidung ist die Voraussetzung für eine undogmatische Herangehensweise an die Substanzen, Voraussetzung also für die moderne Wissenschaft.

Dennoch hielt sich die Vorstellung der Unüberführbarkeit von Form und Materie, also der Glaube an die Unbestimmbarkeit des Ganzen, mehr oder weniger, sich gegenüber allen Angriffen behauptend, noch bis an die Schwelle zur Neuzeit. Auch knapp einhundert Jahre nach Thomas galt noch für Nikolaus von Kues (auch Cusanus, 1401-1464), dass der Mensch das Ganze des Seins zwar in Annäherung, niemals aber vollständig erfassen könne. Die Welt als Ganze sei ein Geistesprodukt, so Cusanus: Die Welt „an sich“ Produkt des unendlichen Geistes Gottes, die Welt „für uns“ Produkt des endlichen menschlichen Geistes (vgl. Stallmach 1989: 44). Die Welt der menschlichen Formen ist vom Menschen selbst geformt. Die Welt an sich aber habe „Gott“ nach dem Vorbild der Zahl erschaffen, weshalb der Mensch mittels der von ihm selbst erschaffenen Mathematik und der gewöhnlichen Logik als Verstandesmittel sich der göttlichen Welt, der Harmonie der Zahlen, *annähern* (conjectura) könne (vgl. Scheldrake 2002: 40). „Wie Gott die absolute Seiendheit (entitas absoluta) ist, die alles Seienden Ineinsfaltung ist, so unser Geist jener unendlichen Seienden Bild

[...]" (Cusanus: „Ideota de mente", zitiert nach Stallmach 1989: 44.) so Cusanus. Doch ist es dem *Verstand* unmöglich, das Ganze zu erblicken, der menschliche Verstand bleibt stets in den Grenzen des menschlichen Geistes gefangen (entia rationis):

> „Der V*erstand* ordnet die sinnlichen Eindrücke, indem er sie *bestimmt*. Diese Bestimmtheiten müssen gegeneinander abgesetzt sein. Die Funktion des Verstandes ist daher nur möglich, wenn er Gegensätze schafft und bestehen lässt. Das gegensatzlose Unendliche kann er innerhalb seines Gesichtskreises nicht zulassen, weil es sich seinem Prinzip des gegensatzbezogenen Bestimmens nicht unterwerfen lässt" (vgl. Flasch 1978: 259),

so fasst Kurt Flasch die Worte Cusanus' zusammen. „In" der *Vernunft* aber kann dem Menschen Einsicht in die Einheit des durch den Verstand Geschiedenen, die „Koinzidenz der Gegensätze" (coincidentia oppositorum) gelingen (vgl. Flasch 2001: 22ff.). In der Vernunft fallen die Gegensätze zusammen, die sich aber gerade darin dem Verstand entziehen. Die unendliche göttliche Einheit ist dem Verstand unzugänglich, weil sie „einigende Einheit" (unitas uniens) ist, eine „dynamisch-komplikative Einheit" (vgl. Stallmach 1989: 109), welcher „[...] eigentümlich [ist, M.V.] (unitatis conditio est), das Seiende aus sich zu entfalten (explicare entia), da sie das Sein (entitas) ist, das in seiner Einfachheit das Seiende entfaltet (entia complicans)" (Cusanus: „De coniecturis", zitiert nach Stallmach 1989: 109). Die unendliche Einheit sei also für Cusanus, so Kurt Flasch, „[...] *nicht* die einfache Wurzel der Gegensätze", vielmehr stehe die göttliche Einheit „[...] *über* dem Zusammenfall der Gegensätze" (Flasch 1978: 259, Hervorhebungen im Original), sie ist also nicht mit dem Begriff „Vernunft" zu versehen, sondern Voraussetzung der Vernunft. Die Vernunft lässt sich wiederum bloß durch den Verstand denken, sie zu denken ist stets schon Differenz, ihr Vollzug aber ist Einheit, in ihr ist das Sein als Ganzes ungeteilt.

Mit der Koinzidenzlehre widersprach Cusanus dem Aristotelischen Satz vom ausgeschlossenen Dritten. Gegensätzliche Bestimmungen könnten demnach durchaus an einem und demselben Ding vorkommen, doch wären diese Gegensätze durch ein gleichberechtigtes drittes Prinzip zu verbinden, während sie voneinander getrennt gedacht bleiben müssten (vgl. Flasch 2001: 102): „In diesem dritten Prinzip, in der gleichwesentlichen Verbindung, fallen die Widersprüche (contradictoria), also nicht nur die konträren Gegensätze (contraria), zusammen, bevor sie in Zweiheit und Gegensatz auseinandertreten" (vgl. ebd.: 104). Vor jeder Verstandestätigkeit besteht Einheit der Gegensätze, das unendliche Göttliche ist ohne jede Trennung, erst der menschliche Verstand zieht in seine Wahrnehmungswelt jene Grenzscheiden ein:

„Der Löffel hat außer der Idee in unserem Geist kein weiteres Urbild [...]. Dabei ahme ich nämlich nicht die Gestalt irgendeines Naturdinges nach. Solche Formen [...] kommen allein durch menschliche Kunst zustande. Meine Kunst besteht darum mehr im Zustandebringen als einem (bloßen) Nachahmen geschaffener Gestalten, und darin ist sie der unendlichen Kunst ähnlicher“ (Cusanus: „Ideota de mente“, zitiert nach Stallmach 1989: 45).

Wenngleich der Verstand nicht anders kann als zu trennen, kann doch der Bezug auf ein verbindendes Drittes die Einheit des Geschiedenen wieder herstellen. Mit dieser Neubestimmung des Verhältnisses von Formen und ihrer Verbindung in einem gemeinsamen unbestimmten Ursprung meinte Cusanus, die Physik auf vollkommen neue Grundlagen gestellt zu haben, so Kurt Flasch: „Das neue Wissen geht davon aus, daß ein metaphysisches Prinzip nicht den Teilungsmodi seiner Principiata unterliegt. Es steht vor deren Auseinandertreten in die Gegensätzlichkeit“ (Flasch 2001: 106). In diesem metaphysischen Prinzip fänden diese Gegensätze daher „logisch“ wieder zusammen, in allen Formen wäre demnach das Unteilbare zugleich mit anwesend. Auf diese Weise hoffte Cusanuns, dass sich die seit Platon und Aristoteles bestehenden Streitigkeiten um das Verhältnis von Form und Substanz überwinden ließen (vgl. ebd.: 132) Die aufeinander prallenden Gegensätze versuchte er mit Hilfe mathematischer und geometrischer Erkenntnis zu überbrücken. Die mathematischen Gegenstände seien endlich und könnten das Unendliche niemals erreichen, doch wären sie Anhaltspunkte, nach denen das Unendliche „erschlossen“ werden könne; die Unendlichkeit, also die Formlosigkeit selbst sei zwar nicht zu begreifen, wohl aber kann der Geist über diese „belehrt“ werden.

Cusanus steht damit an der Schwelle zur Neuzeit als ein Denker in der Parmenidischen und Herakliteischen Tradition, der das Unendliche, das Unbestimmte als Einheit der Gegensätze, als das Unbestimmbare schlechthin begreift. Doch schon kurze Zeit später setzte Giordano Bruno an die Stelle der Unendlichkeit Gottes die „Unendlichkeit der Natur“ (vgl. Werner 1995: 632). Von der Möglichkeit der Annäherung an das göttliche Unendliche bis hin zum festen Glauben an die Bestimmbarkeit der „Natur“ war es offenbar nur mehr ein kleiner Schritt. In der gesellschaftlichen Situation im 14. und 15. Jahrhundert war der Glaube ohnehin insgesamt geschwächt. Die überkommenen antiken Strukturen waren im Zuge der Völkerwanderungen zerstört, die große Pest in Europa zwischen 1347 und 1352, der hundertjährige Krieg (1337/39-1453) um die französische Krone verschärften das Theodizeeproblem, Bauernrevolten waren zwischen dem 13. und 15. Jahrhundert verbreitet, der Handel, auch der Fernhandel (Hanse) und damit der Austausch (auch kultureller Art) mit anderen Gesellschaften nahm bedeutend zu, selbst die Kirche wurde ökonomisiert (Ablasshandel); alles in allem befand sich Europa seit dem 12. Jahrhundert in einem umfassenden Wandel, ja in einer umfassenden Krise, so Immanuel Wallerstein: „Diese Krise war [...] auch auf kulturellen Ebenen spürbar. Die mittelalterliche christliche Synthesis erlebte vielfältige Angriffe in all den Formen, die später als die ersten Regungen des ‚modernen' westlichen Denkens bezeichnet werden sollten" (Wallerstein 1986: 46).[34] Diese Krise ließ zwei Entwicklungsoptionen einander als gleichwertige gegenübertreten: Restauration, also Wiederherstellung der Lehre von der Unantastbarkeit des Göttlichen nach der Lehre Cusanus' oder „endgültige" Abwendung von „Gott". Vor dem Hintergrund dieser Krise traten Galileo Galilei und dann René Descartes auf die Bühne der Wissenschaft.

Erreichbarkeit der „Natur" und Negation der Transzendenz: Galileo Galilei und René Descartes

Galileo Galilei (1564-1642), der die Physik zuerst in der Form der aristotelischen Scholastik kennen lernte, wird bald zu deren erbittertem Gegner und bricht aus der Denkweise einer allumfassenden Naturphilosophie aus (vgl. Heckl 1995: 300). Die Infragestellung der aristotelischen Physik, wohl vor allem durch Cusanus, sowie die Aufwertung der Mathematik waren Bedingungen der Möglichkeit dieser Loslösung des Galilei von seinen scholastischen Anfängen. Galilei erscheint nach dieser Betrachtung als „Vollstrecker" eines in jeder Hinsicht logisch zu erfolgenden Schrittes. Er ist derjenige, der, von der philosophischen Tradition der Untersuchung des Verhältnisses von Substanz und Form befreit, die allgemeine Unruhe im wissenschaftlichen Diskurs zur grundlegenden Neuformulierung des Heliozentrischen Weltbildes nutzen *kann*, und er ist derjenige, der sie nutzt. Im 14. und beginnenden 15. Jahrhundert wurden die überkommenen Weltbilder derart gründlich von allen Transzendenzen befreit, bis sie schließlich im Laufe des 16. Jahrhundert offen für eine neue Synthese waren (vgl. Fischer 1983: 36). So lautet denn das berühmte Zitat, das diese Loslösung Galileis von den philosophisch-theologischen Altlasten am deutlichsten zu kennzeichnen vermag:

„Die Philosophie steht in jenem großen Buch geschrieben, das uns ständig offen vor Augen liegt (ich spreche vom Universum). Aber dieses Buch ist nicht zu verstehen, ehe man nicht gelernt hat, die Sprache zu verstehen, und die Buchstaben kennt, in denen es geschrieben ist. Es ist in der Sprache der Mathematik geschrieben, und die Buchstaben sind Dreiecke, Kreise und andere geometrische Figuren.

34 Siehe dazu bei Wallerstein (1986) auch die ergiebige Analyse der Bedingungen, die zu dieser Krise auf gesellschaftlich- und ökonomischer Ebene geführt haben, sowie der Folgen, die die Krise nach sich zog.

Ohne diese Mittel ist es dem Menschen unmöglich, ein einziges Wort davon zu verstehen; ohne sie ist es ein vergebliches Umherirren in einem dunklen Labyrinth" (Galilei 1623: 631-632).

Zwar geht auch bei Galilei die mathematische Ordnung auf „Gott" zurück, in diesem Sinne schließt er an Cusanus an und bleibt mit der antik-christlichen Tradition verbunden. Doch geht der Gedanke der Unerreichbarkeit des Absoluten in den dazwischen liegenden gut 150 Jahren verloren. Für Galilei ist das Buch der Philosophie von „Gott" in der mathematischen Sprache geschrieben, *um* vom Menschen *entziffert werden zu können*. Nicht die *Annäherung* an das göttliche Unendliche ist mehr das Ziel, sondern die absolute Erkenntnis der (damit auch endlichen) Natur. Wieder ist es zunächst nur eine graduelle Verschiebung, die beide Positionen voneinander trennt. So sagt Galilei:

„Obwohl es zwecklos ist, die wahre Natur der Sonnenflecken erkennen zu wollen, können wir doch einige ihrer Eigenschaften erkennen, etwa Ort, Bewegung, Gestalt, Größe, Helligkeit, Veränderung, Entstehung und Auflösung. Die Erfassung dieser Eigenschaften wiederum versetzt uns in die Lage, auch über andere und kontroversere Qualitäten der Natursubstanzen nachzudenken und unseren Blick auf das höchste Ziel all unserer Bemühungen zu richten: auf die Liebe zum göttlichen Schöpfer. Es bestärkt unsere Hoffnung, daß uns auch das Erfassen aller anderen Wahrheiten, die in ihm, der Quelle allen Lichts und der Wahrheit sind, vergönnt sein wird" (Galilei 1957: 114).

„Gott" verblasst damit wieder mehr und mehr zum *bloßen* Hintergrund[35], der kaum einer Erwähnung bedarf.

Es ist kaum jemals sinnvoll zu sagen, dass der eine oder der andere Autor für einen epochalen Umbruch „verantwortlich" gewesen wäre. Stets sind die diskursiven Felder der Zeit Bedingung dafür, dass eine Leistung, und ist sie auch noch so bedeutsam, überhaupt auf ein interessiertes Publikum trifft, das diese zu würdigen weiß. Viele andere Faktoren spielen eine Rolle. Auch verändert sich die Bedeutung von Autoren im Nachhinein, je nach dem „Zeitgeist", aus dem heraus sie betrachtet werden. Entsprechend könnte René Descartes sicher nicht sagen, dass er derjenige gewesen sei, mit dem das Mittelalter sein Ende und die Neuzeit ihren Anfang genommen hätte. Auch wären, um eine solche Aussage zumindest plausibel werden zu lassen, vielfältige ergänzende Erläuterungen notwendig, es wären zudem

35 Dieser Hintergrund bleibt aber als solcher noch immer selbstverständlich, er verschwindet noch immer nicht ganz.

weitere bedeutende Personen, etwa Isaac Newton oder Francis Bacon[36] oder noch andere zu nennen.

In dieser Arbeit steht jedoch nicht die Bewertung der einzelnen herangezogenen Personen an, sie will auch keine Geschichte der Wissenschaften schreiben, es geht ihr lediglich um den exemplarischen Nachweis, dass einsetzend mit der antiken Philosophie ein bedeutender Wandel stattgefunden hat, ein Wandel der Bedeutung, die der Frage nach dem Verhältnis von Teil und Ganzem, von Substanz und Form beigemessen wurde. Diese Diskussion ist keine rein akademische, sondern eine weit in das Denken und Handeln ganzer Epochen hineinreichende. Hinter der Diskussion steht die Frage nach der Form, in der Gesellschaften sich selbst in ein Verhältnis zum Sein setzen, nach der Bedeutung ihrer selbst, nach dem Sinn des Seins, nach ihrem Verhältnis zu dem der „Verstandestätigkeit" Unzugänglichen, ihrer insgesamt unbestimmbaren Umwelt.

Bis in das Denken Cusanus' hinein ist der Gedanke der Teilhabe des Teiles an einem unendlichen Ganzen zentral. Das Ganze, das als solches niemals abschließend bestimmt ist, steht in einem wie auch immer gearteten Verhältnis zum Teil, wodurch das Teil seine Form, seinen Sinn erhält. Ob diese Form nun immanent, also als aristotelische Psyche oder von außen, als Idee an die Substanz herangetragen wird, bleibt belanglos in Hinsicht auf die Sinnfrage, denn in beiden Fällen ist die Transzendenz auf ein Drittes, sinnstiftendes und Formen als symbolische markierendes Moment noch gegeben. Die umwälzenden sozialen Veränderungen hatten die Frage nach diesem transzendenten Dritten derart grundsätzlich aufgeworfen, dass nun auch die Grundlagen selbst zur Diskussion standen. Erstmals zumindest innerhalb der modernen Zeitrechnung stand nicht mehr allein die Frage nach dem Verhältnis des Teiles zu seinem Ganzen zur Diskussion, mit René Descartes (1596-1650) wurde nun zeitgleich zu der Zerstörung des helio-

36 Für Lorraine Daston ist es Bacon, der als radikaler Reformer angetreten sei, die „zentralen Lehren der aristotelischen Naturphilosophie zu zerstören", der gerade in außernatürlichen Erscheinungen eine Herausforderung für die Wissenschaften sah: Die Naturphilosophie müsse sich nicht nur Einzeldingen überhaupt, sondern gerade den außernatürlichen Erscheinungen zuwenden (vgl. Daston 2003: 49). „Auf diese Weise also fielen im Verlauf des 16. und 17. Jahrhunderts die außernatürlichen Phänomene sozusagen aus dem fast übernatürlichen Extrem des Vorzeichens in das beinahe natürliche Extrem der Tatsache im Baconschen Sinne. Sie hatten ihre Karriere als Inbegriff des Zeichens begonnen und wurden schließlich unwiderruflich ‚bedeutungsfrei'. Der entscheidende Schritt auf dem Wege dieser erstaunlichen Verwandlung war die Neutralisierung der außernatürlichen Phänomene", so Daston (ebd.: 51). Meines Erachtens war diese Neutralisierung allerdings nicht Ursache, sondern Teil des andauernden Prozesses, dessen entscheidende Phase bereits in die Homerischen Zeit und der klassischen Zeit der griechischen Antike zu datieren ist.

zentrischen Weltbildes durch Galilei offen die Frage gestellt, *ob dieses Verhältnis überhaupt für die menschliche Existenz von Bedeutung sei*. Der radikale Zweifel des Descartes wendet sich, einmal aufgeworfen, schon innerhalb seines eigenen Schaffens sofort gegen sich selbst, er entfaltet noch in seinem eigenen Werk eine eigene Dynamik, von der die nachfolgende Philosophie und Sozialgeschichte sich nicht mehr lösen konnte.

Die Mathematik, die in der Renaissance weiter an Bedeutung gewann, erhielt durch die ökonomische Entwicklung zusätzlichen Auftrieb. Der Handel, insbesondere in den sich entfaltenden Städten, hier wiederum vor allem der Hanse, stellte neue Anforderungen auch an die Wissenschaften. Die ersten Universitäten förderten den wissenschaftlichen Austausch und trugen – wie der schleichende Bedeutungsverlust der Kirche – zu einer grundlegenden Abkehr von der mittelalterlichen Scholastik und einer Hinwendung zur antiken Philosophie bei. Schon der Gedanke, dass die Natur ihrem Wesen nach mathematischer Struktur sei, wie er zuerst von den Pythagoreern, dann für die Moderne von Kepler und Galilei formuliert wurde, trug den Keim zur Infragestellung der Notwendigkeit eines anderen einheitlichen Prinzips neben der rationalen Mathematik in sich. Descartes führte diesen Gedanken der zentralen und vorrangigen Bedeutung der Mathematik bis an ihr radikalisiertes Ende: Die Struktur der Außenwelt ist *ihrem Wesen nach* mathematischer Art, und zwischen ihr und dem mathematischen Denken des menschlichen Geistes besteht eine natürliche Harmonie (vgl. Djiksterhuis 1983: 451).

Doch wird diese Idealisierung der rationalen Mathematik erst durch den zweiten Aspekt der Cartesianischen Philosophie umwälzend für die Philosophiegeschichte: durch den radikalen Zweifel („doute universel"), denn erst in dieser Kombination löst sich die Sinntranszendenz grundlegend auf.[37] Zunächst beabsichtigte Descartes, wie er selbst sagt, „[…] all das als völlig falsch [zu, M.V.] verwerfen, wofür ich mir nur den geringsten Zweifel ausdenken könnte, um zu sehen, ob danach nicht irgendeine Überzeugung zurückbliebe, die gänzlich unbezweifelbar wäre" (Descartes 1997: 53). Dieser Zweifel führte, wie Winfried Weier feststellt, Descartes den entscheidenden Schritt über den bereits in der Tradition Ockhams und Montaignes angelegten allgemeinen Zweifel an der Wahrhaftigkeit der Erscheinungen hinaus (vgl. Weier 1988: 110). Descartes stellte nicht mehr allein die Frage, ob die Erscheinungen mit dem übereinstimmen, was sich der „naiven" Anschauung darbietet, ob diese von „Gott" gegebenen Ideen den Objekten in der Außenwelt direkt korrespondierten. Sein entscheiden-

37 Siehe hierzu und im Folgenden den hervorragenden Text von Winfried Weier zur „Grundlegung der Neuzeit" (vgl. Weier 1988, darin insbes. 109ff. zur „Auflösung der Sinntranszendenz").

der Schritt liegt in der „[…] grundsätzlichen Annahme der Möglichkeit uneingeschränkter Sinnwidrigkeit, d.h. nicht nur Sinnfremdheit, sondern Sinngegensätzlichkeit“ (ebd.: 111. Im Original kursiv). Er hält es also für möglich, dass die bisher unhinterfragt angenommene letzte Instanz, wie auch immer sie beschaffen sei, *nicht gelte*. Diese Radikalität führte schon Descartes selbst in große Erklärungsnöte, etwa hinsichtlich der Frage nach der Geltung des Zweifels, wenn doch *alles* grundsätzlich anzweifelbar wäre. Doch „[…] alle nachträglichen Bemühungen Descartes', diesen Gedanken wieder zu entschärfen und so in gewisser Weise diesen Schritt wieder rückgängig zu machen, ändern […] nichts daran, daß er nicht mehr wie noch Ockham die Möglichkeit absoluter Sinnwidrigkeit ausschließt […]“ (ebd.). Damit, so Winfried Weier, rüttelt Descartes in uneingeschränkter Weise „[…] an der Metaphysik des Sinndenkens, an der Vorstellung eines Denken und Sein übergreifenden Sinnhorizontes, an dem beide Bereiche teilhaben […]“ (ebd.: 112).

Für den hier zu behandelnden Zusammenhang sind die Bemühungen Descartes, sich des Sinnhorizontes doch wieder zu vergewissern, den er ja benötigt, um doch den Zweifel selbst rechtfertigen zu können, von weniger großer Bedeutung. Durchaus ist zu bemerken und festzuhalten, dass der „Sinnhorizont“ auch mit Descartes nicht auf einen Schlag abhanden kommt, dazu ist er, wie alle Denker seiner Zeit, in den überkommenen Seins- und damit Denkregionen viel zu tief verankert. Im Cartesianischen Denken nehmen die beiden Gottesbeweise eine zentrale Position ein. Dennoch kennzeichnet Descartes diese Zäsur des erstmaligen qualitativen Umschlags der Fragestellung. Er hat, wie kein anderer vor ihm,

> „[…] den Gedanken an einen Sinn, der sich in den verschiedenen heterogenen Seinsbereichen in analoger Weise verwirklicht und an dem die verschiedenen Seienden gemäß ihrer Fassungskraft teilhaben, als Urvoraussetzung des Denkens, als Urpostulat des Philosophierens, als nicht beweisbare, eben nur aufweisbare Voraussetzung des Denkens zutiefst zu erschüttern und aufzugeben gesucht“ (ebd.: 114).

Der Cartesianische Dualismus von „res cogitans“ als denkender und „res extensa“ als ausgedehnter Sache, formuliert das Geist-Seele Problem unter veränderten Vorzeichen neu. Einheit finden beide nun nicht mehr in der Transzendenz, sondern in dem Subjekt selbst: „Cogito ergo sum“, das „ich denke, also bin ich“ braucht „Gott“ nicht, der – als „Betrüger“ entlarvt – diesen Beweis nicht zu erbringen vermag. Descartes wird damit zum „geistigen Vater“ des Materialismus, indem er der res extensa jegliche unmittelbare Verbindung zur res cogitans abspricht, deren ganzes Wesen es auf der anderen Seite ist, zu denken, womit zugleich der moderne Subjektivismus geboren ist. Die bisherige Einheit von Substanz und Form bricht auf in zwei einander gegenüberstehende „Substanzen“, deren Zusammenspiel zwar wiederum in einer letztlich auf „Gott“ zurückgehenden Harmonie begründet liegt. Für die sich abzeichnende Ausdifferenzierung des wissenschaftlichen Betriebes und der bereits sich vollziehenden Trennung von Kirche und Wissenschaft bedeutet dieser Dualismus jedoch die Trennung der Aufgaben. Mechanismus und Subjektivismus erforschen nun je eigene Bereiche, und die Frage nach deren Zusammenhang wird der Theologie überlassen, während die Frage nach den Bedingungen des Lebendigen damit erstmals überhaupt virulent wird. War das Leben trotz Platon und Aristoteles noch mehr oder weniger unhinterfragt als von, in und durch „Gott“ gegeben gedacht, verlangte es nun nach einer dem neuen Weltbild angemessenen, also *naturwissenschaftlich* begründbaren Erklärung, der sich jede Disziplin einzeln zuwendete, ohne mehr die Frage nach dem Ganzen zu stellen. Erstmals erschien eine materiale Welt am Horizont der neuen Wissenschaften, bestehend aus unveränderlichen, transparenten, nach Gesetzen beschreibbaren und nach dem Vorbild der mathematischen Rationalität geformten Substanzen ohne jeglichen Verweisungsüberschuss. Es erschien eine Welt aus Formen, die nicht mehr eingebunden sind in einen sie übergreifenden Zusammenhang, denen sich nun die Welt des Sozialen als kategorisch Anderes ohne Verbindung gegenübergestellt sieht.

6.4 Von den Anfängen der okzidentalen Philosophie zum Phänomen der Katastrophe

Bis an die Schwelle zur Neuzeit, dies wurde in diesem Kapitel gezeigt, blieben alle bereits hochgradig stabilisierten Formen der menschlichen Wahrnehmung eingebunden in einen übergreifenden Zusammenhang. Diese Transzendenz der Formen machte es unmöglich, irgendetwas als bloß für sich seiend zu behandeln, *stets ist das, was sich zeigt, zugleich ein anderes, das sich verbirgt*. Der sympathetische Zusammenhang aller wahrgenommenen Formen war seit jeher die Bedingung dafür, dass sich nichts dauerhaft entgegen dem „Auftrag zum Überleben“, der Vorgabe der Grenzerhaltung zwischen Form und Umwelt hatte entwickeln können. Schwerwiegende Fehlentwicklungen waren unwahrscheinlich, weil sich ständig alles an Umweltveränderungen anpasste, während zugleich sich viable Formen entfalten und relativ stabilisieren konnten, die insgesamt „Luxurierung der Lebensverhältnisse“ bedeuteten; Bedingungen entstanden also, welche die Entwicklung organischer Formen bis hin zum Menschen ermöglichten.

Dem Heiligen kam dabei eine ganz besondere Bedeutung zu: Es schuf besonders günstige Bedingungen dafür, dass sich weitaus komplexere Zusammenhänge als zuvor entfalten konnten. Höhere Komplexität von Gruppen ist deshalb unwahrscheinlich, weil mehr Organisationsnotwendigkeiten dauerhaft gesichert sein müssen, weil also mit steigendem Komplexitätsgrad ein höheres Maß an Stabilität erforderlich ist, während zugleich doch das Organisationsganze ständig mit unvorhersehbaren Umweltveränderungen zu rechnen hat und mit diesen umgehen können muss. Das Heilige vermochte diese beiden, auf den ersten Blick unvereinbaren Ansprüche, miteinander in insgesamt für die weitere Entwicklung günstiger Weise zu vereinbaren. Es ermöglichte die Ausrichtung eines größer werdenden Gruppenzusammenhanges entlang eines einzigen zentralen Vektors, es verringerte also die Reibungsflächen innerhalb der Gruppe und es stellte die Techniken, mit Hilfe derer die in jedem Gruppenzusammenhang wirkenden Zentrifugalkräfte gebändigt werden konnten. Gleichzeitig sicherte es sämtliche Formen gegen eine totale Erstarrung ab, welche den Verlust der Fähigkeit bedeutet hätte, ständig auf Umweltveränderungen, also auf unbestimmte Gefahren in höchstmöglichem Maß eingestellt zu sein.

Das Heilige als Bezugspunkt aller Formen war die Bedingung der Möglichkeit, dass etwas bloß es selbst *und zugleich* ein anderes sein konnte; wahrgenommene Formen können nun für den Alltag Substanz *und* in der Auseinandersetzung mit dem Heiligen Symbol sein, durch das hindurch die Umwelt zu dem Menschen spricht, ohne dass die Form doch jemals auf eine der beiden Bedeutungen zu reduzieren wäre. Dinge können jetzt umfassender denn je als für sich seiend genommen werden, ohne doch den konkreten Umweltbezug, ihre Historizität zu vergessen. Mit der Trennung zwischen Wissenschaft und Theologie insbesondere durch Descartes aber wurde es erstmals in der Geschichte des Menschen möglich, Formen *gänzlich* unabhängig von ihren konkreten Entstehungsbedingungen zu denken und als solche entsprechend zu behandeln. Etwas kann nun *bloße* Substanz sein, klar, rein, unveränderlich, mit sich selbst über die Zeit identisch, durch Gesetze beschreibbar, man kann es zerteilen, analysieren, wieder zusammensetzen, es bleibt doch dasselbe Objekt, dasselbe Ding; dieses Ding, dieses Objekt spricht nicht mehr, es ist nur mehr tote Sache.

Die Fragilität der frühen wissenschaftlichen Objekte

Allerdings bleibt diese, nach dem Vorbild der Zahlen und dem Analogieschluss auf die Welt der „wahren" Formen gewonnene Vorstellung ein bis heute nie wirklich erreichtes Ideal. Zwar folgten auf Descartes zwei Jahrhunderte eines positivistischen szientistischen Enthusiasmus, aus dem heraus auch die Soziologie sich mit Auguste Comte (1798-1857) konstituierte; ein Zeitraum, in dem der Glaube überwiegt, die Welt als Ganze würde sich nun immer umfassender positiv bestimmen lassen, je weiter sich der

Mensch von seinen Idolen befreit, die seine Wahrnehmung trübten.[38] Wie Steven Shaper und Simon Sheffer aber gezeigt haben, war im 17. Jahrhundert alles andere als klar, wie die neue Wissenschaft letztlich aussehen würde (vgl. Shapin/Schaffer 1989).[39] Immanuel Kants „Kopernikanische Revolution" im Jahr 1787 erschütterte dann das sich erst im Entstehen befindliche objektive Weltbild bereits wieder in seinen Grundfesten mit der Überlegung, „[...] ob wir nicht in den Aufgaben der Metaphysik damit besser vorankommen, dass wir annehmen, die Gegenstände müssen sich nach unserem (sic!) Erkenntnis richten [...], anstelle wie bisher zu versuchen, die Erkenntnis nach den Gegenständen zu richten" (Kant 1995: 25, B XVI-XVII).

Die Anfänge der Industrialisierung brachten auch von politisch-gesellschaftlicher Seite die auf der Basis der neuen Wissenschaft gewonnenen Errungenschaften wieder in Verruf. Bis zum ausgehenden 19. Jahrhundert wurden die auftretenden Widersprüche zwischen den gerade erst gewonnenen „Objekten" und „Tatsachen"[40] durch Uminterpretation zu retten versucht (so insbes. Nagel 1991: 122f.).[41] Ein Jahrhundert lang rangen so die

---

38 Dass der Mensch sich von den die Wahrnehmung trübenden Idolen befreien müsse, um zur wahren Erkenntnis zu gelangen (vgl. Bacon 1982), forderte bereits Francis Bacon an der Schwelle zum 17. Jahrhundert. Auguste Comte war gut zweihundert Jahre später der Meinung, absolute Begriffe im Sinne letzter Ursachen würden sich zwar nicht finden lassen, es sei daher sinnlos, den Ursprung des Weltalls ermitteln und die inneren Ursachen erkennen zu wollen. „Statt dessen suchen wir, deren Gesetze durch gemeinsamen Gebrauch der Vernunft und der Beobachtung zu entdecken [...]", so Comte (Comte 1974: 2).

39 Steven Shapin und Simon Schaffer (1989) rekonstruieren die Auseinandersetzungen zwischen dem Naturphilosophen Boyle und dem politischen Philosophen Hobbes als Kampf um die Erfindung einer Wissenschaft. Im Zuge dieses Kampfes konstituiere sich symmetrisch die Welt des Politischen, der Leviathan, die Macht und auf der anderen Seite die Welt der Natur, der objektiven Dinge, der Mechanismen, so Bruno Latour, der die Schrift von Shapin und Schaffer in den deutschsprachigen Diskurs eingebracht hat. Dieser Konstituierungszusammenhang aber werde im Verlaufe des 17. Jahrhunderts zunehmend verdeckt, bis schließlich der Ursprung der Welt der Wissenschaften unsichtbar werde, Natur also als geschichtslos dem Menschen gegenüber trete (vgl. Latour 2002b).

40 Zur Geschichte von „Objekten" und Tatsachen empfehle ich das Buch „Wunder, Tatsachen und Beweise. Zur Geschichte der Rationalität" von Lorraine Daston (vgl. Daston 2003). Daston, die ihre eigene Arbeit als eine „historische Epistemologie" bezeichnet (vgl. ebd.: 15), beschreibt darin sehr detailreich und informativ die vielen miteinander wechselwirkenden Faktoren, die allesamt den historischen Charakter von „Rationalität" hervorheben.

41 Es gäbe „[...] viele empirische Brüche, die man wegwerfen muß um ein reines konstantes Phänomen zu erhalten [...]", so Johann Wolfgang Goethe in seinen naturwissenschaftlichen Schriften (vgl. Goethe 1998: 24, vgl. hierzu

„objektiven" und die individuell-subjektiven, ja „genialen" Kräfte des menschlichen Geistes miteinander um die Vorherrschaft, bis schließlich, wie bereits zweihundert Jahre zuvor alles Göttliche, nun alles Subjektive aus der Wissenschaft verbannt wurde (vgl. Daston 2003: 116ff.). Die Wissenschaft zog sich in der zweiten Hälfte des 19. Jahrhundert in das Labor zurück[42] im Glauben, dadurch *Natur* „objektiver" erkennen zu können, befreit von den Verunreinigungen subjektiver Wahrnehmung – Lorraine Daston spricht diesbezüglich von der „aperspektivischen Objektivität" (vgl. ebd.: 127ff.).[43]

Damit aber erhöht sich zugleich der Legitimationsdruck auf die „objektive", auf die „exakte" Wissenschaft, die nun jeden Fehler und jede Ungenauigkeit immer offensichtlicher selbst zu verantworten hat.[44] Nun gerät die wissenschaftliche Objektivität selbst unter Druck, wovon auch die „harten" Naturwissenschaften nicht verschont bleiben. 1905 präsentierte Albert Einstein seine berühmten fünf Artikel, mit denen er die Grundlagen nicht nur der Relativitätstheorie, mit der das Newtonsche Weltbild erschüttert werden sollte, sondern auch der Quantentheorie legte. Nur wenige Jahre später zeigte diese Quantentheorie, dass die folgerichtige Anwendung der „Naturgesetze" zu Widersprüchen führte. Max Planck hatte gezeigt, dass Energie nur in diskreten Energiequanten emittiert und absorbiert werden kann. Dieser Gedanke aber ließ sich nicht in den überlieferten physikalischen Rahmen integrieren. (vgl. Heisenberg 1987: 3-5). Werner Heisenbergs Unschärferelation wies nach, dass in einer experimentellen Anordnung nicht zugleich der exakte Ortswert und der exakte Impulswert, also die Bewegungsrichtung und Geschwindigkeit eines Teilchens bestimmt werden kön-

---

auch den Artikel von Lorraine Daston [1999: 22], die diese Stelle bei Goethe nennt).

42 Siehe dazu Peter Weingart (2003: 68): Im Labor erlangt die Wissenschaft deshalb eine neue Qualität, weil sie die interessierenden Phänomene auswählen, variieren und reproduzieren kann – und weil sie all jene Aspekte, die in einem gegebenen Augenblick nicht interessieren, ignorieren kann. Dieses reduktionistische Vorgehen, das Abstrahieren von Kontexten (d.h. der ‚natürlichen' Umwelt), von Zeit und Ort, und die Manipulation der Objekte, erwies sich als außerordentlich erfolgreich bei der Suche nach Naturgesetzen. Eine wesentliche Voraussetzung und Bedingung des Erfolgs war dabei die Trennung von der Gesellschaft [...]".

43 Die „Geschichte der Objektivität", die Daston (2003) vorgelegt hat, skizziert die langen Kämpfe, die unser heutiges Bild von der Wissenschaft ergaben.

44 Der wissenschaftlichen Objektivität ergeht es damit nicht anders als allen „Ideologien", die gerade in der Phase ihrer höchsten Wirksamkeit mit Nebeneffekten konfrontiert wird, die sie nun selbst zu verantworten hat, um schließlich ihre Unfähigkeit dazu eingestehen zu müssen. Dies haben Kurt Imhof und Gaetano Romano hervorragend gezeigt (vgl. Imhof/Romano 1996, insbes. 170ff.).

nen. Niels Bohrs Konzept der Komplementarität revolutionierte die Physik mit der Hypothese, dass einige Phänomene sich grundsätzlich nicht durch einzelne, sondern nur durch zwei einander ausschließende Erklärungen zusammen hinreichend erklären ließen (vgl. Esfeld 1998 insbes. 284f.).

Die realen Konsequenzen des „Mythos" vom idealen Objekt

Alles in allem hat es das eindeutige, bestimmte, von allen kulturellen Einflüssen freie Objekt in den okzidentalen Wissenschaften nie gegeben. Dabei unternahm überhaupt nur der Okzident diesen Versuch, irgendetwas auf diese ideale Form zu reduzieren, wie Bruno Latour feststellte:

> „Alle anderen, ob Chinesen oder Amerindianer, Azande oder Barouya, können dagegen in unseren Augen nicht wirklich trennen zwischen dem, was Erkenntnis, und dem, was Gesellschaft ist; zwischen dem, was Zeichen, und dem, was Sache ist; zwischen dem, was von der Natur als solcher kommt und dem, was ihre jeweilige Kultur verlangt" (Latour 2002b: 133f.).

Doch obwohl es auch dem Okzident nicht gelang, dieses ideale Objekt zu entdecken, liegt der Glaube an die reale Existenz solcher Objekte doch der Moderne und insbesondere ihrer Wissenschaft als leitendes Paradigma zugrunde, so auch der modernen Vorstellung von Natur.[45] Nur vor dem Hintergrund dieser Idee, dieses Glaubens, konnte sie „Natur" *erfinden*, vor einem Hintergrund, der als solcher unbegründet bleibt. Nur vor diesem Hintergrund konnte sie sodann die Materialität *erfinden*, die dem Sozialen unüberführbar als das Andere gegenübersteht. Die Gründe dieses Mythos aber verwischen sich zusehends, je mehr man versucht, auch nur eine einzige „wissenschaftliche Tatsache" bis an ihren Anfang zu rekonstruieren.

Harry Collins und Trevor Pinch kamen in ihrer Untersuchung des Prozesses der Wissensgenese in den Naturwissenschaften zu dem Schluss, dass „[...] die Zahl derer, die über jene Art unmittelbarer Erfahrung verfügen, die nach dem Ideal der Naturwissenschaften allein zur Wahrheit führen soll, sehr klein und ihre soziale Vernetzung schwach ist." Mehr noch, seien sogar

> „[...] für diese wenigen die Dinge komplizierter [...], als sie gewöhnlich dargestellt werden. Denn zumindest brauchten sogar sie Zeit, um sich zur Wahrheit der Speziellen Relativitätstheorie, und noch mehr Zeit, um sich zur Wahrheit der All-

45 Entsprechend schwer fiel es seit jeher, die auftretenden Unstimmigkeiten zu verwischen, die sich ständig wieder bemerkbar machten. Siehe dazu abermals Bruno Latour, der die Anstrengungen, die dieses Paradigma den Wissenschaften seit jeher abverlangt, detailliert erörtert. (vgl. Latour 2002b, auch Latour 2001).

gemeinen Relativitätstheorie vorzuarbeiten. Dafür mussten sie den Versuchen der jeweils anderen vertrauen und sich darauf einigen, bestimmte Interpretationen der vorliegenden Daten zu akzeptieren und andere zu verwerfen sowie riesige Mengen überlieferten Wissens anzunehmen, in die diese Interpretationen eingebettet und die sie ihrerseits gar nicht überprüfen konnten" (Collins/Pinch 1999: 218f.).

Jede Art wissenschaftlicher Erkenntnis, also auch die der Naturwissenschaften, hängt von einer Reihe von Vorannahmen ab, die sich ins Unbestimmte erstrecken. Es gibt keinen festen Grund, auf dem Wissenschaft ruht. Auch scheinbar unmittelbar evidente und unbestreitbare „Tatsachen" – bspw. dass tot sei, wer aus einem Flugzeug ohne Fallschirm springt – erweisen sich, je tiefer die Suche nach den Gründen dringt, als keineswegs so evident, keineswegs als Fakten, die sich selbst erklärten. Das Beispiel fortführend: Schon was der Tod *bedeutet* bis hin zur Frage, ob der Tod ein „reales", vom Leben absolut geschiedenes Phänomen ist, wird von Kultur zu Kultur vollkommen unterschiedlich beantwortet, möglich gar, dass die Frage selbst auf völliges Unverständnis stößt, weil überhaupt nicht verstanden wird, worauf sich „Tod" bezieht (vgl. Imhof/Romano 1996: 23). Was also *ist* ein Stein? Was *ist* ein Gebäude? Was *ist* eine Regel, was *ist* ein Gesetz? Was *ist* also Natur? Was unterscheidet Natur von allem anderen, dass der Mensch *als Teil seiner Umwelt* in unendlich langen Wechselwirkungsprozessen geformt und mehr oder weniger stark stabilisiert hat?

Die Antwort, die in dieser Arbeit hergeleitet wurde, muss lauten, dass es *die* Natur nicht *tatsächlich*, unabhängig von anderen Formen gibt, dass es ebenso Substanzen nicht *real*, sondern nur als Relationen gibt, dass nichts ist, das bloß für sich allein besteht, dass alles erst im Verweis auf alle anderen Formungen Geistes *wird*, als was es erscheint. Der Glaube an ein mit sich selbst identisches und in sich selbst begründetes Objekt ist ein Mythos (allerdings gegenüber dem sympathetischen Denken mit umgekehrtem Vorzeichen, vgl. dazu auch Latour 2002a und Voss 2006b), der aus der Verabsolutierung der Erfahrung hochgradiger Stabilität der Formen resultierte, der seine Macht schließlich durch die augenscheinliche Evidenz dieses Denkens in Substanzen erlangte. Die praktischen „Erfolge" des Substanzdenkens verliehen diesem Mythos jene Kraft, von der er noch immer zehrt. Die Moderne vermochte, enthemmt von den bindenden Kräften der Transzendenz, all jene Potentiale zu erschließen, die der Mensch im Zuge seiner eigenen Entwicklung in seine Umwelt hineinlegte. Die zur Natur verdinglichte Umwelt, die er nun wissenschaftlich analysierte, passte lange Zeit sehr genau auf jene Denkkategorien, über die der Mensch verfügte – sind sie doch das Ergebnis ein und desselben Formungsprozesses – dieser „glückliche Griff" zwang ihm den Eindruck von der Gesetzlichkeit der Natur, von der „Harmonie der Sphären" geradezu auf.

Eine zweite Bedingung für den Erfolgszug dieses Mythos war allerdings, dass mit „Gott" zugleich die Transzendenz, also der symbolische Bedeutungsüberschuss, der „Mehrwert" der Formen schlechthin negiert wurde, so dass die logische Alternative zum Substanzdenken kategorisch ausgeschlossen wurde. Nur weil diese Alternative kategorisch ausgeschlossen war, vermochte sich der analytische Mythos wirklich ungehemmt zu entfalten, obwohl er doch ständig mit Widersprüchen in Konflikt geriet, die seine Legitimität in Frage stellten. Von dieser Transzendenz und damit jeglicher Möglichkeit zur Kritik grundsätzlich befreit konnte sich die Wissenschaft an die „Eliminierung der Qualitäten" (so Theodor W. Adorno und Max Horkheimer in der Dialektik der Aufklärung; vgl. Adorno/Horkheimer 1997: 53) machen. Sie begann die Quantifizierung der Umwelt zum (modernen) Konstrukt der „Natur", das Herauslösen aller Formen aus ihren Zusammenhängen, die Trennung von allen „immanenten Zwecken" (so Herbert Marcuse 1989: 161).[46] Um auftretende Widersprüche verarbeiten zu können, trennte sie zunächst zwischen einer transparenten Welt der bereits „bereinigten" technischen Artefakte auf der einen und einer Welt des *noch nicht* gänzlich objektiv bestimmbaren intransparenten Sozialen auf der anderen Seite und bot allerlei Mächte auf, diese Trennung bis heute zu erhalten (vgl. Latour 2002b). Sie schuf damit die Bedingungen, derer der Kapitalismus bedarf, die „Warenform", die Austauschbarkeit des Unvergleichbaren.[47] Sie kappte damit die selbstregulierende Verbindung zwischen – erst dadurch tatsächlich zu Substanzen gewordenen – Formen und Umwelt, sie unterband die sich der Beobachtung entziehenden Abstimmungsweisen, die bis dato noch fundamentale Fehlentwicklungen verhinderten.

Die Moderne löst seit ihren Anfängen systematisch symbolisch über sich hinaus verweisende Formen aus ihren Entstehungszusammenhängen. Das Absehen von den Bedeutungsüberschüssen der Formen macht es möglich, im „Material" nur mehr eindimensional bestimmte Eigenschaften zu sehen, entlang derer sich dieses Material mit anderem zu neuen Formen zusammenfügen lässt. Nun ist es nicht mehr die konkrete, historische, in der ganzen Komplexität der Wechselwirkung zwischen Umwelt und Form generierte Bedeutung, welche ständig neu erfasst wird und die somit gemäß

46 An anderer Stelle heißt es bei Marcuse: „Die beiden Dimensionen des Denkens – die der wesentlichen und die der erscheinenden Wahrheiten – wirken nicht mehr aufeinander ein, und ihre konkrete dialektische Beziehung wird zu einer abstrakten erkenntnistheoretischen oder ontologischen. An die Stelle der über die gegebene Wirklichkeit ausgesprochenen Urteile treten Sätze, die die allgemeine Form des Denkens und die Beziehungen zwischen dem Denken und seinen Gegenständen bestimmen" (ebd.: 151).

47 Auch der Arbeiter wird zur Ware, doch ist es nicht der Kapitalismus, der ihn dazu macht, sondern das diesem selbst zugrunde liegende Denken in Substanzen, so ließe sich gegen Marx argumentieren.

der jeweils aktuellen Situation symbolisch den Zusammenhang von Form und Umwelt herstellt. Nun ist die Bedeutung der materialen Formen auf verdinglichte, invariante Eigenschaften reduziert, entlang derer sie sich mit anderen zu neuen Legierungen verschmelzen lassen. Die Mehrwertigkeit aller Formen reduziert sich auf eine einzige und erst dadurch quantifizierbare Dimension. Nun kann etwas nur noch Substanz *oder* Nicht-Substanz sein – tertium non datur – was zuvor *zugleich* Substanz, als auch unbestimmte Nicht-Substanz sein konnte und in dieser Komplementarität[48] den Menschen und schließlich komplexe Gesellschaften – transzendental – ermöglichte.

Die Formen werden aus dem komplexen und keinem Beobachter gänzlich zugängigen Abstimmungsprozess der Formen mit Umwelt in bis dahin unbekanntem Ausmaß herausgenommen und entgegen den von der Umwelt ausgehenden Wandlungsdruck stabilisiert. Diese Stabilisierung gegen den umfassenden Wandlungsdruck der Umwelt ermöglicht in begrenzten Horizonten eine hochgradige Effizienzsteigerung. Das ganz normale Scheitern kann lange Zeit unterbunden werden, ja es bleibt in vielen Fällen gänzlich aus. Gerade das Ausbleiben dieses Scheiterns aber macht es unmöglich, frühzeitig zu erkennen, wo sich Schwachstellen verstärken und von welchen Stellen her das nun umso radikalere Scheitern droht. Allmählich nehmen die „Nebenfolgen" überhand, mehr und mehr falsifiziert die Umweltvariation die umfassend zum Alltag versteinerten Formen der Bewältigung der Probleme des Überlebens. Weil aber mit der Negation Gottes zugleich *jegliche* Transzendenz, also *jede Mehrwertigkeit* der Formen kategorisch mit negiert und also „gesperrt" bleibt, wird zur Bewältigung dieser Real-Falsifikationen dasselbe zweiwertig-rationale Instrumentarium, also die instrumentell-systematisierende Technik und die selbst zu Quasi-Substanzen geronnenen wissenschaftlich-exakten Begriffe, eingesetzt – und zwar *ausschließlich*, stehen doch schon rein begrifflich keinerlei nicht-verdinglichende Alternativen bereit. Umso katastrophaler kollabieren am Ende die umfassend stabilisierten, entlang einer alle gesellschaftlichen Teilbereiche durchdringenden – nach den Mustern des sich lange Zeit geradezu aufdringenden Beherrschbarkeitsideals gestrickten – zweiwertigen Rationalität eng verkoppelten Formensysteme[49].

48 Hier sei noch einmal auf die Fußnote 32 auf S. 26 verwiesen, in welcher der Komplementaritätsbegriff nach Hans-Carl Jongebloed, so wie er hier gedacht wird, näher bestimmt wurde.

49 Diesen Prozess beobachtet die OECD gegenwärtig als eine Zunahme „systemischer Risiken" (vgl. OECD 2003). Dabei handelt es sich vor dem Hintergrund der Ausführungen der vorliegenden Arbeit eher um die Rückkehr der allgegenwärtigen Gefahr, die nur vorübergehend sich ausblenden ließ (vgl. hierzu auch Voss 2005a).

7. Fazit: Die Bedeutung des Symbolischen für die Katastrophensoziologie

Die Real-Falsifikation der Objekte und die Real-Falsifikation der wissenschaftlichen Begriffe stehen für ein und denselben Zusammenhang: für den Kollaps des Mythos von dem idealen, transparenten, ahistorischen und früher oder später vollständig bestimmbaren Objekt. Die Katastrophe falsifiziert den Glauben an die Beherrschbarkeit einer objektiven, sich dem systematisierenden Zugriff fügenden Welt. Sie falsifiziert sowohl die Weise des systematisierenden Begreifens als auch die technisch-instrumentelle, also systematische Verkoppelung einer insgesamt dynamischen und grundsätzlich unbestimmbaren Wahrnehmungswelt. Welt ist, was sie zu sein scheint, nur in der Relation; Relationalität aber bedeutet Dynamik, bedeutet Veränderung, bedeutet Fluss, bedeutet unbestimmbare Systemizität. Systematisch lässt sich das Systemische jedoch nicht hinreichend begreifen, noch lässt sich der systemische Wandel systematisch gänzlich aufhalten. Doch bedeutet dies gerade nicht, handlungsunfähig, dem Systemischen hilf- und schutzlos ausgeliefert zu sein. Allein der Glaube, systematisch *das Ganze* begreifen und schließlich *kontrollieren* zu können, ist es, der sich als katastrophenträchtig erweist, dieser Glaube ist es, der einem angemessenen Begreifen und einem adäquaten Zugreifen auf Welt zuwiderläuft. Dieser *Glaube* nämlich bedeutet *Negation der transzendentalen Transzendenz*, er bedeutet systematisches Ausblenden aller Bedeutungsüberschüsse, welche die Umwelt des Menschen, wie ihn selbst, erst zu dem machen, was sie sind.

Um dies zu zeigen, hat die Untersuchung einen langen Weg zurückgelegt; dabei waren erkenntnistheoretische Schwierigkeiten aufzuarbeiten, um sich dem realen Phänomen der Katastrophe in seiner ganzen Breite zuwenden zu können. Der Weg dieser Arbeit führte also in Teilen in die Philosophie hinein, an ihrem Ende aber steht eine durch und durch soziologische Diagnose, dass nämlich *sämtliche* Objekte, denen sich ein Beobachter zuwendet, letztlich soziale sind, und dass diesen fundamental sozialen Charakter der Formen zu negieren, schließlich katastrophale Konsequenzen hervorruft.

Gleich zu Beginn dieser Arbeit wurde das erkenntnistheoretische Problem aufgeworfen, dass etwas zu untersuchen, stets ein Verständnis dessen voraussetzt, was doch erst begriffen werden soll, dass also bereits die bei der Untersuchung verwendete Sprache einschränkt, dass sie zahlreiche Implikationen einbringt, die den Blick bereits von vornherein einengen. Diese Einschränkungen vorab zu thematisieren, half dann aber, mit unbefangenerem und offenerem Blick sich den anschließend erörterten konkreten Problemstellungen des aktuellen katastrophensoziologischen Diskurses zu nähern. Dabei wurde behauptet, dass sich die Katastrophensoziologie im Wesentlichen an zwei Fronten abarbeitet: Zum einen stellt sich im Angesicht der statistisch angezeigten Zunahme an Katastrophenphänomenen dringlicher denn je die Frage nach den Bedingungen, die Katastrophen wahrscheinlicher werden lassen – offenbar sind diese Bedingungen bis heute nicht angemessen verstanden. Zum anderen fällt es der Katastrophensoziologie schwer, ihr Objekt überhaupt in den (Be-)Griff zu bekommen; die Sprache scheint ungeeignet, ein so komplexes Phänomen wie die Katastrophe in Begriffen zu verdichten. Vielmehr versagt die Sprache im Angesicht der Katastrophe, die stets mehr ist, als sich begrifflich exakt fassen ließe.

Vor dem Hintergrund dieser Problemstellungen wurden nun zwei katastrophensoziologische Theorien unter Hinzunahme anderer soziologischer Theoreme dargestellt, mit deren Hilfe eine erste Annäherung an ein adäquates und doch nicht bereits vorab zu sehr einengendes Verständnis der Katastrophe gelang. Das makrosoziologische Modell der Katastrophe FAKKEL machte darauf aufmerksam, dass Katastrophen Prozessphänomene sind, die sich keiner einzelnen Ursache kausal zuschreiben lassen und dass sie sich über lange Zeiträume hinweg entwickeln. Katastrophen nehmen dann ihren Lauf, wenn sich ein *Alltag* zu bilden beginnt, wenn die Komplexität der aktuellen Situation zu tradierbaren Mustern gerinnt und die reale Komplexität mehr und mehr aus dem Wahrnehmungshorizont entweicht. Die Katastrophe beginnt dort, wo Phänomene in ihrem Sosein als *bestimmt* und als *begriffen* genommen werden; denn von nun an werden nicht mehr sämtliche unbestimmten und unbestimmbaren Gefahren für möglich erachtet, man rechnet nur mehr mit dem, was man schon irgendwie kennt, nur mehr mit Risiken also.

Schon deshalb lassen sich Gesellschaften nicht steuern, ließe sich mit Walter L. Bühl sagen. Gesellschaften sind komplexe multistabile Systeme; Lernen aus Vergangenem ist in ihnen nur begrenzt möglich und es ist nur begrenzt vorteilhaft, weil sich die reale Komplexität gesellschaftlicher Systeme nicht erfassen lässt und sich daher kurz- oder langfristig auch die jenen Lernerfolgen zugrunde liegenden Bedingungen grundlegend ändern. Möglich ist daher, dass sich das erlernte Wissen als Chimäre erweist, auf das sich zu verlassen umso schwerwiegendere Folgen nach sich zieht. Das Dilemma moderner Gesellschaften aber ist, dass sie ihre hochgradige Effizienz gerade dadurch erreichen, dass sie von der ganzen Komplexität möglicher Gefahren absehen und dass gerade dies ihnen erst ermöglicht, immer längere und engere Verflechtungsketten aufzubauen. Es scheint, als stünden sie vor der einzigen Alternative, entweder die zunehmenden Nebenfolgen des Ausblendens der realen Komplexität in Kauf nehmen zu müssen, oder aber jede rational-technische Verkoppelung per se zu unterlassen, um sich der realen Komplexität der Gefahren wieder zu öffnen. Dies aber bedeutete im Gegenzug selbst die umfassende Katastrophe, sind doch moderne und mit ihnen eng verflochtene Gesellschaften gänzlich abhängig von der industriellen Produktionsweise.

Die Suche nach einem Ausweg führte sodann zur Frage, wie es evolutionär überhaupt dazu hat kommen können, dass sich bereits komplexe, aber dennoch zumindest mehr oder weniger resiliente Gesellschaften haben entfalten können, obwohl sie doch ebenfalls ständig mit dem Problem der Alltagsbildung konfrontiert waren. Auch für sie galt, dass eine höhere Komplexität des gesellschaftlichen Zusammenhanges nur um den Preis des Abbaus der Fähigkeit zur flexiblen Anpassung an „die Natur“ möglich sein konnte. In einer kurzen Skizze des wissenschaftsgeschichtlichen Hintergrundes, vor dem Jakob von Uexküll zu seinem Umweltbegriff gelangte, und daran anschließend in der Darstellung der Theorie Helmuth Plessners von der „exzentrischen Positionalität“ des Menschen wurde dann aber gezeigt, dass es ein Artefakt ist, für unterschiedliche Gesellschaften, ja für unterschiedliche Organismen eine einheitliche, eine objektiv gegebene „Natur“ anzunehmen. Was Umwelt ist, stellt sich für jeden Organismus absolut unterschiedlich dar, kein Mensch erlebt dieselbe Umwelt wie ein anderer. Komplexere Formen entwickeln sich demnach nicht vor dem Hintergrund einer unveränderlichen, objektiv gegebenen *Natur*, sondern vor dem Hintergrund einer dem Grad der sich entfaltenden Komplexität der Form sekundär stets zweckmäßigen *Umwelt*. Mit der sekundären Zweckmäßigkeit ist dabei das zentrale Kriterium benannt, wie diese Evolution „funktioniert“: Nicht geplante rationale Steuerung passt den Organismus einer Natur an, vielmehr entwickeln sich Formen und „testen“ dabei aus, inwieweit ihre sich in diesem Zuge ebenfalls verändernde Umwelt diesen Versuch positiv oder negativ „sanktioniert“. Im positiven Fall wird die neue Form bestehen bleiben, sie ist viabel, sie passt, im negativen Fall vergeht die Form. Auf diese Weise entwickeln sich komplexere Formen, während sie ihre Umwelt hervorbringen, wie im gleichen Zuge ihre Umwelt die Formen hervorbringt. Form und Umwelt bilden stets eine Einheit: Was die

Form ist, bestimmt sich erst in der Relation zu ihrer je spezifischen Umwelt, die Grenze zwischen Form und Umwelt ist also in ständigem Fluss, die Grenze dennoch aufrechtzuerhalten, ist Bedingung für die Existenz der Form.

Der damit eingeführte Umweltbegriff warf wiederum Probleme auf, denn wie lässt sich überhaupt über irgendetwas sprechen, wenn doch alles stets im Werden ist? Das Ganze erster Ordnung lässt sich nicht erfassen, dem Menschen sind stets nur seine eigenen Unterscheidungen zugängig, er kann dagegen nicht nicht unterscheiden, wie bereits Cusanus feststellte. Diese logische Problematik bedeutet, dass nichts, was ein Beobachter beobachtet, jemals vollständig bestimmt sein kann, dass also im Umkehrschluss alles, was er beobachtet, letztlich unbestimmt bleibt, weil es eingebettet ist in einen insgesamt unbestimmbaren Gesamtzusammenhang. Dennoch stellt dies nicht die „reale" Existenz der Formen grundsätzlich in Frage. Behauptet wurde nämlich, dass alle wahrgenommenen, von einem Beobachter selbsttätig aus einem unbestimmten Hintergrund hervorgehobenen Formen für ihn bedeutungsvoll und im Sinne dieser Bedeutung für ihn durchaus „real" sind, dass sie ihre tatsächliche Bedeutung jedoch verbergen. Nicht in dem, was sich offen zeigt, liegt ihre Bedeutung, sondern in einem dem Beobachter unzugängigen Beitrag, den sie zu dem Erhalt der Unterscheidung seiner Form gegenüber der Umwelt leisten. Das Leben erhält sich vorab der rationalen Reflexion, die „Ratio" ist ein in einen Gesamtprozess eingebettetes Teil, der ihr insgesamt verschlossen bleibt. Der Verstand muss sich Gegensätze schaffen, mittels derer er Welt begreift, so Cusanus, das, was sich ihm aber zeigt, ist nicht, was es zu sein scheint. Der Mensch *ist* durch die Symbole des Seienden, oder mit den Worten Georg Simmels: Der „Sinn des Seins" zeigt sich in der „Gegenseitigkeit der Verhältnisse", in denen die Dinge „schweben" (vgl. Simmel 1996: 136, vgl. dazu auch Gessner 2003: 85 sowie Reitz 2004).

Um die Weise des Menschen, sich in einer dauernd wandelnden Umwelt zu entwickeln, beschreiben zu können, bedurfte es vor dem Hintergrund dieser Problematik eines Exempels. Am Beispiel der für die geisteswissenschaftliche Anthropologie insgesamt so bedeutungsvollen Stufenlehre Max Schelers wurde gezeigt, dass Formen zu denken, als wären sie *tatsächlich* scharf von anderen abgrenzbar, zu Fehlschlüssen führt – so etwa zu dem Schluss auf die kategorische Sonderstellung des Menschen. Dennoch musste aber die Beschreibung mit der Verwendung verdinglichender Begriffe, wie bspw. des Begriffes vom „Körper", fortfahren, um zeigen zu können, wie es dem Menschen vorab aller analytischen Rationalität gelingen konnte, sich zu einem immer komplexeren Wesen zu entwickeln, dabei aber doch sich immer wieder von neuem auf seine sich dauernd wandelnde Umwelt anzupassen. Diese Ambivalenz, zum einen an Objektbegriffen festzuhalten, zum anderen deren unscharfen, symbolisch über sich hinausverweisenden und auf etwas Unbestimmbares hinweisenden Charakter zu betonen, musste nun bei den weiteren Ausführungen zu grundlegenden und für die Entwicklung zum Menschen hin entscheidenden Schritten aufrechterhalten werden, bevor dann im anschließenden fünften Gliederungspunkt für diese Ambivalenz ein Begriff benannt werden konnte.

Obwohl sich wesentlich an der „Philosophie der symbolischen Formen" Ernst Cassirers abarbeitend, wurde der Begriff der symbolischen Form in der vorliegenden Arbeit in einer von dessen Erkenntnisinteresse abweichenden Weise verwendet, was vorab zu klären war. Obwohl oftmals nahe an der Institutionentheorie Arnold Gehlens argumentierend, wurde dessen Begriff der Institution weitestgehend vermieden, was ebenfalls zu begründen war. Vor dem Hintergrund dieser kritischen Distanzierungen konnte sodann der Begriff der symbolischen Form dahingehend eingegrenzt werden, dass mit ihm dem Umstand Ausdruck gegeben wurde, dass sämtliche wahrgenommenen Formen nicht sind, was sie zu sein scheinen, dass sie aber gerade in diesem Nicht-das-sein-was-sie-zu-sein-scheinen *sind*, was der Mensch in ihnen sehen *muss*, um sich resilient zu entwickeln. Die von ihm wahrgenommenen Phänomene sind *und* sie sind zugleich nicht. Der symbolische Charakter seiner Wahrnehmungsformen ermöglichte es dem Menschen, sich Objekte gegenüberzustellen, sie also aus ihrem systemischen Hintergrund hervorzuheben, sich damit an ihnen einen „Außenhalt" zu schaffen, in welchem er sich am Ende selbst „erkennt" (besser müsste man wohl sagen: in welchem er sich zu erkennen *glaubt*) – einige für die Menschheitsentwicklung und somit auch für die Soziologie besonders bedeutende Formen wurden besprochen. Die längste Zeit dieser Entwicklungsgeschichte waren diese Formen dem Menschen jedoch *zugleich* stets mehr, als sie zu sein schienen, er ahnte, dass sie nicht bloß das waren, als was er sie aktuell vergegenwärtigte, dass hinter ihnen mehr stand, als er hätte *begreifen* können. Das Gefühl eines sympathetischen Zusammenhanges aller wahrgenommenen Formen ließ ihn auch auf das Unerwartete gefasst sein; denn weil er ahnte, dass er nicht weiß, was die durch ihn selbst vergegenständlichten Formen sind, bewertete er sämtliche Formen dauernd neu; die „Dinge" hatten gewissermaßen selbst eine Stimme, mit der sie zu dem Menschen sprachen. In diesem niemals gänzlich zur Ruhe kommenden Prozess schloss der Mensch – wenn man den gesamten Evolutionsprozess betrachtet[1] – keine Möglichkeiten kategorisch aus, alles war prinzipiell möglich.

1 Selbstverständlich gilt hier wie für den gesamten Evolutionsprozess, dass es immer wieder umfassende Fehlanpassungen und Rückschläge gegeben hat. Auch muss immer bedacht werden, dass auch das Gegenteil dieser hier fokus-

Alle seine Formen blieben insofern provisorisch, doch bot der Gruppen- bzw. der Insulationsschutz ein derart luxuriöses „Klima“, dass sich einige „bewährte“ bzw. viable Formen in einem langen evolutionären Prozess mehr und mehr stabilisierten. Allmählich wird der Gruppenschutz dem Menschen auch als eigenständige Form aufgefallen sein, die sich von der „ersten Umwelt“ unterschied. Die „Funktion“ sämtlicher Formen war es immer schon, die Grenze zwischen der Form und ihrer Umwelt aufrechtzuerhalten, in alle wahrgenommenen Formen ging dieser Bezug auf die erste Umwelt als Bedeutungsüberschuss ein. Nun nimmt die Umwelt, zunächst als von der Gruppe geschiedene erste Umwelt, dann als das Heilige, selbst eine relativ bestimmtere Form an; das Heilige wird zur „idée directrice“, auf die hin sämtliche Formen mittels kultischer Techniken gezielter ausgerichtet werden.

Das Heilige wirkt, dies wurde insbesondere im letzten Kapitel erörtert, wie ein doppelter Disziplinierungsmechanismus nach innen und nach außen. Nach innen wirkt es den Zentrifugalkräften des Gruppenzusammenhanges disziplinierend entgegen, nach außen können nun drohende Gefahren kollektiv gezielt bearbeitet werden. Das Heilige beruhigt auf diese Weise die Wahrnehmungswelt in höchstökonomischer Weise, denn ein hohes Maß an Stabilität bedeutet „Effizienzvorteile“, während aber doch zugleich sämtliche Formen neben ihrem Alltagssinn noch eine zweite Bedeutung im Bezug auf das Heilige behalten. Sie können also auf der einen Seite für den Alltag immer stabiler als „Ding“, als Objekt behandelt werden, ohne dabei doch jemals die Möglichkeit auszuschließen, dass in ihnen auch noch etwas „Göttliches“ wirkt oder anwesend ist; obwohl bereits hochgradig stabilisiert, nimmt der Mensch diese Formen doch niemals bloß als das, was sie im Alltag zu sein scheinen. Damit kann sich die Form, kaum dass es jemand überhaupt bemerkt, doch dauernd verändern.

Die Philosophiegeschichte des Okzidents zeugt von dem Ringen mit dieser Dualität. Noch bis an die Schwelle zur Neuzeit wird dieser Dualismus beibehalten, bleibt es die allgemeine Vorstellung von den „Dingen“, dass sie neben ihrer materiellen Beschaffenheit, zu der sie im Alltag erstarrt sind, noch etwas anderes bedeuten, das zu begreifen dem Menschen nicht vergönnt ist, ja der bloße Versuch steht noch die längste Zeit unter Strafe. Noch bis in die Moderne hinein bleiben die Formen unbestimmt, verschwommen, mehrwertig, insgesamt also undurchschaubar, stets zugleich Symbol für etwas, von dem man nicht weiß, was es ist. Die Moderne aber

sierten Entwicklung evolutionär ebenso häufig „Kosten“ verursacht haben wird, dass nämlich bei unerwarteten Erlebnissen zu Maßnahmen gegriffen wurde, die alles andere als angemessen waren, die selbst direkt oder indirekt katastrophal sein konnten. Diese Möglichkeit kann in dieser Arbeit nicht hinreichend aufgearbeitet werden.

beginnt mit der Kampfansage an die die Wahrnehmung trübenden Idole und Götzen (Francis Bacon, vgl. 1982), sie beginnt mit der sauberen Trennung von klar abgrenzbaren, transparenten und nach Gesetzen beschreibbaren Formen auf der einen und unbestimmten, intransparenten, verschwommenen Formen, deren Bestimmung bis auf Weiteres noch aussteht, auf der anderen Seite. Die Moderne beginnt mit der systematischen Ausklammerung von Formen aus dem dynamischen Beziehungsgeflecht, das evolutionär die Entwicklung des Menschen vorab aller Rationalität ermöglichte. Sie stellt Formen auf Dauer, sie schafft Bestand (Martin Heidegger, vgl. 1976: 14ff.), während sie die Dynamik der Formen negiert. Damit sind die Bedingungen gegeben, die totales Scheitern ermöglichen: Nun sind die „Dinge" nur noch Substanz, reduziert also auf eine dem Verstand zugängige Bedeutungsdimension, während jeder andere Bedeutungsgehalt, der doch erst den Menschen mit seiner Umwelt verklammert, negiert wird. Nun *muss* der Mensch sich notwendig selbst *vollständig* begreifen, will er nicht katastrophal scheitern. *Dies aber erfordert, die Mehrwertigkeit der Formen in seine Beobachtungen mit einzuschließen.*

Diese Arbeit beschied sich damit, Grundlagen einer Katastrophensoziologie zu besprechen und dabei – gleichsam als Nebenprodukt – einige Elemente einer solchen abzuleiten. Ihr ging es darum, die Unmöglichkeit aufzuzeigen, die Wahrnehmungsformen *allein* systematisierend, also mit dem Ziel ihrer exakten Bestimmung zwecks besserer Kontrolle von Umwelt, zu begreifen, wie es ihr darum ging, die vermeintliche Alternative zu kritisieren, nämlich die objektivistische durch eine relativistische Beobachtungsweise zu ersetzen. Es ging dieser Arbeit darum, aufzuzeigen, dass moderne Gesellschaften sich weder durch die eine, noch die andere Weise dieser Weltzugänge angemessen begreifen lassen, dass es erforderlich ist, sie *zugleich* auch in ihrem symbolisch-unbestimmten Charakter zu verstehen. Die Katastrophe ist das Resultat der Verabsolutierung einer Weise des Umweltzuganges. Der Mensch muss systematisieren, um sich relative Stabilität in einer insgesamt instabilen Umwelt zu verschaffen. Es bedarf relativ stabilisierter Formen, an denen er sich orientieren kann. Doch müssen diese Formen zugleich grundsätzlich korrigierbar sein. Die „reale" Existenz der Formen grundsätzlich in Frage zu stellen, ist vor diesem Hintergrund ebenso katastrophenträchtig, wie der Glaube, die Dinge in ihrem objektiven Sosein begreifen zu können. Jede Verabsolutierung einer Weise des Weltzuganges, ob nun relativistisch-subjektivistisch oder szientistisch-objektivistisch, erhöht die Wahrscheinlichkeit der umfassenden Katastrophe. In der Komplementarität beider Formen, besser in der in dieser Komplementarität angelegten notwendigen Unschärfe, der prinzipiellen Unbestimmtheit allen Seins, liegt die Resilienz von modernen Gesellschaften begründet. Beide Formen ergänzen einander, ohne ineinander überführbar zu sein, das eine ist nicht ohne das andere, zusammen aber stimmen sie komplexer werdende Gesellschaften mit ihren jeweils spezifischen Umwelten ab. Gesellschaften sind resilient, solange sie gegenüber der sich in den Objekten anzeigenden Bedeutung offen sind, diese Offenheit bedeutet Unbestimmtheit aushalten zu können. Sich dagegen auf die eine oder die andere Seite der Beobachtung zu fixieren, sich also entlang einer spezifischen Matrix eng zu koppeln, erhöht die Katastrophenwahrscheinlichkeit. Der Begriff der symbolischen Form macht diesen komplementären Charakter der wahrgenommenen Formen und den in dieser Komplementarität begründeten Bedeutungsgehalt *begreifbar*, und er benennt ein Desiderat soziologischer Katastrophenforschung. Die Soziologie kann einen Beitrag zur Katastrophenforschung leisten, indem sie an diese fundamentale Komplementarität erinnert und den symbolischen Charakter der Formen zum Gegenstand katastrophensoziologischer Forschung macht.

Literatur

Adorno, Theodor W. (1973): Vorlesung zur Einleitung in die Soziologie, Frankfurt/M.: Junius/Hesa-Druck.

Adorno, Theodor W./Horkheimer, Max (1997): Dialektik der Aufklärung. Gesammelte Schriften in zwanzig Bänden, Bd. 3, Frankfurt/M.: Suhrkamp.

Adorno, Theodor W. (1997a): Gesammelte Schriften in zwanzig Bänden, Bd. 6: Negative Dialektik [u.a.], Frankfurt/M.: Suhrkamp.

Adorno, Theodor W. (1997b): „Spätkapitalismus oder Industriegesellschaft?". In: Theodor W.Adorno: Gesammelte Schriften in zwanzig Bänden. Bd. 8: Soziologische Schriften I, Frankfurt/M.: Suhrkamp, S. 354-370.

Aicher, Otl/Greindl, Gabriele/Vossenkuhl, Wilhelm (1986): Wilhelm von Ockham. Das Risiko modern zu denken, München: Callwey.

Alsberg, Paul (1922): Das Menschheitsrätsel. Versuch einer prinzipiellen Lösung, Dresden: Sibyllen-Verlag.

Alsberg, Paul (1975): Der Ausbruch aus dem Gefängnis. Zu den Entstehungsbedingungen des Menschen, Gießen: Focus.

Altner, Günter (1972): „Die Weltoffenheit des Menschen als Sonderprädikat". In: Günter Altner/Helmut Hofer (Hg.), Die Sonderstellung des Menschen. Naturwissenschaftliche und geisteswissenschaftliche Aspekte, Stuttgart: G. Fischer, S. 195-199.

Amelang, Manfred/Bartussek, Dieter (2001[5]): Differentielle Psychologie und Persönlichkeitsforschung, Stuttgart, Berlin, Köln: Kohlhammer".

Aquin, Thomas von (1965): Über das Sein und das Wesen. Deutsch-Lateinische Ausgabe, Darmstadt: Wissenschaftliche Buchgesellschaft.

Arlt, Gerhard (2001): Philosophische Anthropologie, Stuttgart: Metzler.

Artus, Helmuth M. (2005): Katastrophen. Ihre soziale & politische Dimension, Bonn: Informationszentrum Sozialwissenschaften.

Axelrod, Larry/McDaniels, Tim/Slovic, Paul (1999): „Perceptions of ecological risks from natural hazards". Journal of Risk Research 2, S. 31-53.

Bacon, Francis (1982): Das neue Organon (zuerst 1870), Berlin: Akademie Verlag.

Banse, Gerhard (Hg.) (1996): Risikoforschung zwischen Disziplinarität und Interdisziplinarität, Berlin: Ed. Sigma.

Bartels, Hans-Peter (Hg.) (1995): Menschen in Figurationen. Ein Lesebuch zur Einführung in die Prozeß- und Figurationssoziologie von Norbert Elias, Opladen: Leske und Budrich.

Bartelt, Sonja/Fischer, Corinna/Heinrichs, Harald/Karmanski, Andreas/ Volkens, Annette (Hg.) (2003): Orte nachhaltiger Entwicklung. Transdisziplinäre Perspektiven. Tagungsband zum Kongress 20. bis 22. Juni in Hamburg, Haus Rissen, Berlin: VÖW Schriftenreihe.

Bateson, Gregory (1982): Geist und Natur. Eine notwendige Einheit, Frankfurt/M.: Suhrkamp.

Becerra, Irma (1995): Relationale Utopie. Über das gegenwärtige Dialogpotential der Wissenssoziologie Karl Mannheims in Zeiten der Globalisierung des Antiutopischen, Univ. Diss. Philosophische Fakultät: Westphälische Wilhelms-Universität zu Münster (Westf.).

Bechmann, Gotthard (Hg.) (1993a): Risiko und Gesellschaft. Grundlagen und Ergebnisse interdisziplinärer Risikoforschung, Opladen: Westdeutscher Verlag.

Bechmann, Gotthard (1993b): „Einleitung. Risiko – Ein neues Forschungsfeld?“. In: Gotthard Bechmann (Hg.), Risiko und Gesellschaft. Grundlagen und Ergebnisse interdisziplinärer Risikoforschung, Opladen: Westdeutscher Verlag, S. VII-XXIV.

Beck, Ulrich (1986): Risikogesellschaft. Auf dem Weg in eine andere Moderne, Frankfurt/M.: Suhrkamp.

Beck, Ulrich (1996): „Das Zeitalter der Nebenfolgen und die Politisierung der Moderne“. In: Ulrich Beck/Scott Lash/Anthony Giddens (Hg.), Reflexive Modernisierung. Eine Kontroverse, Frankfurt/M.: Suhrkamp, S. 19-112.

Beck, Ulrich/Giddens, Anthony/Lash, Scott (Hg.) (1996): Reflexive Modernisierung. Eine Kontroverse, Frankfurt/M.: Suhrkamp.

Becker, Gary S, (1998): Die Ökonomik des Alltags. Von Baseball über Gleichstellung zur Einwanderung. Was unser Leben wirklich bestimmt, Tübingen: Mohr Siebeck.

Becker, Michael (2003): „Orientierung an Symbolen? Zur Problematik eines zweidimensionalen Begriffes politischer Institutionen“. Bamberger Beiträge zur Politikwissenschaft, 5, Nr. I.

Beckert, Jens (1997): Die Grenzen des Marktes. Die sozialen Grundlagen wirtschaftlicher Effizienz, Frankfurt/M., New York: Campus.

Berger, Peter L./Luckmann, Thomas (1996): Die gesellschaftliche Konstruktion der Wirklichkeit. Eine Theorie der Wissenssoziologie, Frankfurt/M.: Fischer Taschenbuch.

Bertalanffy, Ludwig von/Beier, Walter/Laue, Reinhard (1977[2]): Biophysik des Fließgleichgewichts, Berlin: Akademie Verlag.

Betz, Werner (1966[17]): Woher? Bonn: Ferd. Dümmlers.

Bickel, Cornelius (2003): „Die Cassirer-Rezeption bei Bourdieu". In: Joachim Fischer/Hans Joas (Hg.), Kunst, Macht und Institutionen. Studien zur Philosophischen Anthropologie, soziologischen Theorie und Kultursoziologie der Moderne. Festschrift für Karl-Siegbert Rehberg, Frankfurt/M., New York: Campus, S. 111-118.

Bödecker, Hans Erich/Reill, Peter Hanns/Schlumbohm, Jürgen (Hg.) (1999): Wissenschaft als kulturelle Praxis 1750-1900, Göttingen: Vandenhoeck & Ruprecht.

Böhme, Gernot (1986): Philosophieren mit Kant. Zur Rekonstruktion der Kantischen Erkenntnis- und Wissenschaftstheorie, Frankfurt/M.: Suhrkamp.

Böhme, Gernot (1998): „Technisierung der Wahrnehmung. Zur Technik- und Kulturgeschichte der Wahrnehmung". In: Jost Halfmann (Hg.), Technische Zivilisation. Zur Aktualität der Technikreflexion in der gesellschaftlichen Selbstbeschreibung, Opladen: Leske und Budrich, S. 31-47.

Bohr, Niels (1985): 1885-1962: Der Kopenhagener Geist in der Physik, Braunschweig u.a.: Vieweg.

Bonß, Wolfgang (1995): Vom Risiko. Unsicherheit und Ungewißheit in der Moderne, Hamburg: Hamburger Edition.

Bonß, Wolfgang (1996): „Die Rückkehr der Unsicherheit". In: Gerhard Banse (Hg.), Risikoforschung zwischen Disziplinarität und Interdisziplinarität. Von der Illusion der Sicherheit zum Umgang mit Unsicherheit, Berlin: Ed. Sigma, S. 165-184.

Borries, Volker von (1980): Technik als Sozialbeziehung. Zur Theorie industrieller Produktion, München: Kösel-Verlag.

Böschen, Stefan (2002): Risikogenese. Metamorphosen von Wissen und Nicht-Wissen, Soziale Welt, 53, S. 67-86.

Böschen, Stefan (2003): „Katastrophe und institutionelle Lernfähigkeit. Seveso als ambivalenter Wendepunkt der Chemiepolitik". In: Lars Clausen/Elke M. Geenen/Elísio Macamo (Hg.), Entsetzliche soziale Prozesse. Theorie und Empirie der Katastrophe, Münster: LIT, S. 139-162.

Böschen, Stefan/Schulz-Schaeffer, Ingo (Hg.) (2003): Wissenschaft in der Wissensgesellschaft, Opladen: Westdeutscher Verlag.

Bourdieu, Pierre (1993[1]): Sozialer Sinn. Kritik der theoretischen Vernunft, Frankfurt/M.: Suhrkamp.

Bourdieu, Pierre (1994[5]): Zur Soziologie der symbolischen Formen, Frankfurt/M.: Suhrkamp.

Bourdieu, Pierre (1996[8]): Die feinen Unterschiede. Kritik der gesellschaftlichen Urteilskraft, Frankfurt/M.: Suhrkamp.

Bourdieu, Pierre (1998): Praktische Vernunft. Zur Theorie des Handelns, Frankfurt/M.: Suhrkamp.

Breuer, Stefan (1992): Die Gesellschaft des Verschwindens. Von der Selbstzerstörung der technischen Zivilisation, Hamburg: Junius.

Bröckling, Ulrich/Krasmann, Susanne/Lemke, Thomas (Hg.) (2001[2]): Gouvernementalität der Gegenwart. Studien zur Ökonomisierung des Sozialen, Frankfurt/M.: Suhrkamp.

Brown, Lester R./Gardner, Gary/Halweil, Brian (2000): Wie viel ist zu viel? Stuttgart: Balance Verlag.

Bühl, Walter L. (1988[2]): Krisentheorien. Politik, Wirtschaft und Gesellschaft im Übergang, Darmstadt: Wissenschaftliche Buchgesellschaft.

Bühl, Walter L. (1990): Sozialer Wandel im Ungleichgewicht. Zyklen, Fluktuationen, Katastrophen, Stuttgart: Ferdinand Enke.

Butler, Judith (2000[8]): Das Unbehagen der Geschlechter, Frankfurt/M.: Suhrkamp.

Butler, Judith (2001[3]): Körper von Gewicht. Die diskursiven Grenzen des Geschlechts, Frankfurt/M.: Suhrkamp.

Callon, Michel (1986): „Some Elements of a Sociology of Translation. Domestication of the Scallops and the Fishermen of St. Brieuc Bay“. In: John Law (Hg.), Power, Action and Belief. A New Sociology of Knowledge? London: Routledge, S. 196-233.

Callon, Michel/Latour, Bruno (1992): „Don’t Throw the Baby Out with the Bath School! A Reply to Collins and Yearley“. In: Andrew Pickering (Hg.), Science as Practice and Culture, Chicago: University of Chicago Press, S. 343-368.

Cannon, Terry (1994): „Vulnerability analysis and the explanation of ‚natural‘ disasters“. In: Ann Varley (Hg.), Disasters, Development and Environment, Chichester: John Wiley & Sons, S. 13-30.

Cassirer, Ernst (1910): Substanzbegriff und Funktionsbegriff. Untersuchungen über die Grundfragen der Erkenntniskritik, Berlin: Bruno Cassirer.

Cassirer, Ernst (1953a): Philosophie der symbolischen Formen. Erster Teil: Die Sprache, Darmstadt: Wissenschaftliche Buchgesellschaft.

Cassirer, Ernst (1953b): Philosophie der symbolischen Formen. Zweiter Teil: Das mythische Denken, Darmstadt: Wissenschaftliche Buchgesellschaft.

Cassirer, Ernst (1975): Philosophie der symbolischen Formen. Dritter Teil: Phänomenologie der Erkenntnis, Darmstadt: Wissenschaftliche Buchgesellschaft.

Cassirer, Ernst (1985): Der Mythus des Staates. Philosophische Grundlagen politischen Verhaltens, Frankfurt/M.: Fischer Taschenbuch.

Cassirer, Ernst (1990): Versuch über den Menschen. Einführung in eine Philosophie der Kultur, Frankfurt/M.: S. Fischer.

Cassirer, Ernst (1993a): Geist und Leben. Schriften zu den Lebensordnungen von Natur und Kunst, Geschichte und Sprache, Leipzig: Reclam.

Cassirer, Ernst (1993b [1927]): Erkenntnis, Begriff, Kultur. Darin: Erkenntnistheorie nebst den Grenzfragen der Logik und Denkpsychologie, Hamburg: Felix Meiner, S. 77-153.

Christoplos, Ian/Mitchell, John/Liljelund, Anna (2001): „Re-framing Risk. The Changing Context of Disaster Mitigation and Preparedness". Disasters, Blackwell Publishers Ltd., 25/3, S. 185-198.

Claessens, Dieter (1970^2): Instinkt, Psyche, Geltung. Zur Legitimation menschlichen Verhaltens. Eine soziologische Anthropologie, Opladen: Westdeutscher Verlag.

Claessens, Dieter (1977): Gruppe und Gruppenverbände. Systematische Einführung in die Folgen von Vergesellschaftung, Darmstadt: Wissenschaftliche Buchgesellschaft.

Claessens, Dieter (1993): Das Konkrete und das Abstrakte. Soziologische Skizzen zur Anthropologie, Frankfurt/M.: Suhrkamp.

Claessens, Dieter/Tyradellis, Daniel (1997): Konkrete Soziologie. Eine verständliche Einführung in soziologisches Denken, Opladen: Westdeutscher Verlag.

Clausen, Lars (1978): Tausch. Entwürfe zu einer soziologischen Theorie, München: Kösel-Verlag.

Clausen, Lars (1983): „Übergang zum Untergang. Skizze eines makrosoziologischen Prozeßmodells der Katastrophe". In: Lars Clausen/Wolf R. Dombrowsky (Hg.), Einführung in die Soziologie der Katastrophe, Bonn: SDV Saarbrücker Druckerei und Verlag (Zivilschutzforschung Schriftenreihe der Schutzkommission beim Bundesminister des Innern), S. 43-79.

Clausen, Lars (1988): Produktive Arbeit, destruktive Arbeit. Soziologische Grundlagen, Berlin, New York: Walter de Gruyter.

Clausen, Lars (1994): Krasser sozialer Wandel, Opladen: Leske und Budrich.

Clausen, Lars (2003): „Reale Gefahren und katastrophensoziologische Theorie". In: Lars Clausen/Elke M. Geenen/Elísio Macamo (Hg.), Entsetzliche soziale Prozesse. Theorie und Empirie der Katastrophe, Münster: LIT, S. 51-76.

Clausen, Lars (2005): Eingedenk alter Verbrechen, Kiel: Sparkassenstiftung Schleswig-Holstein.

Clausen, Lars/Dombrowsky, Wolf R. (Hg.) (1983): Einführung in die Soziologie der Katastrophen, Bonn: SDV Saarbrücker Druckerei und Verlag (Zivilschutzforschung Schriftenreihe der Schutzkommission beim Bundesminister des Innern).

Clausen, Lars/Möller, Frerk (1993): „Bestandsaufnahme im Bereich der Katastrophensoziologie". In: Erich Plate/Lars Clausen/Ulrich de Haar [u.a] (Hg.), Naturkatastrophen und Katastrophenvorbeugung. Bericht des Wissenschaftlichen Beirats der DFG für das Deutsche Komitee für die ‚International Decade for Natural Disaster Reduction' (IDNDR), Weinheim: VCH Verlagsgesellschaft, S. 108-147.

Clausen, Lars/Geenen, Elke M./Macamo, Elísio (Hg.) (2003a): Entsetzliche soziale Prozesse. Theorie und Empirie der Katastrophe, Münster: LIT.

Clausen, Lars/Geenen, Elke M./Macamo, Elísio (2003b): „Vorwort". In: Lars Clausen/Elke M. Geenen/Elísio Macamo (Hg.), Entsetzliche soziale Prozesse. Theorie und Empirie der Katastrophe, Münster: LIT, S. IX-X.

Collins, Harry/Pinch, Trevor (1999): Der Golem der Forschung. Wie unsere Wissenschaft die Natur erfindet, Berlin: Berlin Verlag.

Comte, Auguste (19742): Die Soziologie. Die positive Philosophie im Auszug, Stuttgart: Kröner.

Dahrendorf, Ralf (1977[15]): Homo Sociologicus. Ein Versuch zur Geschichte der Bedeutung und Kritik der Kategorie der sozialen Rolle, Opladen: Westdeutscher Verlag.

Dannemann, Rüdiger (1987): Das Prinzip Verdinglichung, Frankfurt/M.: Suhrkamp.

Dannemann, Rüdiger (1997): Georg Lukács zur Einführung, Hamburg: Junius.

Daston, Laurraine (1999): „Objectivity versus Truth". In: Hans Erich Bödecker/ Peter Hanns Reill/Jürgen Schlumbohm (Hg.), Wissenschaft als kulturelle Praxis 1750-1900, Göttingen: Vandenhoeck & Ruprecht, S. 17-32.

Daston, Laurraine (2003[2]): Wunder, Beweise und Tatsachen. Zur Geschichte der Rationalität, Frankfurt/M.: Fischer Taschenbuch.

Deininger-Meyn, Gisela (1986): Philosophische Grundlagen der Wissenssoziologie Karl Mannheims und Max Schelers, Univ. Diss. Philosophisch-Historische Fakultät, Ruprecht-Karl-Universität in Heidelberg.

Descartes, René (1997[2]): Von der Methode des richtigen Vernunftgebrauchs und der wissenschaftlichen Forschung, Hamburg: Felix Meiner.

Deutschmann, Christoph (1984): „Systemzeit und soziale Zeit“. Leviathan, 1983, S. 494-514.

Dijksterhuis, Eduard Jan (1983): Die Mechanisierung des Weltbildes, Berlin, Heidelberg, New York: Springer.

Dilthey, Wilhelm (1997[5]): Der Aufbau der geschichtlichen Welt in den Geisteswissenschaften, Frankfurt/M.: Suhrkamp.

Dlugolecki, Andrew (1996): „An insurer's perspective“. In: Jeremy Leggett (Hg.), Climate Change and the Financial Sector. The Emerging Treat – The Solar Solution, München: Gerling Akademie Verlag, S. 64-81.

Dombrowsky, Gisela (1976): Sozialwissenschaft und Gesellschaft bei Durkheim und Radcliffe-Brown, Berlin: Duncker und Humblot.

Dombrowsky, Wolf R, (1983): „Soziologische Katastrophenforschung im Aufriß“. In: Lars Clausen/Wolf R. Dombrowsky (Hg.), Einführung in die Soziologie der Katastrophe. Bonn: SDV Saarbrücker Druckerei und Verlag (Zivilschutzforschung Schriftenreihe der Schutzkommission beim Bundesminister des Innern), S. 11-39.

Dombrowsky, Wolf R. (1987): „Critical Theory in Sociological Disaster Research“. In: Russel R. Dynes/Carlo Pelando/Bruna de Marchi (Hg.), Sociology of Disasters. Contribution of Sociology to Disaster Research, Milano: Franco Angeli Libri. S. 331-356.

Dombrowsky, Wolf R. (1989): Katastrophe und Katastrophenschutz, Wiesbaden: Deutscher Universitäts-Verlag.

Dombrowsky, Wolf R. (1996): „Falsche Begriffe, falsches Begreifen, schädliches Zugreifen vor Ort“. In: Rolf Hanisch/Peter Moßmann (Hg.), Katastrophen und ihre Bewältigung in den Ländern des Südens, Hamburg: Deutsches Übersee-Institut, S. 61-72.

Dombrowsky, Wolf R. (2001): „Die Globale Dimension von Katastrophen“. In: Erich Plate/Bruno Merz: Naturkatastrophen. Ursachen, Auswirkungen, Vorsorge, Stuttgart: E. Schweizerbartsche, S. 229-246.

Dombrowsky, Wolf, R./Brauner, Christian (1996): Defizite der Katastrophenvorsorge in Industriegesellschaften am Beispiel Deutschlands, Bonn: Deutsches IDNDR-Komitee für Katastrophenvorbeutung e.V.

Dombrowsky, Wolf R./Pasero, Ursula (Hg.) (1995): Wissenschaft, Literatur, Katastrophen. Festschrift zum sechzigsten Geburtstag von Lars Clausen, Opladen: Westdeutscher Verlag.

Dörner, Dietrich (2000[13]): Die Logik des Mißlingens. Strategisches Denken in komplexen Situationen, Reinbek: Rowohlt Taschenbuch Verlag.

Douglas, Mary (1985): Reinheit und Gefährdung. Eine Studie zu Vorstellungen von Verunreinigung und Tabu, Berlin: Dietrich Reimer-Verlag.

Douglas, Mary/Wildavsky, Aaron (1983): Risk and Culture. An Essay on the Selection of Technological and Environmental Dangers, Berkeley, Los Angeles, London: University of California Press.

Driesch, Hans (1891): Die mathematisch-mechanische Betrachtung morphologischer Probleme der Biologie, Jena: Fischer.

Driesch, Hans (1922): Geschichte des Vitalismus, Leipzig: Johann Ambrosius Barth.

Drosdowski, Günther (1997^{2}): Duden in 12 Bänden. Herkunftswörterbuch der deutschen Sprache, Mannheim, Leipzig, Wien [u.a.]: Dudenverlag.

Durkheim, Emile (1984): Die elementaren Formen des religiösen Lebens, Frankfurt/M.: Suhrkamp.

Dux, Günther/Wetzel, Ulrich (Hg.) (1994): Der Prozeß der Geistesgeschichte, Frankfurt/M.: Suhrkamp.

Dynes, Russel R./Pelanda, Carlo/de Marchi, Bruna (Hg.) (1987): Sociology of disasters. Contribution of Sociology to Disaster Research, Milano: Franco Angeli Libri.

Eder, Klaus (Hg.) (1973): Seminar: Die Entstehung von Klassengesellschaften, Frankfurt/M.: Suhrkamp.

Eikenberg, Christian (2000^{6}): Journalisten-Handbuch zum Katastrophenmanagement, Bonn: Deutsches Kommitee für Katastrophenvorsorge DKKV.

Elders, Leo J. (1988): „De ente et essentia". In: Franco Volpi/Julian Nida-Rümelin (Hg.), Lexikon der philosophischen Werke, Stuttgart: Afred Kröner, S. 103.

Elias, Norbert (1996^{9}): Was ist Soziologie? Weinheim, München: Juventa.

Elias, Norbert (1997^{21}a): Über den Prozeß der Zivilisation. Soziogenetische und psychogenetische Untersuchungen. Bd. 1: Wandlungen des Verhaltens in den weltlichen Oberschichten des Abendlandes, Frankfurt/M.: Suhrkamp.

Elias, Norbert (1997^{21}b): Über den Prozeß der Zivilisation. Soziogenetische und psychogenetische Untersuchungen. Bd. 2: Wandlungen der Gesellschaft. Entwurf zu einer Theorie der Zivilisation, Frankfurt/M.: Suhrkamp.

Elwert, Georg (2003): „Weder irrational noch rationalistisch. Charismatische Mobilisierung und Gewaltmärkte als Basis der Attentäter des 11. September". In: Lars Clausen/Elke M. Geenen/Elísio Macamo (Hg.), Entsetzliche soziale Prozesse. Theorie und Empirie der Katastrophe, Münster: LIT, S. 95-123.

Engelmann, Peter (Hg.) (1990): Postmoderne und Dekonstruktion. Texte französischer Philosophen der Gegenwart, Leipzig: Reclam.

Esfeld, Michael (1998): „Komplementarität von Rationalitätstypen? Apel und Bohr". prima philosophia, 11, S. 283-292.

Eßbach, Wolfgang (1994): „Der Mittelpunkt außerhalb. Helmuth Plessners Philosophische Anthropologie". In: Günther Dux/Ulrich Wetzel (Hg.), Der Prozeß der Geistesgeschichte, Frankfurt/M.: Suhrkamp, S. 15-44.

Etzioni, Amitai (2001): Der dritte Weg zu einer guten Gesellschaft. Auf der Suche nach der neuen Mitte, Hamburg: Mikro-Edition Verlag.

Evers, Adalbert/Nowotny, Helga (1987): Über den Umgang mit Unsicherheit. Frankfurt/M.: Suhrkamp.

Ewald, François (1978): „Einleitung. Foucault – Ein vagabundierendes Denken“. In: Michel Foucault (Hg.), Dispositive der Macht. Michel Foucault über Sexualität, Wissen und Wahrheit, Berlin: Merve. S. 7-20.

Fechner, Rolf/Clausen, Lars/Bammé, Arno (Hg.) (2005): Öffentliche Meinung zwischen neuer Wissenschaft und neuer Religion. Ferdinand Tönnies' ‚Kritik der öffentlichen Meinung‘ in der internationalen Diskussion, München, Wien: Profil-Verlag.

Fischer, Joachim/Joas, Hans (Hg.) (2003): Kunst, Macht und Institutionen. Studien zur Philosophischen Anthropologie, soziologischen Theorie und Kultursoziologie der Moderne. Festschrift für Karl-Siegbert Rehberg, Frankfurt/M., New York: Campus.

Fischer, Klaus (1983): Galileo Galilei, München: Beck.

Flasch, Kurt (1978[2]): „Nikolaus von Kues: Die Idee der Koinzidenz“. In: Joseph Speck (Hg.), Grundprobleme der großen Philosophen, Göttingen: Vandenhoeck & Ruprecht, S. 221-261.

Flasch, Kurt (2001): Nikolaus Cusanus, München: Beck.

Fleck, Ludwik (Hg.) (1983a): Erfahrung und Tatsache. Gesammelte Aufsätze Frankfurt/M.: Suhrkamp.

Fleck, Ludwik (1983b): „Über die wissenschaftliche Beobachtung und die Wahrnehmung im allgemeinen (1935)“. In: Ludwik Fleck (Hg.), Erfahrung und Tatsache. Gesammelte Aufsätze, Frankfurt/M.: Suhrkamp, S. 59-83.

Flusser, Vilém (1992[4]): Ins Universum der technischen Bilder, Göttingen: European Photography.

Fohler, Susanne (2003): Techniktheorien. Der Platz der Dinge in der Welt des Menschen, München: Wilhelm Fink Verlag.

Foucault, Michel (1978a): Dispositive der Macht. Michel Foucault über Sexualität, Wissen und Wahrheit, Berlin: Merve.

Foucault, Michel (1978b): „Ein Spiel um die Psychoanalyse. Gespräch mit Angehörigen des Departement de Psychoanalyse der Universität Paris/Vincennes“. In: Michel Foucault (Hg.), Dispositive der Macht. Michel Foucault über Sexualität, Wissen und Wahrheit, Berlin: Merve. S. 118-175.

Foucault, Michel (1999[11]): Der Wille zum Wissen. Sexualität und Wahrheit 1, Frankfurt/M.: Suhrkamp.

Foucault, Michel (2001[8]): Die Ordnung des Diskurses. Mit einem Essay von Ralf Konersmann, Frankfurt/M.: Fischer Taschenbuch.

Foucault, Michel (2003): Die Ordnung der Dinge, Frankfurt/M.: Suhrkamp.

Gabriel, Manfred (Hg.) (2004): Paradigmen der akteurszentrierten Soziologie, Wiesbaden: VS-Verlag.

Galilei, Galileo (1623 [1980]): Il Saggiatore. Opere die Galileo Galilei a cura di Franz Brunetti, Nr. I. Torino: UTET.

Galilei, Galileo (1957): „Letters on Sunspots". In: Stillman Drake (Hg.), Discoveries and Opinions of Galileo, Garden City, New York: Doubleday.

Geenen, Elke M. (1995a): „FAKKEL". In: Wolf R. Dombrowsky/Ulla Pasero (Hg.), Wissenschaft, Literatur, Katastrophen. Festschrift zum sechzigsten Geburtstag von Lars Clausen, Opladen: Westdeutscher Verlag, S. 176-186.

Geenen, Elke M. (1995b): Soziologie der Prognose von Erdbeben. Katastrophensoziologisches Technology Assessment am Beispiel der Türkei, Berlin: Duncker und Humblot.

Geenen, Elke M. (2003): „Kollektive Krisen. Katastrophe, Terror, Revolution – Gemeinsamkeiten und Unterschiede". In: Lars Clausen/Elke M. Geenen/Elísio Macamo (Hg.), Entsetzliche soziale Prozesse. Theorie und Empirie der Katastrophe, Münster: LIT, S. 5-23.

Geertz, Clifford (1997[5]): Dichte Beschreibung. Beiträge zum Verstehen kultureller Systeme, Frankfurt/M.: Suhrkamp.

Gehlen, Arnold (1955[5]): Der Mensch. Seine Natur und seine Stellung in der Welt, Bonn: Althenäum-Verlag.

Gehlen, Arnold (Hg.) (1961a): Anthropologische Forschung. Zur Selbstbegegnung und Selbstentdeckung des Menschen, Reinbek: Rowohlt.

Gehlen, Arnold (1961b): „Zur Geschichte der Anthropologie" (1957). In: Arnold Gehlen (Hg.), Anthropologische Forschung. Zur Selbstbegegnung und Selbstentdeckung des Menschen, Reinbek: Rowohlt, S. 7-25.

Gehlen, Arnold (1963): Studien zur Anthropologie und Soziologie, Neuwied und Berlin: Luchterhand.

Gehlen, Arnold (1970[12]): Die Seele im technischen Zeitalter. Sozialpsychologische Probleme in der industriellen Gesellschaft, Hamburg: Rowohlt Taschenbuch Verlag.

Gehlen, Arnold (1986[5]a): Urmensch und Spätkultur. Philosophische Ergebnisse und Aussagen, Wiesbaden: AULA-Verlag.

Gehlen, Arnold (1986b): Anthropologische und sozialpsychologische Untersuchungen, Reinbek: Rowohlt Taschenbuch Verlag.

Gehlen, Arnold (1993): Der Mensch. Seine Natur und seine Stellung in der Welt. Textkritische Edition unter Einbeziehung des gesamten Textes der 1. Auflage von 1940. Teilband 1, Frankfurt/M.: Vittorio Klostermann.

Gessner, Willfried (2003): Der Schatz im Acker. Georg Simmels Philosophie der Kultur, Weilerswist: Velbrück Wissenschaft.

Glasersfeld, Ernst von (1987): Wissen, Sprache und Wirklichkeit. Arbeiten zum radikalen Konstruktivismus, Braunschweig: Vieweg.

Glasersfeld, Ernst von (1997): Wege des Wissens. Konstruktivistische Erkundungen durch unser Denken, Heidelberg: Carl-Auer-Systeme Verlag.

Glasersfeld, Ernst von (2002): „Was im Kopf eines anderen vorgeht können wir nie wissen". In: Bernhard Pörksen (Hg.), Die Gewissheit der Ungewissheit. Gespräche zum Konstruktivismus, Heidelberg: Carl-Auer-Systeme Verlag, S. 46-69.

Godelier, Maurice (1973): „Mythos und Geschichte. Überlegungen über die Grundlagen des wilden Denkens". In: Klaus Eder (Hg.), Seminar: Die Entstehung von Klassengesellschaften, Frankfurt/M.: Suhrkamp, S. 301-329.

Goethe, Johann Wolfgang von (1998[2]): Erfahrung und Wissenschaft. Werke Hamburger Ausgabe in 14 Bänden. Band 13: Naturwissenschaftliche Schriften I, München: Deutscher Taschenbuch Verlag.

Goffman, Erving (1997[6]): Wir alle spielen Theater. Die Selbstdarstellung im Alltag, Zürich, München: Piper.

Göhler, Gerhard/Lenk, Kurt/Schmalz-Bruhns, Rainer (Hg.) (1990): Die Rationalität politischer Institutionen. Interdisziplinäre Perspektiven, Baden-Baden: Nomos.

Gomáriz Moraga, Enrique (1999): Género y desastres. Introducción conceptual y criterios operativos. La crisis del Huracán Mitch en Centroamerica, San José [Costa Rica]: Fundación Género y Sociedad (GESO).

Graeser, Andreas (1994): Ernst Cassirer, München: Beck.

Granovetter, Mark (1985): „Economic Action and Social Structure. The Problem of Embeddedness". American Journal of Sociology, 91, S. 481-510.

Grober, Ulrich (1999): „Der Erfinder der Nachhaltigkeit". In: Die Zeit, 25.11.1999, Nr. 48, S. 98.

Gunderson, Lance H./Holling, Crawford S. (Hg.) (2002): Panarchy. Understanding transformations and natural systems, Washington, Covelo, London: Island Press.

Habermas, Jürgen (1997[2]): Theorie des kommunikativen Handelns. Band 1: Handlungsrationalität und gesellschaftliche Rationalisierung, Frankfurt/M.: Suhrkamp.

Habermehl, Peter (1995[2]): „Parmenides". In: Bernd Lutz (Hg.), Metzler Philosophen Lexikon. Von den Vorsokratikern bis zu den Neuen Philosophen, Stuttgart, Weimar: Metzler, S. 652-655.

Hacking, Ian (1984): Die Bedeutung der Sprache für die Philosophie, Königstein/Ts.: Hain.

Haddow, George D./Bullock, Jane A. (2003): Introduction to Emergency Management, Boston: Elsevier.

Halfmann, Jos, (1996): Die gesellschaftliche ‚Natur' der Technik. Eine Einführung in die soziologische Theorie der Technik, Opladen: Leske und Budrich.

Halfmann, Jost (Hg.) (1998a): Technische Zivilisation, Opladen: Leske und Budrich.

Halfmann, Jost (1998b): „Technische Zivilisation. Einleitung". In: Jost Halfmann (Hg.), Technische Zivilisation. Zur Aktualität der Technikreflexion in der gesellschaftlichen Selbstbeschreibung, Opladen: Leske und Budrich, S. 7-12.

Hamann, Bruno (1993[2]): Pädagogische Anthropologie. Theorien, Modelle, Strukturen. Eine Einführung, Bad Heilbrunn/Obb.: Julius Klinkhardt.

Hanisch, Rolf/Moßmann, Peter (Hg.) (1996): Katastrophen und ihre Bewältigung in den Ländern des Südens, Hamburg: Deutsches Übersee-Institut.

Hanke, Gabriele (2004): „40 Millionen Infizierte". In: Die Zeit, 19.02.2004, Nr. 9.

Haraway, Donna (Hg.) (1995a): Die Neuerfindung der Natur. Primaten, Cyborgs und Frauen, Frankfurt/M., New York: Campus.

Haraway, Donna (1995b): „Situiertes Wissen. Die Wissenschaftsfrage im Feminismus und das Privileg einer partialen Perspektive". In: Donna Haraway (Hg.), Die Neuerfindung der Natur. Primaten, Cyborgs und Frauen, Frankfurt/M., New York: Campus, S. 73-97.

Hauff, Volker (1987): Unsere gemeinsame Zukunft. Der Brundtland-Bericht der Weltkommission für Umwelt und Entwicklung, Greven: Eggenkamp.

Hauskeller, Christine (2000): Das paradoxe Subjekt. Widerstand und Unterwerfung bei Judith Butler und Michel Foucault, Tübingen: Edition diskord.

Heckl, Wolfgang M. (1995[2]): „Galileo Galilei". In: Bernd Lutz (Hg.), Metzlers Philosophen Lexikon. Von den Vorsokratikern bis zu den Neuen Philosophen, Stuttgart, Weimar: Metzler, S. 300-305.

Hegel, Georg Wilhelm Friedrich (1971): Vorlesungen über die Geschichte der Philosophie I. Werke in zwanzig Bänden, Frankfurt/M.: Suhrkamp.

Hegel, Georg Wilhelm Friedrich (1973): Phänomenologie des Geistes, Frankfurt/M.: Suhrkamp.

Hegel, Georg Wilhelm Friedrich (1928): Wissenschaft der Logik. Erster Teil. Die objektive Logik, Stuttgart: Fr. Frommanns.

Heidegger, Martin (1976): Die Technik und die Kehre, Pfullingen: Neske.

Heidegger, Martin (Hg.) (2000a): Gesamtausgabe Bd. 7: Vorträge und Aufsätze, Frankfurt/M.: Vittorio Klostermann.

Heidegger, Martin (2000b): „Was heißt Denken? (1952)“. In: Martin Heidegger (Hg.), Gesamtausgabe Bd. 7: Vorträge und Aufsätze, Frankfurt/M.: Vittorio Klostermann, S. 127-143.

Heisenberg, Werner (1987): Quantentheorie und Philosophie. Vorlesungen und Aufsätze, Stuttgart: Reclam.

Heitsch, Ernst (1970): „Gegenwart und Evidenz bei Parmenides. Aus der Problemgeschichte der Aequivokation“. Abhandlungen der Geistes- und sozialwissenschaftlichen Klasse. Akademie der Wissenschaften und der Literatur, Mainz, 4, S. 313-376.

Heitsch, Ernst (1995): Parmenides. Die Fragmente. Griechisch-deutsch. Herausgegeben, übersetzt und erläutert von Ernst Heitsch, Darmstadt: Wissenschaftliche Buchgesellschaft.

Hewitt, Kenneth (Hg.) (1983): Interpretations of Calamity. From the Viewpoint of Human Ecology, London: Allen & Unwin.

Hirschberger, Johannes (1976[12]): Geschichte der Philosophie. Altertum und Mittelalter, Freiburg, Basel, Wien: Herder.

Höffe, Ottfried (Hg.) (1981a): Klassiker der Philosophie. Erster Band: Von den Vorsokratikern bis David Hume, München: Beck.

Höffe, Ottfried (1981b): „Aristoteles“. In: Otfried Höffe (Hg.), Klassiker der Philosophie. Von den Vorsokratikern bis David Hume, München: Beck, S. 63-94.

Höffe, Ottfried (2004[2]): Kants Kritik der reinen Vernunft, München: Beck.

Holloway, Ailsa (Hg.) (1999): Risk, Sustainible development and Disasters. Southern Perspectives, Cape Town: Periperi Publications.

Homann, Klaus-Dieter (2002): Parmenides und die Drei. Entwurf einer neuen Ontologie, Hamburg: K-D. Homann-Verlag.

Hörning, Karl H./Reuter, Julia (Hg.) (2004): Doing Culture. Neue Positionen zum Verhältnis von Kultur und sozialer Praxis, Bielefeld: Transcript.

Hörning, Karl Heinz (2001): Experten des Alltags. Die Wiederentdeckung des praktischen Wissens, Weilerswist: Velbrück Wissenschaft.

Hubig, Christoph/Huning, Alois/Ropohl, Günther (Hg.) (2000): Nachdenken über Technik. Die Klassiker der Technikphilosophie, Berlin: edition sigma.

Humboldt, Wilhelm von (1968 [1907]): Gesammelte Schriften Bd. VII. Erste Abteilung: Werke VII. Erste Hälfte, Berlin: Walter de Gruyter.

Humboldt, Wilhelm von (ca. 1919): Über das vergleichende Sprachstudium in Beziehung auf die verschiedenen Epochen der Sprachentwicklung, Leipzig: Meiner.

Husserl, Edmund (Hg.) (1985a): Die phänomenologische Methode. Ausgewählte Texte I, Stuttgart: Reclam.

Husserl, Edmund (1985b): „Die phänomenologische Fundamentalbetrachtung“. In: Edmund Husserl (Hg.), Die phänomenologische Methode. Ausgewählte Texte I, Stuttgart: Reclam, S. 131-195.

Imhof, Kurt/Romano, Gaetano (1996): Die Diskontinuität der Moderne. Zur Theorie des sozialen Wandels, Frankfurt/M., New York: Campus.

Jäger, Wieland (1977): Katastrophe und Gesellschaft. Grundlegungen und Kritik von Modellen der Katastrophensoziologie, Darmstadt, Neuwied: Luchterhand.

James, William (1975): The Meaning of Truth, Cambridge, London: Harvard University Press.

Jantzen, Jörg (1988): „Peri physeos“. In: Franco Volpi (Hg.): Lexikon der philosophischen Werke, Stuttgart: Kröner, S. 513-514.

Japp, Klaus P. (1996): Soziologische Risikotheorie. Funktionale Differenzierung, Politisierung und Reflexion, Weinheim, München: Juventa.

Japp, Klaus P. (1997): „Die Beobachtung von Nichtwissen“. Soziale Systeme, Bd. 3, Nr. 2, S. 289-314.

Japp, Klaus P. (2000): Risiko, Bielefeld: Transcript.

Japp, Klaus P. (2003): „Zur Soziologie der Katastrophe“. In: Lars Clausen/ Elke M. Geenen/Elísio Macamo (Hg.), Entsetzliche soziale Prozesse. Theorie und Empirie der Katastrophe, Münster: LIT, S. 77-90.

Jokisch, Rodrigo (1996): Die Logik der Distinktionen. Zur Protologik einer Theorie der Gesellschaft, Opladen: Westdeutscher Verlag.

Jongebloed, Hans-Carl (1984): Fachdidaktik und Entscheidung. Vorüberlegungen zu einer umstrittenen Problematik, Düsseldorf: Verlagsanstalt Handwerk.

Jongebloed, Hans-Carl (Hg.) (1998a): Wirtschaftspädagogik als Wissenschaft und Praxis – oder: Auf dem Weg zur Komplementarität als Prinzip. Festschrift des Kieler Lehrstuhls für Berufs- und Wirtschaftspädagogik dem vLw-Landesverband Schleswig-Holstein anlässlich seines fünfzigjährigen Bestehens im Jahre 1997, Kiel: BajOsch-Hein Verlag für Berufs- und Wirtschaftspädagogik.

Jongebloed, Hans-Carl (1998b): „Komplementarität als Verhältnis: Lernen in dualer Struktur“. In: Hans-Carl Jongebloed (Hg.), Wirtschaftspädagogik als Wissenschaft und Praxis – oder: Auf dem Weg zur Komplementarität als Prinzip, Kiel: BajOsch-Hein Verlag für Berufs- und Wirtschaftspädagogik, S. 259-286.

Jongebloed, Hans-Carl (1998c): „Über die Möglichkeit, Pädagogik als ‚systematische‘ und ‚historische‘ Disziplin zu betreiben, oder: ‚Komplementarität‘ als methodologisches Prinzip von Ganzheit“. In: Manuel Schulz/Bodo Stange/Wilhelm Tielker [u.a.] (Hg.), Wege zur Ganzheit. Profilbildung einer Pädagogik für das 21. Jahrhundert, Weinheim: Deutscher Studienverlag, S. 3-18.

Jongebloed, Hans-Carl (2002): Über das Verhältnis von beruflicher und politischer Bildung. Ein Bestimmungsversuch auf der Grundlage des Komplementaritätsprinzips, Hochschultage Berufliche Bildung 2002, Unveröffentlichtes Manuskript.

Jongebloed, Hans-Carl (2003a): ‚Komplementarität' als Prinzip beruflicher Bildung – oder: Warum der ‚Lernfeldansatz' weder dem Grunde nach funktionieren noch seine eigenen Ziele erreichen kann: Kritik und Konstruktion. Teil II: Konstruktion durch Komplementarität, Unveröffentlichtes Manuskript.

Jongebloed, Hans-Carl (2003b): Das Prinzip ‚Komplementarität' oder: Zur argumentativen Rekonstruktion dualer Bildung. Müssen wir Berufsausbildung neu buchstabieren? VLW Akzente, Bd. 1.

Jongebloed, Hans-Carl (2004): „Bildung. Anmerkungen zur Komplementarität von Erkenntnis und Erfahrung". Philologenverband Schleswig-Holstein, 2004, 3, S. 2-3.

Jünger, Ernst (1964): Der Arbeiter, Stuttgart: Ernst Klett Verlag.

Jungermann, Helmut/Slovic, Paul (1993): „Die Psychologie der Kognition und Evaluation von Risiko". In: Gotthard Bechmann (Hg.), Risiko und Gesellschaft. Grundlagen und Ergebnisse interdisziplinärer Risikoforschung, Opladen: Westdeutscher Verlag, S. 167-207.

Kant, Immanuel (1995[13]): Werkausgabe in 12 Bänden. Bd. 3: Kritik der reinen Vernunft. 2 Bde, Frankfurt/M.: Suhrkamp.

Kapp, Ernst (1978): Grundlinien einer Philosophie der Technik. Mit einer Einleitung von Hans-Martin Sass, Düsseldorf: Stern-Verlag Janssen & Co.

Kirschenbaum, Alan (2002): „Disaster Preparedness. A Conceptual and Empirical Reevaluation". International Journal of Mass Emergencies and Disasters, Bd. 20, Nr. 1, S. 5-28.

Klagenfurt, Kurt (1995): Technologische Zivilisation und transklassische Logik. Eine Einführung in die Technikphilosophie Gotthard Günthers, Frankfurt/M.: Suhrkamp.

Kleiner, Markus S. (Hg.) (2001): Michel Foucault. Eine Einführung in sein Denken, Frankfurt/M., New York: Campus.

Kleinwellfonder, Birgit (1996): Der Risikodiskurs. Zur gesellschaftlichen Inszenierung von Risiko, Opladen: Westdeutscher Verlag.

Kluge, Friedrich (2002[24]): Ethymologisches Wörterbuch der deutschen Sprache, Berlin, New York: Walter de Gruyter.

Kornwachs, Klaus (Hg.) (1984): Offenheit, Zeitlichkeit, Komplexität. Zur Theorie der offenen Systeme, Frankfurt/M., New York: Campus.

Kotze, Astrid von (1999): „A New Concept of Risk". In: Ailsa Holloway (Hg.), Risk, Sustainable development and Disasters. Southern Perspectives, Cape Town: Periperi Publications, S. 23-48.

Krimsky, Sheldon/Golding, Dominic (Hg.) (1992): Social theories of risk, Westport: Praeger Publishers.

Krohn, Wolfgang/Krücken, Georg (1993): „Risiko als Konstruktion und Wirklichkeit. Eine Einführung in die sozialwissenschaftliche Risikoforschung“. In: Wolfgang Krohn/Georg Krücken (Hg.), Riskante Technologien. Reflexion und Regulation. Einführung in die sozialwissenschaftliche Risikoforschung, Frankfurt/M.: Suhrkamp, S. 9-44.

Krohn, Wolfgang/Krücken, Georg (Hg.) (1993): Riskante Technologien. Reflexion und Regulation. Einführung in die sozialwissenschaftliche Risikoforschung, Frankfurt/M.: Suhrkamp.

Kuhn, Thomas S. (1991[11]): Die Struktur wissenschaftlicher Revolutionen, Frankfurt/M.: Suhrkamp.

Latour, Bruno (2001): Das Parlament der Dinge. Für eine politische Ökologie, Frankfurt/M.: Suhrkamp.

Latour, Bruno (2002a): Die Hoffnung der Pandora. Untersuchungen zur Wirklichkeit der Wissenschaft, Frankfurt/M.: Suhrkamp.

Latour, Bruno (2002b): Wir sind nie modern gewesen. Versuch einer symmetrischen Anthropologie, Frankfurt/M.: Fischer Taschenbuch.

Law, John (Hg.) (1986): Power, Action and Belief. A New Sociology of Knowledge? London: Routledge & Kegan Paul.

Lazo, Jeffrey K/Jason C. Kinnell/Fisher, Ann (2000): „Experts and Laypersons Perceptions of Ecosystem Risks“. Risk Analysis, Bd. 10, S. 179-193.

Leggett, Jeremy (Hg.) (1996): Climate Change and the Financial Sector, München: Gerling Akademie Verlag.

Lemke, Thomas (1997): Eine Kritik der politischen Vernunft. Foucaults Analyse der modernen Gouvernementalität, Berlin, Hamburg: Argument.

Lemke, Thomas/Krasmann, Susanne/Bröckling, Ulrich (2001[2]): „Gouvernementalität, Neoliberalismus und Selbsttechnologie. Eine Einleitung“. In: Ulrich Bröckling/Susanne Krasmann/Thomas Lemke (Hg.), Gouvernementalität der Gegenwart. Studien zur Ökonomisierung des Sozialen, Frankfurt/M.: Suhrkamp, S. 7-40.

Lévi-Strauss, Claude (1967): Strukturale Anthropologie I, Frankfurt/M.: Suhrkamp.

Lévi-Strauss, Claude (1981): Die elementaren Strukturen der Verwandtschaft, Frankfurt/M.: Suhrkamp.

Lévi-Strauss, Claude (1987): Die eifersüchtige Töpferin, Nördlingen: Greno Verlagsgesellschaft.

Lorenz, Konrad (1943): „Die angeborenen Formen möglicher Erfahrung“. Zeitschrift für Tierpsychologie, Nr. 5, S. 235-409.

Luhmann, Niklas (Hg.) (1990): Soziologische Aufklärung 5. Konstruktivistische Perspektiven, Opladen: Westdeutscher Verlag.

Luhmann, Niklas (1991): Soziologie des Risikos, Berlin, New York: Walter de Gruyter.

Luhmann, Niklas (Hg.) (1992a): Beobachtungen der Moderne, Opladen: Westdeutscher Verlag.

Luhmann, Niklas (1992b): „Kontingenz als Eigenwert der Moderne". In: Niklas Luhmann (Hg.): Beobachtungen der Moderne, Opladen: Westdeutscher Verlag, S. 93-128.

Luhmann, Niklas (1993): „Risiko und Gefahr". In: Wolfgang Krohn/Georg Krücken (Hg.), Riskante Technologien. Reflexion und Regulation. Einführung in die sozialwissenschaftliche Risikoforschung, Frankfurt/M.: Suhrkamp, S. 139-185.

Luhmann, Niklas (1996[2]): Die Realität der Massenmedien, Opladen: Westdeutscher Verlag.

Luhmann, Niklas (1998): Die Gesellschaft der Gesellschaft. 2 Bde, Frankfurt/M.: Suhrkamp.

Luhmann, Niklas (2000[4]): Vertrauen. Ein Mechnanismus zur Reduktion sozialer Komplexität, Stuttgart: Lucius & Lucius.

Luhmann, Niklas (2004[2]): Einführung in die Systemtheorie, Heidelberg: Carl-Auer Verlag.

Lukács, Georg (1968): Geschichte und Klassenbewußtsein, Neuwied und Berlin: Luchterhand.

Lutz, Bernd (Hg.) (1995): 2. Metzler Philosophen Lexikon. Von den Vorsokratikern bis zu den Neuen Philosophen, Stuttgart, Weimar: Metzler.

Lyotard, Jean-François (1990): „Randbemerkungen zu den Erzählungen". In: Peter Engelmann (Hg.), Postmoderne und Dekonstruktion. Texte französischer Philosophen der Gegenwart, Leipzig: Reclam. S. 49-53.

Lyotard, Jean-François (1994[3]): Das postmoderne Wissen. Ein Bericht, Wien: Passagen-Verlag.

Maasen, Sabine (1999): Wissenssoziologie, Bielefeld: Transcript.

Macamo, Elísio (2003): „Nach der Katastrophe ist vor der Katastrophe. Die 2000er Überschwemmung in der dörflichen Wahrnehmung in Mosambik". In: Lars Clausen/Elke M. Geenen/Elísio Macamo (Hg.), Entsetzliche soziale Prozesse. Theorie und Empirie der Katastrophe, Münster: LIT, S. 167-184.

Malzahn, Dörthe/Plapp, Tina (Hg.) (2005): Disasters and Society. From Hazard Assessment to Risk Reduction. Proceedings of the International Conference, Universität Karlsruhe (TH), Germany, July 26-27, 2004, Berlin: Logos.

Mannheim, Karl (1970): Wissenssoziologie, Neuwied: Luchterhand.

Mannheim, Karl (1985[7]): Ideologie und Utopie, Frankfurt/M.: Vittorio Klostermann.

Manstetten, Reiner/Hottinger, Olaf/Faber, Malte (1998): „Zur Aktualität von Adam Smith. Homo oeconomicus und ganzheitliches Menschenbild". Schriftenreihe des Münchner Instituts für Integrierte Studien, Bd. 15, Nr. 2, S. 127-168.

March, James G./Simon, Herbert (1976): Organisation und Individuum. Menschliches Verhalten in Organisationen, Wiesbaden: Betriebswirtschaftlicher Verlag Dr. Th. Gabler.

Marcuse, Herbert (1989): Der eindimensionale Mensch. Studien zur Ideologie der fortgeschrittenen Industriegesellschaft, Frankfurt/M.: Suhrkamp.

Martens, Eckehard (1995): „Platon". In: Bernd Lutz (Hg.): Metzler Philosophen Lexikon. Von den Vorsokratikern bis zu den Neuen Philosophen, Stuttgart, Weimar: Metzler, S. 681-685.

Marx, Karl/Engels, Friedrich (1968): Werke Band 40. Ergänzungsband. Schriften, Manuskripte, Briefe bis 1844. Erster Teil, Berlin: Dietz.

Marx, Karl/Engels, Friedrich (1970): Werke Band 25. Das Kapital. Kritik der politischen Ökonomie. Dritter Band, Buch III: Der Gesamtprozeß der kapitalistischen Produktion, Berlin: Dietz.

Maskrey, Andrew (Hg.) (1993): Los desastres no son naturales, Colombia: Red de Estudios Sociales en prevención de Desastres en América Latina (La Red).

Maturana, Humberto R./Valera, Francisco J. (1987): Der Baum der Erkenntnis. Die biologischen Wurzeln menschlichen Erkennens, Bern, München: Scherz.

McEntire, David A. (2000): „Sustainability or Invulnerable Development? Proposals for the current Shift in Paradigms". Australian Journal of Emergency Management, Bd. 15, Nr. 1, S. 58-61.

Mead, George Herbert (1980[4]): Geist, Identität und Gesellschaft aus der Sicht des Sozialbehaviorismus, Frankfurt/M.: Suhrkamp.

Mead, George Herbert (1987[1]): Gesammelte Aufsätze. Frankfurt/M.: Suhrkamp.

Metzner, Andreas (2002): Die Tücken der Objekte. Über die Risiken der Gesellschaft und ihre Wirklichkeit, Frankfurt/M., New York: Campus.

Meyer, John W./Rowan, Brian (1983): „Institutionalized Organizations. Formal Structure as Myth and Ceremony". In: John W. Meyer/Richard W. Scott (Hg.), Organizational Environments. Ritual and Rationality, Beverly Hills, London, New Delhi: Sage Publications, S. 21-44.

Meyer, John W./Scott, Richard W. (Hg.) (1983): Organizational Environments. Ritual and Rationality, Beverly Hills, London, New Delhi, Sage Publications.

Meyer-Abich, Klaus Michael (1965): Korrespondenz, Individualität und Komplementarität. Eine Studie zur Geistesgeschichte der Quantentheorie in den Beiträgen Niels Bohrs, Wiesbaden: Steiner.

Miller, Hugh (1964): Progress and Decline. The Group in Evolution, Oxford, New York: Pergamon Press.

Mittelstraß, Jürgen (1981): „Platon". In: Otfried Höffe (Hg.), Klassiker der Philosophie. Erster Band: Von den Vorsokratikern bis David Hume, München: Beck, S. 38-62.

Münchener Rück (2004): Topics geo, München: Münchener Rück.

Nagel, Thomas (1991): Die Grenzen der Objektvität. Philosophische Vorlesungen, Leipzig: Reclam.

Nicolis, Grégoire/Prigogine, Ilya (1987): Die Erforschung des Komplexen. Auf dem Weg zu einem neuen Verständnis der Naturwissenschaften, Zürich, München: Piper.

Noiré, Ludwig (1877): Der Ursprung der Sprache, Mainz: Zabern.

Obermeier, Otto Peter (1990a): „Eine Synopse zum Band 1". In: Matthias Schütz (Hg.), Risiko und Wagnis. Die Herausforderungen der industriellen Welt, Pfullingen: Günther Neske, S. 296-333.

Obermeier, Otto Peter (1990b): „Eine Synopse zum Band 2". In: Matthias Schütz (Hg.), Risiko und Wagnis. Die Herausforderungen der industriellen Welt, Pfullingen: Günther Neske, S. 306-350.

OECD (2003): Emerging systemic risks in the 21st century. An agenda for action, Paris: OECD.

Oldemeyer, Ernst (2000): „Max Scheler. Probleme einer Soziologie des Wissens, 1924". In: Christoph Hubig/Alois Huning/Günther Ropohl (Hg.), Nachdenken über Technik. Die Klassiker der Technikphilosophie, Berlin: Edition sigma, S. 325-329

Ortega y Gasset, José (Hg.) (1978a): Gesammelte Werke Bd. 4, Stuttgart: Deutsche Verlagsanstalt.

Ortega y Gasset, José (1978b): „Betrachtungen über die Technik (1933)". In: José Ortega y Gasset (Hg.), Gesammelte Werke Bd. 4, Stuttgart: Deutsche Verlagsanstalt, S. 7-69.

Perrow, Charles (1992^2): Normale Katastrophen. Die unvermeidbaren Risiken der Großtechnik. Mit einem Vorwort von Klaus Traube, Frankfurt/M., New York: Campus.

Piaget, Jean (1969): Das Erwachen der Intelligenz beim Kinde, Stuttgart: Klett.

Pickering, Andrew (Hg.) (1992): Science as Practice and Culture, Chicago: University of Chicago Press.

Plate, Erich/Clausen, Lars/de Haar, Ulrich [u. a] (Hg.) (1993): Naturkatastrophen und Katastrophenvorbeugung. Bericht des Wissenschaftlichen Beirats der DFG für das Deutsche Komitee für die ‚International Decade for Natural Disaster Reduction' (IDNDR), Weinheim: VCH Verlagsgesellschaft.

Plate, Erich J./Merz, Bruno/Eikenberg, Christian (1999): Naturkatastrophen. Strategien zur Vorsorge und Bewältigung. Bericht des Deutschen IDNDR-Komitees zum Ende der International Decade for Natural Disaster Reduction, Bonn: Deutsches IDNDR-Komitee für Katastrophenvorbeugung e.V.

Plate, Erich J./Merz, Bruno (Hg.) (2001): Naturkatastrophen. Ursachen, Auswirkungen, Vorsorge, Stuttgart: E. Schweizerbartsche.

Platon (19677): Sämtliche Werke Bd. 4. Phaidros, Parmenides, Theaitetos, Sophistes. Nach der Übersetzung von Friedrich Schleiermacher, Reinbek: Rowohlt.

Pleßner, Helmuth (1965[2]): Die Stufen des Organischen und der Mensch. Einleitung in die philosophische Anthropologie, Berlin: De Gruyter.

Plessner, Helmuth (1972[2]): Die Grenzen der Gemeinschaft. Eine Kritik des sozialen Radikalismus, Bonn: Bouvier.

Plessner, Helmuth (1981): Die Stufen des Organischen und der Mensch. Einleitung in die philosophische Anthropologie, Frankfurt/M.: Suhrkamp.

Popper, Karl R. (1994[10]): Logik der Forschung, Tübingen: Mohr Siebeck.

Popper, Karl R. (1998): Die Welt des Parmenides. Der Ursprung des europäischen Denkens, Zürich, München: Piper.

Pörksen, Bernhard (Hg.) (2002): Die Gewissheit der Ungewissheit, Heidelberg: Carl-Auer-Systeme Verlag.

Portmann, Adolf (1958[2]): Zoologie und das neue Bild vom Menschen. Biologische Fragmente zu einer Lehre vom Menschen, Hamburg: Rowohlt.

Quarantelli, Enrico L. (1987): „A Concluding Commentary". In: Russel R. Dynes/Carlo Pelanda/Bruna de Marchi (Hg.), Contribution of Sociology to Disaster Research, Milano: Franco Angeli Libri, S. 403-415.

Quarantelli, Enrico L. (Hg.) (1995a): „What is a disaster? Six views of the Problem". International Journal of Mass Emergencies and Disasters, Special Issue: Bd. 13, Nr. 3.

Quarantelli, Enrico L. (1995b): „Epilogue". In: Enrico L. Quarantelli (Hg.), What is a disaster? Six views of the Problem. International Journal of Mass Emergencies and Disasters, Special Issue: Bd. 13, Nr. 3, S. 361-364.

Quarantelli, Enrico L. (Hg.) (1998): What is a disaster? Perspectives on the Question. Mit einer Bibliographie und einem Index, London, New York: Routledge.

Quine, Willard van Orman (2004²): Die Wurzeln der Referenz, Frankfurt/M.: Suhrkamp.

Radcliffe-Brown, Alfred R. (1931): The Social Organization of Australian Tribes, Melbourne, London: Macmillan.

Rapp, Christoph (1997): Vorsokratiker, München: Beck.

Rapp, Christoph (2001): Aristoteles zur Einführung, Hamburg: Junius.

Rath, Norbert (1996): Zweite Natur. Konzepte einer Vermittlung von Kultur und Natur in Anthropologie und Ästhetik um 1800, Münster, New York: Waxmann.

Reckwitz, Andreas (2004a): „Die Reproduktion und die Subversion sozialer Praktiken. Zugleich ein Kommentar zu Pierre Bourdieu und Judith Butler“. In: Karl H. Hörning/Julia Reuter (Hg.), Doing Culture. Neue Positionen zum Verhältnis von Kultur und sozialer Praxis, Bielefeld: Transcript, S. 40-54.

Reckwitz, Andreas (2004b): „Die Entwicklung des Vokabulars der Handlungstheorien. Von den zweck- und normorientierten Modellen zu den Kultur- und Praxistheorien“. In: Manfred Gabriel (Hg.), Paradigmen der akteurszentrierten Soziologie, Wiesbaden: VS-Verlag, S. 303-328.

Rehberg, Karl-Siegbert (1990): „Eine Grundlagentheorie der Institutionen: Arnold Gehlen. Mit systematischen Schlußfolgerungen für eine kritische Institutionentheorie“. In: Gerhard Göhler/ Kurt Lenk/Rainer Schmalz-Bruhns (Hg.), Die Rationalität politischer Institutionen, Baden-Baden: Nomos, S. 115-144.

Rehfus, Wulff D. (Hg.) (2003): Handwörterbuch Philosophie, Göttingen: Vandenhoeck & Ruprecht.

Reinhardt, Karl (1916): Parmenides und die Geschichte der griechischen Philosophie, Bonn: Cohen.

Reinhardt, Karl (1977³): Parmenides und die Geschichte der griechischen Philosophie, Frankfurt/M.: Vittorio Klostermann.

Reitz, Tilmann (2004): „Simmel und die Formen“. Philosophische Rundschau. Eine Zeitschrift für philosophische Kritik, Bd. 51, Nr. 2, S. 174-183.

Renn, Ortwin (1992): „Concepts of risk. A classification“. In: Sheldon Krimsky/Dominic Golding (Hg.), Social theories of risk, Westport: Praeger Publishers, S. 53-79.

Rescher, Nicholas (1993): Rationalität. Eine philosophische Untersuchung über das Wesen und die Rechtfertigung der Vernunft, Würzburg: Königshausen & Neumann.

Ricœur, Paul (1971): Symbolik des Bösen. Phänomenologie der Schuld II, Freiburg, München: Alber.

Ricœur, Paul (1974): Hermeneutik und Psychoanalyse. Der Konflikt der Interpretationen II, München: Kösel-Verlag.

Röd, Wolfgang (2000): Der Weg der Philosophie. Von den Anfängen bis ins 20. Jh. Bd. 1: Altertum, Mittelalter, Renaissance, München: Beck.

Rowe, Gene/Wright, George (2001): „Differences in Expert and Lay Judgments of Risk. Myth or Reality?“. Risk Analysis, Bd. 21, S. 341-356.

Russell, Bertrand (2002[5]): Philosophie des Abendlandes. Ihr Zusammenhang mit der politischen und der sozialen Entwicklung, München, Wien: Europaverlag.

Sandkühler, Hans Jörg (2002): Natur und Wissenskulturen. Sorbonne-Vorlesungen über Epistemologie und Pluralismus, Stuttgart, Weimar: J. B. Metzler.

Saussure, Ferdinand de (2001[3]): Grundfragen der allgemeinen Sprachwissenschaft, Berlin, New York: Walter de Gruyter.

Schadewaldt, Wolfgang (1995[4]): Die Anfänge der Geschichtsschreibung bei den Griechen. Herodot, Thukydides. Tübinger Vorlesungen Bd. 2, Frankfurt/M.: Suhrkamp.

Schatzki, Theodore R. (1996): Social practices. A Wittgensteinian Approach to Human Activity and the Social, Cambridge: Cambridge University Press.

Schatzki, Theodore R. (2002): The Site of the Social. A Philosophical Account of the Constitution of Social Life and Change. University Park: The Pennsylvania State University Press 2002.

Scheler, Max (1960[2]): Die Wissensformen und die Gesellschaft. Gesammelte Werke Bd. 8, Bern, München: Francke.

Scheler, Max (1976): Späte Schriften. Mit einem Anhang herausgegeben von Manfred S. Frings, Bern, München: Francke.

Schelsky, Helmut (Hg.) (1965a): Auf der Suche nach Wirklichkeit. Gesammelte Aufsätze, Düsseldorf, Köln: Eugen Diederichs Verlag.

Schelsky, Helmut (1965b): „Über die Stabilität von Institutionen, besonders Verfassungen. Kulturanthropologische Gedanken zu einem rechtssoziologischen Thema“. In: Helmut Schelsky (Hg.), Auf der Suche nach Wirklichkeit. Gesammelte Aufsätze, Düsseldorf, Köln: Eugen Diederichs Verlag, S. 33-55.

Schilling, Kurt (1951[2]): Geschichte der Philosophie. Die alte Welt. Das christlich-germanische Mittelalter, München, Basel: Reinhardt.

Schopenhauer, Arthur (1999): Die Welt als Wille und Vorstellung. Erster Band. Vier Bücher nebst einem Anhange, der die Kritik der Kantischen Philosophie enthält, Zürich: Haffmanns Verlag.

Schulte, Günther (1993): Der blinde Fleck in Luhmanns Systemtheorie, Frankfurt/M., New York: Campus.

Schulz, Manuel/Stange, Bodo/Tielker, Wilhelm/Weiß [u.a.] (Hg.) (1998): Wege zur Ganzheit. Profilbildung einer Pädagogik für das 21. Jahrhundert, Weinheim: Deutscher Studienverlag.

Schulz-Schaeffer, Ingo (2000): „Akteur-Netzwerk-Theorie. Zur Koevolution von Gesellschaft, Natur und Technik". In: Johannes Weyer (Hg.), Soziale Netzwerke. Konzepte und Methoden der sozialwissenschaftlichen Netzwerkforschung, München: Oldenbourg, S. 187-209:

Schütz, Matthias (Hg.) (1990): Risiko und Wagnis. Die Herausforderungen der industriellen Welt, Pfullingen: Günther Neske.

Scott, Richard W. (1992): Organizations. Rational, Natural and Open Systems, New Jersey: Prentiece Hall.

Seier, Andrea (2001): „Macht". In: Markus S. Kleiner (Hg.), Michel Foucault. Eine Einführung in sein Denken, Frankfurt/M., New York: Campus, S. 90-107.

Seiffert, Helmut/Radnitzky, Gerard (Hg.) (1989): Handlexikon zur Wissenschaftstheorie, München: Ehrenwirth.

Shapin, Steven/Schaffer, Simon (1989): Leviathan and the Air-Pump. Hobbes, Boyle and the Experimental Life, Princeton: Princeton Univ. Press.

Sheldrake, Ruper, (2002[10]): Das Gedächtnis der Natur. Das Geheimnis der Entstehung der Formen in der Natur, Bern, München, Wien: Scherz.

Simmel, Georg (1996[4]): Philosophie des Geldes, Frankfurt/M.: Suhrkamp.

Simmel, Georg (2001[4]): Soziologie. Untersuchung über die Formen der Vergesellschaftung, Frankfurt/M.: Suhrkamp.

Simon, Herbert (1955): Das Verwaltungshandeln, Stuttgart, Köln: W. Kohlhammer.

Slovic, Paul (2000): The Perception of Risk, London: Earthscan Publications.

Smith, Adam (2003[10]): Der Wohlstand der Nationen. Eine Untersuchung seiner Natur und seiner Ursachen, München: Deutscher Taschenbuch-Verlag.

Sorokin, Pitrim A. (1968): Man and Society in calamity. The Effects of War, Revolution, Famine, Pestilence upon Human Mind, Behavior, Social Organization and Cultural Life, New York: Greenwood Press.

Speck, Joseph (Hg.) (1978): Grundprobleme der großen Philosophen, Göttingen: Vandenhoeck & Ruprecht.

Spengler, Oswald (1931): Der Mensch und die Technik. Beitrag zu einer Philosophie des Lebens, München: Beck.

Stallings, Robert A. (2003): „Soziologische Theorien und Desaster-Studien". In: Lars Clausen/Elke M. Geenen/Elísio Macamo (Hg.), Entsetzliche soziale Prozesse. Theorie und Empirie der Katastrophe, Münster: LIT, S. 35-49.

Stallmach, Josef (1989): Ineinsfall der Gegensätze und Weisheit des Nichtwissens. Grundzüge der Philosophie des Nikolaus von Kues, Münster: Aschendorff.

Starr, Chauncey (1993 [1969]): „Sozialer Nutzen versus technisches Risiko". In: Gotthard Bechmann (Hg.): Risiko und Gesellschaft. Grundlagen und Ergebnisse interdisziplinärer Risikoforschung, Opladen: Westdeutscher Verlag, S. 3-24. Ursprünglich erschienen unter dem Titel: „Social benefit versus technological risk". In: Science, S. 1232-1238.

Stehr, Nico (2000): Die Zerbrechlichkeit moderner Gesellschaften, Weilerswist: Verlbrück Wissenschaft.

Suhr, Martin (1992): Platon. Frankfurt/M., New York: Campus.

Tacchi, Enrico M. (Hg.) (2005): Sustainability, Development and Environmental Risk, London: Foxwell & Davies UK Ltd.

Tanz, Karin (2004): Hurrikan Mitch und seine Folgen in den Ländern Zentralamerikas (1998). Eine Wirksamkeitsanalyse der deutschen staatlich unterstützten humanitären Hilfe, Münster: LIT.

Tetzlaff, Gerd/Trautmann, Thomas/Radtke, Kai S. (Hg.) (2001): Extreme Naturereignisse. Folgen, Vorsorge, Werkzeuge. Zweites Forum Katastrophenvorsorge, 24.- 26. September 2001, Leipzig, Bonn: DKKV.

Thiel, Christian (1989): „Begriff". In: Helmut Seiffert/Gerhard Radnitzky (Hg.), Handlexikon zur Wissenschaftstheorie, München: Ehrenwirth, S. 9-14.

Thiel, Rainer (2004): Aristoteles' Kategorienschrift in ihrer antiken Kommentierung, Tübingen: Mohr Siebeck.

Thukydides (2000): Der Peloponnesische Krieg, Stuttgart: Reclam.

Tönnies, Ferdinand (1998): Geist der Neuzeit. 1932-1936. Schriften, Rezensionen, Berlin, New York: De Gruyter.

Tönnies, Ferdinand (2002): Kritik der öffentlichen Meinung, Berlin, New York: De Gruyter.

Uexküll, Jakob von (1983): Streifzüge durch die Umwelten von Tieren und Menschen. Ein Bilderbuch unsichtbarer Welten, Frankfurt/M.: Fischer Taschenbuch.

Umweltbundesamt, (1998^2): Nachhaltiges Deutschland. Wege zu einer dauerhaft umweltgerechten Entwicklung, Berlin: E. Schmidt.

Varley, Ann (Hg.) (1994): Disasters, Development and Environment, Chichester: John Wiley & Sons Ltd.

Voss, Martin (2003a): „Katastrophenschutz angesichts von Überkomplexität? Entwicklungszusammenarbeit und die Beobachtung von Risiken in einem guatemaltekischen Dorf". In: Lars Clausen/Elke M. Geenen/Elísio Macamo: Entsetzliche soziale Prozesse. Theorie und Empirie der Katastrophe, Münster: LIT, S. 125-138.

Voss, Martin (2003b): „Nachhaltigkeit mehrwertig? Plädoyer für eine katastrophensoziologische Betrachtung". In: Sonja Bartelt/Corinna Fischer/Harald Heinrichs [u.a.] (Hg.), Orte nachhaltiger Entwicklung. Transdisziplinäre Perspektiven. Tagungsband zum Kongress 20. bis 22. Juni in Hamburg, Haus Rissen, Berlin: VÖW Schriftenreihe, S. 20-25.

Voss, Martin (2005a): Towards a reopening of risk societies. A contribution to the debate on risk and danger. Unveröffentlichtes Manuskript zur SCARR Launch Conference ‚Lerning about Risk', 28.-29. Januar 2005, Canterbury.

Voss, Martin (2005b): „Religion und Öffentliche Meinung vor dem Hintergrund einer Theorie symbolischer Formen". In: Rolf Fechner/Lars Clausen/Arno Bammé (Hg.), Öffentliche Meinung zwischen neuer Wissenschaft und neuer Religion. Ferdinand Tönnies' ‚Kritik der öffentlichen Meinung' in der internationalen Diskussion, München, Wien: Profil-Verlag, S. 191-210.

Voss, Martin/Peuker, Birgit (Hg.) (2006a): Verschwindet die Natur? Die Akteur-Netzwerk-Theorie in der umweltsoziologischen Diskussion, Bielefeld: Transcript. I.E.

Voss, Martin (2006b): „Faitiches – Ein Beitrag zur Wiederentdeckung der Umwelt". In: Martin Voss/Birgit Peuker (Hg.), Verschwindet die Natur? Die Akteur-Netzwerk-Theorie in der umweltsoziologischen Diskussion, Bielefeld: Transcript. I.E.

Wallerstein, Immanuel (1986): Das moderne Weltsystem. Die Anfänge kapitalistischer Landwirtschaft und die europäische Weltökonomie im 16. Jahrhundert, Frankfurt/M.: Syndikat.

Watzlawick, Paul (2002): Das Auge des Betrachters, Heidelberg: Carl-Auer-Systeme Verlag.

Weber, Max (1984[6]): Soziologische Grundbegriffe. Mit einer Einführung von Johannes Winckelmann, Tübingen: Mohr Siebeck.

Weber, Max (1988[7]): Gesammelte Aufsätze zur Wissenschaftslehre, Tübingen: Mohr.

Weichselgartner, Jürgen (2002): „About the Capacity to be Wounded: The Need to Link Disaster Mitigation and Sustainable Development". In: Gerd Tetzlaff/Thomas Trautmann/Kai S. Radtke (Hg.), Extreme Naturereignisse. Folgen, Vorsorge, Werkzeuge. Zweites Forum Katastrophenvorsorge, 24.- 26. September 2001, Leipzig, Bonn: DKKV, S. 150-158.

Weick, Karl E. (1985): Der Prozeß des Organisierens, Frankfurt/M.: Suhrkamp.

Weier, Winfried (1988): Die Grundlegung der Neuzeit. Typologie der Philosophiegeschichte, Darmstadt: Wissenschaftliche Buchgesellschaft.

Weingart, Peter (2003): Wissenschaftssoziologie, Bielefeld: Transcript.

Weizsäcker, Christine von/Weizsäcker, Ernst Ulrich von (1984): „Fehlerfreundlichkeit“. In: Klaus Kornwachs (Hg.), Offenheit, Zeitlichkeit, Komplexität. Zur Theorie der offenen Systeme, Frankfurt/M., New York: Campus, S. 167-201.

Wenger, Dennis E. (1992): Emergent and Volunteer Behavior during Disasters. Research Findings and Planning Implications, Texas: TAMU, College Station.

Werner, Reinold (19952): „Nikolaus von Kues“. In: Bernd Lutz (Hg.), Metzler Philosophen Lexikon. Von den Vorsokratikern bis zu den Neuen Philosophen, Stuttgart: Metzler, S. 630-633.

Weyer, Johannes (Hg.) (2000): Soziale Netzwerke. Konzepte und Methoden der sozialwissenschaftlichen Netzwerkforschung, München: Oldenbourg.

Wildavsky, Aaron (1988): Searching for safety, New Brunswick: Transaction.

Wildfeuer, Armin G. (2003): „Vitalismus“. In: Wulff D. Rehfus (Hg.), Handwörterbuch Philosophie, Göttingen: Vandenhoeck & Ruprecht, S. 667-668.

Wilkinson, Ian (2001): „Social Theories of Risk Perception: At Once Indispensable and Insufficient“. Current Sociology, Bd. 49, S. 1-22.

Wittgenstein, Ludwig (1989^3): Bemerkungen über die Farben. Über Gewißheit. Zettel. Vermischte Bemerkungen, Frankfurt/M.: Suhrkamp.

Wittgenstein, Ludwig (2004^{29}): Tractatus logico-philosophicus, Frankfurt/M.: Suhrkamp.